仕事のほかのよろこび

その1 機械いじりに徹夜も

三橋達也

（俳優）

小学生の頃からメカニックなものにあこがれていて、機械いじりが大好き、友達と遊ぶひまがあれば、遊ぶかわりに道具箱をひつぱりだしては何かいじくりまわしていたものでした。

二年程前から、ハイファイに興味をもち出して、始めは、レコードを集めるだけでしたが、どうも既製の機械には満足できなくて、よし、日本一すばらしいハイファイを組立ててやろうという野望をいだき始めました。いろいろと人間関係の複雑な世界にくらしているわずらわしさも、こうした機械をいじつているとすつかり忘れてしまいます。ひまさえあれば、ねじまわしだの、テスターだの、電気ドリルだの、ちよつとした本職にはひけをとらない道具箱を部屋中ひつくりかえして二日や三日の徹夜は平気、家のものに叱られるまでやつています。ハイファイの技術も大部進んで、ずい分生《なま》に近い音が出るようになつたもののまだまだ生の音楽にはかないません。どこまで、生の音を再生できるか、一台一台組みたてていく楽しさは格別です。あんまりむずかしい理論はわからないので、一週に一度、専門家の処へ行つて勉強しています。

僕の腕もひとに認められて、司さんのも作つたし、いま月丘さんに頼まれてまた一台組立てています。スピーカーがドイツ製のやつで、すばらしい音がでます。ドラムなんか、なまよりすごい（？）迫力で、聞いているひとがとび上るくらいです。ケースもぼくがデザインして製作中。これを聞いたら、今まであつたぼくのハイファイ装置がいやになつて、こんどは、スピーカーを八つもつけた立体音楽ルームを、一生県命、設計していますが、出来上つたら、それこそ日本一（？）になるんじやないかと、ひとりで嬉しがつています。

ほのかな墨の香の思いをなつかしむ

司　葉子
（女　優）

学生時代から書道は好きなことの一つでした。静坐して墨をすりおろし、筆をとつてじつと半紙に向う、そんな落ちついた気分が好きなのです。ほのかに墨の香も匂つて、その一瞬はどんな気持の波もおさまり、遠く風のそよぎも聞かれるほどの沈静がおとずれます。

映画のお仕事をするようになつて東京に住居を移してからは、あわただしい時間に追われどおしで、すつかり書道にもご無沙汰になつてしまいました。

ところが鳥取時代にずつと書道をおしえていただいた先生が、思いがけなく上京されたことから、また最近、書道をつづけられるようになりました。姉がもともと書道が大好きですので、妹やご近所の方達と五人程のグループでみていただいているのですが、それでも、二度に一度もみんなと一緒に筆をとるチャンスがありません。たまに仕事からかけつけたりすることもありますが、そんなときにみんなが静かに書いているのを、そばから眺めているのもたのしいものです。

お仕事の関係から交際が広く、筆不精なのは一番困つてしまうのですが、もつと字が綺麗に書けるようになれば、きつと、思うことがすらすらと書けるような気がします。けれども、本当を言うとさほど字がうまくなりたいとも思いません。無論、書道をするからには、少しでも字が上手になりたいと思つて書きますし、先生にほめていただけば、幾つになつてもうれしい気持に変りはないでしょう。それを、字がうまくなりたいとも思わないと言うのは、今のところは、それほど書道に打ち込めないためで、日々が忙しければ忙しいほど、欠くことの出来ないくらしのなかの喜びとして、書道があたえてくれるたまゆらのこころを大切にしたい気持の方が先に立つからなのです。

街のたゝずまいの変化の中に郷愁を覚える

岩田専太郎
（挿絵画家）

挿絵という、定期刊行物に使用される絵を描く仕事に従事するようになつてから、三十数年過ぎてしまつた。

忙しく働らいて、疲れすぎて、やむなく休む他、あまり自分のしたいことをする時間のない生活にも、知らぬ間に慣れてしまつて、仕事のほかのたのしみを忘れたらしい。

それに、挿絵の仕事はその性質が、日常もろもろの生活と結びついているものなので、何をしていても、完全に仕事とはなれた気がしない。映画をみている時でも、ふと気がつくと、自分の仕事とむすびつけて考えたりしている。芝居をみても、スポーツをみても、たまに用事があつて汽車に乗つていても、何かしら仕事に役立つものが目について、机の前で絵を描いている時が仕事なのか、机の前を離れた時が仕事なのか、よく判らなくなつて、可笑しく思う。

それでも何か、仕事のほかのたのしみがありそうに思えるので、いろいろ考えたら、街を歩く時、ひどく楽しい気持でいることに気がついた。街を歩くことは、好きでもある。少し暇があると、仕事部屋を留守にして、街をぶらぶら歩きたくなる。

勿論、街を歩いていても、道ゆく人の姿とか、ショーウインドに飾られた、その時々の流行の品々とかが目について、それが、仕事の役に立つことはあるのだし、若い頃は、それを目的に街へ出た記憶もあるが、近頃は、それ程はつきり慾ばらずに、ぼんやり歩くようになつた。ぼんやり眺めたものが、何時か役立つことがあるにしても……

東京の下町に生れて、都会でだけで育つた故か、人気のすくない郊外の風景より、街の姿の方がこのみに合う。多くの人の住む街は、その人達のくらしが、いろいろに変るように、街のかたちも絶えまなく変化してゆく。

銀座の街のように、変化の早いところには、とりわけ興味がもてるらしい。

何時までも、街の児のひとりで私は、いたいと思う。

『光悦会』入洛の数日をたのしむ

川端康成
（作　家）

「仕事のほかのよろこび」はなにかという問いだが、京都から帰ったばかりなので、その旅行のあらましを書いて、答へに代へる。

十一月十一日、水野成夫氏に頼みごとあつて、十一時、北条誠氏と二人で、国策パルプに水野氏を訪ね、東京駅からはとに乗る。妻は横浜駅から乗る。車中、井上靖氏の「射程」を読みふける。途中の吹降り、京都に着くころ止む。八坂の塔の下、安西に泊る。新築の離れ。九月のペン大会の時も、私一人この宿だつた。

十二日、正午過ぎ、京都国立博物館の平安時代の美術展に行く。開館六十周年記念である。平安美術のこの大展観は、楽しみにして来た。多くの絵画、書蹟、工芸などに、藤原の時代を豊かに感じる。それにしても、仏画、絵巻、画、金工、漆工など、藤原の後、大方下落する一方なのを、ここでまた強く思はせられる。普賢像は松尾寺のと東京博物館のと、二つ出ていた。不動像は青蓮院のが出ていた。私の三鈷杵も出ていた。東京の松屋で東寺展を見て来たが、同寺の水天などは、こちらに出ていた。博物館の近くの三十三間堂それから血天井や宗達絵の板戸の養源院に寄つて、しばらく歩き、市電に乗る。駅から車十二段屋で夕食、森暢氏を訪ねる。

十三日、赤坂水戸幸の庄蔵氏、毎日の狩野氏、飯島春城氏、野村証券の北裏氏ら同宿、みな光悦会を期しての入洛である。私は十一時ごろ宿を出、鴨川堤に道を取つて、鷹ヶ峰に行く。京都としては暖い秋日和。名古屋席、大阪席、東京席、京都席の順にはいる。何百人の客だから、茶会というよりも、それぞれの茶席に取合はせた、数々の名器の展覧会である。京都席に長次郎の東陽坊、東京席に光悦の雪峰の名碗、雪峰に強く惹かれる。三時ごろ、玄琢の土橋邸に廻る。嘉平治翁の遺善茶会で、濃茶席、薄茶席とも畠山即翁氏、光悦会の東京席と合せて、三席持たれたのに驚く。

仕事のほかのよろこび 5

負けず嫌いの性格から夢中になる碁

浜村美智子

（歌　　手）

車をとばすこと。自分勝手にドレスのデザインをしてみること。なども私の好きなことの一つですが、何といつても碁のたのしみは格別です。碁を習いはじめたのはいつ頃かと聞かれても判らないし、とにかく小さい時から、父が好きだつたので、いつとはなしに碁石を持つようになり、見よう見まねで覚えたわけですが、勝負の面白さが判るようになつたのは五年ぐらい前からです。

負けずぎらいで夢中になる性質なので、やり出したらムキになつてしまいます。目下の碁敵は弟で、二人とも勝気なので、しまいには涙をボロボロ出して母をオロオロさせます。それに最近私が仕事に追われ、なかなかチャンスがないのに引きかえ、弟は留守中、アパートの人と打つらしく相当腕も上つた様子なので、この分だとわが家の名人位もゆらぎそうで、楽観出来ません。

仕事の合間に楽屋でバンドの人たちなどよくポーカーをたのしんでいますが、碁の相手がないのは残念です。日劇に出演のとき、たまたま本因坊戦などとぶつゝかると、附近の新聞社に大きく掲げられる対局の速報を見に行つたりもしますし、新聞の囲碁欄を見ながらひとりで打つたりもするのも、たのしいひとときです。

上京して来た当座の不安な時期も、とにかく、早速碁盤だけは買つて来て、弟と二人で現実を忘れた時を過したものです。いまだに貧乏で、ちやんとした碁盤が買えず、当時整えた粗末な板です。いゝ碁盤をみれば、やはり欲しいなあ、と思わぬでもないのですが、凝ればキリのないことだし、いささかコツトウ趣味である。勝負には別条差支えないではないか。と自らを慰めています。

仕事のほかのよろこび　6

弱虫のわたしに　絵は たのもしいこころの友

宮城まり子
（歌　手）

赤や紫の光線が輝いてるステージへ、伴奏に合わせて出てゆくとマイクロフォンがするとせり上がつてきます。何百回もこんな経験を繰り返しているのに、今でも胸がドキドキしてしまいます。そんなとき客席から大きな声で「まりちゃん！」なんて声がかかると、私は何かしらホッとするのです。私の歌を待つてて、聞いてくださるお客さまがいらつしやる、そう思うと体の中に力がわいてきて、一生けん命、少しでもじようずに歌わなくつちやと思います。仕事のやすみの日など、私がおきて門まで手紙をとりにゆくと、近所の小さな子供たちが「まりちゃん、遊ぼう」と寄つてきます。こんな小さなひとたちまでが私の歌を聞いていてくださる、そう思うと涙が出るほどうれしいのです。そして、いつも私をはずまし、力づけて下さるファンの方たち、私を引き上げてくれ、ときにはしかつてくださる先生方、先輩の方たち――私はひとりで歌つて、ひとりで生きてるんじゃない、そんなたくさんの人たちの愛情に支えられてるんだと思つています。

そんな人たちにとりかこまれてないと、私つてダメになつてしまいそうな気がします。ひとりつきりだと、さびしくつてたまらないのです。人の愛情に甘えてばつかりではいけない、なんて考えてみたり、これからどうなつちやうのかしらなんて、考えてしまいますさびしくてたまらないときは、お友だちや先生方に電話をしたり（夜おそくなんかご迷惑かけてスミマセン）六匹の犬と話したりするんです。

ただ、絵をかいているときは、ひとりでいられます。画帖に鉛筆を走らせ、絵具をぬつているとき、私はひとりつきりでもたのしいのです。楽屋でも、ロケ先でも、うちでも私がスケッチブックを離さないのは、そんなためです。へただけど、好きなんです、たのしいのです。いつか、思う存分、好きなように、じようずに、絵がかけたらいいんだけど。

仕事のほかのよろこび　7

エンジンのひゞきで仕事の疲れも忘れる

フランク・永井
（歌　手）

歌をうたう時間よりも、眠る時間よりも、汽車だの飛行機だの乗物に乗つている時間の方が、はるかに多いというような忙しい毎日のくらしの中で、僕の一番の愉しみは、くるまを運転することなんです。

夜おそくまで、仕事が続いて、くたくたに疲れたときでも、くるまに乗りこんで、エンジンを入れて、あの快よい振動に身をまかせるとき、疲れきつたからだが、しやんとしてくるから不思議です。ひとつ子一人通らない夜の街をぼくは一人でくるまを走らせる―それだけで一日の疲れもふつとんで、仕事へのファイトがもりもりわいてくるというわけで、僕にとつて、車を運転する事は、一石二鳥のたのしみなんです。此の間、仕事で、静岡県の吉原というところへ行きましたが、帰りは、車を借りて、吉原から、箱根をこえて東京まで、僕が運転してきました。疲れるんじやないかと心配してくれるひともいましたけれど、とんでもない、疲れるどころか、その夜の仕事は、いつになく調子がよかつたくらいです。

僕が前に持つていたビュイック四二年型のようなクラシック・スタイルの車でも、僕が運転台にすわれば、どんな最新式の車もかなわないと、僕は思つているんです。ドライブが好きといつても、スピードにつかれたジェームス・ディーンのようにスピード狂でもないし、どんな車だつて、運転台にすわつて、ただハンドルさえにぎつていれば、僕は、とつても愉しいのだから。どんな街の雑踏の中を走ろうと、どんなでこぼこの田舎道を走ろうとかまわない、ガソリンのにおい、エンジンのひびき、そんな中で、アクセルをふんだりギアをいれたり、僕はとつても愉しいんです。

仕事のほかのよろこび　8

激しい練習の後の爽やかな疲労感に満足

ペギー・葉山

（歌　手）

アン・ドウ・トロワ、アン・ドウ・トロワ近づくにつれて、先生の張りのある掛声が稽古場から聞えてくると、私は思わず馳け足になります。仕事で暇のない時は一ヶ月に二、三度、暇で都合の良い時は週に一度か二度、体力の許すかぎりは、日劇のステージがはねた後でも、私の足は稽古場に向つていきます。

三つ児の魂百迄といいますが、ギンギンギラギラと小さな両手を上にあげて、よちよちと幼いころからそれはそれは踊るのが大好きな私でした。お遊戯を教えて貰えるのがたのしみで、幼稚園に通つた程の私でしたのに、学校に通う頃の私は、おじの勧めで、お謡やお仕舞を習う様になり、バレエをやつている友達をはたからうらやまし気に指をくわえてみていたものでした。

噂にきいた安藤三子先生のバレエスタジオに、どなたの紹介もなしにひとりでたずねて行つて門を叩いたのは今から三年前。遅まきながら、歌手として自分の仕事が出来てからの事なのです。安藤先生はモダン・バレエを研究なさつていて、幸いジャズにも関心を持つていらつしやるので大助りです。バレエの上達のほどは、まあまあ、ボリショイじやなくてポリチョイぐらい。これでも弟子の一人として発表会で踊つたことも二三度あります。激しい練習で、汗をぐつしよりかき、体もいさゝかグロッキイで、息をはずませながらトウ・シューズの紐をとく時の何ともいえない爽やかな気持、稽古の度に一寸表現出来ない満足感でニコニコしちやいます。

バレエは美容体操の代りになるとか、音楽に合せて体を動かすだけで気持が晴れやかになるとか、趣味としてやつてゆくだけでも充分なのに、その上、私などステージで歌う時のふりつけを、前の晩になつて先生の所に飛んでゆき「先生、おねがい、チョッとこゝどうしたらいゝ？」等と大急ぎで教えて貰つたりして、どうも仕事の他の暮しの喜びとだけともいえないようです。

特集 よろこびのある暮しをつくる

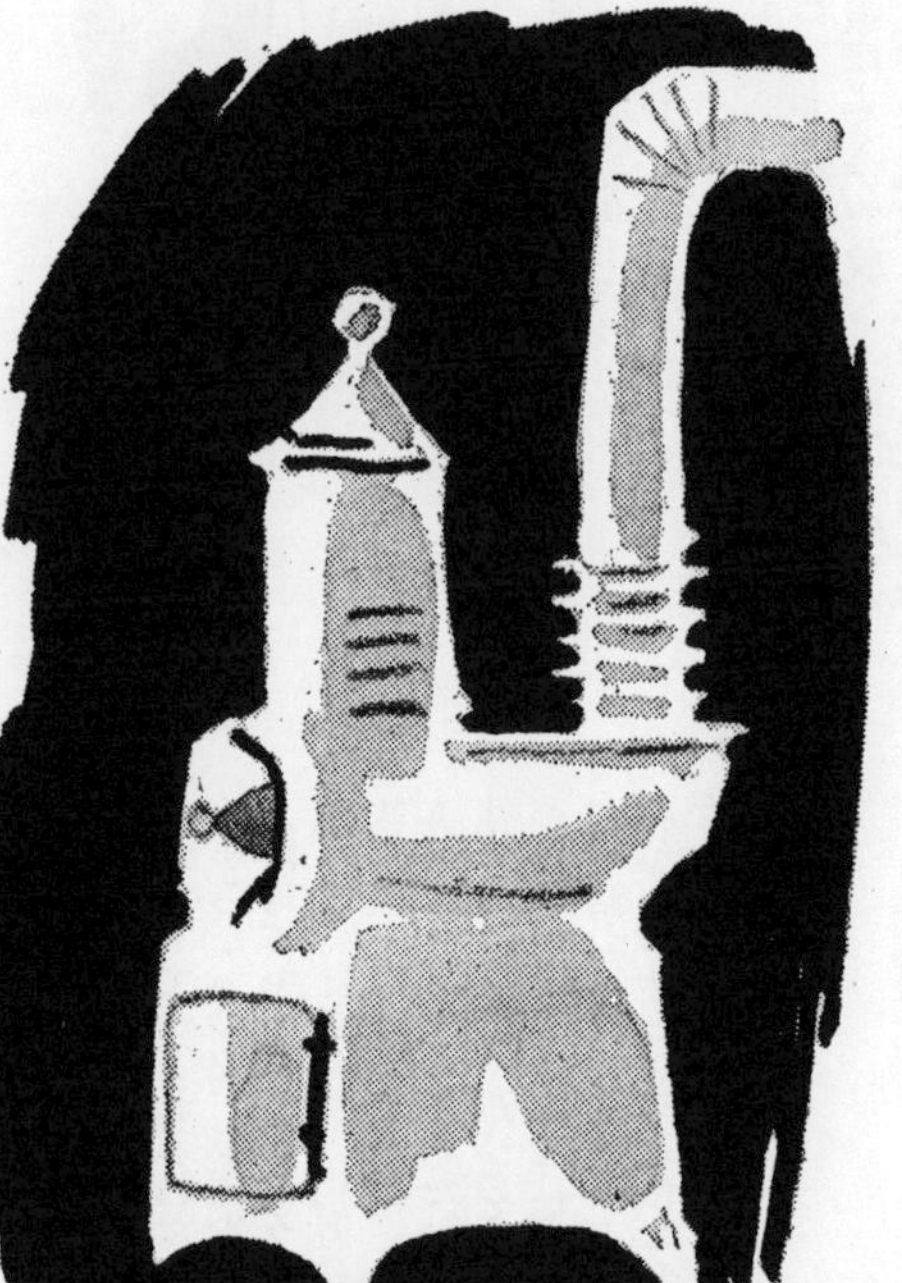

円満でバランスのとれた教養を持つ、豊富でかたよらない話題を持つ、謙虚であるような常識。 **石垣 綾子**

合理的なかしこい仕事の処理、労多く効果の上らない処理、くらしから上手に時間を生み出す。 **古谷 綱武**

ケジメの正しい限度を知つた交際、他人に介入されず、他人のくらしにも不必要に介入しない。 **秋山ちえ子**

健康ということの意味、美しさ、健康な肉体に宿る積極的な生活意欲、明るい活動力の源泉は。 **佐古純一郎**

人を刺戟するようなケバケバしい装いではなく自分の美しさを上手に生かした自分らしい装い。 **澁沢多歌子**

同じ材料で料理するにも、喜びのある調理のしかた、美しさを考えた盛りつけ、食卓の美学を。 **飯田 深雪**

計画的に消費生活をまかなう、ケチケチするというのでなく建設的なお金の使い方をする心構え **松田 ふみ**

くらしを広く余裕をもつたものにする、頭の良い整理、物を紛失したりこわしたりしない秩序。 **氏家 壽子**

明るい建設的なみのり多いリクリェーション、素晴しい息ぬき、いろどりとなる遊びの楽しさ。 **串田 孫一**

よろこびのある暮しをつくるための9項

教養にも円満なバランスが欲しい

石垣綾子（評論家）

忘れたくないエチケット

電車に乗るとよく気がつくことだが、学校帰りの女子学生は、大勢グループになつて、出入り口に立ちはだかつている。出入りの邪魔になつて、あたりに大迷惑を及ぼしているのだが、彼女たちはお喋りに夢中になつて、全然気がつかない。学生であるからには相当に教養も高く、社会のエチケットも知つている筈だが、グループになると普段の教養がすつかり忘れられてしまう。

電車の通路に立ちはだかることそれ自身は小さなことであるが、自分たちさえよければ、ほかの人はどうでもよいという生活態度を象徴している。一人一人では礼儀正しく、注意深く、知性も相当に高いものを身につけているのであろうが、群衆心理に支配されて、良識のバランスが崩れ去つているのである。

こんな場合の積極性は？

東大の女子学生のN子さんは、成績はよく、容貌も人並みであるが、入学して半年もたつと、大学院学生を一人一人追いかけまわして、婚約したり解消したり、目まぐるしく結婚相手を探すのに大童になつた。教授がみるにみかねて、N子さんに退学をすすめ、彼女もしぶしぶ学校を去つたという話を聞いた。

積極的に夫を探すことに私は反対ではないが、相手の性格、人物よりも、将来東大教授になることを予想して、恋のしかけをするのは、余りになさけない根性である。こういうタイプの女子学生は、最高学府の学問を身につけながら、中味は教養のないボロぎれで包まれている。学問によつて自分の内容を豊富に高めてゆくのではないならば、むしろ、大学などゆかない方がましではないか。知識はあつても、教養のない女性の典型である。

ある見合いの場合

関西の地方の工場に勤めている青年技師とお見合いをした美しい女性があつた。彼女は誰の目から見てもしとやかな女性で、学問もあり、良縁だと思われた。娘も母親もこの縁談に乗り気で、見合いをした青年から好感をもたれるに違いないと思い毎日、首を長くして承諾の返事を待つていたところ、意外にも破談になつた。

どうしてことわられたのか理由がわからないので、世話をしてくれた人に内情を聞いてもらうと、いいお嬢さんではあるが、地方の生活や地味な職業に理解がない。そうした現実を覚悟してもらいたかつたが、女性の側は服装や遊びのことしか関心がないので、これではとても妻として、自分の立場を理解してもらえないから困るという理由だつた。若い女性にとつて、この言葉は考えるべき多くのことを含んでいると思う。

こんな暖い心づかいを

仕事から帰つて来た夫が、夕食までのひととき、煙草を吸いながら新聞を読んでいた。新聞に気をとられていた間に、煙草の灰を膝の上に落して、はたいている時に、ちようど奥さんが御飯ですよと呼びに来た。夫の膝を見ると、縫い直したばかりの丹前は、煙草の灰で小さな焼け穴があいていた。

がみがみどなりつけるかわりに、奥さんは「あら、さつき灰皿が一杯になつていたから、台所へ持つていつてしまつたので、ここになかつたのねえ、夕飯の仕度にまぎれていたものだからごめんなさいね」と言えば、喧嘩にならずに済む。丹前に穴をあけてしよげている夫は、それ丈で済まないことをしたと心の内で思つているのだから、妻のこうしたあたたかい言葉は嬉しく感じるものだ

女性のこんなふるまいは

ダンスホールに行つて遊ぶのは、

若い女性の楽しみの場として、悪いことではないが、ゆきずりの見も知らない男に誘われて、何回か踊つたあげく、その人と二人だけで夜の街をぶらつき、誘われるままに差し向いで、飲みつけないビールを飲むような行動にはちよつと首をかしげる
　男から見ると、やすやすといいなりになつて来る女は、その場限りのつきあいには面白いが、決して本心からは、その女性を愛したりする気にはなれないものだ。この女は馬鹿な奴だと軽蔑した気持で、女にビールを飲ませ、あわよくばその女を弄ぶチャンスを狙つているだけである
　女はあらゆる場合に、常識を働かして利口に振舞わなければならない

反目・軽蔑はやめたい

A子さんは大学を卒業して、ある会社に就職した。働かなければ家庭が困るというわけではないが、身につけた教養を生かすために働きだした。同じ職場には、高校を卒業しただけの女性が古くから働いている。新しく入社した大学卒業生に対して露骨な悪感情をもち「あの人は働かなくてもいゝのだからどうせお婿さん探しに来ているに違いないわ」と言いふらしている。

　こういう噂を聞くと、A子さんは「あの人は高校だけしか行つてないじやないの」とひそかに心の中で軽蔑している。職場に働く女性は、互に冷い目で相手の悪口を言いあつている。もう少し円満なバランスのとれた良識で、お互にあたたかく接することが出来ないものか。

S子さんの機転

結婚したてのS子さんは、お姑さんと狭い家に一緒に暮しているので御主人と二人きりになつて、話しあう機会が余りない。お姑さんは理解のある方で、若夫婦が仲良くしても決して不機嫌になる人ではないけれども、第三者がいつも傍にいると、若夫婦は自由に愛情の言葉をまき散らすことができない。

　S子さんは、御主人のサラリーはまだ少いので、心をこめたお弁当を毎日作つてあげる。自分のやさしいおもいを、どうにかして夫に伝えたいと思つたので、毎朝お弁当の包みの中に、短い愛の手紙を入れることにした。「この間映画に連れていつて下さつた時は、とつても楽しかつたわ。」

　ただ一言にすぎないけれども、会社でお弁当を開く夫の心は妻のもとへ飛んでゆく。ちよつとした機転で生活を楽しくすることもできる。

謙虚さということ

M子さんはお見合いした後で、その方からお茶に誘われた。「何にしましようか」と聞かれた時、M子さんは自分の好きなものをはつきり言つた。傍についていたお母さんは、家に帰つて来ると娘に「お前は、はらはらさせたよ。何でもいいですつて申し上げればよかつたのに、あれだと嫌われてしまうね」と娘をたしなめた。良縁だけれども、多分この調子なら駄目になつてしまうだろうと母親は悲観していたところ、相手の人から「ああいう風に、自分の好みをはきはき言つてくれる人は頼もしい。ぐずぐずして黙つている女性ではもの足りない。M子さんは大変気にいりました」という返事だつた。本当の謙虚さは自分の意志を表現しないことではない。自分の個性を上手に表現することのうちにあるのではなかろうか。

広い視野から自分の意見を

B子さんは、映画俳優や歌手の動静は何でもかでも知つている。どこから種を仕入れてくるのかびつくりする程、そういうことにかけては話題が豊富だ。でも、「今朝の新聞にこんなことが出ていたわね、どう思う？」と聞くと彼女は、「あら、私今朝、忙しくてまだ新聞読んでいないのよ」と興味なさそうに黙つてしまう。職場の男の人に聞くと、机を並べる女の人たちと共通な話題を探して、お友だちになりたいと思うのだが、お化粧やファッションの話ばかり女同士でやつているので、話しかけることも出来ないと嘆いていた。話題の豊富さは、こまごましたスタアの噂ばなしではなく、毎日起る出来事に目を開き、自分の意見を持つていることであると思う。

小さなことにも良識を

T子さんは、言わば秘書役というかたちで係長の仕事を手伝つている言いつけられたことは間違いなく責任を持つてやつている。なかなか、きちようめんで、その限りでは信頼されているけれども、言いつけられたことならば、たとえ間違つていても判断できず、そのままをやつている。係長は「いつたいに女の人はめん密に仕事をしてくれるが、こうしたらもう少し能率が上るとか、このやり方はこうした方がいいとか、積極的に考えを言つてくれないのは大変もの足りない。」と言つている。これは職場に働く女性だけのことではなく、結婚して家庭に入つても、家事の工夫を真剣に考えて、小さなことにも良識をはたらかせれば、その暮しは豊かになるだろう。

よろこびのある暮しをつくるための9項

仕事と遊びのけじめをはつきり合理的に

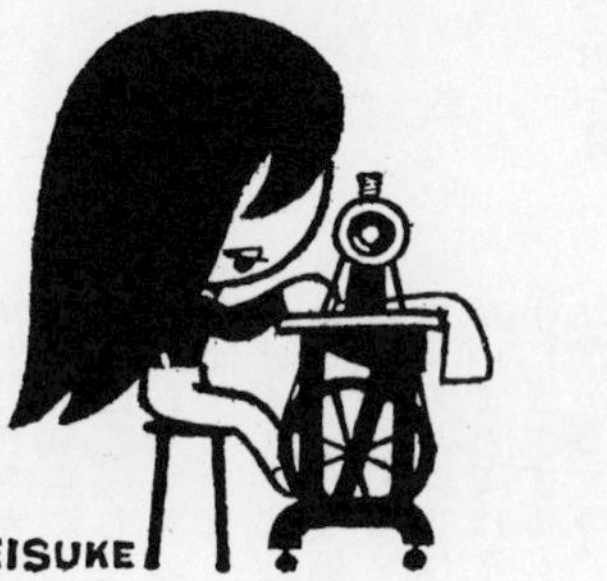

古谷綱武
（評論家）

一日は二十四時間という事

仕事をうまく処理するための、とにかく第一の条件は、時間を上手に使うこと、その工夫だと思います。

仕事がちつともはかどらない人もどしどし仕事をかたずけていつている人も、一日は二十四時間しかないことには、変りないわけです。しかもそのなかには、だれでもおなじように眠らなければならない一定の時間、職場にいる人ならみんな同じだけの勤務時間、また、身づくろいや食事に時間をさかなければならないことも、すべての人が同じなのです。そうしてみると、大半の時間は、だれでもが同じような生活の必要にうばわれているわけで、問題は、そのあとの残りの時間をどう生かすかによつて、人それぞれの非常に大きなちがいがでてくるということになるのだと思います。

コマギレ時間をうまく使う

こう考えてみると、一日のうちのまとまつた大きな時間というものはどう使わなければならないかということは、もうたいてい、きまつてしまつているわけです。そして人それぞれによつて、いろいろな生かしかたができる毎日の白紙の時間というのは、その毎日のきまつた使われ方をする時間と時間とのあいだの、いつてみればコマギレ的な半端なものが、たいへん重要な意味をもつていることがわかります。それをむだに捨ててしまうか生かすかで、仕事の処理がたいへんちがつてきます。

その半端な白紙の時間を、むだなく生かして使うためには、あす一日の予定を、前の晩に、できるだけこまかく立てておくことが大切だと思います。できるかもしれない十五分ぐらいなあき時間でも、予定をこまかく立てれば立てるほど、そんなコマギレ時間でも、仕事の処理の何かに使えるわけです。

メモを大いに活用する

その予定をよくおぼえておくためには、自分の記憶力をたよりにするよりも、メモを大いに活用することを、私自身のけいけんからも、すすめたいと思います。人間の記憶力は今日の明日のことでも、じつにたよりにならないものです。メモは、手帖でも小さい黒板でも、それはめいめいの生活に応じて、いちばん便利な形を利用するのがよいでしょう。

たとえば晩ごはんの支度の買物など、あれとあれとあれと、頭のなかの記憶だけにたよつていると、台所仕事にとりかかつてから、忘れてきた買物を思いだしたりするものです。そこでもう一度買いにでるなどというのは、じつにまずい仕事の処理といわなければなりません。

使うメモは綺麗に整理する

メモは、いつでもすぐ書きこめる手近かにおくことが、活用する上でも大切です。

茶の間などに、そのメモのための

小さい黒板をおいている奥さんもいます。しかし、いつぱい書きこんであるその半分は、もう用ずみで消してしまつてよいのを、そのままにしているような人もいます。これではちやんと整理されているメモとはいえません。メモはたえず整理することで、ほんとに活用されるのです。

　黒板なら、すむそばから消していくこと、手帖なら、それをすませたらすぐそのメモにたてに棒をひいておくこと。こうして、予定の仕事がメモの上でも、どしどし処理されていくことが見えるのは、またじつに気持のよいものでもあります。

遊ぶときは大いに遊ぶ

　こんなふうに書いてくると、一分もむだにしないでガツガツ、セカセカすることだけが、時間をうまく生かして仕事を処理する道と、私がいつているかのようにとる人もいるかもしれません。しかし私は、そうは思つていないのです。遊ぶときには大いに遊ぶことが、仕事のときには打ちこんで気持よく仕事を処理していくためにも大切なことです。

　家族とのだんらんのときまで、手を休めないで編物をして、編物とだんらんに半分ずつ気持をうばわれるような仕事の処理をしている婦人がいます。こういう中途半端は、かえつて能率があがりません。仕事のときは仕事、働くときは働く、そのけじめははつきりさせることが大切です。

本気になつて眠ること

　なぜなら、仕事に打ちこむためには、休息ということが、そのエネルギーをやしなうためにも、ぜつたいに大切なことだと思うからです。遊びすぎるのはいけませんが、遊ぶことは、大切な休息の意味をもつています。

　それからもうひとつ、きわめて重要な休息、それは眠ることです。今まで、働きものといわれるような人はどうも、十分な睡眠の必要をいいかげんに考えて、時間のたりなさを睡眠時間の短縮にしわよせしがちでした。私は賛成できません。

　めざめている時間を力いつぱい働ける状態にするためには、本気で眠ることです。本気で十分に休息する人だけが、本気で働くことができるのです。睡眠不足の恢復していない疲労のなかでは、働く能率は半分にさがると思うべきでしょう。

気分の転換を工夫すること

　できるだけこまかく予定を立ててその予定にしたがつて仕事を処理していくことが、能率をあげる道だといいましたし、また、そうだとも思つていますが、しかし人間は機械ではないので、その日の心の状態によつては、どうもその仕事に気分がのつていかないということもあります

　たとえば今日は半日つぶして、手紙の返事を全部処理してしまおうと思つていたのに、あんまり天気がよくて、庭の花壇の方へでてみたいということだつてあります。そういうときは、きつぱり予定を変更して、大いに花いじりをすることの方が、生活の長い時間のなかで考えれば、能率もあがり、生活をたのしくする道だと思います。

ちいさい仕事はその場で

　いま手紙の返事などと書きましたが、こういうことは、ためてしまつて半日つぶして処理するというのはほんとは、賢明なやりかたではないと思います。半日などというまとまつた時間を、そういうことに使わなければならないのは、いかにも、もつたいないことだと思います。

　それこそそういうことは、手紙を受取るたびに、その場その場で、コマギレのまたコマギレの時間ででも処理してしまえることだと思うのです。かんたんな下着類の洗濯などということについても、おなじことがいえるのではないかと思います。

　そういうことは、ためないで、なるべくその場その場で処理して、まとまつた時間は、もつとほかのことに使えるように工夫することも、仕事のうまい処理には、大切なことだろうと私は思つています。

よろこびのある暮しをつくるための9項

暮しを明るくひろくする社交性

秋山ちえ子（評論家）

交際の限度を知ること

人には夫々、その人自身の生活があります。相手を尊重することは、民主主義の第一課であり、交際のエチケットの憲法のようなものです。これは、いくら親しくなつても、相手の生活にはいりこむ限度を知れということです。

男性より、女性のほうが、度々人と親しくなつたり、仲たがいしたりするし、友情が長続きしないといわれていますが、それは、感情的であり、社会性に欠けることなどが原因して、限度をふみこえて、相手の生活に接近し過ぎてしまうからといえそうです。その限度は、あなたの叡智が判断してくれると思います。

気軽にペンをとるという事

心に思いつゝも御無沙汰、失礼をしているということが多いものです。心に思うだけでは相手に通じません。長々と書く必要はありません。葉書でいゝから、心に思つたことをすぐ書いて送ることができたらこれはすばらしいことです。物を送つて、一ケ月後に巻紙に水茎の跡も美わしいお礼状をもらうのと、すぐ葉書で〝みんなよろこびました〟と知らされるのとどちらが感じがいゝですか。

字が下手だから……。そんなことは平気です。個性のある字だからと思えばいゝでしょう。文章が下手だから……。あなたは作家ではないのです。人を感心させなくてもいゝのです。うれしかつたら、うれしかつたとそれだけで十分です。それに、書いているうちに、字や文章は結構うまくなるものです。

交際に欲しい計画性

〝タイム・イズ・マネー〟といわれる二十世紀後半のいま、時間的に計画性のない訪問はお互いにこまりものです。何だか話したくなつて、フラリと人の家に寄つて、半日も話しこんでしまう等、全く前世紀の遺物といつていゝでしょう。

生活が合理的になればなるほど、人間の生活にはある種のムダが必要です。しかし、そのムダも計画性がほしいものです。

〝何となく三十分ばかりおしやべりがしたいんだけれど伺つていゝ？〟と、電話で連絡するのは、近代人のエチケット。普通の訪問はせいぜい一時間以内ですますことですね。気持のよい交際には何といつても時間的な計画と、きりあげ時が肝心です

話し上手きき上手

〝話し上手〟が、大切なことは誰でもご存知でしょう。が、それにもまして〝きゝ上手〟であることは大切です。

人の話をさえ切つて、自分のことばかり話したがる人がありますが、相手にとつてこれ以上の迷惑はありません。

それと反対に、相手の話に深くうなずくことのできる人、適切な質問や、共鳴の言葉のはさめる人は、感じがいゝものです。そしてスムースな人間関係が生れること間違いなしです。しかし、そのためには相手の話をよくきかなければならないのですから、大へんなことです。お互いに五分以上のひとりしやべりはつゝしむことですね。

ウットリさせるほめ言葉

相手の美点をみつけてほめることは、交際をスムースにさせます。誰だつてほめられていやな気持になる人はいませんからね。

ところが、余り度はずれた〝ほめ言葉〟は、いわゆるお世辞、へつらいになつて、〝インギン無礼〟に通じてしまいます。

さりげない言葉のうちに、相手の心をハッとさせ、ドキッとさせ、ニッコリとさせるようなほめ言葉が最上級です。しかし、これは一朝一夕にできることではありません。

〝快よい会話〟〝美しい言葉〟が、幼ない時からきびしく躾けられている外国の人に比べて、日本人は言葉を余りにもソマツに扱つてきまし

た。今からでも遅くはありません。言葉、会話に関心をよせたいものです。

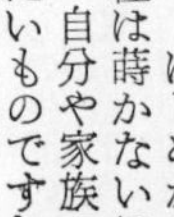

噂の種子はまかぬ方がよい

出した言葉は、もうひっこめることはできません。特に人の噂話、悪口は、グッとのみこんで外に出さないことですね。

第一、そんなことをいうと、その人自身の人格を傷つけます。第二には、噂話は奇妙なもので、廻り廻つて、噂の本人のところにもどつていくものです。しかも、人から人へつたえられる度に、話の内容が次第に変つて、とんでもないことになつてしまう場合があります。あとから、〝いつた〟とか〝いわない〟とゴタゴタしてみても、それこそあとの祭り、はじめから問題をおこすような種は蒔かないほうが聡明です。

自分や家族の自慢話も、つゝしみたいものですね。

貸すよりもあげる気持

お金は便利で重宝なものですが、それだけに問題をおこし易いものともいえます。

気持のよい交際を、長く続けるためには、お金の貸し借りはしないことですね。どうしても貸さなければならない場合には、あげてしまう気持になること。そうすると、自分に痛手がないような金額の限度があるはずです。どうしても借りなければならない場合には、返す見込をキチンとたて、返す約束をキチンと守ることです。

あたりまえのことですが、あたりまえのことが、なかなか出来ないところに、お金の問題が起るのです。

手みやげは一切やめる

訪問したいのだけれど、手みやげのことを思うと気が重くなるという人がいます。

手みやげは、アメリカの奥さんたちは一切持つていかないのが習慣です。たまに庭の花を切つていつたりすることはありますが。こんな習慣をみんなでつくることですね。

それから、私たちは金額で物の価値をきめ過ぎはしないかと思います。千円のものだつて〝猫に小判〟ということもあります。たとえ、金高は百円でも、相手にピタリのものならよろこばれるものです。

手みやげに限らず、着るものにしても、ご馳走にしても、無理をしないこと。虚栄心を捨てゝはじめて、心からの交際ができるものです。

ご馳走は食物より他にある

丁ねいな挨拶がすむと、奥様は台所。そして、次々と物が運ばれます。日本茶に甘いもの、しばらくして紅茶にケーキ、果物。はては〝ちよつとお口よごしに〟等とお寿司。これはよく出くわす接待です。夕食ともなれば、食卓に並べ切れぬほどのご馳走。まず胃を攻略して、頭の血のめぐりを悪くさせて……といった計画なら何ともいえませんが、これがもしもあなたの好意の表現だつたら、およそ見当違いというもの。

客は食後に胃腸薬を必要とし、あなたはよごれた器の山をながめてタメ息。これでは、人との交際は苦痛だけで、楽しみはありません。

家庭を訪れた人の最上のもてなしは、快い会話と、心あたゝまる雰囲気といつていゝでしょう。

ホステスは雰囲気に工夫を

十の力をご馳走にむけるのなら、それは四にして、残りの六の力を、器とか、照明の工夫にそゝいだらいいでしょう。

日本ではお客様というと、大あわてで明るい電球をつけかえたりしますが、外国ではあべこべに明るい電気をスタンドや、ローソクにかえたりします。淡い光りの中でみる女性の美しさは格別で、たのしいものです。このような雰囲気の中では、人々の心もやわらいで、トゲのある話などできなくなります。

ホステスの好みのいゝ服装、やわらかい話しぶり、豊富な話題なども、すばらしい雰囲気をつくる原動力になります。

家族みんなで楽しむ交際

へんなエンリヨは、暗いかげをつくるもとになります。

夫の客、妻の客、子供たちの客と区別しないで、みんな気軽るに話の仲間いりをしたいものです。お互いに思わぬことを知ることができ、理解を深めるでしょう。第一、話題も豊富になり雰囲気が、ミックス・ジュースの味になります。

今までの日本では、家族の中の誰か一人だけ—主に男性—たのしんで、他の人は忙しかつたり、ぼんやりと、〝ツマンナイナ〟なんて思うだけでした。これこそヒゲキです。

この暮しにくい世の中で、出来るだけたのしく生活するには、手近かなところから壁をとり除いていくことです。家族みんなでおつきあいすることは、ちよつとした心づかいだけで容易にできることです。

よろこびのある暮しをつくるための9項

心身の調和と安らかな生活への願い

佐古純一郎
（文芸評論家）

生活力のみなもと

「―健全な精神は健全な身体に宿る」という古された諺は、やはり私たちの生活のいちばん素朴ないましめであるように思われる。私たちの生活力の源泉は何といっても健康である。そして健康とはまず何よりも身体の健全さのことである。真に生活のよろこびを見出そうとする人はまずこの源泉を大切にしなければならない。身体の健康はもちろん生理的な、そして医学的なことがらに属するわけであるが、私はいまここではかならずしもそのような注意を提出しようとするのではないしだいいち私にそのような資格があろう筈はない。ここでは健康な生活をつくり出してゆくためのいくつかの精神的条件といったようなことについていつしよに考えてみたいと思う。

健康は調和から

健康は調和から生れる。早い話が私たちが健康であるということは、体の各々の機能が調和を保つて働いていることを意味するであろう。しかし私がいま調和という場合、かならずしもそのような単純な意味ではないのだ。まず自己との調和をつくり出すことが大切である。自己にさからうところからさまざまな欲求の不満が生れてくるものである。むかしからあらゆる哲学者や思想家がつねに「自己を知れ」と教えてきたのもそのことであつた。しかし、それよりも大切なことは、人と人との間に私たちが調和をつくり出してゆこうとする努力である。それが私たちの愛しようとする意志であるだろう私たちの病気は人間関係の不和から生れる場合が少くないのである。

心の通いをとり戻す

私たち現代人がとらわれている深刻な病気は孤独である。家庭においても職場においても私たちは他者と孤立してひとりで苦しんでいるということがないだろうか。それを私は現代人における調和の喪失と考えるわけであるが、いいかえれば、私たちが他者とのあいだに心の通い（communion）を失つていることである。それがたとえば石川達三が『自分の穴の中で』という小説に描いているような現代人の孤独の不安にほかならない。私たちはこの他者とのあいだに見失つている心の通いをとりもどそうとしないかぎり、明るい健康さをつくり出してゆくことはできないのではなかろうか。夫と妻というような最も基本的な人間関係においてすら私たちの心は通つていないのではないだろうか。

愛するよろこびを発見する

人間と人間とのあいだに、真実の心の通いを保証してくれるものは愛のほかにはあるまいと思われる。つねに他者を愛しようとつとめる人がほんとうに健康な人だといつてもけつしていいすぎではない。愛を知る何よりも大切な条件は愛してみることだといつた思想家がいるが、人を愛するという行為のほかに私たちが愛することのよろこびを見出してゆくてだてはないのである。現代の小説が描き出しているさまざまな人間の悲劇が、それを分析してみると、けつきよく人間における愛の喪失にもとづいていることは、たとえば、いま流行の『挽歌』について考えてみてもよいのである。愛を失つた人間ほど不健康な存在はないともいえるのである。

積極的な考えが健康のもと

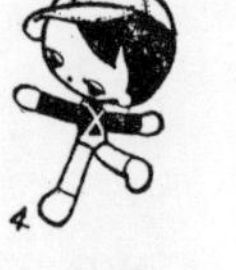

私たちはしばしば「くよくよするな」ということばを使う。人間がくよくよしはじめたら、健康を失つている証拠だと考えて大体まちがいはないように思われる。ほんとうに健康な人はつねにものごとを積極的に考えることのできる人である。いわゆる建設的な生活ということであるつねに前向きの姿勢で生きることである。そしてこのことは、愛するという行為と密接につながっていることなのである。私たちが誰かを愛しているとき、私たちはつねに前向きに生きることができる。愛は人間を積極的にさせる何よりも大きな力である。それはしばしば自己の存在をすら無にして悔いない力である。愛はつねに何かを創造せずにいないからである。

夢をもつということ

積極的に考えるためには、私たちはつねにしつかりと夢を抱きしめていなければならない。現代人はあまりにも夢を失い過ぎているともいえよう。社会が悪いから、大人たちが悪いから、とばかりいつてすまされない問題だと思う。積極的に考えるということは、夢を現実のものにしようとする努力のことである。あなたが心に描いている夢のゆたかさがあなたの人生のゆたかさなのである多くの心理学者たちが人間の心層心理の世界をきわめることによつて、今日そのことに科学的な根拠を与えようとしているのである。愛する人とのあいだにつくり出そうとする幸福な人生の設計図、それがあなたの夢にほかならないが、しつかりとそれを描くべきである。

健康な美しさと人工の美

健康が美であるということを私たちは誰しもが知つている。たとえば私たち男性にとつて女性の美が魅力であるというとき、それはけつしてけばけばしくかざり立てられた人工的な美しさにあこがれるわけではない。もちろん人さまざまに好みというものはあるかもしれないが、心と体の調和がつくり出している健康そのものの美しさほど魅力的なものはないのである。ややもすると不健康な姿やかたちのなかに美をさぐろうとすることは、現代人の病める魂がおちいりやすい傾向であるが、もちろんそのような変態的な美の探求に私たちの生活のよろこびが保証されていようとは思えない。私たちのまなざしを清らかにするということが根本的なことがらである。

安らかな家庭のいこい

休息ということが私たちの健康にとつてどんなに大切な要素であるかはいうまでもないが、現代人はそのあまりにもあわたゞしい日々の生活のなかで、ほんとうに休息する場所とそのてだてを失つているのではあるまいか。安らかないこいというようなものが、私たちの生活にはあまりにも欠けているように思われる。静かな音楽のかわりに騒々しいジャズがますます私たちの疲れた神経をかきたてる。芸術は鎮静剤であるよりも、むしろ興奮剤のような役割しか果してくれない。私たちは何といつても、ほんとうに安らかないこいが与えられるのは家庭(home)であるということを忘れないでいたいものである。そこにいこいがないならついに私たちは健康ではありえないであろう。

生活を支える平和への願い

さきに私は健康は調和から生れるといつた。もういちどそのことを私たちの心の奥深くにしつかりと持つていなければならない平和への願いということがらにおいて考えておこうと思う。もし私たちの生活が平和にささえられていないなら、私たちは健康への第一条件を失つているといわなければならない。喜びも美しさもそこではむざんに破られてしまうからである。家庭においても、職場においても、そして私たち自身の内側にも、力強い平和をつくり出してゆくことが、じつは私たちが健康に生きてゆくということの現代的な意味ではないだろうか。「平和をつくり出す人たちはさいわいである」といつたイエスの言葉で私はこの文章を閉じようと思う。

よろこびのある暮しをつくるための9項

こんな装いの心であなたをもつと美しく

渋沢多歌子
（随筆家）

自分を一番美しく見せる装い

それは自分に似合つた装いです。何がよく似合うのかよくわからない、という人がいますが、生地を買う時にもちやんと鏡の前で生地を顔のそばへくつつけて見て、顔色が冴えて美しく見えれば似合つているのですし、その反対なら駄目なのです。もし有合せの布地を使わなければならない場合は、顔のそばに、顔色を引立てる白とか外の色を持つて行く工夫をして衿をつくるなり、スカーフなどのアクセサリーを用いるなりします

形や線を定める時も、よく研究しなければなりません。カラーの型一つでも、作る前に紙で種々な形を切抜き、あごの下へ合わせて見て顔の輪郭や首の形に合うものを定める位に手数をかけましよう。

自分の長所を強調する

美人だ、と人に噂されるような人でなくても、誰でもその人しか持つてない美しさを何かしら持つていま す。細い眼、低い鼻と本人が気にする時に他人はその人の美しい歯並びに見とれているかも知れません。自分の欠点を気にして自信を失しているのは馬鹿気ています。それより自分の美しいところを探し出して、大いにそれを強調し誇示することをおすすめします。歯が美しければ、口紅のつけ方、話す時の口の表情の研究をし、人の注意が自分の歯へ向くようにするわけです。手足が美しければお洒落の重点を手足へ移す。可愛いい耳たぼならば、イヤリングをつけたり紅をさしたり、毛髪が美しければ念入りに手入れ髪型の研究、肌が美しければ、一層手入れして化粧も少な目にと云う風に。

体格の欠点をカバーする

背の低い人は、ちびであると嘆かずに、可愛らしいのだ、と満足することにしましよう。

年よりも若くつくること。小さい手や足を見せびらかすために手袋や靴におしやれの重点を移すこと。そして十文半の足の御婦人を羨やましがらせるのです。

肥つていたら、胸を美しく整えてセーターやジャージイのブラウスで胸の線の丸味を自慢することにしてはどうでしよう？　いくらゴムを入れても肩からの女らしい線は肉附きのいい人だけのものですから。オフネック、ローネックの楽しめるのも肌のつやつやしているのも肥つた人のものです。

おぎすさんなら、スポーティな、ボーイッシュなスタイル、タイトな洒落たスーツを粋に着こなせます。

常に新鮮な変化を持たせる

装いに変化を持たせることは、自分の気分を新しくし、人の眼にも楽しい刺戟を与えます。

お台所へ立つ時、エプロンも掛けず、買出しに行く時は、お台所からそのまま抜け出す、などと云う無精なのは駄目です。お掃除などする時は思い切つて甲斐々々しく、頭髪に

も布を巻き、きりりとしたみなりになること、食事の時には、さつと顔を直し、エプロンを外して出て来ること、朝と夕のお化粧法を変えること、雨降りの外出に髪をまとめて、しゃんとしたみなりだつた人が夜の居間では、ブラッシした長い髪を房房と肩まで下げて、若若しくリボンなど結んでいる、と云う風な、工夫は全て新しい変化です。

アクセサリイを利用する

ネックレース型のものよりペンダントを一つ持つていると便利です。手焼の陶器の玉、木の実、金属製のメタルやロケットを一つ鎖でぶら下げたものは、大袈裟でなくて、普段働く時のスエターの上でもよく、又外出のワンピースやドレッシイなブラウスにも合います。又鎖だけがブラウスの下からちらちら見えてるのも悪くありません。小形の無地のスカーフを幾色か揃えて置き、シャツブラウスにネクタイのように結んだり、スカートの色とマッチさせてたり、ブラウスのポケットからのぞかせたり、プルオーバーの衿に巻いたりピンカール隠しにかぶつたり、ポニイテールを結んだり、又鉢巻リボンに使つたり、色々と楽しめます。

家庭で便利なブラウスとスカート

プリントのシャツやブラウスは、皺や汚れが目立たず、そのままで着ても、カーディガンの下でも、寒い時にスエターを重ねてもよく、そのプリントに幾種かの色が使つてあれば、スカートとマッチさせる時にもまた便利です。かぶる形、後ボタンのものは一人で急いで着る時に不向きです。スカートは働く時のためにデニムや厚い木綿のフレヤーのあるものが一年を通して便利です。もちもよく、洗濯も易しく、安価なので充分に生地を使つてデザインの面白いものも出来ます。夕方からの着替えに無地のウールの二枚はぎ三枚はぎなどのスカートは座る時も楽で、仕上替も利き、経済です。

人に良い感じを与える装い

貴女の生活環境にぴつたりマッチした装いは何時も人によい感じを与えます。「此頃の女は一見してどんな種類の女性なのかわからない」などと云われますが、それは自分の立場を忘れた装いをするせいでしょう

「あの人はどうやつてあの衣服費を工面するのかしら？」と人が首をかしげるようなのは自分でやりくりするにしても、虚栄心の強い乱費型の女性と云う印象からはまぬがれません。又出来る可能範囲以下ならば、工夫も趣味もない気の利かない女性に見えます。堅実な感じの中に矢張り小綺麗な、美しい装いを工夫して何時も新鮮な気分を自分も持ち人にも与えましょう。

より美しくなる秘訣は

生れつきのものは何をつけても、どんな手入れをしても、どうにもならない、という考え方は間違っています。ぼさぼさの艶の無い髪でも、しみだらけの肌でも、正しい手入れ法を学んで、絶えず努力をすれば、必ずよくなります。お洒落の下手な人は、私は駄目だ、と投げていますが、熱心に工夫したり、努力して見たことは無いのではないかと思います。何事も熱心に、努力を続けると進歩しますが、お洒落の方もそうです。自分がより美しく成り度い、気の利いた装いをする女性に成り度いと願わないで、誰がそうして呉れるのでしょう？ そう願い、それに向つて努力する事が、美しくなる秘訣です。

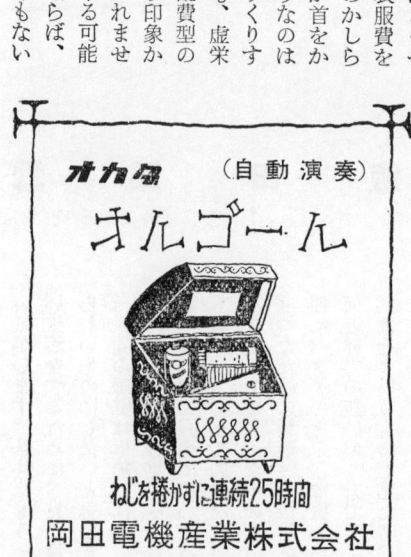

よろこびのある暮しをつくるための9項

食生活はこんなことに気を配りたい

飯田深雪
（料理研究家）

料理にも愛情をこめて

毎日の御食事を貴女の御心遣いと工夫でより楽しくする事によつて、周囲の人々をどんなに幸福にする事が出来るでしょう。その喜びある暮しを作る食生活の根本的な要素となるものは、人々へ「愛情ある心」を持つという事です。この愛情というものは人間生活の原動力で「いのち」ともいえるもので、これを除外してものを考える事は無駄なのです。私共は周囲の人々に感謝すべき事を忘れがちですから、これを常に反省しておぼえる事。自分自身をよく知つて謙虚な心になる事。これが人々への愛情を私共の心に呼びさます方法です。

調理上手になること

美味しいものを作るという事は貴女の細心な注意と「うのみ」でない根本的なお勉強や研究が必要です。これについて一番手近なものから考えてみましょう。紅茶や緑茶、コーヒーと朝の飲み物一つでも、お味噌汁一杯でも適確な料理方法で心をこめて美味しいものを作れば、出勤前のお父様やお兄様方の爽やかな楽しい朝を貴女が作り出すも同じ位の価値ある事なのです。もし、煎じ茶の様に好ましくない香りのお茶や、煮つめた様なお味噌汁を、朝起きがけから出されたとしたら、皆が原因不明の憂うつ症に一日中かゝつてしまうのです。又下手な調理は材料を無駄にする事が多く、経済的に見ても幸福な生活から縁遠いのです。

魅力ある盛り方を

お料理は食べて美味しくさへあればよいというのでは一寸もの足りない気がします。私共はもう一歩楽しい生活をするために、見た目も素晴らしいものにしたいと思います。

人間の感覚は単純ではないのです。いろいろの感覚がみたされて料理もはじめて完全に味わえるというものです。考えて御覧なさい。ホワイトソースで和えたものを白い皿に盛つただけの料理、煮た里芋などを皿にベタ〱と平らに置いたもの。何と魅力の無い盛り方でしょう。私共はそういうものを見た時、味わいたいという意慾も興味もわきません。白いものは色ある皿に、或いはパセリのみじん切りをふるとか、滑りやすい里芋は深鉢に盛るとか、直感的にこうありたいものです。

食事時は耳を楽しませる

食事を楽しむには聞く感覚、つまり聴覚について考える事も大変大切な事なので、昔からディナーには優雅な奏楽がつきものでした。ですから折角食卓についた時、たとえ御馳走が満点でも食事しながら聞きづらい不平やぐち、人の悪口を話すくせのある方は今日限り止めましょう。食卓に並ぶ人の胃液や唾液の分泌まで悪くしてしまうのです。この様な人は食卓に並ぶ資格のない人で、ナイフ、フォークの持ち方やいろいろのマナーを学ぶ前にこうした事を先ず知らねばと思います。そこで家中の方の好きな楽しいメロディーをもつレコードでも静かにかけて感謝の食卓を囲む事に致しましょう。

手際よく能率的に

よくお客様のお帰りになる頃やつとお茶を出してみえる家があります。それは臨機に事を処理出来ず、時間も制限なしにダラ〱と作り、出来た時に出せばよい主義の、誠にはがゆい程スローモーな人のする事です。こうした事は習慣と努力でなおるのですから、つとめてキビ〱と能率的にする事に心を配つて下さい。食卓にすわらせられたお兄さんが、スープの後、次のお料理の出るまであんまり待たされるのでフォークでチンチンと皿のへりを叩いて催促する様ではよろこびある暮しをつくる食生活は到底望めません。

何よりも清潔さを

お皿をうらがえすとこびりついた湯あかや脂あかがあつたり、お料理をいたゞく間に髪の毛が出て来たりこれらはすべて食事の楽しい雰囲気を台なしにするものです。食器類や食卓布すべて清潔ですわつた時心持ちよいものであらねばなりません。それから、貴女のエプロンも毎日洗つてアイロンをかけて下さい。これからはますます洋食が私共の生活に日常化して来るので、どうしても皿などは石鹸水で洗つてから清水でゆすがないといけません。「皿の上手な洗い方」こんなことが案外によろこびある暮しの食生活に直接つながつているのです。

食卓に変化のあるよろこび

どんなよいものでも、何度も何度も見ているうちにあきの来るものです。賢明な方は人間のこうした習性をよく知つていて絶えず新しい創意を生かして暮すようにすべきです。貴女がおいしいと人にほめられたからといつて続けざまに何回も同じお料理を作つたりなさつては、よろこびある食生活からかえつて縁の遠い人となつてしまいます。たとえ同じ料理でも形や盛り方だけでも変えることによつて私共は救われるものなのです。食事の飾りなども何日たつても同じものを使用すると、すわる人の気持まで沈潜してしまうものです。人の心を絶えず盛り上るようなよろこびの中におくように出来る女性こそ最も魅力ある人というのでしょう。

朝・昼・夜の雰囲気を

美味しいお料理を楽しくいたゞく上に今一つ大切な条件があります。それは食卓を楽しい雰囲気にするという事です。朝食には朝食らしいすがすがしい感じを（花ならばマーガレット五、六輪か或いはみかん等を飾るだけで結構です）、昼は質素で簡単に。夜は和やかで華かに（花ならばバラを飾るというように）。又パーティの場合は特に大切で、若いお客様には喜びにあふれるような楽しい花の生け方や食器の用い方を。年長の方をお招きした時は礼儀にかなつたつゝましい食卓を用意する等その食卓のもつ根本的な意味を捉えてそれを表現する事は人々に真から落つきを与えて心を楽しませる事になるのです。

暮しを楽しくも苦しくもする金銭

松田ふみ
（ジャーナリスト）

お金をひきつける引力

　お金は天下のまわりものと申します。なるほど、その通り。然し、お金が人工衛星のように、ぐるぐる廻つていても、それをひきつける引力がなければ、自分のものにはなりません。

　問題はそこです。自分なりに何らかの引力で、お金をひきつけた以上まず計画をたてゝ遣いたいものですお金のことを年とつた人たちは、おあしと申します。お金は計画をたてないでいると、どんどん足がはえたように、どこかに出て行つてしまうからでしょうか。しかも、お金のあしつて、すごく早いんですね。あれよと思う間に、お財布の中は空つぽになつてしまうのですもの。

　お金の足を鎖でしばつておかなくちや、それは計画性というわくをはめる他に、よい方法はないようです。どうせ将来家庭を持たねばならない若い人たちは、是非独身時代にその練習をするためにも、今のうちから、ご自分の給料を計画たてゝつから工夫をしてみたいものです。

　何故なら私の経験から云わせて頂くと、だれでも、殊に女は、さゝやかなサラリーでも取るようになると浪費のわるい癖がすぐつくのです。その癖の芽が、段々大きく育つてゆかないうちに、計画性をもつてコントロールすることが大切のように考えます。

お金に風邪をひかせないように

　だからと云つて、ケチにして下さい。などというのではありませんから、ごかいのないようにねがいます

　お金は生きものなのです。だから風邪をひくこともあります。まさかいくら流感がはやつている時代だからと云つて、お金が風邪をひくなんてとおつしやるかも知れませんが、本当の話です。

　ではどんなときにひくの？

　若い方々の中には、お金をその辺に出しつぱなし、放つたらかしになさる方はありませんか。折角お嬢さんのお財布に入れて頂こうと思つているのに……とお金は嘆く。そんなとき、寒い風にふかれてブルブルふるえながら、風邪をひいてしまうのです。

　もうあんな、冷たい待遇をうけるのなら、絶対あの方の処にはゆかないわ、それよりもつと大事にして、お財布の中に入れて、あたたかいふところに抱いて下さる方の処に行きましようと申します。

　一銭を粗末にする者は、その一銭に泣くと昔から申します。貴女のお金に風邪をひかせぬよう、豊かなあなたの胸で温めてやつて下さい。

お金にも生命がある

　お金を大切にすることゝケチとは違うということを重ねて云いたいのです。

　お金は風邪をひきもしますが、また使い方によつては生きもするし、反対に死ぬこともあります。余り風邪をひかせないよう、大事大事にしすぎで、手で握りしめていると窒息してしまいます。大切にすることゝケチとの別れ道です。大切なお金ですが、勉強のためとか、本を買うとか、困つているお友達や隣人を助けるなどのために使われると、その価値以上に生きるのです。

　そのよい例を一つ申上げましようつい先だつて文京区に住む気の小さい、従つて善人の八百屋さんが、家主から家を追い立てられ、三人の子供を道連れにして一家心中をした事件を憶えていらつしやいますか。話はそれだけですが、それから一ケ月後の命日に当る十一月二日、近所の人たち皆が、お通夜とお葬いをしてあげたというのですが、その費用三十万円だというのです。家主さんもその費用の一部を出しているそうですがおしいことに八百屋さん一家が生きている間に、そのお金をつかつたとしたら、百倍にも千倍にもお金は生きていたでしょうに、死後になつて出したところで、お金は死んでいます。全く惜しいことです。

　お金の使い方を誤らなかつたら、お金で買えない尊い五つの生命を、お金で買うという魔術のような威力を発揮したことでしょうに惜しいことをしたものです。

シェクスピアの忠告

　シェクスピアがハムレットの中でこういうことを書いています。それはオフェリヤの父ポロニアスが、はなむけとして旅に出ようとする愛児レアティーズに送つた言葉です。

「お前は、どんなことがあつても友人に金を貸してはならない。それによつて、友情を失つてしまうぞ」と。

　この言葉はそのまゝ裏返して、友人からお金は借りるようなことがあつてはならない、ということを、処世のモットーにしたいものです。

　お金を借りるときは、誰れでもヘニコラしていますが返すときは、腹立たしそうに返すのが人間の心理らしいのです。貸した方もそんな固い表情で返されては、折角の親切が無駄になつたというでしょう。

　お互に美しい友情をもち合いたいならば、お金の迷惑はかけ合わないことです。

　だつて、借金してもこの窮地を切りぬけたいのです。という前に、人生には、さまざまな予期しない出来ごとが不意に出て来るものなのです
　お部屋を移りたいのよ、権利金がいるの、お見合なのよ、着物がほしいの、故郷の母が危篤なのよ、是非お金がいるの等々。貴女にいろいろの理由はあるでしょうが、人にたよる前にまずこれまで貯えをしておかなかつた自分を反省すべきでしょう
　この次、そのようなとき人に泣きつくことのないよう、計画的にお金を大切にし尊びましょう。

　然しそのさい決してお金に仕える奴隷にならないよう、あくまでお金の主人は人間だということをお忘れにならないで下さい。

お金も幸福の一つの要素

　世の中に、お金で買えないものは何もありません。最近は生命も、ある程度、美しい顔さえ、お金で解決するではありませんか。

　でも「買えないものが、たつた一つだけある。それは人の愛情」とまあこれまでは考えられていました。

　然し時代は変つて来ています。物価は高くなり、お金の価値が下つてきた近代では、愛情さえもある程度お金に支配されています。一つの窓から貧乏が入つて来たら、片一方の窓から愛情が逃げてゆくと申します
　これはまさに真理だと思います。たゞここで一寸考えて頂きたいのはこれまでの考え方からすれば、そのさい男の経済力がいつでも問題になつていましたが、現代では、男女の差別なく、どちらかがお金をもつていれば、その金と相手の魅力とを合せて愛情をきずいてゆけばよいのではないでしょうか。

　所詮、結婚して二人で築いてゆく一つの幸福なのですから…つまり、自分の貯えたお金で幸福をあがなうわけです。将来に幸福の殿堂を貴女ご自身の手できずくという、非常に積極的な目的のために、お金を貯えることは新しい人生の建設だと思いますが、如何でしょう。

収入の比率に応じて貯える

　ではどの位？と仰有るのですか。沢山ためれば、沢山たまることは常識であり、また数学の法則です。然しそれでは若い方々はいやになる日もありましょう、何だ大蔵省貯金局の人の許にお嫁にゆくために生れたのじゃないわ、なんて、鼻をならす方もあるかもしれません。

　そこで、貴女の勤労の報酬として手にされる金額の二十分の一はいかがでしょう。つまり六千円おとりになる方は、三百円だけ毎月のこすのです。まずサラリーを手にしたら、必ず実行します。明日ではおそすぎるのです。すぐその日、その瞬間に何だか惜しいけど、エイッと目をつぶつて金三百円也を貯金しておくのです。捨てるわけではないのですから、一年したら三千六百円に利子を加えてそれは三千七百八十円にふえています。勿論これは最低の比率で収入の多い方は、もう少し率を高め、せめて十分の一にしましょう。お金は生きものだから子供を産んだわけです。そして貴女が何年か先、幸福の門をくゞられるとき、この親と子は貴女のうしろ楯となつてあなたの人生行路のよい杖ともなつてくれるのです。

よろこびのある暮しをつくるための9項

秩序あるくらしが生活を楽しくする

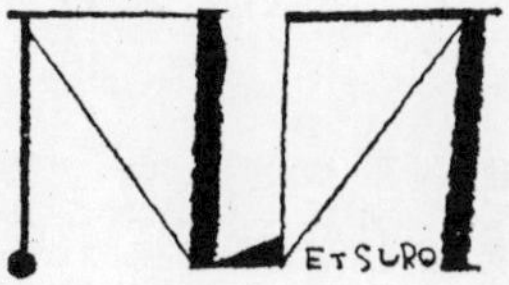

氏家寿子
（日本女子大教授）

眼の邪魔と手の邪魔を除く

整理は自分の生活を快適にさせる条件です。他人に見せるためでなく自分に見せるためです。外から帰つて来た時のわが家、わが室がごちやごちやしていると第一眼につき刺さります。でこぼこに置いてあつたり堆《うず》高く嵩《かさ》んでいたり、どこに何があるやらわからない混乱状態になつているとたちまち神経が刺戟され不覚のうちに焦燥を起こしてしまいます

そこで行動をしようとすれば今度は手の動きがさえぎられることになります。したい仕事に手をつける前に手前の物を移動したり、重い物の下から必要品を引ずり出したりそれどころか探し物をしなければならない。その徒労、屢ゝ《しばしば》自分で自分が気の毒になつてしまうでしよう。

こうしてノイローゼをつくつて行くのは何としてもたまらないことです。整然となつていればたつた一人で帰つた室でも手をのべて迎えられたような温かい気持になります。さあ何から初めようかと直ぐさま活動に移れます。とても楽しい。

まず程よい分類を

たゞ片付いていればいゝという方法は駄目です。無意味な押込み式では仕事を初めると前よりもつと乱雑になつてしまいます。

どうしても合理的な準備がなければなりません。それについて幾つか取上げてみれば品物の種類分けが先ず第一の準備です。私たちは実にいろいろな物を持つています。そして全部必要なのです。これを仕分けすることは口に易く実行は甚だむつかしい。何故ならば劃然《かくぜん》と分別しきれないからです。物の性質から分けようか、使う頻度から考えようか、仕事や生活のまとまりに準じようか、価値評価に基づこうか等々。

例えば物の性質からといえば紙類布類、金属類、重い物、軽いもの、大きいもの、小さいもの、となつて来ます。

仕事や生活からいえば裁縫に使う道具、材料、お花のためのもの、調理と食品類は一応まとまつている筈ながら貯蔵品があるし、使用頻度からは夏冬の家具用具のように交換すべきものと、普断用とか他所行や客用とかとなります。また価値から見れば大事な品とそれほどでもない品ということもあります。

とにかく自分に便利なように、そして家族にも納得の行くように分けてみないと並べておくわけには行きません。

ところで考え過ぎるとむやみに見出しが多くなり容れ場所が幾つあつても足りなくなるでしよう。分類倒れといいたい。室の広さ、住宅の大きさともにらみ合せて余り門口が多くなり過ぎないように、そして余り主観的抽象的な名称にならないようにあつさりと分類させましよう。「いつか使うもの」とか「何かの役に立ちそうなもの」とか「とにかく一応」などという名の分類はしばらくすると自分にもわからなくなつてまたやり直さなくてはなりません。

入れものを工夫する

大きい物や目的のはつきりしているものは余り混乱しないのです。台所の鍋・釜や洗濯盥、のような種類は移動も少くその範囲が制限されているからです。困るのは一と口にいつて小物の類です。これは使いたい時すぐ役立てたい即ちさつと出て来て貰いたいのですが、えてして必要でない時に現われて来るいたずら者になり易い。かといつて置き場を楽楽ととれるものではないでしよう。

そこで空箱・袋（紙、ビニール、布）包み、籠といつたような容器を工夫しましよう。その外部に一定のレッテルをつけて内容品をよくわかるように記します。余り細かくクシャクシャ書かないで一目瞭然に。洋服のボール箱はよく利用されますが直接鉛筆などで書いて中身を入れかえた時消してまた書き直したりすると見にくいものですから少し気取つて色分けかカードの形を考えて可愛らしいレッテルをつけましよう。

布袋や風呂敷包みなどは戸棚の中の天井に曲り釘を一列に打つてそれにかけ、各々に美しい札を下げておくのも面白いでしよう。

抽斗《ひきだし》の中はぜひ仕切り板をつくり（ボール紙でも菓子折のふたでもよい）互に入り交らないようにします。浅い箱毎入れておく時には抽斗の底に箱を貼り付けると動かなくなつて便利です。（何でもつく糊があるでし

よう）

整理のための家具と戸棚

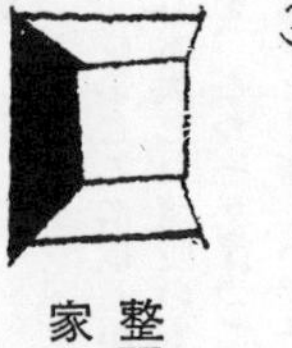

新築ならば設計の時に、大体の必要品を入れる場所を、自分の好みの尺度に合せて造つておけば一番簡単です。また丁度助手ででもあるかのように便利に出来ている既製家具を購入して備えつけるのも楽しいことです。それらによつて呼べば答えるように道具や材料が出て来ます。しまつておいてネと頼めばちやんと保存しておいてくれるのです。このようなものに費す経費は決して高価なものではありません。そのおかげで沢山の時間と手数を生み出すことができるし、見たところ整然となつて気持がゆつくりしますから。

汚れ物の整理にこんな方法

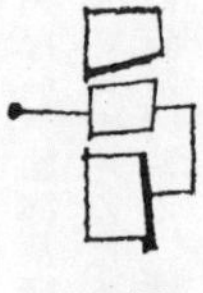

汚れ物は洗濯するまで余り目障りにならないところで、しかも見失わないようにしなければなりません。洗い物入れのバスケットも結構ですが、場所がなければ1米位の窓にかけるカーテン様の布を台にして幾つかのポケットを作り分類して浴室辺か廊下の壁に吊るし汚れた物を入れておくと、洗う時にも手数が省け目にさわることもありません。各自が自分でそれぞれのポケットに入れておけば尚更近辺の清潔を保ちます。

家計簿をつける習慣

経済生活は人々の主義により無計算、無記帳、ケセラセラと寛大、莫大方針をとる向もあります。然しすべての生活の基礎ですから家計が不安定であることは真の明朗生活を妨げるもととなるはずです。できるならば家計簿があつてほしい。これによつて家庭の計画経済が出来ます。将来の準備も、夢を実現する可能性もみとめられます。安心した生活くらい幸福なものはないでしょう。そのためには記帳整理の習慣を身につけ、僅かな時間で生活を落ちつけることにしましょう。

たんすや戸棚の混乱を防ぐ

衣服は大切ですから、各種の箪笥《たんす》や衣裳袋、日常用にはハンガーをかけ並べる戸棚とかコーナーとかを用意します。下着類は洗濯したりワイシャツなどは洗濯屋に出したりいろいろの手入があつて内容の移動を避けることができません。独逸の婦人に学んだことですがその扉の内側に広告の裏紙で結構ですから内容品目録をつくり鉛筆を吊るしておいて、出したもの、入れたもの、加えたもの、廃棄したものをそのつど印つけます。これによつて「たしかにあつたはず」という混乱を未然に防ぐことができるのです。

整理のタブーとそのコツ

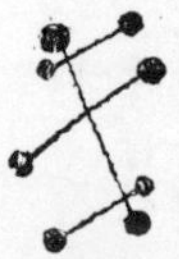

整理のコツの一つは上に上にと積み重ねないことです。狭い場所を立体的に使うには横に段をつけて（板でも厚紙でも）仕切ることを怠らないように。積み重ねては「たしかこの辺」とばかり引ずり出すと全体的に常に移動しているわけで自分で自分が当にならなくなります。積み重ねて一と先ずまとめる場合には必ず小口にその旨記した札を下げましよう。ゴタ〱の中身を記憶しておくことは全く頭脳の不経済というもの。置き場所は話し合いで最もよい所に決め、極くわかり易く印をつけておきます。或る画家がフライパンのかけ場には色彩調節よく図案化したフライパンの画を、鋏のかけ場には鋏の画をつけておかれました。とかく忙しくまた習慣の悪い大人の家族もそれをみて自然ともとへ戻すという良い習慣がついているそうです。

整理内容をノートにつける

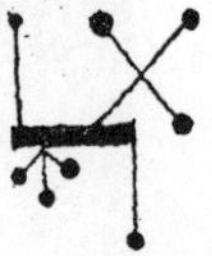

机の上を片づけるということではなく、すべての整理内容を一冊のノートに記しておくことです。それによつて押入に首を突込んだり「どこだつたつけ、たしかにはさんだが―」とうろうろする必要がなくなります。その帳面を開いて不足を補い、家庭の未利用資源を利用することができます。体を動かさないでコタツにあたりながらでも家中の整理ができることになります。こんな管理の仕方も便利ではありませんか。

整理の日をきめる

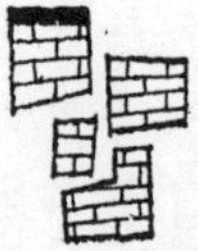

いくらよくしておいても乱れるものですから適宜点検の日をきめましよう。整頓日としてもよいのですがあまりにも乱れてしまう特別の物や場所についてはあるいは不都合な原因があるかも知れない、無理になつているかも知れないということについて見直しをする必要があります。その場合には適当に置きかえたり、分類を変えたり、分量を変化させるなりこころみてみます。
たゞし、家族にだまつて行つてはいけません。自分自身だけでなく、みなにもよくわかるような配慮がほしいものです。

よろこびのある暮しをつくるための9項

リクリエーションにはこんな楽しみ

串田孫一
（哲学者）

針函

僕は煙草の空缶に、針と糸とを入れて持つているけれど、これは少し長い山旅の時に持つて行くほんの用意のもので、針函というものを持つていない。始終裁縫をするわけでもないのに、そんなものを持つているのは無駄である。けれども針函を片づけている人を見ると実に羨しい。針函は一つの世界である。その人の気持が、そつくり入つてしまう八ミリである。普段、時には荒々しい手先でひつかき廻してしまうその函を日なたに持ち出して、自分の気持を整えて行くように、こまごまとしたいずれも大切なものを整えて行くことの出来る小さい針函の持主を僕は羨ましく思う。机の抽斗しを片付けて気分を整えながらも、針函片付けはそれの比ではないように思う。

シャボン玉

子供のころに欲しかつたおもちやそれも大した値段のものでもないものを、こつそり買つて来るのは、僕にはひどく嬉しい。子供のころにやつて見たくて、できなかつたことも沢山あるけれど、それは大人になると不可能な場合も出て来る。僕はシャボン玉を飛ばした経験は確かに持つているけれど、あの、針金の輪をとおして、無数の玉を吹き飛ばすちよつとした仕掛のあるあれは、実に最近になつて買つた。それは僕に、まことにすばらしい三四時間を与えてくれた。太陽の光が、ふりそそぐような午後の庭で、僕は、太陽の子供を自分の口で創り出しながら、創造主の悦びを味う。僕の抽斗の中のこまかいおもちや類は、人が見たら呆れるだろう。

歌集

新しい歌を覚えるのは嬉しい。それは誰もが好むとは限らない歌であるが、滅多にひとの歌つているのを聞くことのない歌を、自分で集めて自分の想い出の歌集を作る。僕は以前、時々習字をやつた。ていねいに墨をすつて、法帖から、古い人の文字を半紙に写し書く。けれども、今はそれに代つて、楽譜を写す。五線も、定規で引いて、間違いのないように一つの歌を、小声でゆつくりうたいながら写して行く時、僕にはいろいろの幻想が見えて来る。音楽の力は、奏せられ、うたわれている時には無論僕たちに作用するが、譜を写していると、何か飜《ひるが》えるものに誘われながら、美しい幻の世界へいつか入つている。

楽焼

楽焼というものは、散歩の最中や旅行のときに、思いがけず楽焼やがあつて、そして友だちと何かやつて見ようということになり、筆をとつてみると、灰皿や茶碗に向つて、さて何をかいたらいいか分らなくなるけれども、あそこの公園には楽焼やがあることを想い出し、それを目的どして出かけて焼いてもらうと、可なりいいものが出来る。あの絵具が焼けるとどういう色になるかは中々分らない。それは専門家でも厳密には分らないそうであるが、前の晩から書き写して用意して行つたボードレールの詩の一節が、へりにまるくかかれ、それが考えていたとは違つた姿で釜からつかみ出されて来たらしばらくはもつたいなくて、ひとにはあげられなくなる。

絵による記録

それは、わざわざ、スケッチ・ブックなどを用意すると却つて大げさになつて駄目であるが、小型のノートでも何でも、その時ポケットやハンド・バッグに入つているものに、文章にするとわずらわしいようなものを、絵によつて記録する癖を持つこと。それはその時だけで何の役にも立たないことはあるけれど、効用を考えた上でそんなことをするわけではない。電車の中の広告にかわいい絵があつたり、誰かの服におもしろい文様があつたり、ビルの窓からのぞいている人の顔があんまりうれしそうだつたり、描きとめておきたいことはいつぱいである。そういう時のための手帖を持つていると、街を往くのも案外たのしい。勿論その絵に備忘のために文章を書きそえることもある。

本読み

こういうことは大がかりで始めると大へんなことになるが、戯曲の一つを書棚からとり出して、その全部が長すぎれば一幕を、みんなで、なるべくなかば役者になつた気分になつたつもりで読む。お客さんをまじえて、一つの本にみんな集つて、本読みをする。僕はいつか訪ねたお宅でそれをやらされ、はじめはひどく恥かしいようで困つたけれど、自然に熱が入つて来ると、その辺を歩き廻りながらせりふを言つて見たくなる。本をよんでくれとせがまれるのは幼い子供のいる家のことだけと考えずに、年よりも交えて、こんなことをして見たくなることがある。朗読でなくてよい、一冊の小説をみんなでかわるがわる声を出してよむ夕食後の一時間。

工作

材料を買つて来る。道具を揃える。そのために講習会へかよう。それでは工作のたのしみはなくなつてしまう。たのしみは、本格的にやろうとするとたのしみでなくなる。よそから頂いたお菓子の包み紙があんまりきれいなので、つい箱ばりをして見たくなつたり、正月からかけつぱなしのカレンダーがあんまりよごれたので、自分で、せめて今年の最後の暦を作つてみたりするのが、たのしい工作である。こうして、箱のふたを使つて作つた額縁が、買つた額縁よりも愛着が出てすて難くなるのはあたり前である。「それいゆ」は、そのためのヒントを沢山教えてくれるだろう。訪ねて来た人に、私もこんなものつくつてみようかしらと思わせるようなものを部屋に幾つか置いておきたい。

よその家

散歩をしながら、考えごとをするのも勝手である。口笛を吹いても勝手である。けれども僕は街を散歩しながら、まだ通つたことのない裏道を歩いてみるのがすきである。そして疑われるほどに、よその家をのぞき込んではいけないけれど、知らない家や、その庭をちらつちらつと眺めながら、ある家を考える。それは既に僕の中に、大部分は創作された物語である。つまり、道を歩きながら一時的に小説家になり、筋をつくりながら自分でそれを追つて行く。僕の散歩の時のたのしみである。どこかの物干に猫がひなたぼつこでもしていれば、それだけでもう充分な材料である。みんな似たような家でありながら、人々は別々の営みをしている。

ジュニアそれいゆ

No. 18 特集 ジュニアのためのおしやれ 発売中 ￥180

―次号 No. 19 について―

次号のNo.19は、新しい年を迎えるジュニアのための特集です。写真の頁も読みものも、新着にふさわしいものを満載いたします。来年も又、ジュニアのみなさんのよいお話相手になつて一緒に素晴らしい一年を作りたいと思つております なおNo.19は年内におとどけする予定です。妹さんやジュニアのお友達へのプレゼントには、ぜひジュニアそれいゆをあげて下さい。

――主な内容――

☆二着のドレスを31通りに着る―たつた二着のドレスが31の雰囲気をもつことができます。ジュニアにふさわしいおしやれのデザインを中原先生が見せて下さいます☆芦川いづみさんのための黒と白の服☆第一回ミスジュニアそれいゆ**水野麻耶さんデヴュー**☆みんなよいお姉さまになりましよう☆ミスタージュニアそれいゆ多喜本君の**横浜案内**☆ミッキー・カーチス君紹介。

――主な内容――

☆ジュニアのクリスマスのために―クリスマスの装い、プレゼントの作り方、ヘアースタイルクリスマスカードなど、美しい思い出をつくるクリスマスのために☆**小説**―畔柳二美・街夕記子・いしおかやすよ・森薔子☆**対談**―学校生活仕事兄弟げんか宇宙旅行中原先生と大いに語る津川雅彦君☆洋裁教室―カラーの作り方☆ワイシャツとタイトスカートについて☆読書案内

――主な内容――

☆みんな美しくなりましよう―ジュニアのおしやれはジュニアだけのもの。心も身のまわりのこまごましたことも、みんな美しくなるためのアドヴァイスです☆**この人の印象**―ジュニアスターの方達のおしやれについて中原先生の印象☆**人魚姫**―美しいメルヘンの世界を中原先生の絵物語で☆**長門裕之さん**の似顔を上げましよう☆小説―愛の時間完結篇☆**写真物語**☆詩の鑑賞

一着のきもので一生着る

中原淳一

着る人　原田和子さん

最近、きものが若い女性の間で興味をもたれている。戦後からしばらく、洋装へのあこがれという形をとっていた女性のおしゃれが、日本のきものにもという方向になってきたのだろうか。

キモノは今では世界共通のことばになって、もっとも美しい衣服だとされているし、それに、なんといっても日本の女性にいちばんよく似合うのは和服なのだから、日本人が自分の国の衣服を捨ててしまうのはおかしいし、残念なことだ。だから日本のきものは何かの形で残しておきたいものだと思う。

スポーツのときはもちろん、通勤や通学には機能的なデザインの洋服を選んでいても、さて晴着や訪問着ということになると、午後の服とか、カクテルドレス、イヴニングドレスなどは、日本の生活様式にそぐわないばかりか、そんなものを着る機会が年に何回もないということを考えると、流行の移りかわりのある洋服で晴着を持つというのは、あまり合理的でないという考え方にもなる。もちろん洋服で持っているのが悪いというのではないけれども、和服で持っていると、たとえ一年に一度か二度しか着なくても、永く着られるという意味で、決してムダでないことになる。

和服の特色は、年令によってデザインがかわらないこと、時代によって型がかわってゆかないということにある。かわっていたのは、年令によって色や柄がちがうということと着付けの方法がちがうということだけだったが、今ではそれも、年令が若ければ派手にというのでなく、目にうつたえる感じに重点をおくようになってきている。

ここでは、昔ならば年寄りの様な地味なきものを、帯とぞうりの色だけかえ、あとは着付けによって、各年代の感じを分けて着る。こうして、一枚のきもので十代から五十代、いやもっとそのさきまで、一生を通して着ることができるとしたら、こんなにも自由に着られるものだというきもののよさがもうひとつ発見できないだろうか。

30代

20代

50代

40代

よろこびのある暮し

Enjoying the Daily Life

中原淳一

いつ会つてもいい身なりをしてお洒落で通つている人の家庭を訪ねていつてみると、あまりにみすぼらしい恰好だつたために、人違いかと戸惑うようなことがある。そんな人は本当に歓びのあるくらしをしている人とは言えない。それは家にいる時もネックレスやイヤリングをしていることを指すのではない。いいものを着るというのではなく、晴着もふだん着もすべて暮しに密着したもので、その中で何かしらその人らしい装い方をみつけている人のことを言うのである。捨ててしまうような屑布からも、黒い無地のきものからも、素晴らしい喜びが生れることを、あなたのくらしの中から見つけてほしい。

Enjoying the Daily Life

つぎはぎのたのしさ

ドレスの裁ち屑や、残り切れ、もう着ない古いドレスの布でも、何でもかまわないからとにかく横長い布を集めて次々に接ぎ、その接ぎ目に黒いテープをはつていつて出来たきもの。裾から肩までの後巾をきめて、その巾に接いだものと、脇から立褄までの巾のものを二つ、袖巾のもの、衿巾のものをそれぞれの丈にはいだもので黒の木綿の裏をつけた。つぎはぎの布は巾をきめてしまわず、その時の端布の関係で二・三糎のものもあれば十糎近いのもあるという風に不揃なのがかえつて思いがけない美しさを発見させてくれる。裏布は古い浴衣を染めてもよい

着るひと　原田　和子さん　宍戸　錠さん

ドレスを作つた時必ず出来る裁ち屑は、何となく愛着があつて捨てる気にはなれないものだ。けれども、ただしまつておいたのでは何にもならない。

右のチェックのたのしいスカートは、そんな端布れを集めて作つたもの。ボール紙でハンカチより少し小さいぐらいの型紙をつくつておいて、残り布があつた時その都度、手まめに型紙に合せて切つては二枚ずつ接いでゆく。二枚になつたら更に四枚にはいでゆくという風に日頃から心がけてためておくようにする。3/4円形の後明きスカートの型紙をつくつて、その上に中央がバイヤスになるようにおきながら、きれいに接ぎ合せ、綿をひいて黒の裏布と合せたものだが、桝の接ぎ目にバイヤステープをはり、裏表一緒に縫つてキルティングした。大きなチェックに黒いテープが個性的なアクセントをそえているばかりか、桝の角の接ぎ目のちよつとした狂いなどもきれいにかくされてすつきりした印象をつく

つている。裾は裏の布と共布のバイヤスをはり、中に折りまげて始末する。黒い裏布は前と同じように、古い浴衣などを染めたものでもかまわないが、買つたとしても大した金額ではないし、材料費をほとんどかけずにこんなに素晴らしいスカートが出来るわけ。

同じように四角い端布れを接いで、袖底と脇を縫つただけの半てんを作つてみた。やはりキルティングしたものだが、これは縫目を割つてその縫目の上をミシンでおさえてキルティングしたので、表には縫目が出ていないが、一つ一つの桝がしつかり抑えられているために盛上つたようにみえて、いかにも暖かそう。着ると自然に前の裾が細まるので、ヒモの代りにそこにボタンをつけて止めた。

同じつぎはぎで、つくりつけの帯を揃えて、無地の着物に重ねたら、いかにもくつろいだ感じの愉しさのあふれた家庭着になつた。

着るひと　真鍋賀子さん・菅原文太さん　高楠布美子さん・池田英一さん

黒の化センの単衣《ひとえ》だが、両袖の五分の三ぐらいと帯とに、二・五糎四角のつぎはぎをあしらつたもの。つぎはぎの部分だけ、縫代をしつかり始末するために裏をつけて、線の上にミシンをかけてとめつけた。小さな四角のとりどりの布が、まるでモザイクをみるような面白さをみせている。これは両

y Life

のしさ

さん

さん

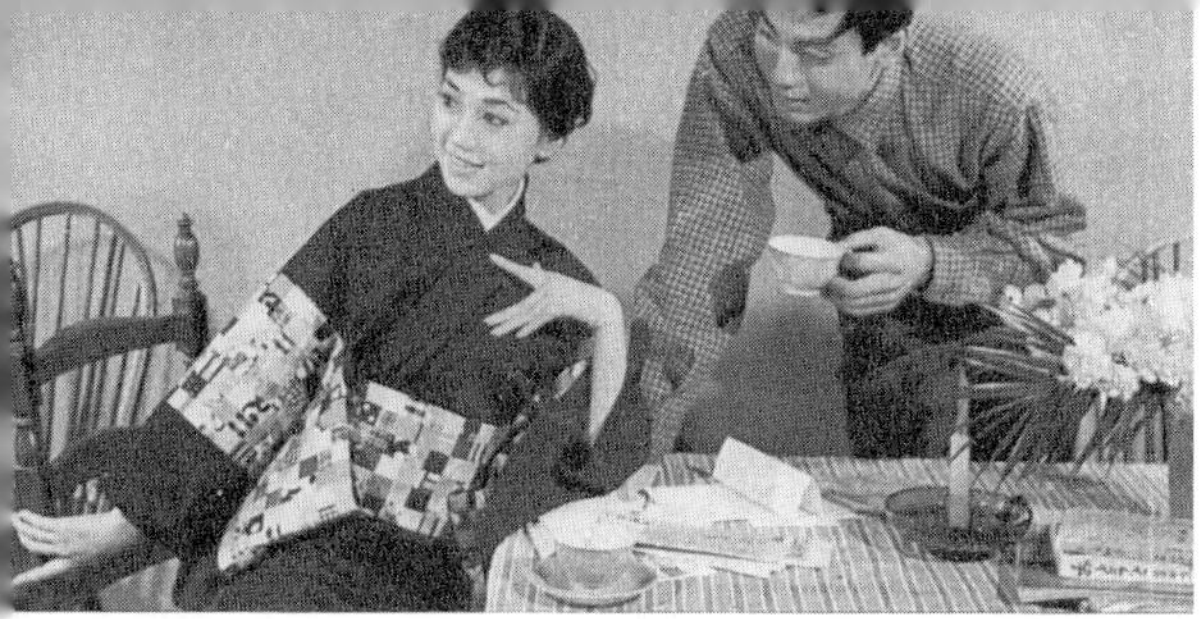

袖全部にしても愉しいだろう。

冬の夜のつれづれに、炬燵に入つておしやべりしながら、接いでゆくたのしさ。出来上り二・五センチといえば、ほんの僅かの布だから、残り布というよりも裁ち屑として大抵は捨ててしまう。だがやはり日頃から、出来上りに縫代をつけた大きさのボール紙の型紙を作つておいて、きちんと切つてためておくようにすると、どんな小さな端布でも絶対に捨てられなくなるだろう。たとえ、色あせていたとしても、こんなに小さければ目立たないのだから。

ここにあげたつぎはぎの幾つかは、いずれも外出用にしても絶対他のきものに比べてひけをとらないものだが、家庭着としてこれほど愉しさのあふれるものはないのではなかろうか。

女のひとは家庭にいる時こそ、もつとチャーミングであるべきで、男性は家へ帰れば窮屈な服を脱いでどいてらで寛いでいるのに、奥さんは膝がとび出してお尻のぬけたような、もう外出着として着られなくなつた古いタイトスカートとくたびれたスエターでいる。家庭では外で着られなくなつたものを着るというのではなく、家庭着としての性格があるはず。日曜日など家にいる時、夕食の仕度が出来たとき、もしあなたがこんな和服で現れたら、どんなに愉しいことだろう。家庭着にお金をかけるのは勿体ないと思うひとがいたとしても、これなら出来る筈

Enjoying the Dail

つぎはぎのた

着る人　原田和子
宍戸錠

joying the Daily Life

綿縞と絣スカート

昔は農村と限らずどこの家庭にも紺木綿の縞の着物があつたものだが、戦時中にモンペになつてしまつた様である。或は使い途のないまま残つているかもしれないそんな木綿でスカートを作つてみた。まずスカート丈をきめて四等分したら縞の数が九段になつたのでその正方形をつくつて、たてよこ網代模様に接ぎ、その着物の裏地だつた紺木綿をそのまま裏にして袷にした。しつかりした張りが出るばかりか、木綿の袷のスカートは季節を選ばずにはける。つぎはぎの模様には織物に見

紺がすりの素朴な味わいを生かして、可愛いスカートを作つた。裾は巾いつぱいにし、上の方を欠いた八枚接ぎのフレアースカートで、真赤な化センの裏をつけてこれも袷にした。接ぎ目に裏と同じ真赤なバイアスのテープをはつておさえ、表と裏とをしつかり合せた。そのテープの先に、フエルトを丸く切つた赤い台に、白い円をのせて真中を縫いしぼつて黒のボタンでとめたら、長い茎の先に、小さな花がぽつかり八つ咲いたようで、スカートの裾にたのしい彩りをそえた。真赤なス

En木の

エターと裏とが、紺がすりに家庭着らしいたのしさをそえて一層チャーミングにみせる。
着るひと　真鍋賀子さん　菅原文太さん

られない味いがある。網代の隅々に小さな白い貝ボタンをとめたらとても可愛くなつた。
着るひと　水津澄江さん　杉本英一さん

ニューヒルマンミンクス
いすゞ自動車株式会社

Enjoying the Daily Life

茶羽織り

セピアの薄手のウールで茶羽織を作つた。ドレスのテクニックをとりいれて後にプリーツをたたんだら、帯のふくらみとともに自然な美しさが生れた。

胸から背にかけてくるりと、図案化された木の枝を茶と黒のフエルトで大胆にアップリケしたのが個性的な新しい装いをつくり出し、ところどころにある黄色い木の実が愛らしさをそえている。

配色のよい、さらりとした化センか、薄手ウールの無地のきものと合せて軽やかに。

洋装的なセンスで着こなしてほしい愉しい茶羽織り。

着る人 原田和子さん
宍戸 錠さん

Enjoying the Daily Life

花のアップリケのある振袖

夢のように淡いピンクのサテンで振袖をつくつた。結婚衣裳としても披露の衣裳としてもよいし、お友だちの結婚のお祝いに着るものとして考えてもよい。

広巾で、衽なしに仕立て、きものより少し濃い目のローズ色のフエルトで簡単な作りつけの帯をつくつた。きものや帯の色に近いピンク系を中心にしたさまざまな色のフエルトで、大小の丸をきざんだり、真中をしぼつたりして花のような感じにおき、中心をボタンでとめて模様をちらし、グリーンのフエルトで葉を添えたら、可愛いらしい裾模様が出来た。葉は中心の葉脈だけを縫つてとめ、花もボタンでおさえただけなので、それらの模様が立体的にうき出しているのが華やかさをそえている。

花の芯にしたボタンは、小さい頃のドレスについていたのや、もう古くなつて解いてしまつたドレスのものや、子供の頃からこれまでとつておいたさまざまなボタン、貝ボタンや玉のボタンなどとりどりに全部使つてみた。

振袖や訪問着というと、うんと高価なものだが、そんな経済的な面からばかりでなく、自分で作つた振袖に、毎日少しずつ模様を加えて

ゆきながら、晴れの日を待つたのしみは、どんな高価な絵羽付の訪問着にも替えがたいよろこびがある。
きものとして着たあと、アップリケをとつてしまえば、ピンクのサテンの布で、あなたのスーツの下をかざる、ロマンティックなブラウスが何着も出来るだろうし、或は、たのしいナイトドレスにもなることだろう。

着るひと　水津澄江さん　杉本英一さん

黒の化センW巾二ヤール二分で作つたこのきものは、帯でかくれる部分に接ぎが入るだけで、背縫も脇縫も袖付もない

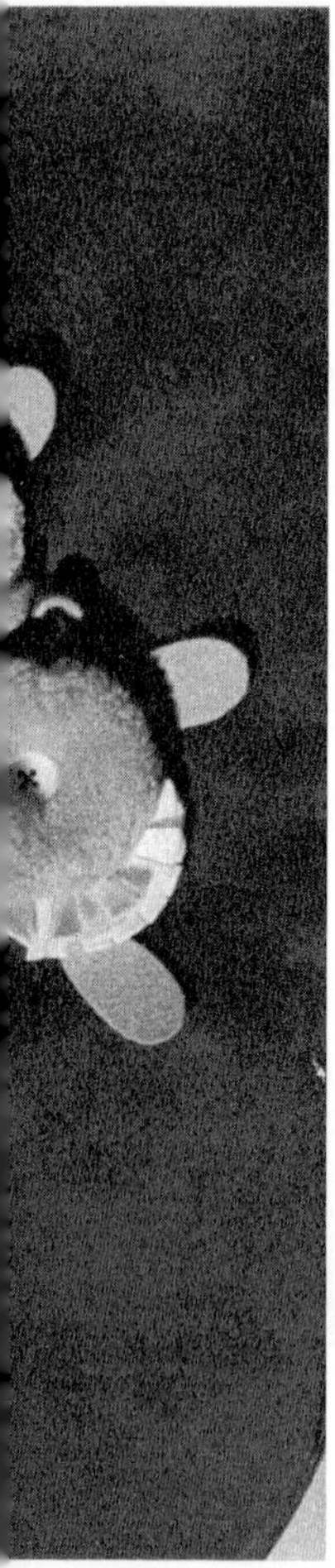

Enjoying the Daily Life

花のアップリケのきもの

前頁の振袖についていた花をとつて、今度は化センの黒いきものの、胸と両袖の外側に群がるように集めてとめてみたら、すつかり感じの違うものになつた。ピンクの地の時と黒地とでは同じ花でもまるで違つた印象になるのに驚かされる。

この花は全体に散らしてみてもいゝし、時々花の位置をおきかえてみるのも愉しいことである。

お友だちの結婚式などに着て行く晴着としても、他の訪問着などと比べて決して見劣りがしないばかりか、着かざつた人々の中で、ひときわ目立つてあなたをチャーミングに見せることだろう。

前と同じピンクの帯とぞうりが黒いしやつきりしたきものに、近代的な味わいを作つている個性的な装い。

ものだから、後で何にでも作りかえることが出来る。

またボタンだけで止めたアップリケは簡単にとることが出来るので、喪服としても着られるし、切り目がほとんどないから、一、二年の間きものして吉凶それぞれ幾通りにも着たあとは、洋服に仕立て直して着ることも出来る合理的なもの

着るひと
松田和子さん
石井竜・さん

一着で式から旅行まで着られるウエディング・ドレス

結婚衣裳というと大抵は純白の絹ときまつているようだ。たしかに白は清楚、純潔を表して美しいが、花嫁らしい初々しさをもつたものなら、白と限らずに自由に色を考えてもよいのではなかろうか。それに、冬の花嫁には、それらしい暖い感じをもつた、ウェディング・ドレスを着せたいとも思う。

とけるように淡いピンクのボアが、あまりにもけがれのない美しさをもつているのに魅せられて、それで結婚衣裳を作つてみようと思つた。それまでのウエディング・ドレスの常識を破つて、ヴェールもピンク、手にもつた花もピンク、手袋も靴もピンクで揃えて、やわらかい、ういういしい感じのあふれるように全体を包んだ。もしヴェールを白にしたり、花束に違う色の花を使うと、この花嫁のイメージは損われてしまう。

これはハイウエストのフレアースカートと短いボレロを組合せたような感じのものだが、柔かくふくらんだ袖や、胸に皺づけされたボアのふつくりした感じが、そのまま花の蕾を思わせる可憐な印象を与えているし、大きく頭の上でひろがつたヴェールは、ちようど花を伏せたようで、それらがいかにも花嫁にふさわしい装いをつくり出している。

ピンクと限らず、淡い美しい色だつたら、ブルーやイエローなど、季節の色で全部を統一した花嫁衣裳は考えるだけでもたのしい。

また、花嫁衣裳は式服と披露の時の色直し、それに新婚旅行用とそれぞれに整えるのが普通だが、これは一着で全部を済ませるだけでなく、そのたびに着替える時間も省けるもの

短いボレロをとり、頭にかぶつていたヴェールをスカートに巻いて両脇で結び、その結び目に花を飾つて披露の時に。花はピンクを中心に、白、ローズ、ワインカラーなどのバラ

で、同じ花を髪の両脇に飾つた。この花はちよつとぜいたくかもしれないが、別にカクテルドレスを作ることを思えば、この際、あまり安つぽくない花を奮発したい。くだけた中にも格調の高いものに。

披露がすんで旅行に出かける時はスーツに着かえる場合が多いが、遠くへ行く場合なら別だが普通新婚旅行ではあまり遠くへは行かないようだし、一、二時間でつくところなら、特別旅行着を作る必要もない。飾りをとつたピンクのボアのスカートに白いカーディガンだけでも充分だが、花嫁らしい可憐さがほしいので、これは白のオーロンのカーディガンに、残り布のボアを丸くしぼつた花を胸に飾り貝ボタンを芯に止めたものだが、スカートとのつながりが出来て愉しいものになつた。

着るひと　松田和子さん　石井竜一さん

ing the Daily Life

ール　その1

男もののようなざつくりしたツイードで着物を作つてみたら、思いがけなく新しい感覚の着物が出来た。ストールはW巾を三〇糎位欠いて正方形に切つたもので、残りをバッグにした洒落た一揃い。布地に混つている赤、黄、白、茶、緑の五色の毛糸を一本ずつ・房にしたものをまわりに飾つたストールは、少しずらして三角に羽織つてみたら、ふさが二段になつて楽しいアクセントをそえ、ストールの肩から流れる線には女らしい魅力が生れた。着物で外出するには羽織りやコートを着なければならないが、こんな大きなストールがあれば充分コート代りになる。ビニールレザーは今盛んにドレスにとり入れられて、フレッシュな感覚をもたらしているが、ここでは帯にそれを使つてみた。ビニールレザーの冷い感触はツイードの

Enjoy

スト

艶のないふわっとした感じとは対照的なものだが、材質の全く違ったもののコントラストが面白い。着物の落着いた色調の中で燃えるように赤い帯が、若々しいアクセントをそえている。

着るひと　真鍋賀子さん　林　金友さん　宍戸　錠さん

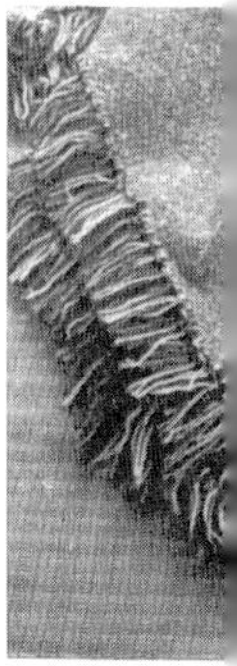

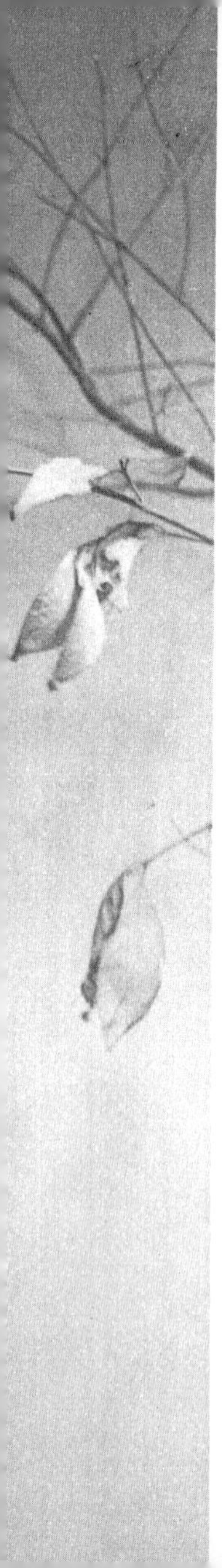

Enjoying the Daily Life

ストール　その2

全体を赤と黒だけでまとめてぐつとシックな効果をねらつた若いひとのためのよそおい。きものは赤と黒のこまかいチエックのウールで作つたものだが、広巾ものをそのまま切らずに縫目なしに作つたものだから、きもので着あきたら、ほどいて洋服にも作りかえることができる。黒いフエルトでそろえて作つた三角形のストールと帯がとてもシックな印象。ストールのまわりは長さ一二センチ、巾七ミリ位の切こみを入れ、二本ずつ交互に結んでふさにしたもの。

着るひと　高楠布美子さん　池田英二さん

Enjoying the Daily Life

花ぞのをアップリケしたフエルトのお招ばれ着

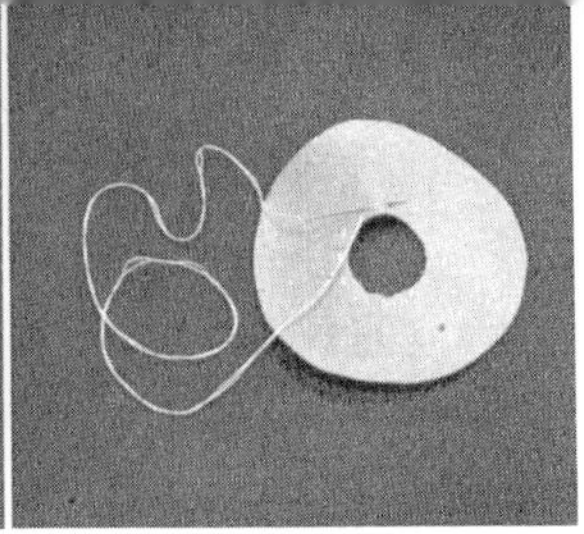

中央をくりぬいた円の縁を縫う

縫いしぼつたものを基本にし

縁に刻みを入れたものなどを

重ねてフエルトや釦の芯で止める

若い人のお招ばれ着。カクテルドレスというと、ブロケードにラメやチユールを使つたものが多いが、これは胸の大きくあいた短い上衣と、スカートに仕立てたフエルトに、一つ一つ自分の手で華やかさをそえていつたもの。花の作り方は写真の説明で分ると思うが、その花の一つ一つを夜な夜なだんらんのひとときに作つては箱いつぱいためたものを、スカートにうめてゆくたのしみ。自分の手で作りあげたこの花園は文字通り百花僚乱、目をみはるばかりの見事なもの。坐ることを考えて、後になるに従つてこの花はだんだん短くした。スカートと上着の裾にはそれぞれグリーンのフエルトでパイピングし、上着にはリボンを飾つた。ジヤケットを脱いで、タートルネックのスウエターと組合わせて着てもよい。

着るひと　真鍋賀子さん　林　金友さん

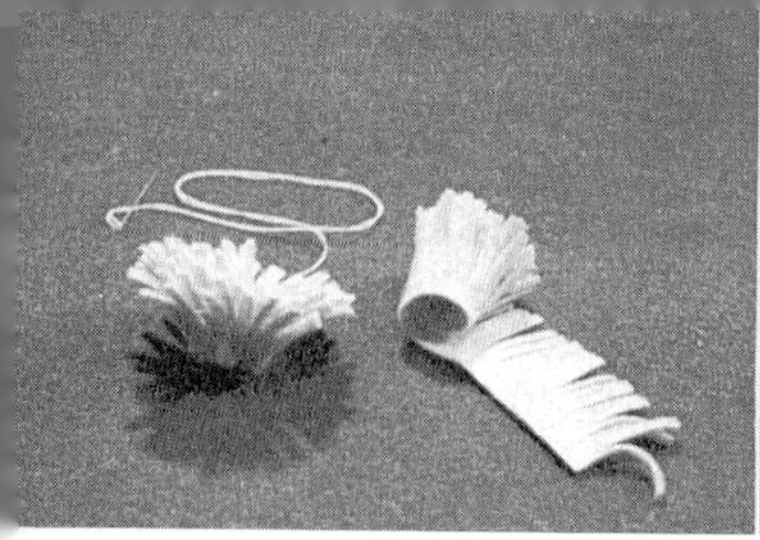

それをぐるぐる巻いて適当な大きさで切り中心をしつかりとめる。細い花びら美しく重なり合つて素晴らしい立体感をみせて派手な効果がある

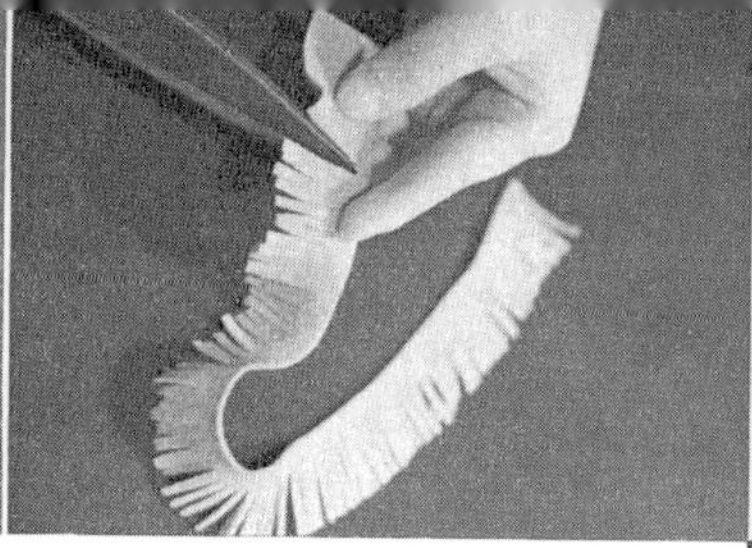

色によつてはガーベラとも菊とも見えるもの。3～4センチぐらいの巾のフエルトの帯に、3ミリぐらいのきざみを深く入れたものをつくつておく。

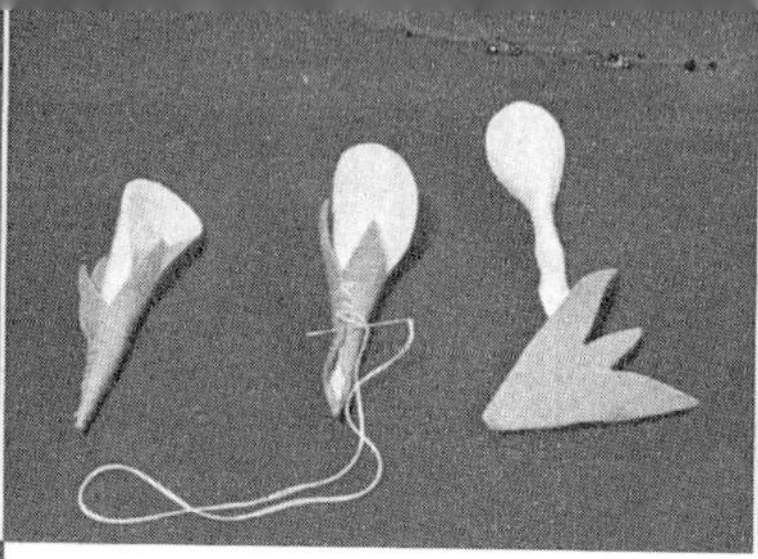

山型の切りこみのある三角のフエルトを巻きとめて蕚にする。中心に別色のしべを入れたり、いくつもとめて長い茎をつけ、グラジオラスの様にもする

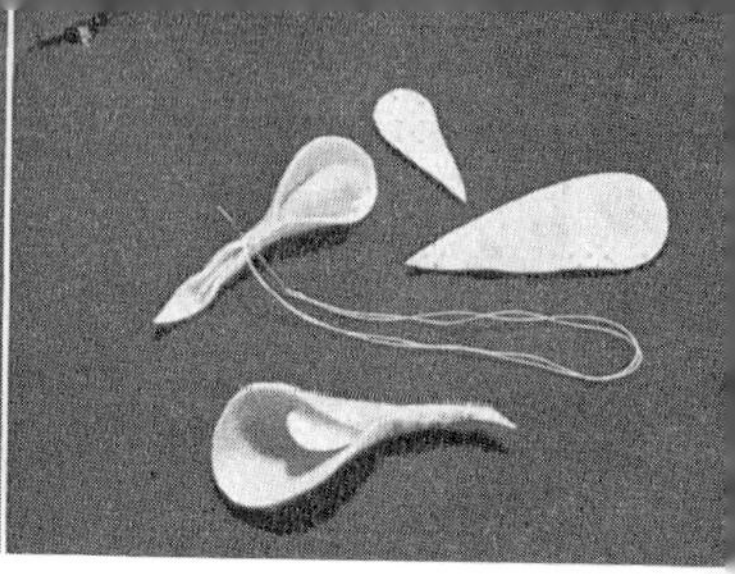

カイウのように見える花は、写真のような形に大小に切つた花びらを、巻きこむような気持でラッパ状に包んで下の方を止めておく。

1センチ5ミリぐらいの小さな十字形のフエルトの中を縫いちゞめて中にしべをとめたもの。うすい水色で作つて可憐なわすれなぐさの束に。

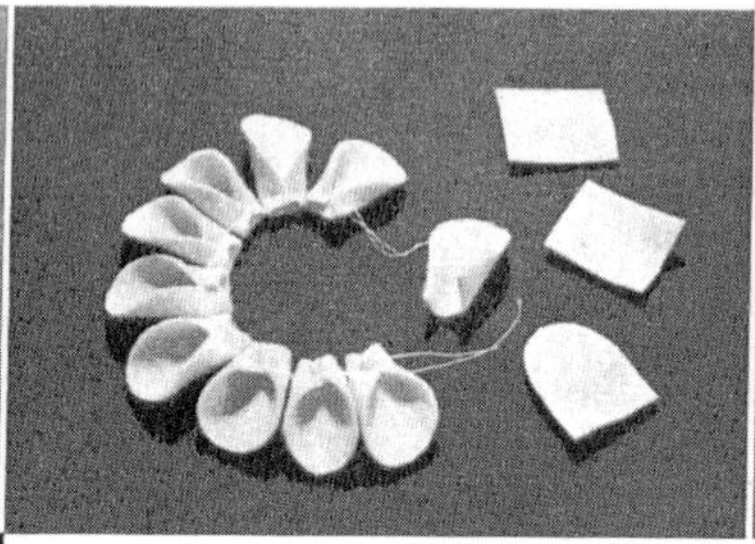

つないだ花びらで直径10センチぐらいの輪をつくつてとめつけ、中には茶の濃淡の小さな円の中心をクロスしてすき間のない様にぎつしり止めて埋める

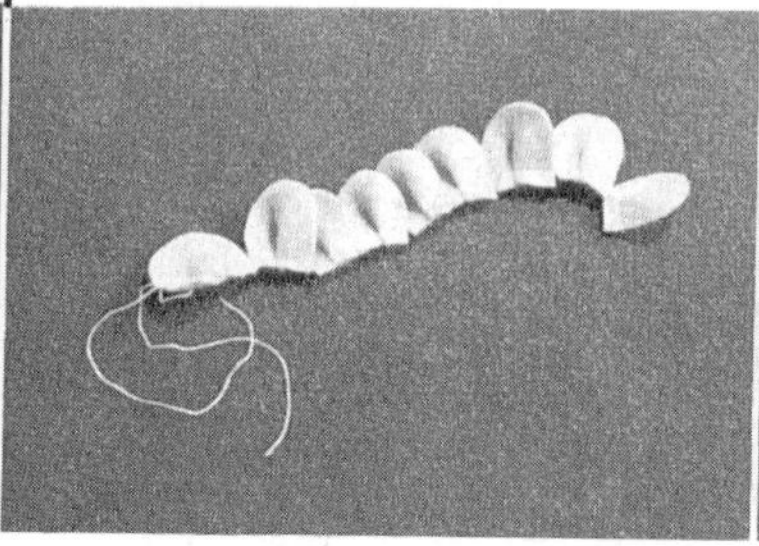

真中に一つタックをとつてミシンでおさえたものや、両方から内側へ包むようにしてミシンをかけたものを、すき間のないように幾つもつないでおく。

大きなひまわりの花は、このスカートの中心になつて一番目立つ花真黄色なフエルトを先ず2・5糎四角に切り、丸く角を落しておく

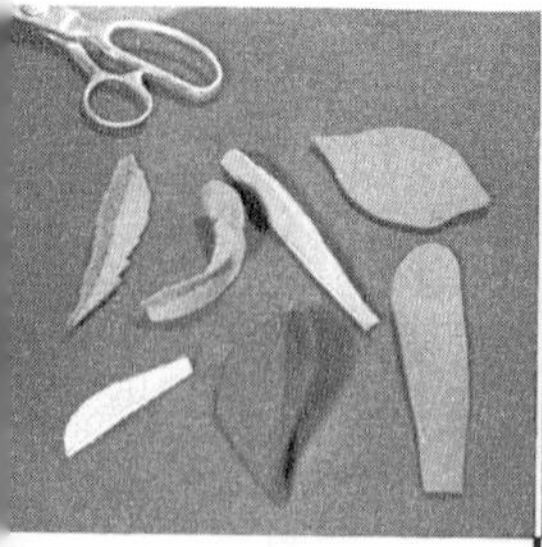

葉はそれぞれの形に切り二つ折りにしてミシンをかけ表に展げてその縫目の上をとめて立体感を。

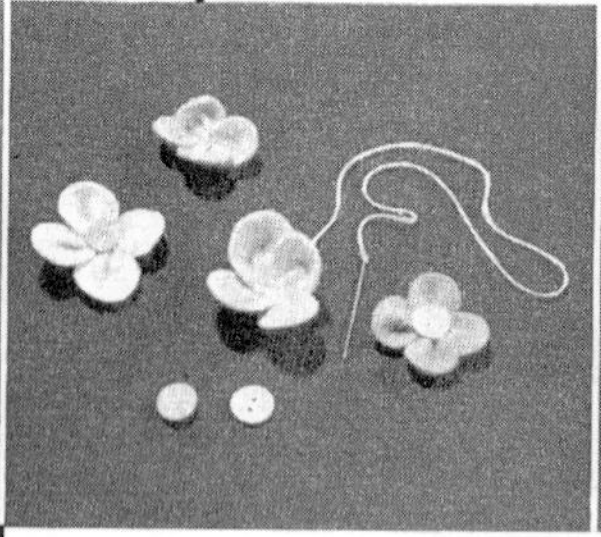

小さな円をクロスしたりボタンでとめたりする。幾つもひしめくように群がらせると、こんもりとしてヒヤシンスを思わせる

1糎角の布をひまわりの様に切り中で一つつまんだ花びら四枚を少しずつ重ねるようなつもりでとめて、花びらが浮き上るようにする

それいゆ歳時記

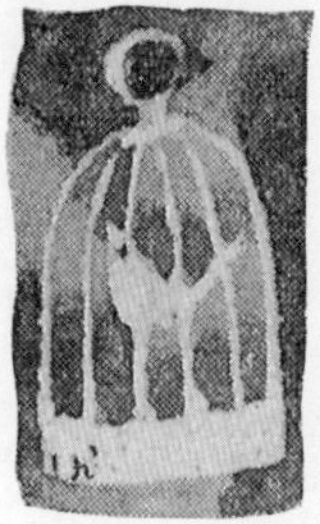

四季の微妙な変化にめぐまれた面白さは、日本のくらしの幸せの一つと言われている。それだけに昔からさまざまな季節感の溢れた行事があり，いまも行われているものも少くない。ここには、そうした行事を、今のくらしの覚え書といつたものと含めて、冬のくらしから拾つてみた。

冬至の南瓜とゆず湯

今年の冬至は十二月二十二日。冬至は言うまでもなく一年中で一番日の短かい日で、この日を境として、また日がながくなり出す。冬至に南瓜を食べると悪い病気にかゝらないと言われたり、柚《ゆず》の実を刻んだ袋を湯に入れる〝ゆず湯〟の風習を守つている銭湯も、いまだに少くない。南瓜の方はとにかく柚湯はひびあかぎれに良いと言われている

日記は一年中使うもの

何十種類も出ている日記を来年はどれにしようかと吟味するのも暮のたのしさの一つ。使う人の好みや目的によつてえらぶ日記も違つてくるが、一年中使うものだから、いずれにしても製本のしつかりしたものをえらびたい。附録についている実用記事の内容によく眼を通して、おざなりでなくたのしめるよう親切に編集されているものをえらぶ

秋まきの草花の手入れ

秋まきの草花には寒さに弱いものがあるから、丹精しないと春の美しさは望めない。デージー、パンジーなどは苗の北側に板をたてたり、炭俵をひろげてたてるとより。ストック、キンセンカなどは北側を覆うよう竹や棒をさしてムシロなどで約四十五度傾斜の片屋根をつくる。北風や霜をさえぎり、日中の日は十分さしこむことのできるように

火を大切にするこころ

火の恋しい季節。近代的合理的煖房がいろいろあるが、赤い火の見えないものは情緒にとぼしい。焚火よし。こたつ、手あぶり、マントルピース、いろりなど人のいとなみの色が心よいもの。ただ、危険という欠点がある。空気が乾燥して大火も多い季節でもあるから、のこり火の始末、防火用水、消火器など万全の体勢を整えて火を楽しみたい

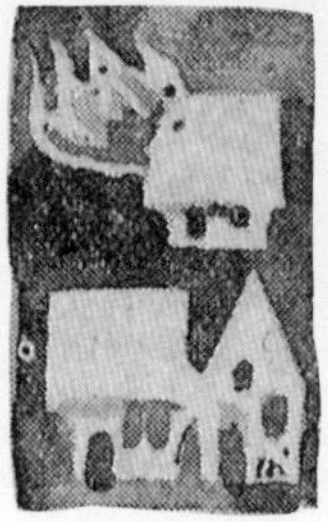

こころをこめた年賀状

元日の朝配達される賀状の、新年にふさわしいうれしさを思うと、やはり年賀状はのこしておきたい美しい習慣のひとつ。それだけに、味気ないきまり文句でなく、自分らしい趣向をこらし、こころこめたものでありたい。元日の日附でその朝配達される年賀扱いは十五日から二十八日まで。

ふところに母の賀状や
厨ごと　　喜美女

寒いからと閉め切ると

煖房と同時に考えたいのは換気。寒いのでしめ切つてあるから室内の空気は非常に汚れやすい。洋室はふつう通風窓があり、和室は戸じまりも天井も空気が通じるが、ガスストーブや火鉢では悪いガスが出て、これだけでは追いつかない。ときどきは窓をあけて空気を入れ換え、一酸化炭素ガス中毒というありがたくない冬の風物をなくしたい。

冬休みの間に何か一つ

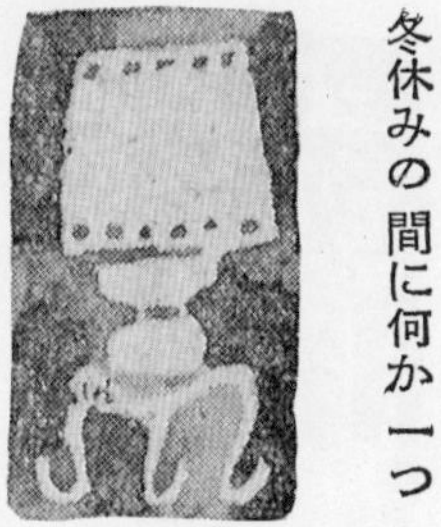

学生は一週間以上、お勤めの人も一週間前後の冬休みがある。暮のうちは家の手伝いやら何となく気ぜわしさで慌しく過ぎ、明ければ年賀に行つたりでたちまち冬の休みは終つてしまいがちなもの。一週間とまとまつた休みは、なかなか持てないのだから、たとえ本一冊でも、この冬休みにはこれこれの収獲があつたと心に残る計画性が欲しい。

家々の個性のある料理

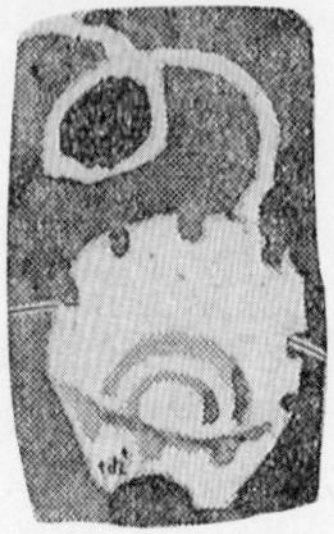

正月料理は地方や家によつてそれぞれ違うしきたりをもつていて、来る年も来る年も何かなつかしく、新年の来たことを改めてしらされる。どこの家でも二十九日三十日ごろには準備にかかるが、前年に評判のよかつたもの、味つけの悪かつたもの、反省も加えてつくりたいし、既製品とはちがう、その家庭らしい味わいあるように心がけたいもの

歳末風物誌 歳の市風景

ぬかるみに踏まれし
歯朶や年の市　水巴

十二月中旬すぎると町角や郊外の駅の傍などに、注《し》連《め》飾り、裏白、小松といつた縁起ものを吊つたり並べたりした、にわか仕立ての歳の市がたつ。本来は新しい年から使う炊事用雑貨なども売つたのだが、いま都会でみるそれは、歳末の風物誌の一つとして、年の瀬の感慨を深めさせてくれる

喜びを迎えるすす払い

新年を迎えるための掃除は、おしつまつた三十日や大みそかをさけ、二十九日までにはすませたい。正月用品をとり出すのといつしよに、戸棚、押入れの整理ガラスふき、しょうじ貼りなど。また特に台所の掃除は念入れにすませ、清潔で明るい台所で正月料理はつくりたいもの。正月用の食器、卓、花壺などもきれいにみがきあげておきたい。

皿小鉢も暖かく鍋料理

冬の夜、だれにも喜ばれるのは鍋料理。数多いうちには、その名からは何が入つているのか判断しにくいものもいくつかある。馬肉の鍋を桜鍋、鹿の肉の紅葉鍋、猪鍋の牡丹鍋などがそれ、河豚ちりを、鉄砲、またはてつちりと言う通人もいる。いずれにしても寒い夜ほど温かさが何よりのごちそう、皿小鉢もあたためる心づくしがほしいもの。

除夜の鐘の音色をきく

除夜の鐘は新しい年の午前零時に各寺々で打出され百八つを打ち終るのは一時を少し過ぎた頃になる。京都や奈良のように寺の多い町では、相呼応する鐘の音が荘重をきわめる。ラジオで日本全国各地の名鐘の音色を電波にのせているが、百八煩悩を消滅させるという仏教の教えはとにかく、一年の終りと始めに反省の思いを深めるのは意義深い

値段本位でない贈り物

盆暮の贈答廃止の声があがつてからすでに久しい。にもかゝわらず、相も変らず「歳暮贈答品は是非当店へ」の大売出し「またお歳暮の時期が来たけれど、何処へはどのくらいのものをあげたものかしら」と頭を痛める人がほとんど、むつかしい論議はとにかく、どうせ贈る物ならば、値段よりその人の心の感じられるような品物でありたい。

寒い時には食べる物も

餅をたべて胃を悪くしたという話を聞くが、餅にしてみればとんだぬれぎぬ。一たんつきくだいただけに消化はよい。たべすぎなければよいだけのことで二、三切が適量。正月はついたべすぎて、反動的にあつさりしたものをたべたがるが冬の寒さに耐えるには、十分にタンパク質や脂肪をとることが必要で、煖房よりも効果があるかもしれない

たつた一つでも目標を

一年の計は元日にあり、などと言うとなにか、さも古めかしい感じがしないでもないが、一年の最初の日に「今年こそは……」との希望が湧くのはいつの時代にも変りがないもの。ただあまり欲張りすぎてあれもこれもと考えすぎると、三日坊主になつてしまうので何かたつた一つのことでいいから今年はこれを、といつた目標を決めるとよい。

寒餅はこんなふうに

一月五日ごろから立春までを寒の内といい、この間に餅をつけばカビが生えるいというのは言い伝えだろうが、寒餅の習慣は今にのこつている。固くなつたものを大きいままかめに入れて寒の水をはつておく水もち。さいのめに切りほうろくでいつてたべるアラレ、薄く切つて乾いてからあげ餅など美味。かき餅には芋をつきこむ地方もある。

くらしに対する考え方

行事の多い暮から正月にかけては、暮しに対する考え方がはつきり表面に出る正月らしいことは何もせずお雑煮さえつくらない家があるかと思えば、注連飾りから鏡開き等まで欠かさない家とあまり形式にとらわれすぎて苦になつても困るが、古い風習の良さや季節感のよろこびの全然感じられないような暮しも味気ない気がする。

成人の日のよろこびを

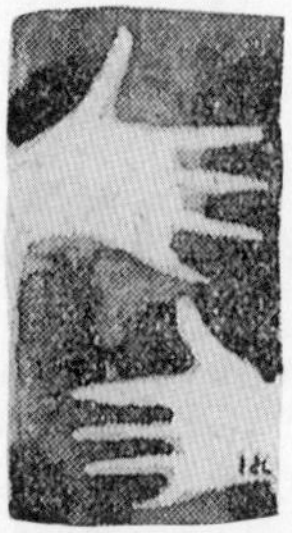

国民祝祭日。むかしはこの日に成年を祝うような青年の行事があつたことから戦後祝祭日を編成しなおすとき「成人の日」とさだめられた。この一年間に満二十才になつた青年男女を祝う日で、家、地方によつて行事をするところも多い。成人に達した人がいたら、心から祝う日にしたい。

よそほひて成人の日の
眉にほふ　木魂

正月の夜をいろどる

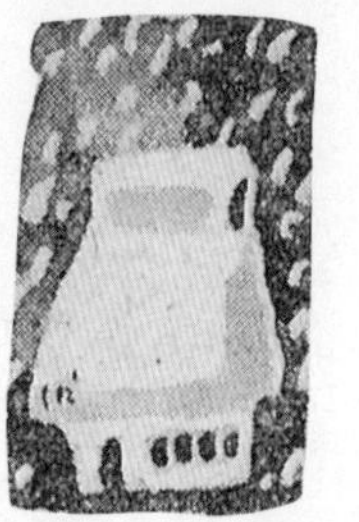

歌留多（かるた）といえば百人一首が一番懐しく正月の夜をいろどるもの。粉雪のちらつく夜などに、近くの家で読札をたからかに読む声が洩れてくるのは、いかにも正月らしい雰囲気バラで取つたり、紅白にわかれての源平戦、取り札をはじめから五十枚取除いて半分の札で覇をきそうなどまた読み札で遊ぶ「坊主めくり」も、のどかで楽しい

賀状をまとめて整理

茶の間の話題を賑わした年賀状も、正月の気分が薄れるとともに忘れられ、何処かに輪ゴムにでも止められて、それつきりになつてしまいがち。何処かへ始末される前に一度全部揃えて家族の名宛別にし、アドレス・ブックと照し合わせて住所が変つていないかを調べ、賀状を貰つた印でもして置くと一寸した事で何かの挨拶状を出す時にも便利

晴着のシミはすぐ取る

新年の晴着はごちそうの席に出ることが多いので、ついよごしやすい。正月に着たものはよく目を通してシミがついているような場合は早く抜きとつておかないと取返しがつかない。簡単なシミなら家でもとれるが、大きなシミや交織もののシミは店に任せるほうが無難。汚れているような場合にはほどいて洗い張りさせておくほうがいたまない

春も間近い節分の夜

あたたかく炒られて嬉し
年の豆　虚子

今年の立春は二月四日、この日から春がくるというが、暖い地方を除いてはまだ寒さきびしい。前日の二月三日は節分、悪魔を災厄をはらい、新しい季節を迎えるといい、各家や社寺で豆まきを行つている。この夜「福は内、鬼は外」と呼ぶ鬼やらいの声は、冬を追い春を招く声とも聞かれる

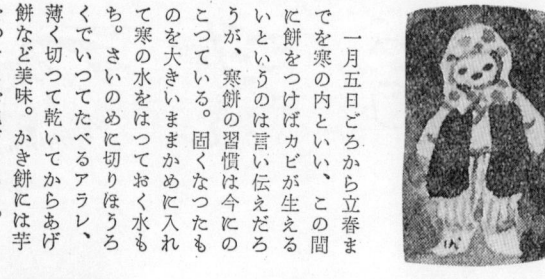

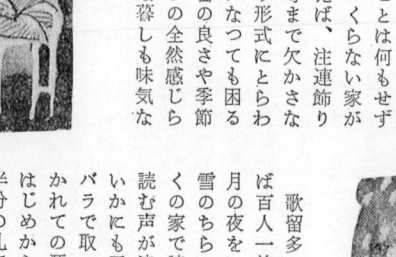

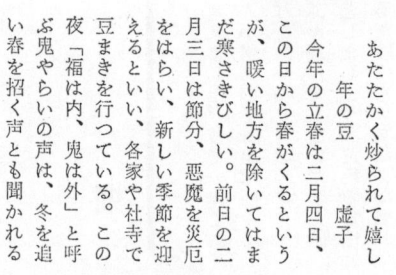

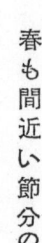

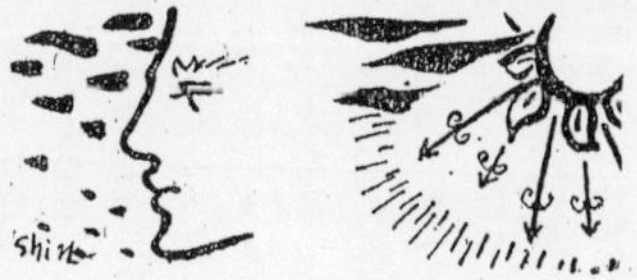

恋愛論の解釈　第五回

與えることと奪うこと

ギリシャの恋愛観について

堀　秀彦（評論家）

御存知のようにギリシャ人は、恋愛をこんな風に考えました。曾て一体であつたものが男と女に切りはなされ、切り離された二人が曾ての半身を求めさがし慕うこと——これが恋であると。考えようによれば、大へんロマンチックな美しい比喩です。けれども一方から考えれば、ずいぶん飛んでもないたとえ話です。かりに日本の娘がアメリカ黒人と恋し合つたとしましよう。黄色の女性が黒色の男性と曾て一体であつたなんて、考えてみるだけでもチグハグな気がします。いやそれよりもなによりも一億に近いこんなに人口の豊かな日本の中で、前世に自分の半身であつたたつた一人の異性をさがし求め、しかもうまくこの異性に出逢うなんて、どうしてそんなことが現実に考えられましようか。真知子と春樹でなくたつて、スレ違うのは知れ切つたはなしです。けれども、私はこの現実ばなれのした恋愛の比喩からさし当つて三つのことを学びたいと思うのです。

1　もし前世に自分の半身であつた異性を何百万人の異性のなかからさがし出しかれとめぐり合うことが恋愛だとしたら、これはそうそう誰にでも彼にでも上手に出来ることではないということです。つまり、この場合、半身の異性を一目でえりわけるすぐれた能力をもつた男女だけがまことの恋のできる人間だと考えるか、それとも、前世に自分の半身でもなかつた男性をまことしやかに半身だつたと思い込むか、どつちかだということです。もう一度はつきり書き代えましよう。恋愛には特殊な才能が要るということ、この特殊の才能のない人間が恋（?）をした場合、ほんものとにせものとをたやすく混同してしまうこと。

2　この二つの半身合体という恋愛論が今日一ばん私たちに不向きなのは、私たち近代人が男も女もひとりひとり、自分だけで完全な個人だという自覚をもつにいたつたからだと思われます。あなたはあなたを、半分の人間、つまりあと半分の異性と出逢わなければ永遠に不完全な半分の人間だと考えることを好みますか。恐らく好まれないだろうと思います。ルネツサンスは個人の自覚をもたらしたと歴史の本は書いています。個人の自覚とは、人間がひとりひとり別個な、そしてそれだけで完結した男であり女であるという自覚です。つまり、半身なんかで

はないという自己のめざめです。もしルネッサンス以後の人間をいろいろ自覚をもつた人間だとすれば、彼等にこのギリシャの古風神話的恋愛觀が納得できるわけはありません。

しかし私はもう一歩問いを進めたいのです。聖書の中に、「ひとり居るはよろしからず、おのおの、妻をめとり、夫を定めるのがよい」と書かれています。男も女もひとり居るはよろしいかよろしくないかは別問題として、実際、私たちはほんとうにひとり切りで五十年六十年の一生をみち足りて暮すことができましようか。あなたはひとりでいることに心から堪えられますか。孤独にたえることが出来ますか。ルネッサンス以後、人間が自分というひとり切りの人間にめざめたということは一面からみれば素晴しいことです。けれども、同時にこれはずいぶんと寂しくやり切れないことです。前世の半身という神話をそのまま信ずることはもちろんできない――さりとて、完全なひとりぽつちであることにもたえられない、これがいま私たちのおかれている人間の精神的状況のようにも思われます。だとすると、私たちはプラトンのこの半身合体説をむげに笑いすますことが出来ないようにも思われます。「終生の伴侶」を求めるという結婚觀のなかには、ギリシャ的な男女の考え方がかなりはつきりと糸を引いているようにも思われます。「私はただこの人によつてのみみち足りることができる、この人以外の人は私の琴線にはふれ得ない――」恋する男女がこんな風に思い込むとき、これは幾分ならずギリシャ的だと言つても差支えないのではないでしようか。

3

女の半身が男の半身にめぐり合うことが恋愛だとしましよう。その場合、恋するとは自分自身が本来半分でしかない、つまり欠けていることについての悩みだとも言えます。ところで男も女も自分の中にかけているものがあると思えばこそ恋するのでしようか。自分が半分でしかない、だからあの人の半分を自分にくつつけて、自分たちは一体になりたい。これが恋だとすれば、恋ごころとは欲望だとも言えましよう。つまり、その場合、恋愛は与えることではなくして、かえつて奪い取る――自分自身のために奪い取ることだとも言えましよう。

いつたい、あなたが彼を恋しいと思うとき、あなたは彼を恋しいと思いますか、それとも、彼をうばつてあなたのものにしたいと思いますか。これは恋愛に於いてずいぶんと重要な問題です。小説家の有島武郎が、「愛は惜しみなく奪う」というスローガンをかかげたとき、彼は愛を以て、自分のみち足りぬものをかわき求める渇望だと考えたものと思われます。その反対にもしも愛とは奪うものではなくして、与えるものであるという考え方が主張されたとすれば、彼にとつて恋とは、自分のなかにあふれみなぎるものの贈与ということになるわけだと思います。恋とはあたえることでしようか、奪うことでしようか。――下手な質問をする人だと、あなた方はお笑いになるかも知れません。なぜならあなた方は大へん賢明にも、与えることであり同時に奪うことが恋ではないかという解釈をちゃんと持つておられるからです。そしてたしかに、恋とは与え且つ奪うことかも知れません。

よろしい。恋とはあたえると同時に奪うことだとしましょう。

問題は、この与える分量或は質と、奪いとる分量と質とが、どこでどのようにバランスを保ち得るかということです。あなたは彼にネクタイを贈りものした。彼はあなたにイアリングを贈つた。ネクタイとイアリングはどうやつてバランスをとることができるか。ネクタイも千円、イアリングも千円、だつたらアイコぢやない！あなたはころおつしやるかも知れません。けれども、あなたのそういう言い方は、少しばかり子供つぽすぎると思うのです。成程、ネクタイもイアリングもおなじ一、〇〇〇円です。その点では与え且つ取るという愛情の取引きはまことに公正であります。けれども、愛に於いて、あたえ且つ取るということは、そういう現金なことだつたのでしょうか。まさか、そうとは思われません。

あなたが彼からイアリングを贈られたときの喜びと、彼があなたからネクタイを贈られたときの喜びと、この二つの喜びがややおなじようなものであつてこそ二人は同じように、その愛の贈りものに於いてみち足らうことができるわけなのです。ですから、もし、彼が感じた喜びの分量や性質が、あなたの感じたそれとちがつたものである、あなたの方がずつと余計であるとしたら、どうなるでしょうか。言わずと知れたことです。彼はどこかであなたの贈物に、あなたの贈物を贈つた心持に、不満を感じているはずです。僕が彼女を愛しているほどには、彼女は僕を愛していないのではないか——彼の心の片隅をこういう疑いがフツとよぎります。そしてそういう淡い疑いの雲がひとたび彼の心にうす暗い影を投げかけた瞬間から、恋は苦しみに変じて行くかも知れません。

私は一、〇〇〇円のネクタイとイアリングというまことにデパートの広告チラシのような問題をとり上げました。誤解しないで下さい。愛に於いてあたえ且つ奪うという関係はもつともつとデリケートで計算しにくいものなのです。ネクタイによる満足量とイアリングによる満足量といつた風に、はつきりと計算できるものが恋の喜びだとすれば、恋ほどかんたんで明白なものはありますまい。だが、むろん、そういうものではないのです。「どれほどと計算できるような愛情は大したものではない」というある西洋人の言葉を思い出します。たしかに愛情はグラムでも匁でも重さを計ることのできないものです。そしてそれだからこそ厄介きわまるのです。

愛し合つた二人が、なにかの拍子で、晶子の歌の文句ではないのですが、「さかそりやすい弓のように」はなればなれになろうとしたとき、この世の恋人たちはどんなにはげしい怒りや憎しみの言葉を投げつけ合うことでしょうか。「あなたは私の千分の一も、私を愛していない！」「君こそ、僕の愛情がどんなものかまるで知つちやいない！」「ええ、知りませんとも。第一、あなたはいままで私にどれほどの愛情を見せてくれたでしょうか。表現したでしょうか。この間も誰かが雑誌に書いていたわ。表現されない愛情なんて、愛情の名にあたいしないつて！」「変なことを言うな。男の愛情の表現の仕方と女のそれとはちがうのだ。

君にはそういうことが判らないのか！」――

あたえ且つ受取るという愛の公式がここではつきりと癒着のたねになつてしまつたのです。わびしいことです。なさけないことです。けれども、このようなわびしさやなさけなさを一度も感じなかつたような恋人たちが曾てこの地上にひとりでもいたでしようか。どの恋人も、みんなこの計算のできない計算のためになやまされ、頭髪をかきむしり、今朝は鏡に向うのもイヤだとさえ思うのです。ですからこれが恋というものの一つの本質のようにさえ思われるのです。私は思いつきの好い加減な私の会話の中で、「男と女」という問題にふれました。そうです。恋とは男と女のするものです。そして男と女とは愛情の応じ方、現わし方、受け取り方などなどの点で、みんな違うのです。男と男とか、女と女とが恋をするのでしたら、問題はもつと簡単であろうと思われます。けれども、そんなバカな恋愛なんてあり得ないのです。（同性愛は恋愛ではないのです。）もとへもどりましよう。ギリシヤ人の半身と半身との合体説は、この点でいちばん成り立ちにくい比喩なのです。私という人間の右半分が全部男で、左半分が全部女性である―私はこういう人間を考えることが出来ないのです。

男と女とが助け合う、理解し合う、愛し合う―それはもちろん美しいことです。そして両方ともおなじ人間であつて見れば、それはあたり前のことです。けれども、この美しいそして当然のことが、現実に於いては、どんなに困難なことであるか、さまざまな誤解やくいちがいがあるものか、愛し合いながら一方では憎み合わなければならないか――それをいちど考えてみてほしいのです。もちろん、男と女とがちがつた人間であればこそ、強い好奇心がかき立てられ美しい神秘感がわき起り、この世のものとも思われぬ愛の陶酔も経験されるわけだとも考えられます。けれども、それと同時に、二人の間にはなにか底知れぬふかい隙間があいているようにも思われるのです。「合して一体となる」―この恋愛の極致のなかに、実は分離せずにおれないなにかがひそんでいるのだろうと思います。そしてこの点をもつともつと掘りさげて行くとき、私たちはいやも応もなしに、愛情のモラル、どのように愛し合うのが本当かという一ばん厄介な問題につき当るようです。いまはこのモラルがこなみぢんにこわされてしまいつつある時代のようです。美しい妻がよろめけば人々はやんやと拍手を送ります。しかしよろめく妻と、彼女に共感をおくるということとは、いずれもモラルに関係した問題です。

恋にはモラルは不必要なのでしようか。あなたはどう思いますか。いや、それよりさき恋愛のモラルとは何でしようか。借りた金を返すとか右側通行とか―そういつたこの世のモラルと恋愛のモラルとはおなじ水準のものでしようか。私は折があつたら、この難しい問題をあなた方と一緒に考えてみたいと思つています。しかしもう今月はこれでやめましよう。ギリシヤの古めかしい恋愛観から一つでも二つでもなにか学べたら、今月はそれでいいとしましよう。大へん小むずかしいことを書きました。

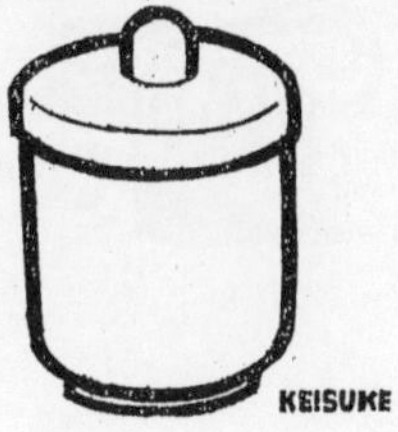

プラスティックス製品のメモ

最近目ざましい勢いで家庭に浸透してきたプラスティックスをとり上げて、その性質、よい点、悪い点、などをメモしました。新しい日用品としてのプラスティックスに対する正しい知識を、少しでも得ていただければうれしく思います。なおこの記事を書くにあたり、セキスイ化学の方に相談にのつていただきました

新しい製品の登場にあたつて

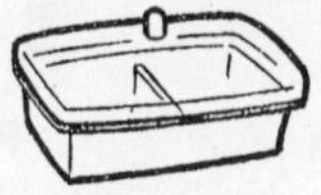

戦後間もないころ、外国人専用売場などに並べられていたプラスティックス製品の美しい色彩と輝きは、私たちにふしぎな魅力を感じさせました。――それから十年――プラスティックスは私たちの生活に深く浸透してきました。種類も多くなり、用途も広くなりました。今ではどの家庭でも二つや三つのプラスティックス製品がきつと使われているほどです。

このように、新製品が日用品として広く使われてゆくとき、いつも感じられるのは、その製品についての知識の不足ではないでしょうか。セルロイドやアルミニュームが日用品として登場したときもそうでした。このメモはプラスティックスについての知識を書き出してみました。その商品をよりよく知ることによつて、もつともそれを生かした使い方がはじめてできるのではないでしょうか。

プラスティックスとはどんなものか

プラスティックスということばを辞典で調べると「可塑物質」と書かれています。粘土のように、自由に一定の型を作れるものという意味です。この意味からいえば、粘土も石膏も入りますが、これは単にことばの意味でのことです。今、プラスティックスといえば高分子有機化合物――つまり合成樹脂のことをさします。合成樹脂には多くの種類があつて、それぞれ性質もちがい、それによつて用途もちがいます。が、今使われているプラスティックスに共通の大きな特長は、①成型が容易なこと。②色彩が自由。③金属にくらべて軽い。④酸やアルカリにおかされない――つまりさびない。⑤においや味がなく、またそれらがしみつかない⑥ガラスのように割れて鋭い破片にならない⑦電気を通さない。⑧熱を伝えにくい。――といつた点があげられると思います。

美しい色彩と光沢のスチロール

プラスティックスというと、ガラスのように透明なものをすぐ考えます。透明なプラスティックスを有機ガラスともいいますが、何種類もある有機ガラスの中でいちばんポピュラーなのはスチロールです。パンケースや砂糖つぼなどの家庭用品につかわれている透明なものはほとんどこれです。たたくと軽くてかたい金属音がします不透明にすることも、あざやかに着色することも自由で、特有の美しい光沢があります。硬度が高いので複雑な形につくることができますし、色彩は塗りや陶器にはみられない美しさをもつているので大変多くつかわれ、市場に出ている日用品の過半数がスチロール製品であるほどです。プラスティックスというとスチロールしか考えない人もいるでしょうアメリカでも今までは一番多くつかわれていましたが、大きな欠点もたくさんあります。

熱と衝撃に弱いという欠点

経験した方もおありでしよう。熱湯をかけるとクニャクニャになつてしまう、つまり、熱に弱いのが第一の欠点です。また、落したり、力を加えたり、曲げたりすると、じきにひびが入つたり、割れてしまつたりします。つまり衝撃に弱いのです。このため、耐熱性スチロールや耐衝撃性スチロールがつくられていますが、耐熱性スチロールだからといつて、熱湯に長時間つければ、やわらかくなつてしまいます。また、耐衝撃性のものは不透明になり、スチロール特有の美しさがなくなつてしまいます。何でも、美しくて珍しいプラスティックスで作るという傾向があつたために、多くの大欠点を持ちながら、広くつかわれていたのですが、今ではプラスティックスも反省期に入り、用途にあつた製品をという傾向にあり、このスチロールはじき姿を消すと言われています。

万能樹脂と呼ばれるポリエチレン

スチロールにかわつて、プラスティックスの代表選手となるといわれているのは、ポリエチレンです。この名前は、キャンデーを包んだりしている半透明の薄い袋でごぞんじでしよう。あれは非常に薄い膜状のものですがいろいろの型につくることもできます。半透明で弾力あるコップをみたことのある人も少くないでしよう。最近ではポリエチレンのバケツもできています。ポリエチレンはちようどゴムのような弾力があつて、半透明か不透明、さわつてみるとロウのような手ざわりがありますからすぐわかります。着色することはスチロールと同様に自由ですが、色はスチロールのような輝きがありません。ぶつけても、落しても、おしても、引つぱつても、簡単にはこわれませんし化学薬品にもほとんどおかされないので、万能樹脂と呼ばれて各方面につかわれています

弾力はあるけれどやわらかすぎて

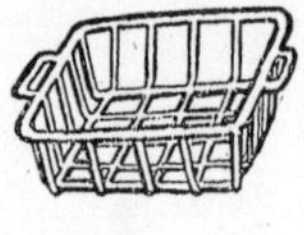

弾力あるプラスティックスとして、ポリエチレンは、もつぱら弾力を必要とするものにつかわれてきました。食塩や調味料のビンの中ぶた、ビンのセン、押して注ぐしようゆさし、乳液のビンなどです。また、ブラックフィルムを建築の壁ばりや瓦の下、床下にしいて防湿用にも使つています。弾力あるという特長はしかしやわらかすぎるという欠点にも通じます。それがポリエチレンがごく一部の用途にしかつかわれなかつた理由です。金属やスチロールのようにぶつけても大きな音がしないので、洗面器やタライにはもつてこいなのですが、やわらかすぎるので、水などをいれると形がゆがんでこぼれることもあり、また扱いにくかつたのです。ところが最近、今までのポリエチレンの二倍の固さ、三倍の強さをもつ製品ができました。低圧ポリエチレンがそれです。

欠点をおぎなつた低圧ポリエチレン

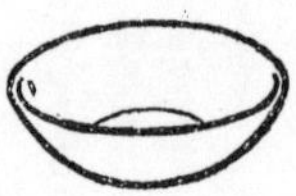

低圧ポリエチレンによつてさつそくボウルと洗面器がつくられ、市場に出ていますが、これは水を入れても変形しません。手ざわりなどは同じですが、今までのものが半透明か不透明だつたのに対して、低圧ポリエチレンは不透明です。固さが増したので、用途がふえただけでなく、手のこんだ形をつくることもできるようになりました。アメリカでは、低圧ポリエチレンでひとかかえもあるほど大きなゴミ入れ容器、せんたくかご、産湯のタライなどができていますが、水より軽いただひとつのプラスティックスであるポリエチレンの特長を発揮して、指でつまんで持てるほどの軽さだそうです。しかも低圧ポリエチレンは一二〇度Cまでの熱で変形しないのです固くて、落してもこわれず熱に強い、となると、プラスティックスの王座をポリエチレンが占めるのは確かです

アクセサリーにも使うアクリル樹脂

透明なボタンやアクセサリーがあります。ふつう風防(ふうぼう)とよんでいます。飛行機や自動車の風防ガラスに使つたのでこう呼ぶようになつたのでしよう。正式な名をアクリル樹脂といいます。硬くて、スチロールより弾力があり、光線をガラスよりもよくとおしますから、板状にして有機ガラスとして使う場合が多いのです。雨にさらしても変質しません。自動車の風防ガラスのほか、計器のカバー、扉ガラス、傘のにぎり、義歯、ネームプレートなどに使います。ハイヒールの靴のかかとの透明なのがありますが、たいていはこのアクリル樹脂をつかつています。ふつうは水晶のように透明ですが、着色は自由にできて光沢は美しく、しかもスチロールより永保ちします。アクセサリーにつかうプラスティックスはほとんどがアクリル樹脂といつてもよいでしょう。

日本でたくさん出来る塩化ビニール

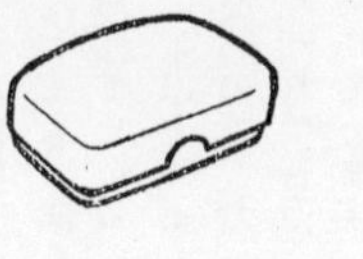

屋根のまわりに取付けて雨水を受ける「トイ(樋)」は、むかしは木や竹でした。今はトタン製ですが、じきに痛んでしまいます。ゴミがつまつたりするとそこにすぐ穴があいてしまうのです。海岸地帯では二年もたないようです。ところが、プラスティックスの雨どいは、ひどくぶつけるか、家がこわれるかしない限り絶対こわれないようです。そのプラスティックスとは、塩化ビニールです。塩化ビニールは私たちがただビニールと呼んでいる、ふろしきやレインコート、またはハンドバッグなど、やわらかい膜状のものもそうです。雨ドイはふろしきなどの軟質塩化ビニールでなく、硬くて、成型することのできる硬質塩化ビニールです。この硬質塩化ビニールは、水道管、化学薬品輸送用パイプなどに使われています。原料の関係で、日本で安くたくさんできる樹脂です

燃えないセルロイド醋酸繊維素樹脂

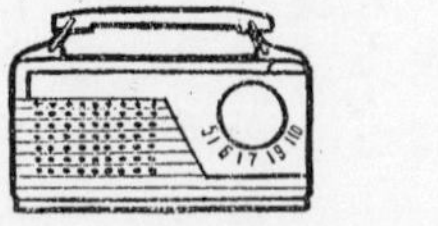

映画や写真のフィルムは、もとはセルロイドでした。だれでも知つているとおりセルロイドは引火しやすいし積み重ねておくと自然発火します。映画館で映写中にフィルムが過熱で燃え出すようなことがよくありました。ところが最近はそういう事故はありません。それはフィルムがセルロイドでなくプラスティックスで出来ているからです。その合成樹脂の名は醋酸繊維素樹脂――不燃性セルロィドと呼ばれています。薄い膜状にするとしなやかですが、本来は弾力のない硬いもので、表面に傷がつきにくいのが大きな特長です。紫外線をよくとおすので温室や療養所の窓ガラスに、着色したものは日除けガラスにつかいますし、最近の電話器はほとんどこのプラスティックスです。電気のスィッチ、またイスやテーブルに使うのもこのプラスティックスが丈夫だからです。

ずばぬけてすぐれているナイロン

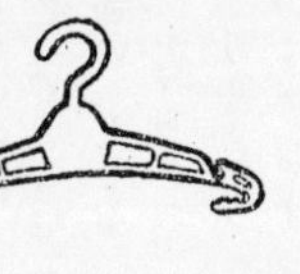

ナイロンもプラスティックスのひとつですこれはアメリカのデュポンという会社の商品名なのですが、同社が特許をもつているので世界じゆうのほとんどの国でこの名をつかつています。プラスティックスの中で、ずばぬけてすぐれた性質を持つています。引つぱつても、まげても、衝撃を与えても、圧力をかけても、こわれたり変型したりしにくいのです。熱にも強く一〇〇度Cまでは変質しません。低温にも耐えますし、薬品にもおかされず、まさつに非常に強い特長があります。私たちはストッキングや服地の繊維でおなじみですが、今あげた特長は繊維品の場合にも、すり切れず、しわにならないなどの特長になつています。繊維だけでなく、型につくることもでき、歯車につかつた場合、油をささないですむそうです。工業部門でずいぶん多くつかわれています。

熱可塑性樹脂と 熱硬化性樹脂

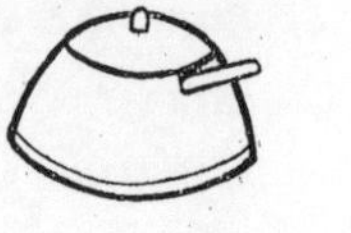

プラスティックスの種類を大きくふたつに分けることができます。そのひとつは「熱可塑性樹脂」で、もうひとつは「熱硬化性樹脂」です。これまで書いてきた六種はいずれも熱可塑性樹脂です。これは、熱を加えるとやわらかに(ドロドロ)になり、それを型に入れて冷やすと、固まる性質の樹脂です。また、熱硬化性の樹脂は、やわらかい材料で形を作つてから熱を加えると固まる性質のものです。

私たちが日常見かけるプラスティックスは熱可塑性のもののほうが多いようです。それは熱可塑性樹脂のほうが、大量生産に向いており、しかも、非常に精密な形に正確にすることができるからです。ただ熱でやわらかくして固めたものですから、また熱を加えるとやわらかになつてしまう――つまり熱にあうと形が変るのが、この種の樹脂に共通の欠点です。

メラミン・ユリア 硬質ポリエステル

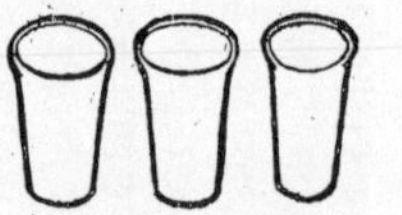

透明なプラスティックスのコップで、小さく「メラミン」と書いたシールのはつたものがあります。これは熱湯を注いでも変型しません。値段はスチロールなどよりずいぶん高いようです。これは熱硬化性樹脂の一種ですベークライトもその一種です。ユリア樹脂もそのひとつです。これは不透明で各色あり、コップや万年筆などによく使われています。たたくと、やわらかいにぶい音がしますが、デスクやテーブルで、うるさい音がしなくていいでしょう。アメリカの家具デザイナーのイームズは、鉄の脚にプラスティックスで成型した座をつけたイスを発表して、家具の革命といわれましたが、これは硬質ポリエステル樹脂をつかつたもので、熱硬化性樹脂の一種です。アメリカではこれで自動車のボディをつくりましたが、鉄製のものよりずつと丈夫だということです。

帯電しやすいの が未解決の欠点

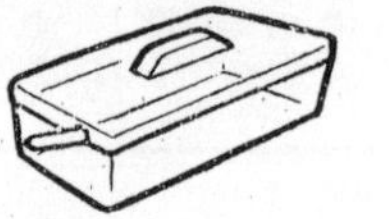

プラスティックスには、まだ解決のつかない大きな欠点があります。それは、帯電しやすいことです。理科の実験でエボナイトやセルロイドを布でこすると、小さな紙切れをすいつけることを知つていますね。プラスティックスはああなりやすいのです。帯電すると困るのはほこりがつきやすく、なかなか落ちません。帯電防止液を塗ると一時は効果がありますが、じきに効力がなくなつてしまいます。今のところ決定的な防止法はありませんほこりを落すときは、なまぬるいお湯で、タオルかスポンジに石けんをつけて軽く洗うのがいちばんよいそうです。今では、生活のあらゆるものの中にとり入れられ、つかわれているプラスティックスに、その欠点がなくなつたら、その製品は私たちの生活をさらに豊かに、さらにいろどりあるものにするだろうと思われます。

正しい使い方で 長所を生かす

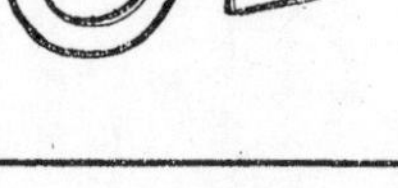

プラスティックスには多くの長所もあり、欠点もあります。その長所を生かし、欠点が影響しないような製品を作ることが大切であり、また、そのようにつかうのが大切なのだと思います。木や金属で出来ていたものを何でもプラスティックスでつくつてしまうというのは行きすぎですし、また、それを無選択に買つてきて、何の用途にもつかうというのもまちがつたゆき方だといえます。プラスティックスのメーカーも、日々に研究や改良を重ね、欠点をおぎない長所を生かすような製品をつくるように心がけているようです。割れやすいとか、傷つきやすい、熱に弱いなどの欠点も、新しい材料ではカバーされていますし、つかい方によつてもおぎない得ることだと思います。プラスティックスはぐあいが悪いという非難も、案外つかい方のまちがいにあるのかもしれません

新しく和服をきるひとのために

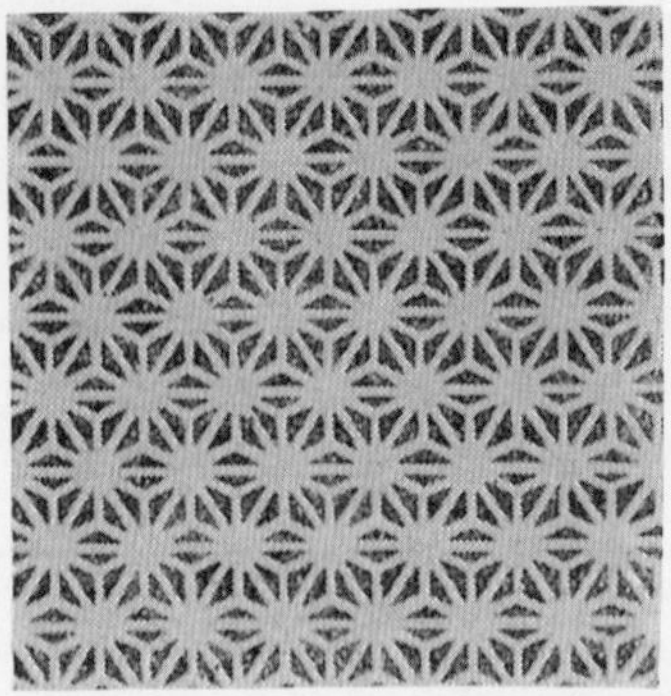
麻ノ葉

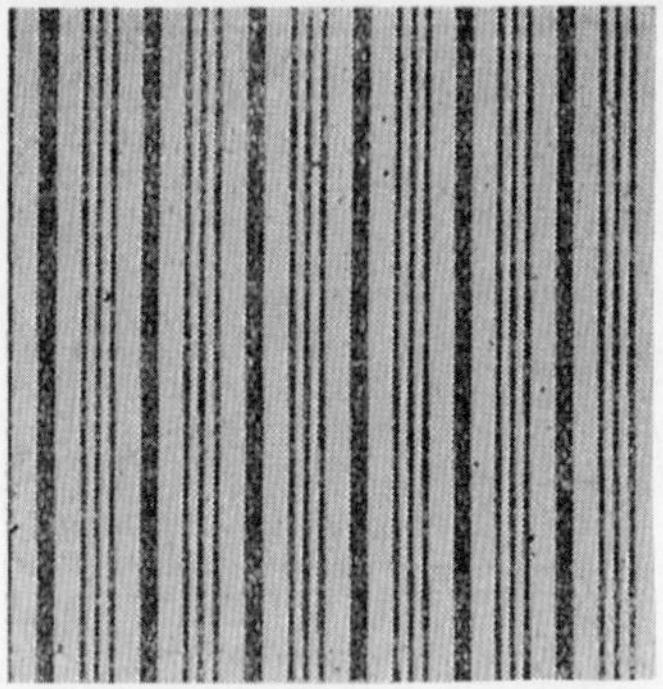
乱立

カット・江戸小紋

どんなときき ものを着るかをきめてから

まず、これからきものを作ろうとする人は、自分はどんな場合に着るかを考えてから選びます。たゞ柄が気に入つたといつて買つても、それを着る機会がなくては何にもなりません。しかしあまり目的を限定しすぎて、お正月に着たいからといつて何も彼も如何にもお正月らしいものに揃えてしまつたのでは、お正月以外には着られないことになります。その点を考えて目的に幅をもたせたものを選ぶように。また組合せる帯や羽織のことも考えに入れ、それらがうまく調和するものでないと結局着ることが出来ない破目になります

よそゆきとして訪問着を

ふだん着でなく、よそゆきとして着物を持つていたいと思う人は、まず訪問着を作つておくのがいいでしよう。訪問着はあまり儀式ばらないときの式服代りや、社交服として一番広く用いられている晴着です。

訪問着というのは縮緬やお召で模様が絵羽についているきもののことを言います。絵羽というのは、縫目に柄がまたがつて合つているきものです。また付下といつて、縫目に柄はまたがつていませんが、裾とか肩とか、着たときの効果を考えて模様の配つてあるものも、訪問着に準じた晴着として多く着られています。

はじめて訪問着を作るひと

はじめて訪問着を作るひとは、いきなり別染であつらえたりするのは控えた方が賢明です。着なれないひとは、はじめから下絵を見ただけで出来上りの感じを想像することがむずかしいために、思わぬ失敗をすることがあります。それよりもすでに染上つているものの中から選んだ方が無難です。まず地色が自分に会つているか、金銀の箔を多く使いすぎたり胡粉の仕上げがこわばつていないかなどをよくしらべ、それを着てゆく場所が、お茶会などで坐る機会が多いようでしたら、模様が肩の方にもあるものを選ぶようにします。

織りと染め

礼服や訪問にはちりめんなどの染めのもので、大島や結城紬のような織りのものは、どんなに高価でもせい〴〵街着程度にしかならないといわれていますが、これは、贅沢の許されなかつた江戸時代に、絹を木綿のようなゴツ〳〵した感じに織らせて、その高価なものをさりげなく普段着にして江戸前の気風を見せた粋人の名残です。しかし現代の感覚では、しなやかなちりめんより、むしろしつかりした織りの方が、若い人にはしつくりするでしようし、正式には染め、織りは略式という考えにも、こだわる必要はありません。

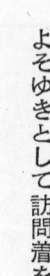

仕立に出すとき

仕立てに出す場合、普通の袷長着なら、東京で五百円～八百円ぐらいです。和服はドレスのように身体にぴつたりしたものではありませんから、和服の寸法を知らないひとはドレスのように細かい寸法書きを渡す必要はありません。自分で直接たのみに行けば、縫う人は専門家ですから大体の見当をつけて縫つてくれますから、特にどこを細目にとか、あとで何にしたいから、というような注文があればのべて、あとのこまかい点はまかせていゝでしょう。お家の人の誰かの着物をきてみて、それを基準にして頼むのも一つの方法。

後のことも考えて丈は充分に見積る

和服は洋服のように流行がはげしくないため長く着られますし、最初長着として着たあとも羽織りに襦袢にと次々に作り直せるという、生命の長いものですから、充分布を見積るように。袖丈や着丈など余裕のある限り長くとつておくと、傷んだ部分を次々に縫いこんだり、折山をずらしたりして長く着ることが出来ます。裾廻しは殊に傷み易いので長目に裁つて、すれた部分を切り落せるようにしておきます。共衿も表衿付の縫代を多くとつておくようにすれば、折山を裏衿の方へずらしてかけ直して綺麗に着る事が出来ます。

広巾のきもの

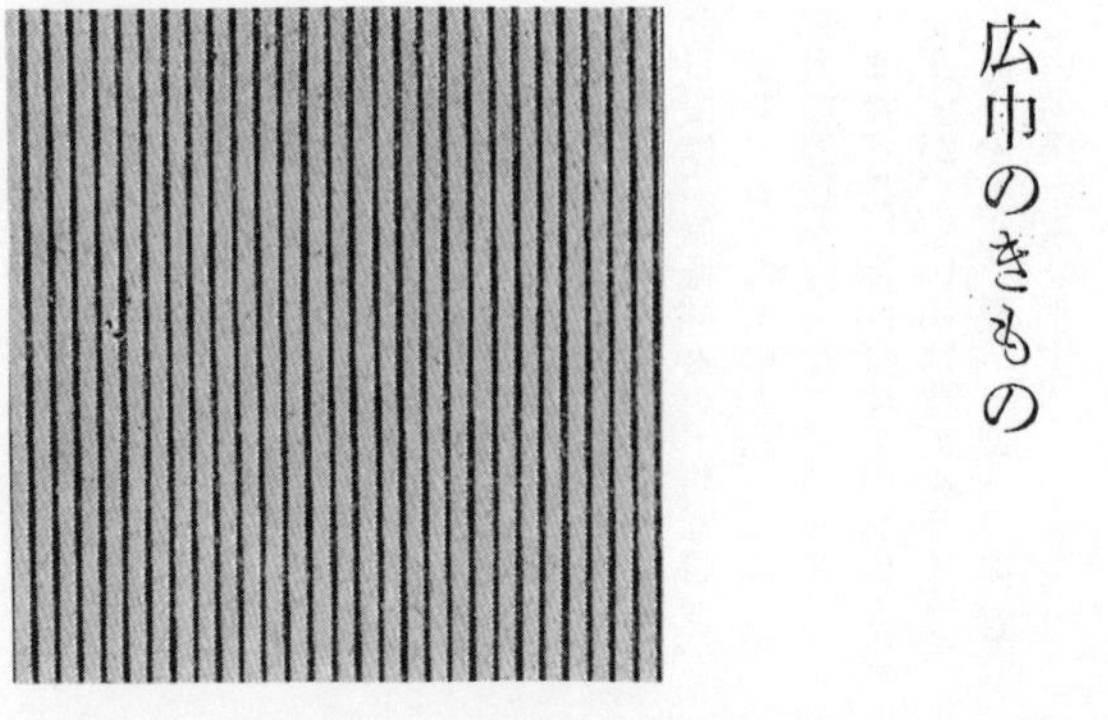

大名縞

スリーシーズン着られるウールのきもの

ウールは単衣で裏をつける必要がないので経済的というばかりでなくウールの風合は真夏を除いて秋から春までのスリーシーズンを通じて快よいものです。ウールポプリン、トロピカル、ジャージイなど、少し地味と思われるようなものでも、帯や半衿やぞうりでアクセントをつけて若々しく着たのは好もしいものです

一般に正式な晴着としては従来通り小巾もので、広巾物は日常着という傾向がありますが、そんなことにとらわれず、ウールやナイロンの無地の着物に色々アップリケして個性的な装いを愉しむのも新しい方向。

和服にかず〱の革命をもたらしたナイロン

ナイロンは高熱に対して弱いという欠点はありますが丈夫でしわになりにくゝ、お洗濯も簡単で、美しい色があり、しかも値段も手ごろで、新しい和服としてもてはやされているものです。ウールと同じく単衣でスリーシーズン着られるものですがもし袷にするときは、少し重いので胴裏抜きで裾廻しだけがよいでしょう。この場合裾廻しはナイロンにしないと、他のものでは縮み方が違うのでフクロになるおそれがあります

交織した他の繊維が多いほど重いわけですから、ナイロン何％と表示してあるのをよく見て求めるように

普段着としていちばん手ごろな化セン

化センは何といつても値段が安くチェックなど新しい柄もあるので、普段着としては一番手頃ですが、重いこと、縮むこと、しわになり易いこと、ものによつては色が落ち易いこと、などの欠点があります。袷にする場合裏地は濃い色の方が万一色がしみた場合も安心だし、グリーンや黒の裾廻しも扱いによつては大変個性的でモダンなものです。水を通すと縮むものもありますから、あらかじめその分だけ充分見積るように

あまり安いものは縮みもしわも、色の落ちる度合もひどいので結局不経済ということになります。

長襦袢

青海波

淡色の無地か白のひとえで

長襦袢は洋装で言えばスリップに相当するものです。白や緋の紋綸子ちりめん、絞りなどでかなり贅沢な色彩も派手なもので仕立てたものですが、新しい感覚で和服を着こなすようになつた今日では、上に着る長着との調和を考えるべきでしよう。

これからはじめて長襦袢を作ろうとする人は、なるべく淡色の無地か白のレーヨンなどで、胴抜きのひとえにしておき、裾と袖口にすべりのよいベンベルグデシンなどを使えばどんなきものにも調和するでしようナイロンの着物に赤い鶴の模様の長襦袢がチラ〳〵するのは嫌らしい。

袷の襦袢にするとき

袷の長襦袢にするときは、普通袖を無双（表裏つゞき）に、裾も表を引返したもので対丈にしますが、長く仕立てゝお端折りにすると衿元がしつかりし裾も広がらずきちんとします。しかしあまりお端折が多いとお腹のあたりかゴロ〳〵もたつきますから、せい〴〵五寸ぐらい長くします。用布が足りない時は、袖を半無双にしたり、裾廻しに別布をつけたりします。又、胴抜きといつて胴の部分だけ別布にすることもありますが、これは布が足りない時と限らず胴の部分だけ薄い地質のもので仕立てると軽くて着やすいものです。

広巾もののきもののなら

ウールやナイロンなどの広巾物の新しい和服なら、袖口や振に長襦袢の色が見えなくてもよいわけで長襦袢は必要ありません。裾よけ代りはペチコートで間に合います。襦袢をつけないとすると、衿をどうするかということになりますが、だて衿をつけるだけでもよいし、着物に重ねて縫いつけてもよいでしよう。又肌襦袢に半衿をかけたものでもよいわけです。この場合肌襦袢は普通のガーゼの汗取りでなく、しつかりした布地にし、袖にはベンベルグやナイロンなどのやわらかいものを使いましよう。

袖・胴裏・裾廻し

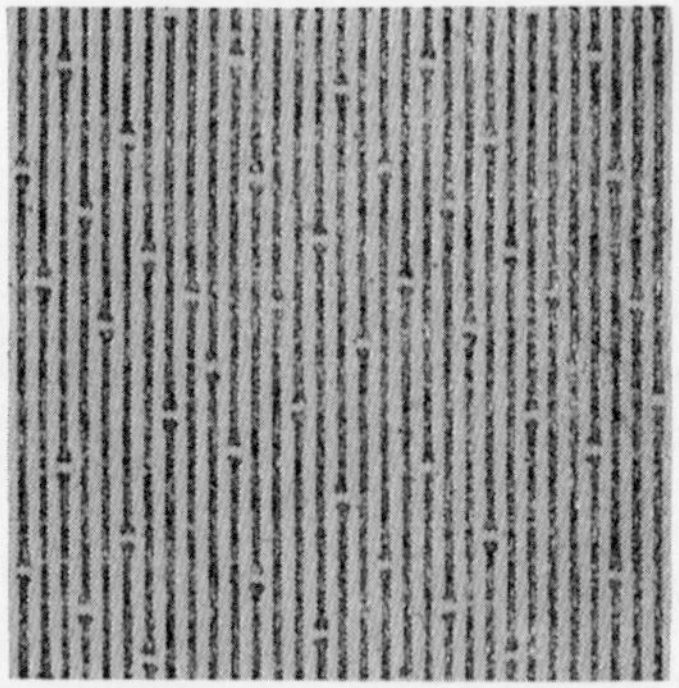

竹ノ節

和服の新しい美しさをみせる短い袖

以前は若い人の袖は長く、年とつた人は短く、よそゆきには長い袖、元禄袖は普段着とされていましたが現在は着る場所によつて生地や柄が変るように袖丈も自由に考えてよいわけです。着物の柄が、黒と白の格子とか、紺のかすりや無地など、非常にスポーテイな傾向になつてきた今日では、お振袖とか、訪問着とかのドレッシイなものを除いては、大部分の着物が短くなつています。

また、長い袖は身体の巾を広くみせますが、短い袖は背丈を高くみせるだけでなく、腰から脚への線が美しい効果をみせます。

羽織丈とのバランスを考えて

一口に短い袖といつても寸法や型は少しずつ違つていますが、普通袖丈は一尺二寸五分位が標準になつています。格子や絣やナイロンやウールなど軽やかな感じで着るものは元禄に、縮緬の縞や小紋など改つた感じで着るものには五分の丸みがよいでしよう。

羽織の袖丈は着物より五分つめる例えば長着の袖丈が一尺二寸五分なら羽織は一尺二寸とされていますが茶羽織の場合は羽織丈が短く一尺八九寸ぐらいしかありませんからそれではいかにも長すぎます。羽織の袖丈は羽織丈とのバランスを考えて

羽織とショール

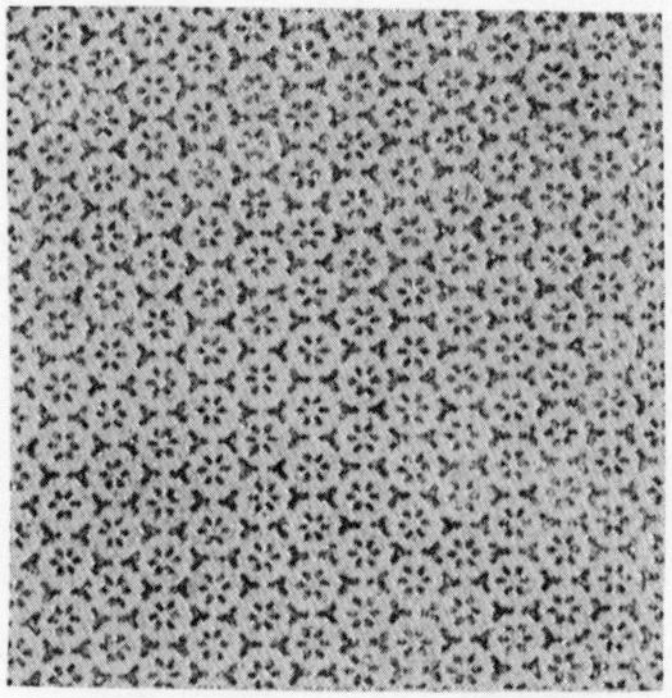

梨の切口

裏地をどうするか

胴裏は若い人なら紅絹というのがこれまでの常識で、たゞし表布がうすい色合の場合は赤では表にすけてしまうので白にします。白い胴裏のとき、或は胴裏が絹でない粗末なときは、紅絹で振り八つ布をつけたものです。しかし、普段着には暖くて仕立やすい新モスか、すべりのよい人絹の羽二重などが今日では多く使われています。裾廻しは表地が縮緬だつたらやはりしぼのある二越という風に、表の地質に合つたものを選びます。しかし、交織の紬や結城、お召モスなどの普段着なら、新モスか、人絹デシンなどが適当でしよう。

茶羽織はかろやかに

普段着や街着の、スポーテイな格子等の広巾のきものには、コーデュロイや化センの無地の茶羽織を。また、小巾ものの紬のかすりや、さつぱりした縞のきものなどにウールの無地の茶羽織という組合せは、なかなかしやれています。ウールの着物に同じウールの羽織を重ねるのはもたついてすつきりしません。最近新しい和服の生地として出廻つているベンベルグの一越ちりめんで、二尺二寸の茶羽織にして、残りで共の帯を作つてそろえてみるのも、紺やグリーンの無地のきものなどによくうつることでしよう。

裾廻しは配色の効果を考えて

裾廻しの色は、普通表の地色と同じ系統の濃淡か、表地の柄の一色を選ぶのが無難ですが、若い人が渋い無地のきものなど着るようになつた今日では、対象的な色を選んだり、帯と揃えるなど洋服的なセンスで配色の効果をねらつてみるのも一つの行き方です。濃い色のきものに淡い色の裾廻しをつけて柔かみをそえたり、黒をあしらつてぐつと粋な印象にしたり、時には格子縞をもつてきて、新らしい味をねらつてみたり、自分の個性に合せて調和のあるものを選んで下さい。あまり奇抜なものは下品になりますから気をつけて。

コート代りにもなるストール

ウールやナイロンのきものを単衣仕立てにして着る場合、どうしても上に羽織るもので温度を調節することになりますが、冬の外出にはオーバー地で作つたトッパーコートもいいでしよう。これは和服用にデザインするより、たゞ袖付が広いというだけであとは洋服と同じに考えて作つた方が洋服にも着られるというだけでなく、新しい和服の美しさが生れます。また、コートなしのような場合、広い巾のショールなどより、大き目の配色のよいストールを羽織つた方がぐつとシックですし、コート代用になるぐらい暖いものです。

帯

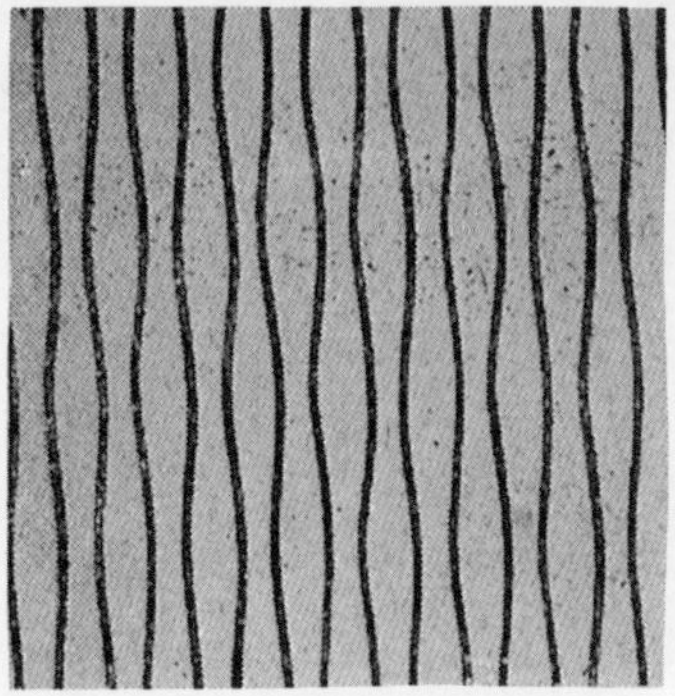

立枠

丸帯・袋帯・名古屋帯

帯には、丸帯、袋帯、名古屋帯などがあります。丸帯は、帯の巾の倍の広巾のものを二つに折つて芯を入れた普通錦などの高級織物で仕立てた豪華な帯、結婚式などの儀式の場合にしめるもの。袋帯は始めから袋のように織られているもので縫う必要がないし布地は丸帯よりずつと軽いもの、訪問着などの正式な外出着にしめます。名古屋帯は胴にまきつける部分を始めから半分の巾に仕立てたもので用布は丸帯の半分、丸帯や袋帯と同じ形に結べ、しかも軽いので今では帯のほとんどが名古屋帯です。小紋やお召位の外出着に。

細い帯は若々しい感じ

ふだん洋服を着ているひとが、丸帯や袋帯をぐるぐるまきつけて、重い苦しいというのは無理もないことです。名古屋帯などで帯もずいぶん軽くなつたのに、それでももつと軽いものをという要求が若いひとの間からでても不思議ではありません。それで三、四年前から長さ八尺、巾四寸五分から五寸の細い帯ができました。これはお太鼓には結べないのでリボン結びや文庫結びにしますから、袋帯や名古屋帯のような重量感は望めませんが、軽い外出着程度のものにしめるのなら軽快な感じで若々しいものです。

味気ないつけ帯

自分で締める必要のないつけ帯という便利なものができています。これは胴に巻く部分とお太鼓の部分が別々になつているもの。お太鼓の部分は形が出来ていてひもで背中に背負えばいいようになつています。これは締めるのにはとても簡単ですが、長い帯をきゆつとお太鼓に結んだ味はありません。きものの後姿は魅力的だというのも、あのお太鼓に色々な表情があつてアクセントになつているからです。だからいつも結びつきりのつけ帯などというものは味気ないもの。外出着のためには、やはり自分で締める帯をととのえたい

配色は洋服の感覚で

総柄のきものに柄の帯をしたら折角美しい柄も両方が死んでしまいます。きものと帯の配色も洋服の感覚で考えればよいのではないでしょうか。きものが柄ものだつたら、帯は無地などのシンプルな色彩のものをしめた方がすつきりするし、きものが無地や縞などのあつさりした色彩のものだつたら帯はアクセントに柄のあるのもよいものです。今までのきものは色を多く使いすぎて美しいことは美しいけれど全体の印象がぼやけてしまいがち。色をもつと整理して沢山の色をごてごて使わないことがきものをすつきりと着るこつ。

洋服地のきものと帯

最近洋服地できものや帯を作るようになりました。普通のきもの地で作つたきものとはちがつたモダンとかシックとかいうような味があつて気軽に着られるので若いひとにもおおいに着ていただきたいものです。帯はフエルトのような厚手のウールを八寸巾位に長く切つて二つ折りにし芯を入れた手軽なものです。こうした帯はやはりざつくりしたウールのきものにしめるもので、個性的だからといつて、お召などのきものにしめたらちぐはぐでおかしなもの。反対にウールのきものにクラシックな帯は不釣合です。

帯じめ

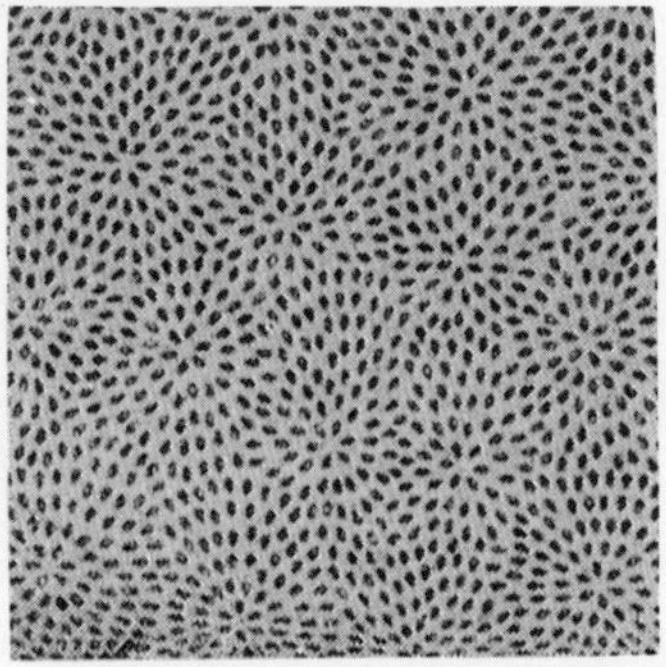

貉菊

帯じめはしめやすいものを選ぶ

帯じめは、帯のお太鼓をおさえるという実用から生れたものですから帯じめを選ぶ場合には、まずよく締まるということが大切なのです。どんなに色や柄のよいものでもほどけやすいものは帯じめとして落第。帯じめには正絹や交織の他に最近では、ナイロンやアセテートのものがでています。締めやすいという点では絹が一番、値段も千円止りで結構よいものがあります。ナイロンやアセテートは絹に比べ値段も安く洗濯しても色がおちないし丈夫で実用的ですが、すべってほどけやすいという欠点があります。

帯じめはきもののアクセサリー

帯じめは帯をとめるという実用的な役割のほかにきもの全体の印象をきりりとひきしめるという洋服のアクセサリーと同じ大事な役目もあるのです。だから帯じめを選ぶ場合まず地質のよいものを選ぶことは勿論ですが、第二は柄や配色にも充分に気を配つて欲しいもの。帯じめだけ見てよいのがあつたからと買つてしまつてもそれが自分の持つている着物や帯に不調和なものだつたら、どんなに柄や色のよいものでもそのよさは死んでしまいます。きもの全体の調和をくずさない様に帯の色との調和も考えて選ぶようにして下さい

きものの印象をひきしめる帯じめ

昔のひとには昔のきものの常識というものがあつて、きものの種類年令や季節などによつて帯じめの色や種類などもやかましくいつたものですが、きもの全体の調和をくずさないものなら配色などももつと自由に考えてもよいのです。

帯じめの色は帯と同系色を選ぶのも無難ですが、これは印象が弱いもの。むしろ帯と反対色を選んだ方が一つのアクセントになつて、きもの全体の印象をきりりとひきしめる効果があるものです。しかしあまりどぎつい効果をねらつたのではかえつて品がなくなることがあります。

帯じめの太さ

帯の巾をうんと広くしてしめた頃には、帯じめも八分ぐらいの太さでしたが、帯の巾もだんだんせまくなつたこの頃では帯じめも細くなつて四分から五分ぐらいのものが多いようです。一時は、何でも細く細くと二分ぐらいの太さのものまで出たことがありますが、やはり、そんなに細くては何だか頼りない感じで印象も弱いので、この頃では大体四、五分の太さにおちついたようです。巾七寸ぐらいの巾の名古屋帯などには帯の巾とのコントラストを考えてみても、四分から五分というのが一番適当な太さではないでしょうか。

帯じめの種類

帯じめには平打と丸打の二種類あります。平打というのは帯のように平たく組んだもの、丸打というのは紐のように丸く組んだものです。どちらでもそのひとの好みでよいのですが平打の方がモダーンな感じで若いひとにも好まれるらしく、デパートでも専門店でも丸打のものはほとんどおいていません。平打の中にも柄ものや無地ものの他に両面色がちがうもの、左右色がちがうものなどありますが、この他最近では、両面色ちがいで、しかも後で片方をひつくりかえして、左右色ちがいにもできるという便利なものもでています

半衿・帯あげ

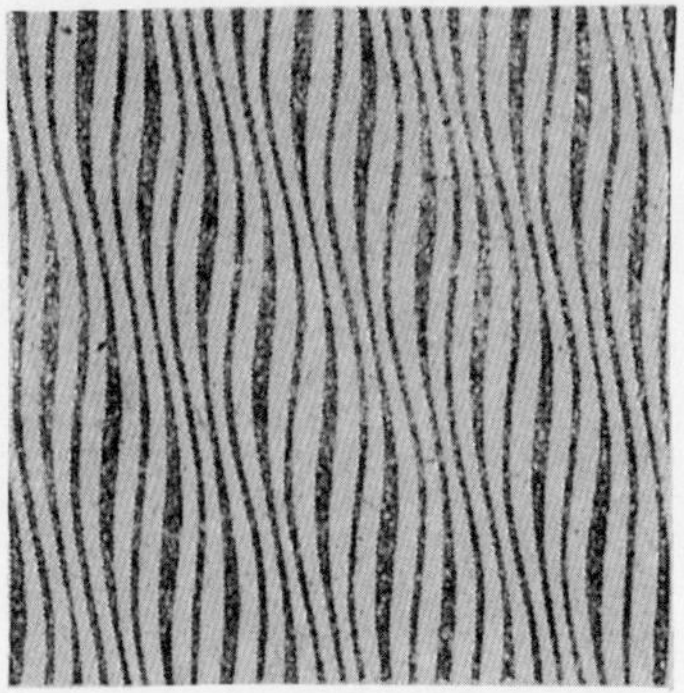
よろけ縞

一番人目につきやすい衿元

一番人目につきやすいところでもある衿元は、和服を着た美しさのポイントの一つになつています。垢ぬけのした感じも粋なあだつぽい着こなしも、若々しい端正なきものの美しさも、みなこの衿の印象によつてきまるといえましよう。その半衿が薄汚れていては台無し。ことに近頃のように、衣紋を抜かずにきりつとつめて着るのが若い人達の間に流行すると、汚れも早いわけですから、男の洋服のワイシャツにもあたる半衿に充分に気をつけたいもの。着物の良し悪しに関わりなく、いつもきちんと清潔な半衿をかけて下さい。

晴着には塩瀬縮緬の半衿

まずかけたい半衿の生地からいえば、しつとりと柔かみもありコシもしやんとしている塩瀬縮緬の半衿にこしたものはないでしよう。塩瀬羽二重の半衿は少しコシが強くかけた時に山形がとがりすぎ、縮緬のものはスッキリとした衿足の美しさをかいてもてつくのが欠点。他の人絹、ナイロンやアセテートなどがありますが、いずれも普段着むきで、晴着用としては、やはり着物とつり合いのとれた正絹のものでないとおかしい。ですから、外出用の長襦袢に正絹の半衿を、普段着のための襦袢には、その他の半衿をかけるのが常識

白い半衿が最近の流行

つぎに半衿の色のえらびかたですが、大体在来の常識からいえば、ピンク、クリーム、肌色といつた系統が若い人むきで、グレーとか茶色紫などの系統の薄いものが中年むきとして喜ばれてきました。白い半衿が最近の流行ですが、これは洋服のカラーの美しさを感じさせるからでもありましようが、一つには、白の半衿が無難だからでもあります。しかし洋服の配色などに自信のある方でしたら、新しい和服のいきかたとして、きものの地色、帯との配色などを考えたうんと大胆な個性的な半衿をえらんでみるのもたのしい。

案外目立つ帯あげ

以前はどつしりした縮緬や豪華な絞りの帯揚げを胸たかだかと結んだものですが、今では花嫁さんなどを除いてはほとんどそうした用い方はしなくなりました。前から見たら、ほとんど帯にかくれて見えない位目立たせないようにしています。そんな風にしても帯揚げは横からみると案外目立つものですから、やはり配色には充分気を配つてほしいもの。

赤い絞りやピンク地に赤や水色の絞りなどぱつと派手なものより、帯や着物の色にあわせてピンク、クリーム系統の淡い無地ものがあまり目立たずにすつきりとします。

帯あげの布地

帯あげの布地は絹の紋りんずが普通です。紋りんずは生地に光沢があつて美しい上にかさばらず締めよいし、その上夏でも冬でも使うことができます。

最近は紋りんずなどの絹ものの他に、ナイロンのしぼりやサッカーなどの新しい帯あげができてきました。ナイロンのしぼりは、使つているうちに伸びるようなことはないし、洗濯もきくし実用的ですが、やはり正絹の持味にはかなわないようです。値段はナイロンのもので四百円～八百円、正絹はその倍ですが、外出着のためには絹ものの方がよいでしよう

足袋・草履

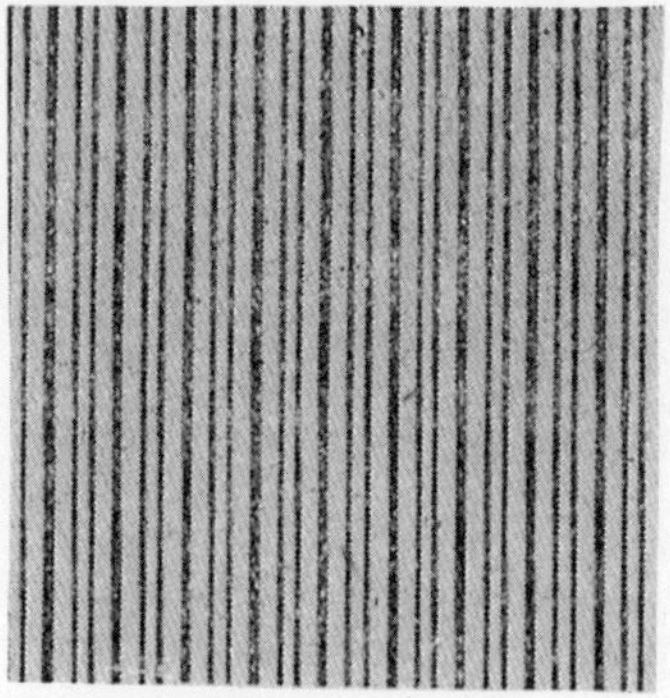

一二筋

きつちりと足にあう足袋を

本当におしやれのひとは足袋も注文して足にきつちりしたものを作らせるといいます。いくら素晴しいきものを着ていても足袋がぶかついていたりうす汚れていたりしたのでは折角のきものも台無し。わざわざ註文しなくても自分のサイズにもつともあつた文数をえらぶこと。同じ文数の足袋でも巾が広くてぶか〱するのもありますから、買うときにはそんな点にも注意して下さい。安いものは縫代が少く甲の縫目がほつれやすいもの。布目が真直で縫代が充分にとつてあり指の股、甲前、爪先など二度縫いになつているものを選んで下さい。

真白い足袋が美しさのポイント

足袋は一度はいたら必ず洗濯しましよう。いつも真白な足袋がきものの美しさをもつとひきたたせます。洗たくしたら生乾きのときにアイロンをかけておくことも忘れないように。足袋は洗たくすると形のくずれやすいものですから、乾すときに充分気をつけて伸ばすように形をととのえること。足袋の生地にはキャラコ、ブロード、ナイロンなどがありますが、一番よいのはキャラコです。キャラコの中でも双糸織といつて二本糸で織つてあるものが目がつんでいて洗つても縮みが少く丈夫。ナイロンは洗うと黄色くなるのが欠点です。

足袋のこはぜ

足袋のこはぜは普通三枚になつていますが、乗り物に乗るときなど、何かの拍子で裾がめくれたりしたときに、足袋が浅いために足首がにゆつとのぞくのはとてもみつともないものです。そんなわけで近頃は四つこはぜをはくとひが多くなりましたこれならくるぶしまでかくれるのでなるべく四枚こはぜのものをはいて下さい。五枚こはぜになると甲が高すぎて、歩くのにはさしさわりがありませんが、すわるときとてもきゆうくつです。しかし背の低いひとが中に台を入れてはくのには大変都合のよいものです。

草履 1

皮、エナメル、ビニール、きれ地パナマ、ビロード、畳表、キルク等草履の材質は色々豊富にありますが、一般に多く利用されているのは皮とビニールです。ことにビニールは、安くて丈夫で色が美しくエナメルのような光沢があるので、わざわざエナメルや皮の高いものを買わなくても、外出着用としてもふさわしいもの。ただ残念なことに冬になると少し固くなるという欠点はありますが。皮の草履は、大抵小牛の皮を染めたもので、丈夫だし、落ちついた色調が好ましいものですが、色がおちやすく安いものは足袋など染つてしまうこともあります。

草履 2

草履の厚さはキクルの芯によるもので、普通は三分の厚さのキルクを大体三枚ほどあわせた上に踵のゴムや表になる薄い芯をいれるので一寸ぐらいの高さになります。これが、原い芯をいれると高いものは三寸ぐらいにもなりハイヒールをはいたのと同じ効果になります。うすい草履がよいか厚い草履がよいかは一概にはいえないのですが、高すぎる草履は、ハイヒールのようには足元がすつきりせずに、かえつて足元が重苦しい感じになつてしまいます。若いひとでも一寸から一寸五分ぐらいの厚さのものが適当なのではないでしようか。

紐・ハンドバッグ 風呂敷

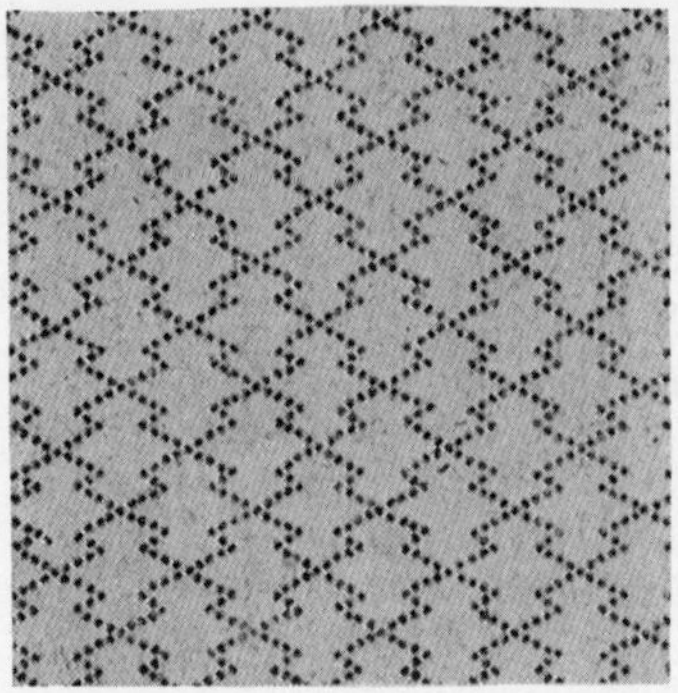

松皮菱

きもののための ハンドバッグ 1

きものを着たときに持つハンドバッグといえば、布地に金糸や銀糸で刺しゆうをしてあるものとか、布製の小さな袋とかに限るものと考えているひともあるようですが、きものとの調和を破らないものならば、洋服を着るときに持つハンドバッグでもかまわないのではないでしょうか。全く昔風のきものに、ビニールのハンドバッグではおかしいかもしれませんが、きもの自体もずいぶんモダーンな感じになつてきたのですから、ハンドバッグだけクラシックなものではかえつてちぐはぐではないでしようか。

腰ひもは着付けのポイント

きものは着付け一つで美しさが、ぐつとひきたつもの。その着付けで大切な役割をしているのがひもです特に腰ひもはきものの美しさのポイントになるもので、これさえしつかりしまつていれば、どんなに動いても着物は着くずれる心配がありません。デパートなどで売つている絹地を細くくけたひもは、ゆるみやすく腰ひもとしては適さないようです。腰ひも用としては、特別に織られた巾五寸長さ六尺前後の絞りんずの布を専門店で売つています。四、五百円で決して安くありませんが、これにこしたことはありません。

きもののための ハンドバッグ 2

洋服のために選んだハンドバッグでも、ショルダーバッグのようにあまりスポーテイなものでなかつたら着物を着たときに持つてもよいのではないでしようか。

訪問着や小紋、お召などの外出着にビニールのハンドバッグでは不調和ですが、ウールなどの洋服地で作つたきものなら、かえつて、洋服のときにもつようなハンドバッグを持つた方がしやれています。

また、きものとおそろいの布地で作つた可愛い袋やハンドバッグもよいものです。

自分で作るひも

締めやすくしまりのよい事が紐を選ぶ場合の第一条件です。デパートなどで売つている高いものを買うより自分でモスリン、ナイロンサッカーなどの布地を五、六寸の巾に芯を入れずにくけて作つてみましよう。とても締めやすいもの。着物をきる場合最低三本のひもは必要ですから、薄いピンクの無地などで三本なら三本みんなおそろいで作りたいものです。長さは三米ぐらい、それより長くても短くても工合がわるいもの。ごろごろかさばるような生地はさけたい。毛糸で三センチ巾位に袋にあんだひもも締めよいものです。

ハンドバッグ がわりの風呂敷

風呂敷というものは、大変便利なものですから、誰でもがよく使うものですが、案外、実用本位にしか考えていないのではないでしようか。

きものを着たときには、風呂敷をハンドバッグのかわりにもつのもよいものです。風呂敷には木綿、縮緬錦紗などありますが、きものとのつりあいを考えて選んでほしいもの。外出着には縮緬や錦紗ときめてしまわずに、木綿のものにもローケツ染などでよいものもあります。風呂敷も一つのアクセサリーになるのですから、きものの柄や色との調和もよく考えて選んでほしいものです。

雪村いづみさん

花のきもの

素晴らしいセンスでどんなドレスも魔法のように素敵にこなしてみせる雪村いづみさんですが、長い袂を重ねて装つた和服の美しさもまたひとしお魅力的—二十才《はたち》の春を迎えるいづみさんの振袖姿をご紹介しましょう

この夏ベルリンの映画祭に招かれた各国の俳優さんの中で最もチャーミングな女性として記者クラブから賞を贈られたいづみさんは、帰国後はその妖精のような印象に加えて、ぐつと娘らしい魅力をたゞよわせ、益々美しいこのごろです。

『お嫁さんみたいな振袖があるのよ』と最初に見せて頂いたのは黒の一越で、青海波と松を金銀で描いた美事なものでした。『裾をひいて着てみましょうか。お嫁さんのようにしてみたいの』と憧れをこめて無邪気に語るいづみさん。傍か※

てて飾つた雪村さんが、長い裾をひいて淑やかに立たれた時は、思わず『まア、きれいなお嫁さん！』と口に出してしまつたほどです。

『こんなの着てると何だかお嫁に行きたくなつちやつた。でも私は教会でするの。真白なウェディングドレス着て…』とご自分の花嫁姿をあれこれと思いえがくいづみさん。美しい衣裳を着るよろこびだけをとつてみれば何度でも結婚式をしたいぐらいだそうです。

春を招ぶような明るい左の振袖は、深い水色の一越に、ピ

※らお母様が『それならかかえ帯が要りますよ』と口添えされるのを『でも新式でいゝの。ママは何でもきまりを守ろうとするのネ』と明るく笑つて、いづみさんのアイディアによる素敵な花嫁さんが出来ました。

胸高にしめた丸帯は若松を織り出した、まばゆいばかりの金らんで、紅の総鹿の子の帯揚げとともに、豪華な中にも非常に格調の高い一揃いです。髪には花を並べて短いヴェールをかぶり、キラキラする長目のイヤリングをかんざしに見立

ンク、えんじ、黄色、ブルーなどで、雲取りに菊や梅を配し、ところどころ糸のような金銀の箔で縁取つたり、ししゆうや疋田模様のある、いかにも春めいたもの。帯は朱地に金で菊を織り出したつゞれの見事なもの。髪にも淡い色調のライラックやわすれなぐさの花を散りばめ、イヤリングも黄色い花の群がつたもので、全体を花の印象にまとめて、モダンな味で着こなして居られるさまは、どこからか花の香りがたゞよつてくるように、明るく匂やかな美しさでした。

『きもののことは〃大体こんなのがほしい〃というぐらいで、私はノータッチで、ママに任せちゃうの。

そうすると、いくつもの下絵のなかから、ママが決めるわけだけど、でもママは、これにはこうでなくちややならないとか、仲々うるさくて本格的になつちやうのよね』と云われるだけあつて、帯や長襦絆は云うに及ばず、羽二重の下着から伊達〆の一つに至るまでことごとく、その一つの着物のためにだけ揃えるという徹底さには目をみはるばかり。絢爛《けんらん》たるこの振袖は鶴の地紋の綸子に、絵巻物のような図柄を、紫やピンクや胡粉で手描きし、袂の縁と褄から裾にかけて金箔をめぐらしたもので、紫をふくんだピンクの地色が、肩から次第に移つて裾の方ではブルーのぼかしになつている色遣いの巧みさや、格調ある錦の帯など、さすがに一分の狂いもない、最高級の装いと云えましよう。

額にかけたニューダイヤのきらめきも印象的です。

ジンパンツやジャンパー姿の好きないづみさんのピチピチした姿は実にチャーミングですが、一方、こうした伝統的な日本のきものを召されるとまたそのあでやかさに目を見はらずには居られません。これらのきものはお正月やご挨拶や外人のレセプションなどの場合に召される由ですが、日本の工芸の粋をつくしたようなそれをみていると、外国人が驚嘆するのも当然とうなずけるのでした。

『外国人はとつても帯が不思議らしいの。こんなに締めて息が出来るかとか、こゝんとこ叩くとコンコンつて音がするもんだから、胸をコツコツノックしてメイ・アイ・カムインて、なんてふざけたり…』と明るい表情で語るいづみさん。

手のこんだきものは、おいそれとは出来ないので、気に入つたのがあつた折々に頼まれる由ですが、一昨年のお正月にと思つた総しぼりの振袖などは二年ごしで未だに出来上らないそうです。ジョン・ウエイン氏と会つた時と、ベルリンフィルハーモニーの歓迎レセプションの折に召された・番新しい振袖は、もみ紙紋様の綸子を深いグリーンとサーモンピンクに染分け、一方に枝垂れ桜、おかめ、般若の面、笛、扇を、一方には七宝や紅葉、水などを配した手描き友禅で〃能面のきものを〃というかねてからの願いを容れて漸く出来上つたものです。笛の紐の紅の刺繍や、模様を縁取る細い糸のような箔や、般若の歯などに施してある金の縫い箔など、どの一つをとつても精巧の限りをつくしたもので、唐錦の袋帯とともに飽かずに眺め入つてしまう素晴らしさです。根高くとつて丈長《たけなが》を結び、髷に擬して花を並べ扇形のダイヤの飾り櫛をした髪が古典的な味をみせ、これらの装いはまるで物語の主人公をみるように夢の世界に惹き入れるのでした。

着付　村井八寿子

らんぷものがたり

—斉藤達雄さんのコレクションから—

ここに並んでいるたくさんのランプは斉藤達雄さんのコレクションで、そのほとんどが明治の初め頃から中頃へかけてイギリス、アメリカ、フランス、ドイツなどから日本へ輸入されたという舶来のものばかりです。

最近では映画「挽歌」のヒロイン・玲子の父親の役など今まで数々の映画でスクリーンを通じておなじみの斉藤さんは、映画界でもひときわ個性的でユニークな存在ですが、その斉藤さんが今からおよそ二十七年ほど前、信州松本のロケ先でふと見つけた一つのランプが、このたくさんのランプのコレクションのそもそもの始まりだつたとのことです。当時、五所平之助監督の作品に出ていた斉藤さんは、松本の古道具屋の店先で見かけたランプの一つが、その時の映画で斉藤さん演ずるところのすげ笠にパッチという人力車夫の扮装にそつくりの感じだつたので、その映画出演の記念にと買つて帰つたのだそうです。そして家の書斉に飾つて毎日眺めているうちに思わずそのランプの美しさに引き入られてしまつて、それからこの斉藤さんのランプのコレクションが始つたのだということです。

その後斉藤さんは旅行先やロケ先で、あるいはまた人伝てに遠い農村や漁村までもいろいろのランプを求め歩いて、戦争前

までにはそれが百個近くも集つていたそうです。しかし惜しいことにはその半分以上が戦災で失われたり引越しのたびにこわれてしまつたりして、いま斉藤さんの手もとに残つているのはおよそ四十個ほどのこのランプです。

斉藤さんによれば―ランプにはシンメトリカルな安定した美しさに加えて、そこに漂う何かしら人間臭い味にひかれる―とのことですが、たしかに型も違い色彩も異るこれらのランプが昔の人々のくらしの彩りや生活の歴史のニュアンスをその一つ一つに秘めているといえましょう。優雅な貴婦人が愛用したとも思われる居間用ランプや寝室用ランプ、白く清潔な感じの、多分病室用だつたようなランプ、どつしりと落着いた感じの書斉用、それぞれのランプはそんなムードや雰囲気と同時に昔の庶民たちの感情をもあわせ伝えています。

ランプが日本へ渡来したのは江戸時代の弘化年間（一八四四年～一八四七年）のことですが、その全盛期は何といつても明治の初めから末頃へかけての約四十年間です。その間九州出身の佐田介石《さだかいせき》という人が「ランプの十六の害」ということを唱えて「ランプ亡国論」ということを言つたりしました。余談ながらこの佐田介石という人は他にも「鉄道亡国論」とか「牛乳の大害」「太陽暦の非難」などということを発表していて当時としてもよほどの奇人であつたと思われますが、文明開化の明治の世の中はそんなことにおかまいなく行燈《あんどん》から石油ランプへとどんどん移り変つて行つたのです。…前頁右下の写真で斉藤さんが手にしているランプは米国製初期のもので、一旦石油をガス体にして燃焼させ石綿のマントルを使つてガス燈のように明るくして使用したものです。手がけが大きく握りやすいようになつていて、そのまゝ飾りの役目をも果しています。また左頁下の写真は斉藤さんのコレクション第一号のランプ。今でも斉藤さんが限りない愛着をもつて大切にしているもので見事な唐草模様が全面に刻み込んであり自由に伸縮できるものです。

写真右の吊りランプは斉藤さん宅の玄関に下げてあるものです。手前は豪華なシャンデリヤの制作で有名な英国のクラーク社の製品です。その後の小さい吊りランプはドイツ製。また前頁の写真の中の白一色の台ランプは大阪製品で、油や煤煙で汚れ易いランプを白一点ばりで仕上げてあるという、これは大阪人のレジスタンスとでもいうべきことなんでしようか、とは斉藤さんのお話でした。ともあれ石油が発見されてから一世紀以上も人々と共にあつたランプが、新しく電燈の発見によつてその光を消してしまつた今では斉藤さんのこのランプながらなかなか味いのあるものです。

上の写真で斉藤さんが手にしていらつしやる台附ランプは、ごく最近斉藤さんの大ファンである沢田元国連大使夫人の沢田美喜さんが鳥取からわざわざ持つて来て下さつたものだそうです。全体がブドウ酒色で精巧極まりない見事なカットがしてあり、台は大理石という豪華なものです。斉藤さんの前にあるけんどんの上のランプは日本製で、木のくり物を黒い漆《うるし》できれいに仕上げてあります。このけんどんという箱は桜材で作つたものです。昼間やランプを使用しないときは笠をとつて、このけんどんの中に入れてお座敷の隅などに置いてあつたものです。これは明治物の小説のさしえや映画によく出てきます。映画といえば、外国の映画でも出道具の一つとしてランプがしばしば登場します。注意して見るとその一つのランプがその場面の雰囲気を盛り立てるのにとても重要な役割を演じていることがわかります。

左の写真で二つ並べたランプはそれぞれ足の長いお座敷用とでもいうべきランプです。左側は米国製ですが、洋銀の台にどつしりとした重みがか、つていて、笠の切り子模様もシンプルなもの

右側は日本製のランプですが、各部に米国製の特徴を真似たと思われるところがあります。長い鉄の足で支えられたこのランプは日本座敷用として使われていたものです。足の長いランプは見たところ不安定のようですが、すべてランプはその三分の二のウエイトが下の台の部分にか、つていますから、ひとりで倒れるような心配はありません。また、ランプも小さいものはピースの箱より少し大きい位のものがありますが、これは仏壇や神棚のお燈明用としてのもので、斉藤さんも停電の時など今でも使つていらつしやるとのことです。

のコレクションは珍しくもまた非常に貴重なものといえることが出来ましょう。

自分で結いましよう

はつ春の髪

中原淳一

すがすがしいお正月だけは日頃のワンピースやスーツを脱ぎすてて、赤いてがらやかんざしなどをあしらつて和服の情緒にひたつてみるのも、日本に生れた女性の味わえるよろこびと云えよう。

ところが大晦日の美容院ときたらまるで戦場のようなさわぎ。よほど前から申込んでおかなければ、おいそれとは結つてもらえないし、朝から順番をとらなければゆつくり除夜の鐘も聞けず、美容院で年越ししてしまう始末だ。

あわたゞしい年の瀬に、髪の事で想いわずらわずとも、今年のお正月の髪は自分で結つてみてはどうだろう。毎日の通勤の髪にほんのちよつとだけ日本髪の型を匂わせて…

松田和子さんのあの特長のある髪は、全体が指先で辛うじてつまめるぐらい短くて、とても日本髪風には出来ないように思われるが、ちよつと手を加えて飾つてみただけで、見違えるように日本的な雰囲気をかもし出す。はね上つた衿足の毛をピンで撫でつけてヘアーピースを二つとめ、左右からこうがいを通し、それに鹿の子のてがらをからませて二つの髷の間をきれいに掩つたもので、淡い色の小さな花を束ねて飾つたら春らしい気分が溢れた。ヘアーピースを固定させるために、その位置の毛をとつて結び、その上に髷をしつかりと。

普段、髷にしてまとめている楠不二子さんの毛を、前髪はそのまゝに、短か目の両サイドの髪はカールして、お正月の晴着にふさわしい華やかさを出してみた。地髪だけでは小さな髷しか出来ないので、しやぐまを入れてふくらませ、真珠をちりばめたかんざしと造花をあしらつただけだがぐつと日本的な感じ。

昭和二十二年といえば、まだ終戦後の暗い混乱からみんなが脱けきれないでいた灰色の年。「それいゆ」三号が出たのは、そんな年の春で、初春のためのきものを新しくつくるなどということは思いもよらず、お正月のための美しいきものなどを誌上に発表してみたとしても、それはえそらごとにすぎなかつた。それでたとえ新しいきものはなくても、せめて髪ぐらい日本髪風な感じに自分の手で結つてみたら、はなやかな色どりを忘れてしまつたような暗いあけくれの中で女のひとが美しいくらしの夢をとりもどすのではないだろうか……そんなねがいをこめて私は「それいゆ」三号の誌上に「花の髪」と名づけて、日本髪の情緒をとりいれた自分で結える簡単な髪型を発表したのだが……それが思いがけなく若いひとの間に好評を博して、もてはやされたちまち美容師の手によつて新日本髪とか桃割れパーマとか名づけられて流行しはじめた。しかしそれも、だんだん、デザインがこつたものになつてきて、美容院に行かなければ結えないものになつてしまい、私が始めに意図していた「自分で結える」ということとは大部ちがつたものになつてしまつたようだ。

楠さんの毛は、後はかなり長いのだが、前髪は短いバングで、サイドは耳をかくすぐらいの長さなので、横の髪はそのまゝ残してウエーヴでアクセントをつけた。後

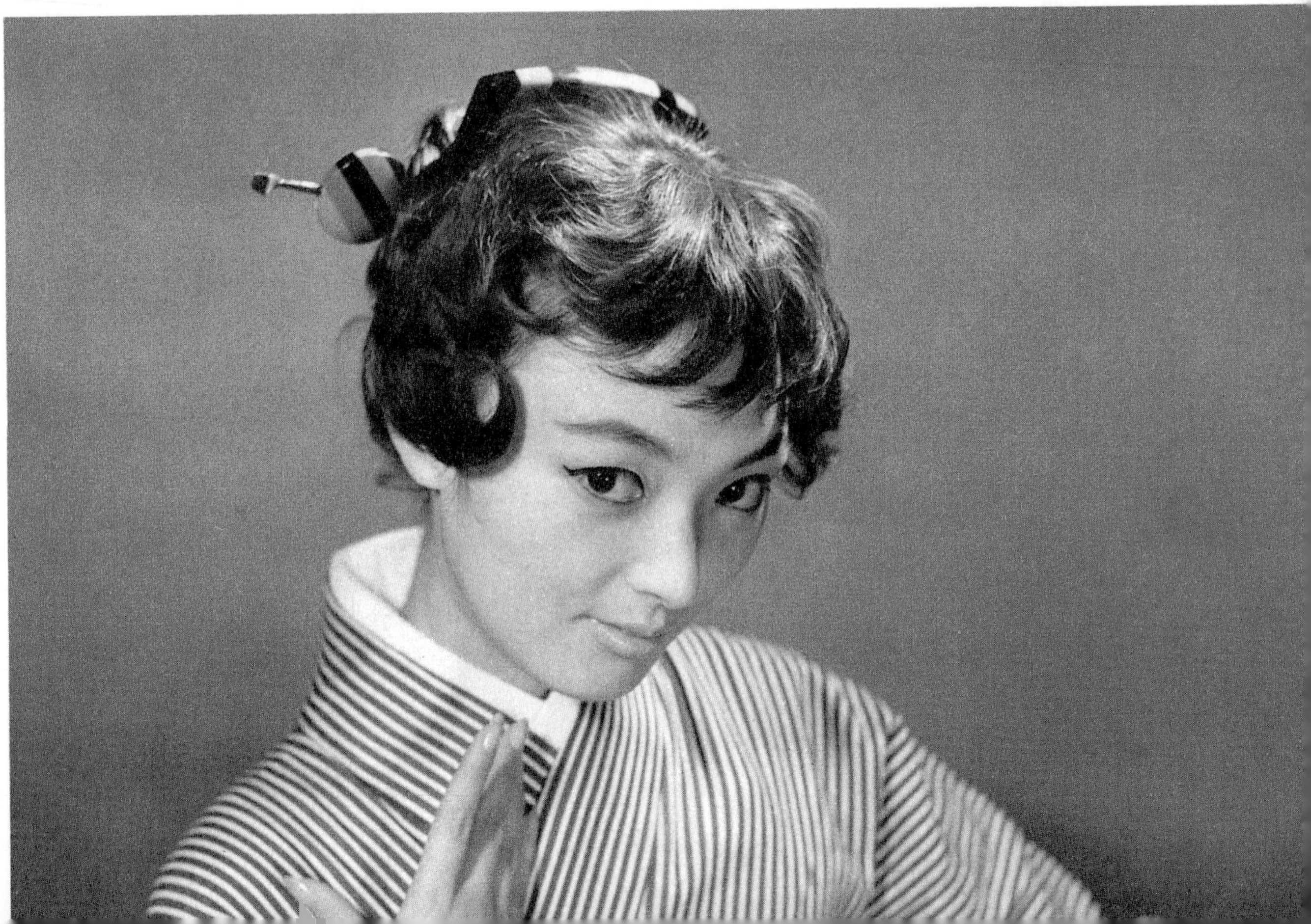

根をくくらないで、そのままかきあげて、櫛とひらうちとでまとめてみた。前髪と両サイドの毛はかるくカールしてちらし、後の毛はしやぐまにからませるようにし

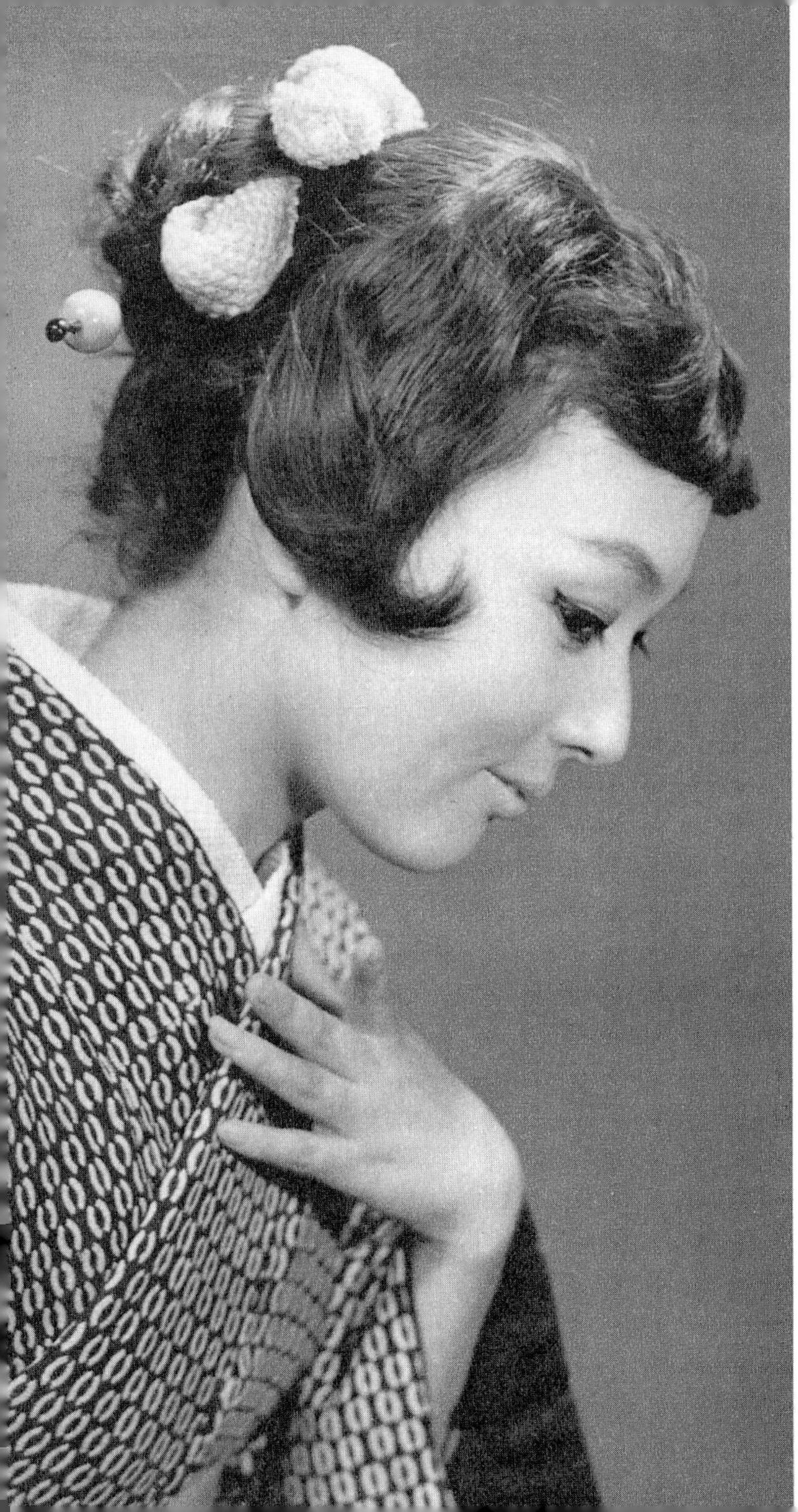

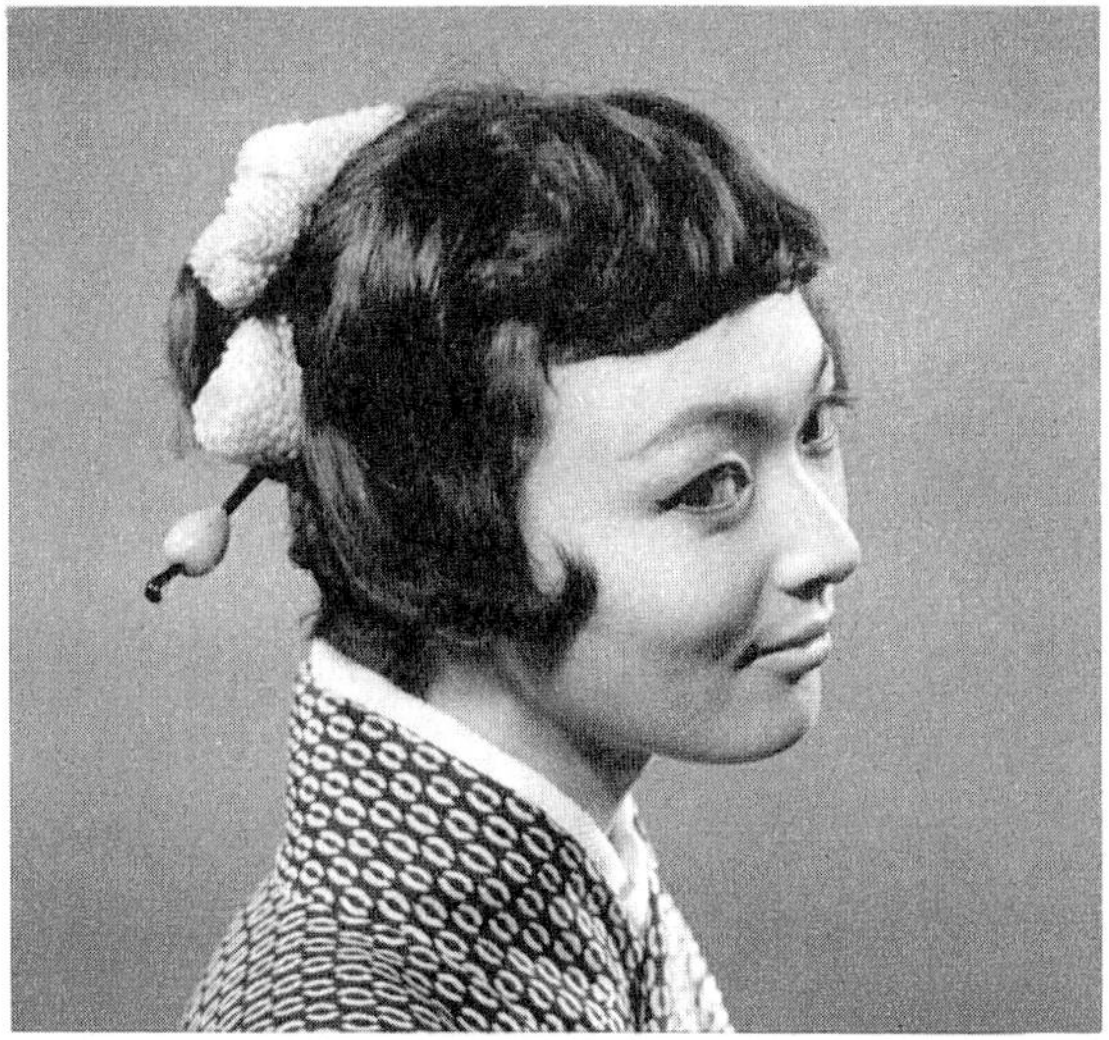

の髪はポニーテールのように高目に縛つて手がらで蝶結びにし、二つに分けた毛をその手がらの間をくぐらせて交差させ、髷にまとめてみた。低目にそえた、パールをちりばめた珠のかんざしが、ういういしさを生んだ。

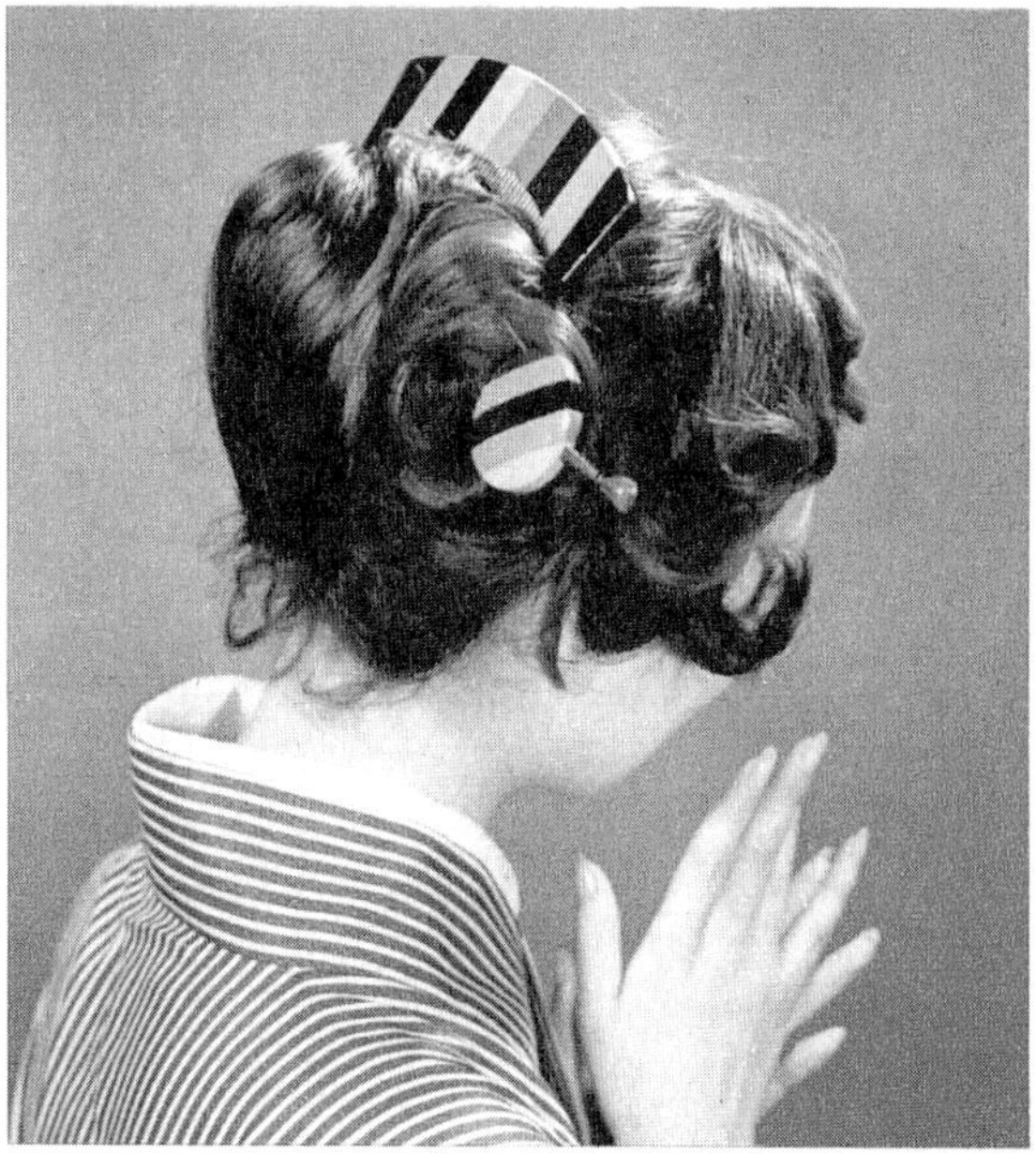

てふつくらとかきあげてピンでとめた髷をひらうちで貫き、まげの上には櫛をのせた。えんじ、緑、朽葉色の縞の櫛とひらうちが、赤と黒のウールのきもののどちらかというとスポーティな感じをぐつと粋なものにしている

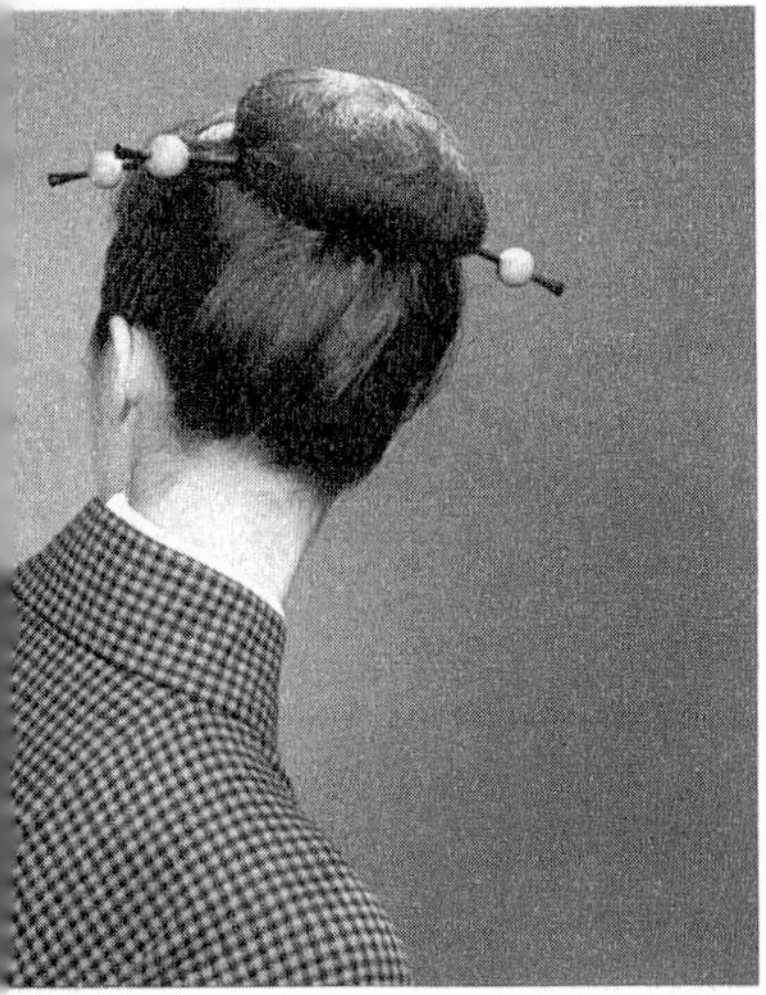

ふだん洋服を着てくらしている若いひともお正月には着物をきて日本髪を結い、誰でもがみんな日本の女にかえつてしまう様な習慣が戦前は勿論今でもあるようだ。そして、お互にきものの美しさをみとめあい、洋服を着ていたときには気づかなかつた、そのひとの思いがけないういういしい美しさを発見しておどろくものだ。

　七浦弘子さんはパーマネントがほとんどとれてしまつているのでごくあつさりと前髪も後髪も頭の中心に高くかき上げてまとめ大き目のヘアピースをおいてみた。ごくシンプルな髪型だけれど黒い柄に赤い玉のかんざしを四本、放射状にさしてみたら日本髪らしい感じになつた。図のように前髪を下げると華やかな印象をつくり出す

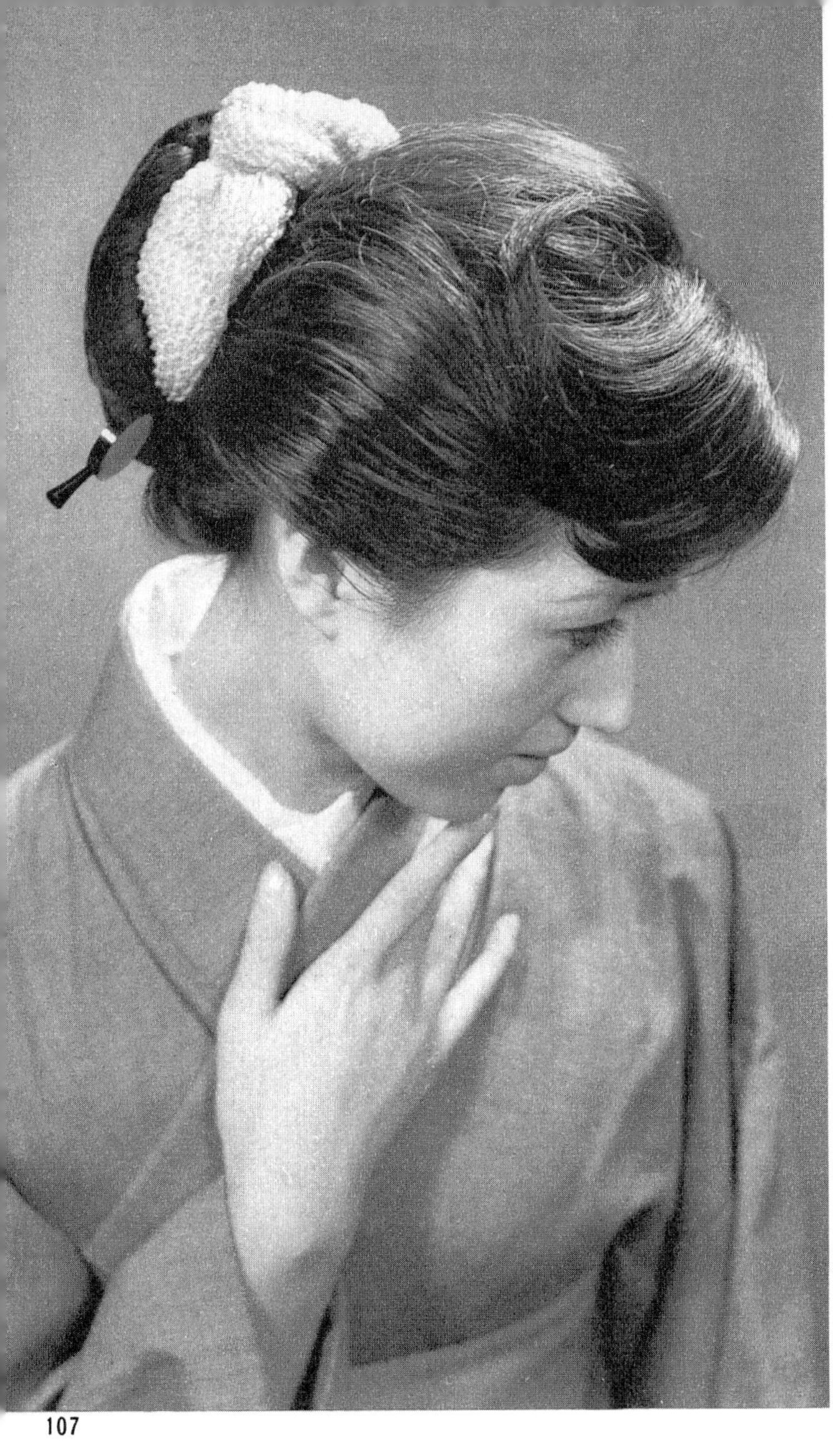

お正月に日本髪を結うという習慣が今よりもつと盛んだつた昔には、大晦日をひかえた一週間位前から、デパートやオフィスでちらほら日本髪を結つている女のひとたちをみかけたものだつた。これは、パーマネントをかけた髪は、急に日本髪を結うことはできないので、ちぢれた髪をピンつけ油でべつたり伸して、少し前から結いならしておかなければならなかつたからだ。ただでさえ忙しい暮に日本髪など結つていたのでは重いばかり。そんなにしなくても簡単に自分の手で結える髪で、お正月らしい雰囲気を充分味わう事が出来る。

これは先ず小さなまげを作り、ピンクのてがらを結んで大き目のヘアピースをつけ、下の方に水色の玉に黒い柄のかんざしを二本さしてみた。水色のウールのきものにピンクの帯という、洋服的な感覚にうまくとけ合つて、新春の気分のあふれる水色とピンクの装い。

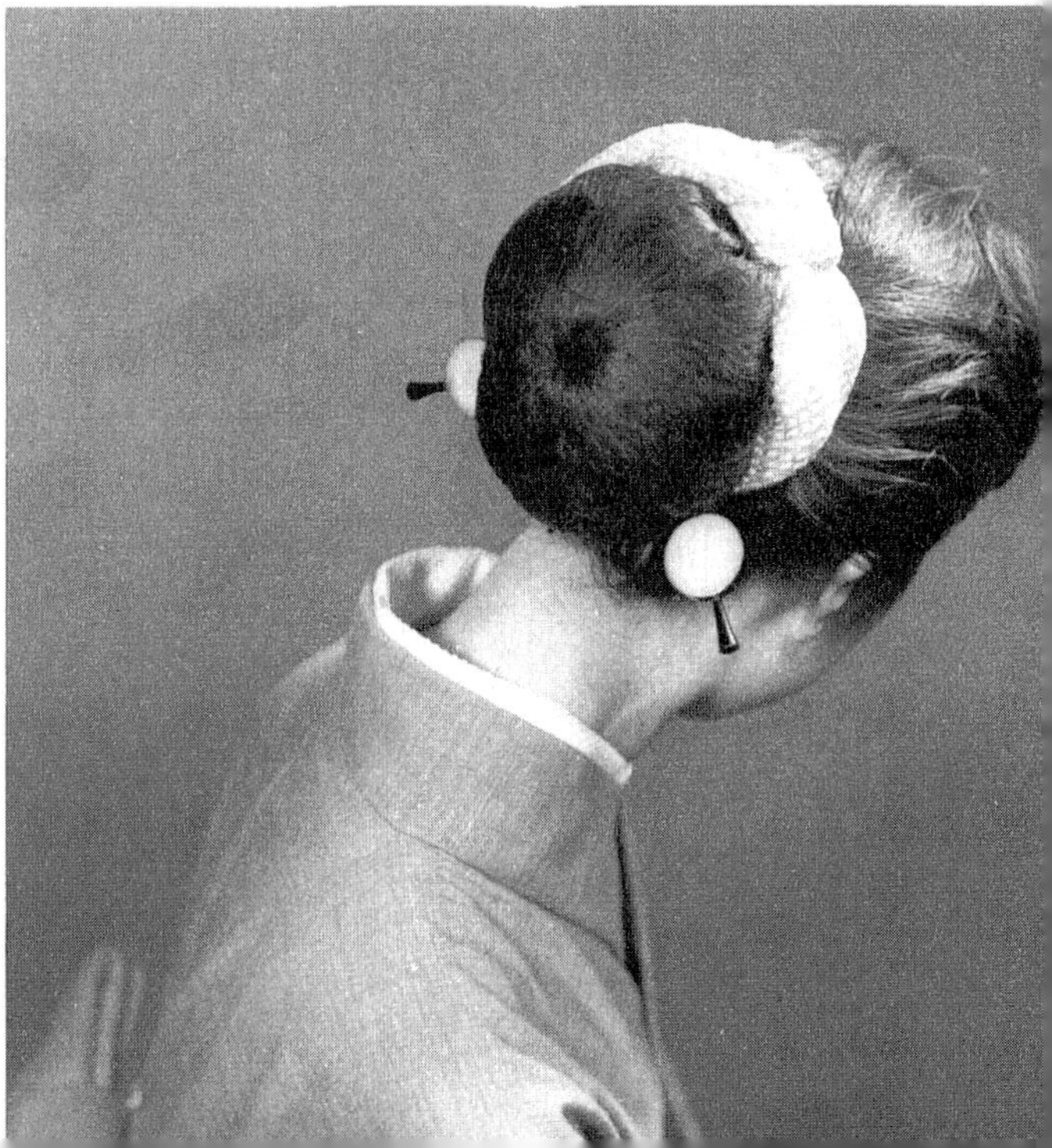

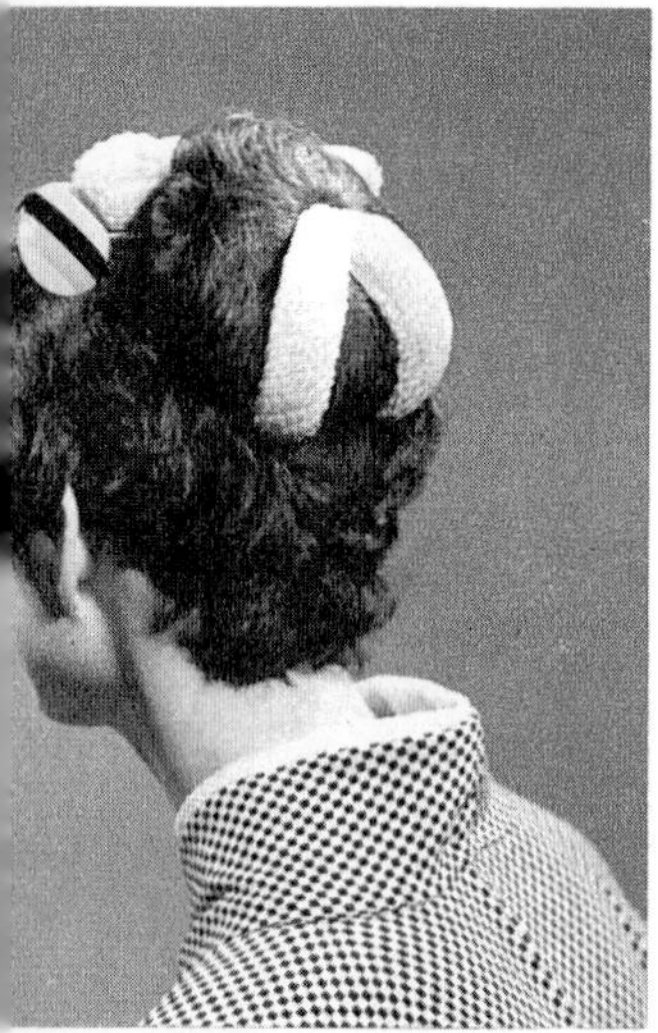

お正月の髪といつて美容院でやつとの思いで結つてもらつても一晩寝れば無惨な形になつてしまうのでは気が気ではないだろう。かといつて、晴着を着ているのに髪だけはお勤めの時と同じというのも味気ない。

こゝに紹介したものはいずれも、ほとんど普段の髪をそのまゝで、たゞちよつと鹿の子や花をあしらつてみただけのものだから、別に専門的な知識も、道具も薬品も要らない。ピタッとローションで固めた髪よりも、かえつて現代の感覚にふさわしい。鹿の子や、花やかんざし等お家にあるものをちよつとあしらつてみればよいのだから、たとえこわれても、すぐ結うことも出来る。お正月の髪のことでノイローゼ気味の人たちの憂鬱は解消するというもの。お家の人や友達同志で互に結つてあげるのも楽しい。

赤い鹿の子しぼりには娘らしいやさしさや可憐さがある。この鹿の子をいろいろとたのしく使つてみよう。

桃割を思わせる白頁の髪は、輪に結んだ手がらを結び目を上にしておいた上に、ヘアピースをつけ、下の方に余つているてがらの輪の端を折り上げて、髷の真中にさしこんで止めたもの。一本のてがらを使つただけですつかり日本的な風情をもつ髪になる。平うちかんざしを一本そえてアクセントに。ヘアピースを固定させるため短い毛は、予めその部分の毛を集めるようにしてしつかりとピンで止めておく。


最後の髪はや、低目にヘアピースをつけ、両側からさしたかんざしに手がらをからませて、一本のこうがいのように扱つたもので、同じかんざしを前髪にも一本おき、その上をかるくカールした毛を重ねるようにしてピンでとめながら掩つてみたら、やわらかく散つたカールが思いの外、若々しい印象をつくり、昔ながらの紫の矢絣のきものに、新しい美しさをそえた。

短い髪の人も、日本髪のように出来ないなどとあきらめてしまわずに。

ジョー

（「ファニー・フェイス」より）

松島啓介

The Way of Making

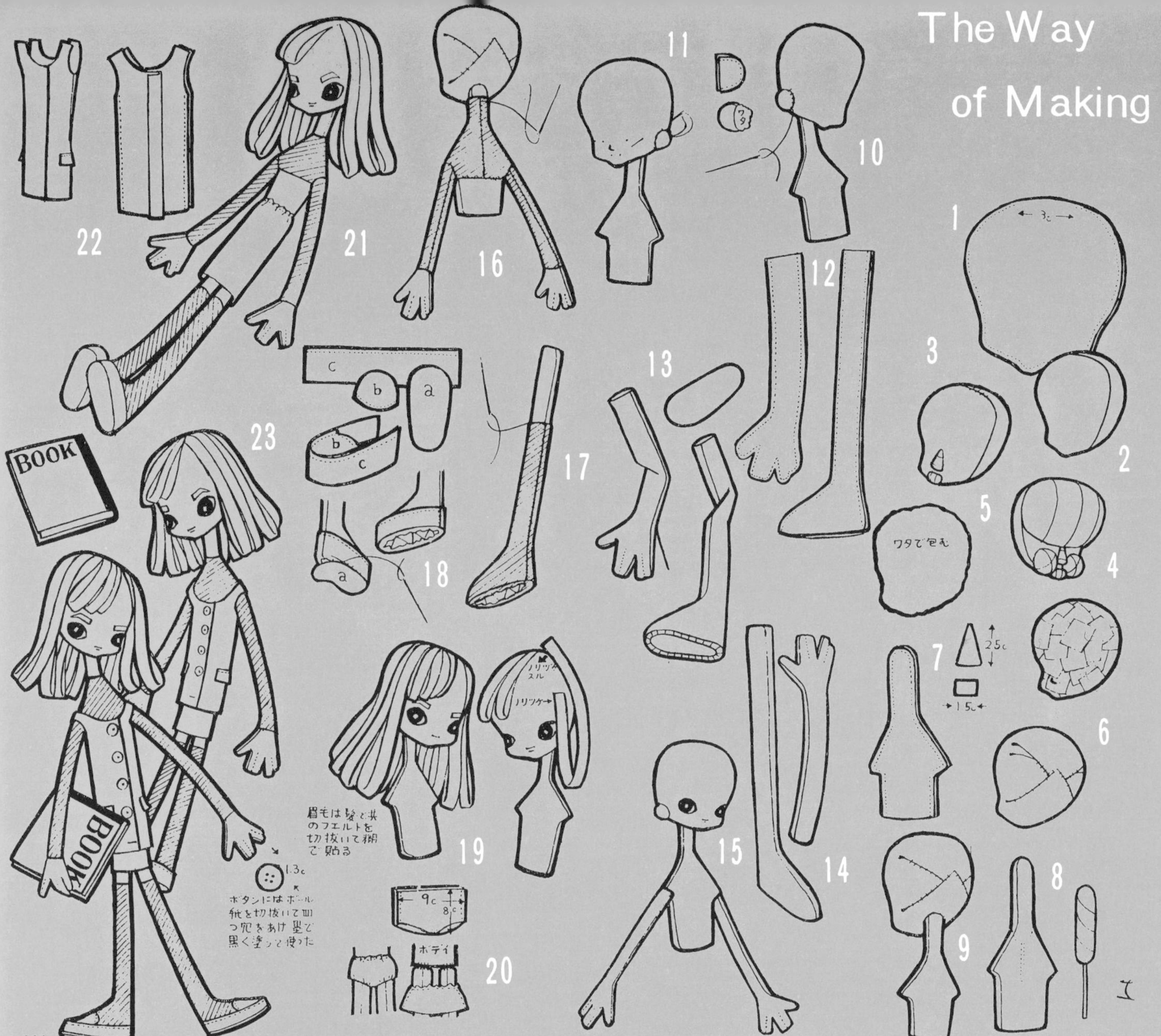

スタイル画をかきたいひとへ

その四

中原淳一

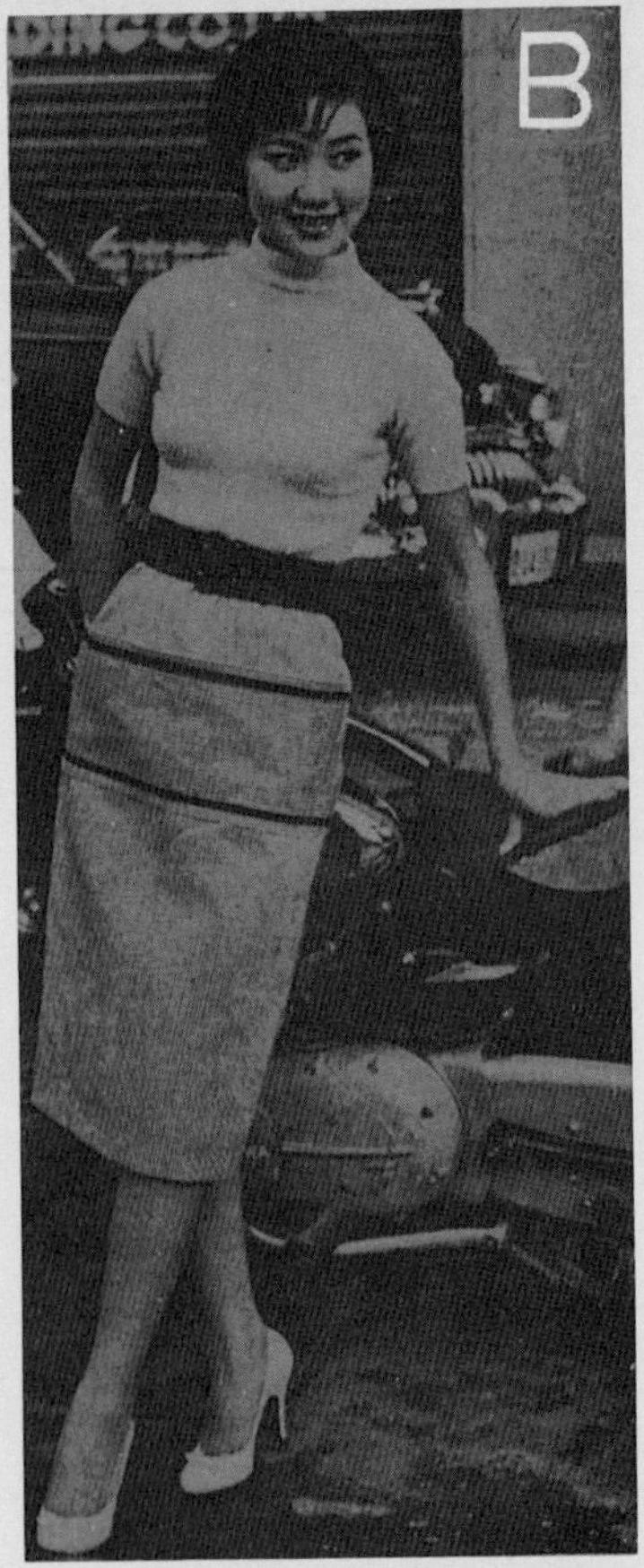

何度もかいたとおり、スタイル画では、何よりもまずすっきりとした魅力あるスタイルに描くことが大切で、そのためには、幾分かの誇張、または美しさの強調が必要です。ふつうのスケッチや人物画とちがって写実的にかけばよいというわけにはゆきません。スタイル画は、そのドレスのデザインをわからせるだけでなく、さらにそのドレスの美しさすばらしさをわからせ、そのドレスを着てみたいという気持をもたせなければ十分とはいえません。

この号ではまず、スタイル画が写実だけでは十分でないという実例をみてもらいたいと思います。

上の写真BDはいずれも何号か前の本誌に掲載したスタイル写真です。プロポーションも美しいし、着こなしもよく、ドレスの持っているよさをよくあらわしていて、だれにもこのドレスの美しさを感じさせる写真――つまりスタイルを見せる写真の役割を、十分にはたしていると思います。

そこで、CとEの絵をみてください。これはそれぞれ

C

D

E

F

BとDの写真をそのまま薄い紙で写して、線画であらわしたものです。何百人、何千人からえらばれたファッションモデルで、しかも第一線で活躍している人の写真でも、こうして絵にしてみると、これではスタイル画としてはよいものとは言えません。決して、スタイルが悪いとか、プロポーションがどうとかいうのではありませんが、こんなスタイル画では、何といってもすっきりしません。こんなスタイル画では、このドレスの美しさもわからないし、第一これをみてこのドレスを自分も着てみたいとは考えないでしょう。それではスタイル画としてのもっとも大切な役割をはたすことはできません。

つぎにこれをスタイル画としてかいてみたのが、AとFの絵です。この絵はCやEの絵とくらべると、ずいぶんプロポーションがちがっていますが、これではじめて、BやDの写真と同じだけの効果をもつスタイル画になりました。

こうしてみると、スタイル画というものが、写実的にかくだけではいけないということがよくわかったと思います。スタイル画をかくとき、まずこれを考えてすっきりかいてください。

この前は、スタイル画を勉強しているK君の作品を例にひいてスタイル画をかくときの注意を考えてみましたが、こんども同じように作品例をとりあげて解説してみたいと思います。

GとKの絵はいずれも私のところへよくスタイル画を送ってくるT君のかいたものです。T君もK君と同様おつとめをしていてその余暇にスタイル画をかいているのですが、非常に熱心で、点ごとにうまくなっています。そこで、まずGのオーバーコートですが、まず目につく欠点はオーバーの中にあるからだがしっかりかけていないということです。前の号でも首の位置とからだの支えになる足とが、直線上にあることや、からだの安定したプロポーションについてかきましたが、ここでもう一度思い返してほしいと思います。今、この絵をはだかにしてみると Hのようなことになります。手が短かく、胸や腰は大きすぎ、それに対して足が細すぎるし、胴と足が続かないような感じです。これはオーバーがふくらんでいるので、オーバーの中にはほっそりした美しいからだがあるというかもしれませんが、Gの絵をこまかくみているとこんなからだになるのです。しかもこの絵は九頭身にかけていますが、決してすっきりした美しさはありません。背を高くかいたからといって美しくなるわけではないということは、この絵を見てもわかることだと思います。この絵を正しいプロポーションでかくとIのようになります。正しいといってもこれが絶対のものだというのではありませんが、今いちばん美しいプロポー

G

1 首にそって後へ回っている感じを出そうとしたらしいが、これでは首より背中の後へ垂れてセーラーカラーであるとしか受けとれない。

2 からだの肩の線がどこにあるのかわからないので折角のドロップショルダーも効果をそがれてしまう。

3 この袖はいったい何袖？ ゆったりしているようだけどタイトのようにもみえるし、ひじが細くもみえるし、非常にあいまいなかき方のようだ。

4 たった一本の線でもスタイル画ではゆるがせに出来ません。ここでも手袋とオーバーの間に見える手首をかくたった一本の線の方向が悪いためふしぎな絵になった

5 足を後にひいているために裾線をさげてかいたようだが、これではゆきすぎ。オーバーの後がさがっているようで、仕立てか生地が悪いようにだらしない印象を受ける

6 オーバーの上に胸やおなかのカーブが描かれているが、ここまでからだがあるとすると、ずい分大きい。

7 この線はいったい切替えなのか、たたんであるだけか、説明不十分。

8 ベルトはゆったりした身頃を寄せているはずだが、しわがかいてない

9 ヒップと裾の間はしまりがなくだらしない感じ。線もしわも着古し服を思わせる。

10 この足はからだに対して小さすぎて安定感がない。しかも裾のすぐ下でのつぼまりぐあいが、そのすぐ上にひざがあるように思わせ、アンバランスな恰好。

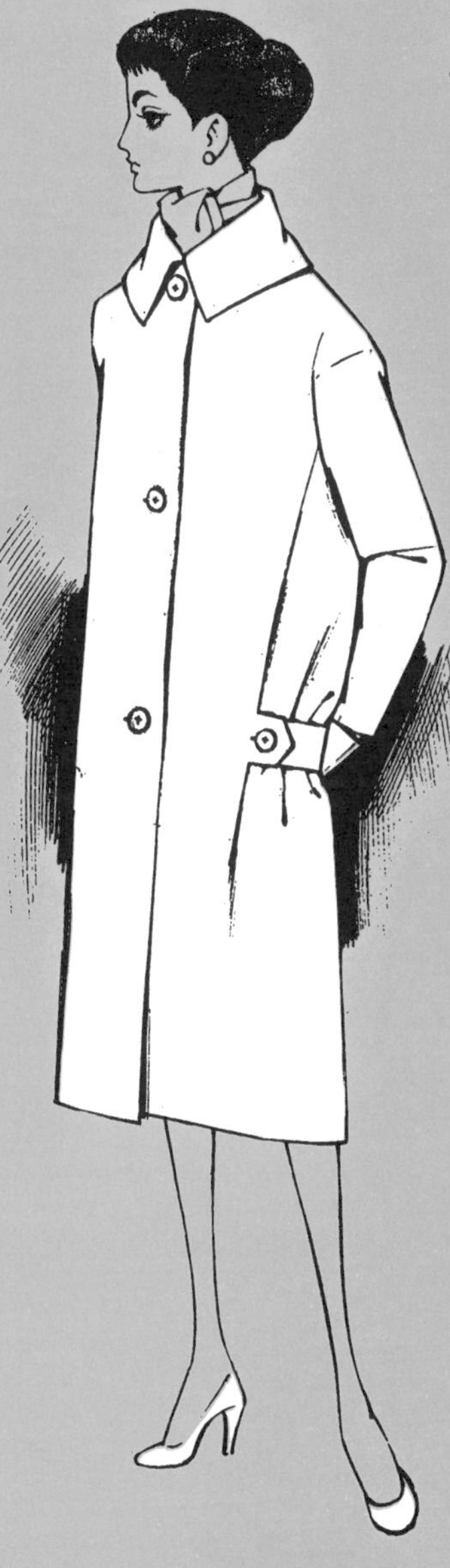

ションだといわれている八頭身にかいてみました。私がいつもかいているのは七頭身ぐらいですから、いつもの私のスタイル画よりだいぶん背の高い感じですが、とにかくHとIとはこんなにちがいます。

それでは、この絵について、こまかくみてみましょう。まず衿の後側が肩から背の方へさがっていますが①、このデザインからみて、衿が後でセーラーカラーのように四角になっていることはないでしょうが、このかき方ではセーラーカラーのようにしかみえません。肩から後へ回った感じを出そうとしたのでしょうが、Jの絵のようにかけば十分です。また、この袖はドロップショルダーのようですが、からだの肩がどこにあるのかわからないために②、どのぐらいドロップしているのかはっきりしません。衿の終ったところにすぐ肩があるようにもみえますが、そうだとすると非常に肩幅のせまい人になります。これは肩の位置に対してあいまいに線をひいているのだと思われます。次に袖の形ですがこの絵ではたっぷりした袖なのか、タイトなのかはっきりせず③、ひじで細くなって袖口でまた開いているようにもみえるし、袖口をしぼっているようにもみえます。袖と手袋の間に手首が少し見えていますが、この線が何ともふしぎな方に向いているために④手袋のすぐ上で一度折れ曲っているようにもみえます。更に目を裾線へ移しますと、足を後にひいているので裾の線をさげたのでしょうが⑤、そのさげ方があまり極端すぎるので、後がさがってみえ、それがこの絵を非常にだらしなく見せています。それから胸や、ウエストからヒップにかけての曲線がオーバーの上にあらわれていますが⑥、このすぐ下にからだがあるとすると、袖つけの線や、ベルトでおさえられたヒップの線とを考えあわせると、Hの絵のように上体が非常に大きな感じになります。それにくらべてヒップから下には、もものふくらみやひざのまがりはまったく感じられず、ここだけ見ると非常に貧弱な足がオーバーの中にあると思われ、Hのように上下のつりあいのとれないプロポーションということになるわけです。次に脇からベルトへかけての身頃は、切替えてあるのか、たたんであるのか説明が十分でありませんし⑦、脇から後へついたベルトは、ゆったりした身頃をおさえているのでしょうが、身頃を寄せたようなしわもないため⑧、この点がはっきりしません。また、ベルトから下の身頃は線がとてもだらしないために⑨、くたくたにみえ、オーバー地のようでなく、悪い生地のものをさんざん着古したようです。オーバーはふつう、はりのある生地かフカフカした生地でつくりますから、もしこの絵のようになるとしたら、よほど安物の生地で作ったものを、手入れもしないで着古さなければならないだろうと思います。スタイル画では生地の感じを出すのも大事なことで、はりのある生地かやわらかい生地か、厚手か薄手か、ウールか絹かもめんかという感じがわからなければなりません。それからオーバーの裾から下に出た足は細すぎてこの大きなからだに対しては安定感がまったくありませんし⑩、足の線がオーバーの裾近くなってややつぼまっていますので、裾のすぐ上にひざがあるようにも思えて、そうだとすると上体に対してひざから下が短かくておかしなプロポーションになってしまいます。

Jの絵はIのからだにT君のデザインのオーバーを着せてみたものですが、これまでに注意した点をよく見てGの絵とくらべてみてください。

K

16 Gと同じように衿が背のほうへ垂れて、まるでセーラーカラーのように見えてしまう。このデザインならセーラーカラーということはない

17 だらしない線やしわが大へん気になる。安ものの生地で仕立てて、手入れをしないで着古したような感じがある

18 黒い手袋のかき方はきれいでないが、それだけでなく、手の形がどうなっているのか、あいまいなかき方をしている。

19 二ヵ所にまとめてこんなに深くたたむと、そこだけがふくらんで、その間がつれるようになろう

20 右身頃はおがみ合わせになっているのに、左身頃は片方へ倒してひだをとっているようにみえる

21 ヒップから下の線も大へんだらしなく、オーバー地のやわらかさやはりをまったく感じさせない

11 この胸のふくらみは、乳房のふくらみではなくて胸そのものが高くもりあがっているような感じ、つまりハト胸のようにみえる。

12 Gの絵の場合と同様に、わずかに見える手首の線が無神経にかかれ、細い手首の下が急に太くなっている

13 袖の形が左右ちがっているように思われ、そうでなくても左袖口は右より太い。袖口についているかげはまったく不要

14 山型の切替えのポイントが打合わせに合っているのはおかしい。これでは中央よりポイントが傾ってしまう結果になる

15 ステッチの方向と関係なくボタンホールを水平にあけているので、ステッチと穴とがかさなっている。ステッチに直角か平行に。

Kの絵でもGと同じようにからだがしっかりかけていないということが目立ちます。前と同じようにこれをはだかにしてみるとLのようになります。まず目につくのは左手にくらべて右手が短かいことです。首が太く、胸や腰が大きいのにくらべて足が細いのにGと同様です。また、その足も右足は左足にくらべてひどく小さいようです。なおこの絵は前の場合と違って八頭身にかかれています。同じポーズを並べてかいてみましたのでLとMをくらべてみてください。

Kの絵でこまかい点をみてゆくと、まず胸の打合わせの線がゆるくふくらんでいますが⑪、これでは乳房のふくらみという感じではなく、胸の土台が高く盛り上がったハト胸になります。なんでもないつもりでかいた線でからだの線をあらわしてしまいます。左袖口に見える手首の線もひどく無神経にか

かれていますが⑫、細い手首から下が急に太くなっているようにみえます。その袖口は右袖口とくらべてだいぶ太いばかりか、左右の袖の形がちがってみえます⑬。またここに黒くかげがつけられていますが、これはまったく必要のない無意味なものです。それから前後の斜に切替えた山のポイントが、打合せたところの前端……になっていて⑭、これでは中央からかたよったところにポイントがいってしまい、左右の傾斜もちがってくることになります。左右の傾きも高さも同じにして前端を直線で切る形にするのならいゝですが、左右が食い違うはずです。この絵の場合、デザインのねらいは切替えの山のポイントを前中心にもってくることだろうと思いますが、それならNの絵のようにかかなければなりません。これはスタイル画というよりデザイン画としての間違いということになりますが、これをみてこのまゝ作ってしまう場合もあるで

とになります。

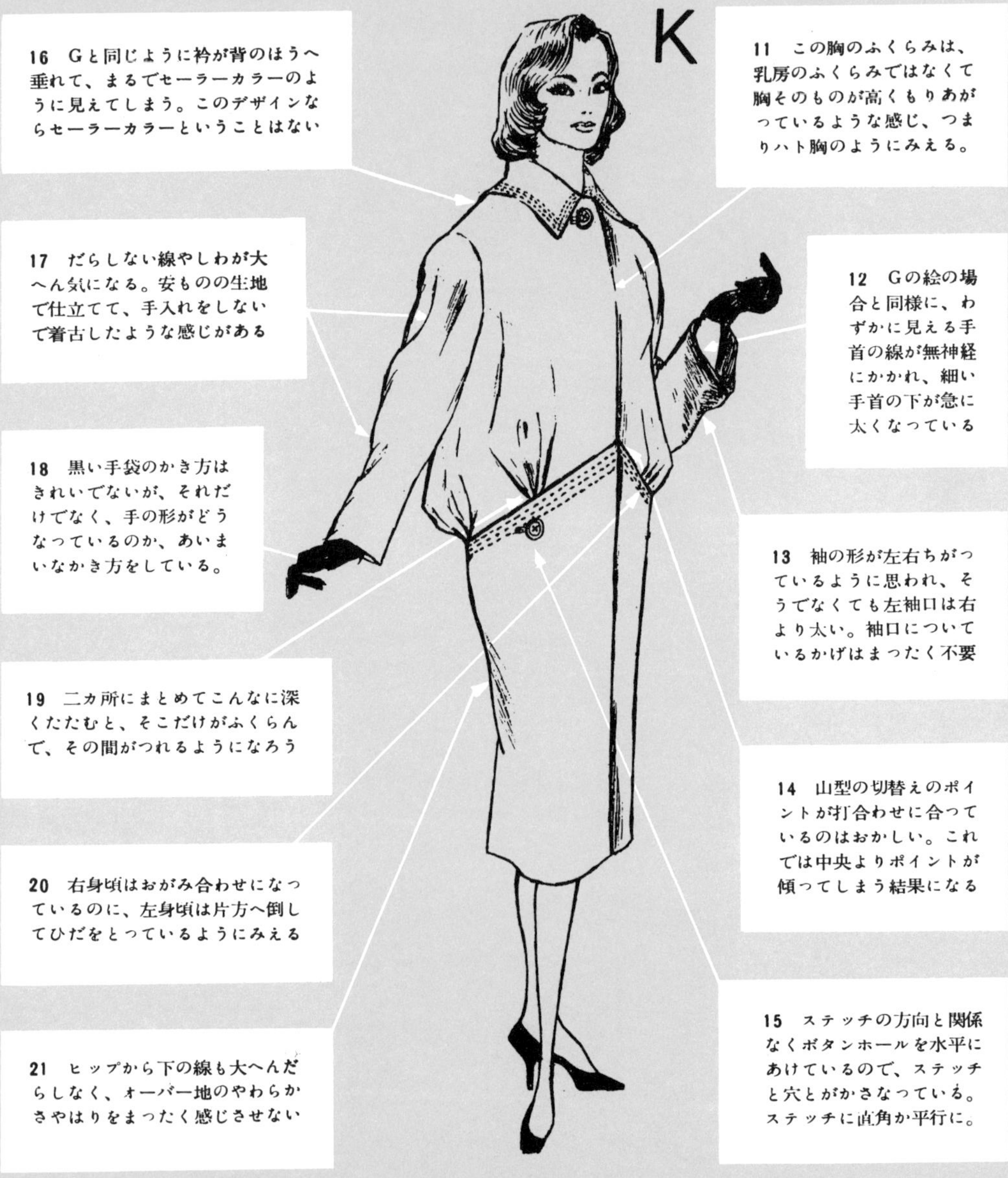

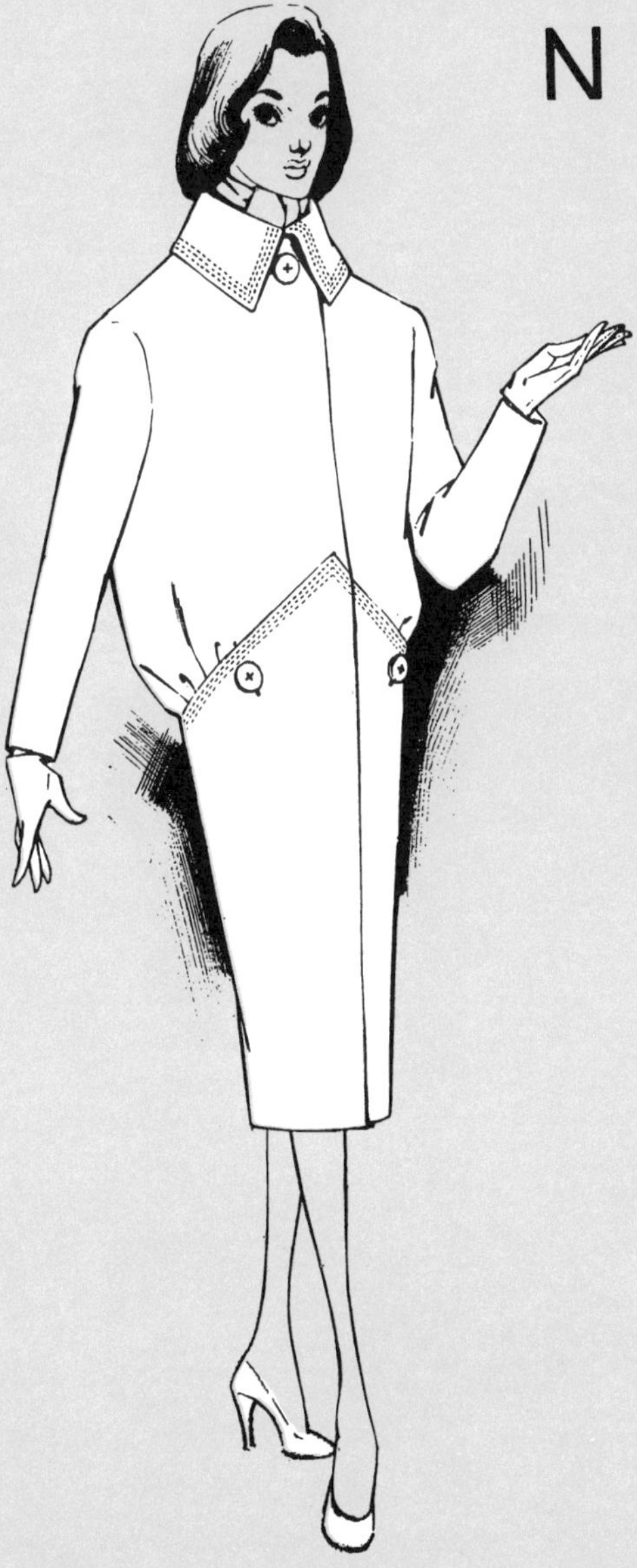

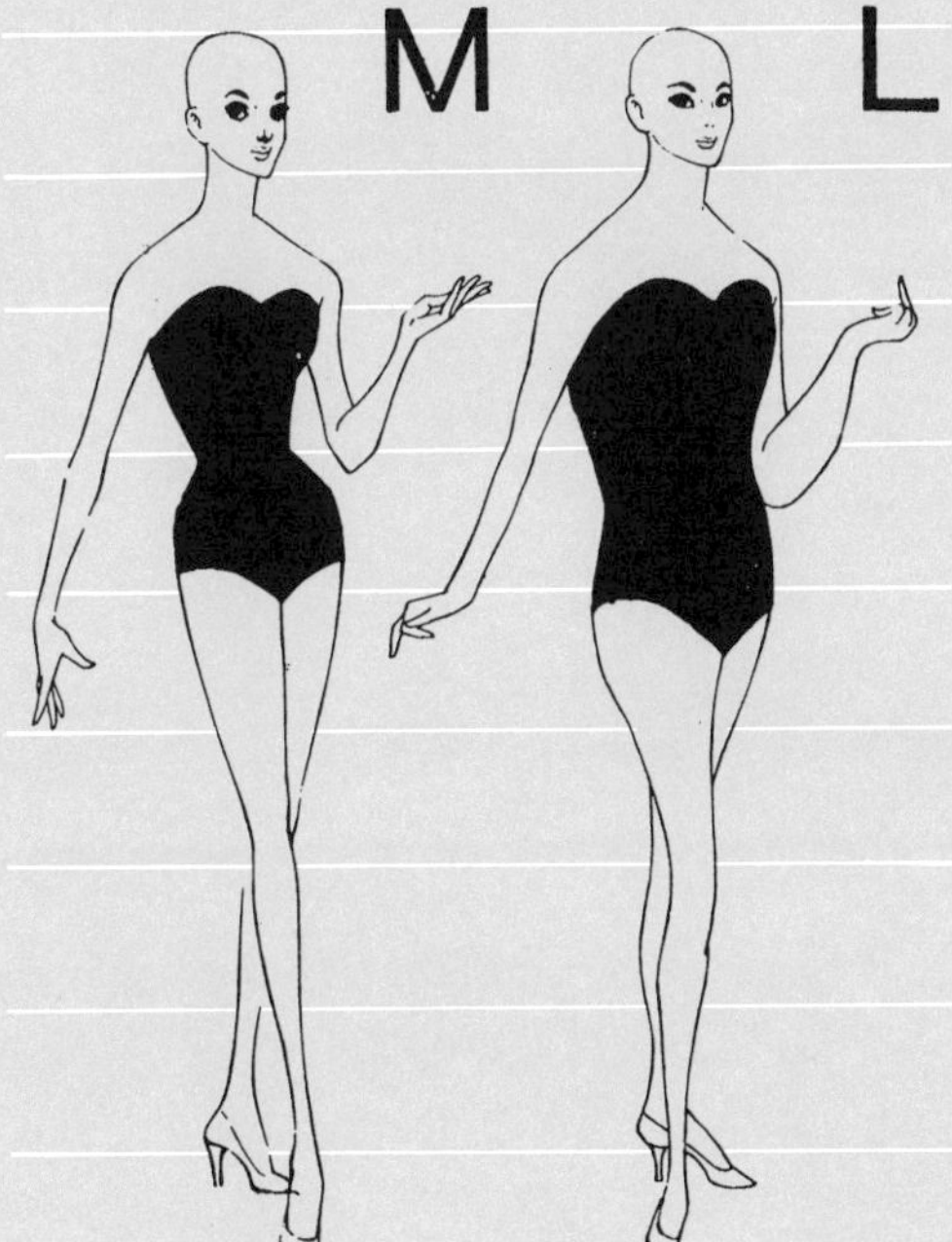

しょう。もうひとつ同じようなデザイン画としての問題ですが、切替えに三本ミシンステッチがかかっているのにそれをおさえるようにとめられたボタンホールはステッチに関係なく水平にあけられ、ステッチの線とかさなっています⑮。私はこれをNのようにステッチと直角にあけましたが、このほうがすっきりします。また衿はGと同じにセーラーカラーにみえます⑯。右袖はだらしなくしわやたるみができ、袖の外側の線もぶくぶくしていますが⑰、私はNの絵でそれを取り去ってしまいました。もちろんしわやたるみもあっていいのですが、それをかくことによってそのスタイル画がより美しくなるようなものでなければならないはずです。仕立てが悪くみえたり、着古しや、アイロンをかけないもののようにみえるのなら、かかないほうがいいのです。この絵の場合はどうも着古しめいています。また黒い手袋をはめた手は左右ともきれいでないというだけでなく⑱形が非常にあいまいです。それから、切替え線の上に、ボタンのところと脇で身頃の布をたたんでいますが⑲、実際につくるとたたんだ部分だけがふくれあがって、その間はつれるようになりはしないかと思います。そのたたみ方も右身頃ではおがみ合わせのように二回たたんでいますが左身頃ではただ片方へ向けてたたんでいるようにみえ⑳、やはりあいまいなかき方です。私は上体の豊かさを出すために、ボタンの上から後へかけて、後へゆくほど深くつまむようにしてみましたが、これでずっとすっきりした印象になりました。それからヒップから下の線がまがっており、しわともかげともつかない線が入っていますが㉑、これは安い生地で着ているうち腰が出てしまったようです。実際にドレスを着ていればそういうしわやたるみは、自然に出るのでしょうが、スタイル画というものは仕立ておろしの一番すばらしい状態でなければなりません。スタイル画によって作った服を着せて、それをスケッチするような場合には、着ているうちできるしわやたるみをかいたほうが、その人の生活も感じさせ、実感があっていいともいえるのですが、スタイル画の場合には、そのデザインによるドレスのもっともくずれていない状態をかくべきものなのです。ですから、不必要なしわやかげはないほうがいいのです。

　ずいぶんこまかい点までうるさく言ったようですが、このふたつの絵を通じていえることは、まずもっとドレスの下にあるからだをしっかりかかなければいけないということだと思います。私はデザイン画をかくとき、IやMのようにからだだけを簡単にかいて、それにドレスを着せるような気持でかいていきます。髪も最初はぼうず頭にかいてそれにいろいろな髪型をかいてゆくのです。こうすれば、このT君や前号のK君のようにドレスの中のからだがねじれたり、足と胴とがつながらなかったりするようなことはありません。ドレスのかき方のテクニックや、デザインに技巧をこらすのはその上でのことではないでしょうか。

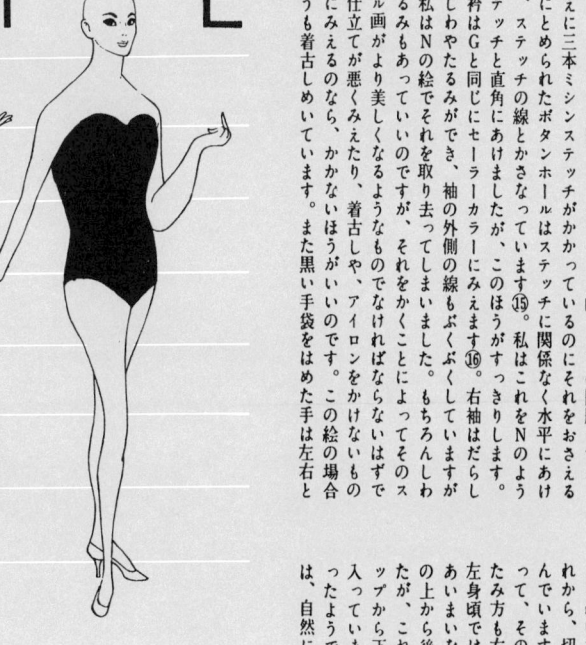

自分で結いましょう

はつ春の髪

グラビア 102頁～ 109頁で紹介した髪型を、分りやすく順序を追って説明しましょう。さあ、あなたの髪型はどれにきめますか。

中原淳一

c ヘアーピースを二つおき、その間にこうがいをおいて、それが動かないようにまげの周りを、大きめのヘアー・ピンでしっかりとめる。

1

a どうしていゝかわからないような松田さんの髪はやっとつまめるぐらいに短いので、摑めるだけとって結わえておくグラビア 一〇一頁

b 根までとゞかない周りの短い毛をまげの大きさにとり、根の方へよせながらスズラン止めでおさえ、まげの下地をしっかりつくっておく

d ヘアーピースのつぎ目をかくすように、てがらをこうがいに引っかけて結び端は恰好よくからませて、見えないようにはさみこんでおく

e 小さい花を真中はやゝ低く少な目に両方の端をもり上るように、こんもり飾って出来上り。衿足のおくれ毛はわざと残して味をもたせた

2

a 横の髪を短く切ってしまった楠さんのカットを生かした髪型。短い前髪は、顔に似合うように適当に型づけておく。グラビア 一〇二頁

b 後の長い髪の根をとって、ポニー・テールのようにゴム紐でしっかり結ぶ。横の髪も、自分の顔に合せ、適当にカールしてくせづける

c 長く垂らした毛は二つに分け、まず上の毛に、少ししやぐまを入れてふくらませながら巻きこみパラ〱にならぬようしっかり止める。

c 毛が少く、短くてふっくりした丸みが出ないようだったらしゃぐまをふくませる。あまり毛が散るようなら、チックで軽くおさえておく

d 下も同じように巻きこむ。一度に巻きにくい時は二回に分けてした方がやり易いが継ぎ目をきれいに。髮が多ければしゃぐまは要らない

3

a 短い前と横の髮は、好みに合せて適当にくせをつけておく。日本髮のようにぺったりしないのが味だから、自然に。グラビア 一〇三頁

d 二つの継ぎ目をきれいに、ふくらみをもたせながら巻きこんだら、真中にくしを飾る。

かんざしを一本横にさして出来上り。

e まげの間に小さい花をこぼれるように群って飾り、かんざしを一本さして出来上り。小花の代りに両脇に大きな花を一つずつつけてもよい

b 後の毛を真中からたてに筋をとり、左右二つに分け、片方ずつ、ふくらみをもたせながら、内側に巻きこんで、しっかりピンで止める。

4

a　2、3と同じ条件の髪だが、ぱらりとした感じにカールしないで、ぴったりなでつけたようにまとめてくせづける。グラビア　一〇四頁

b　ポニー・テールのように根を高くとって先ず、ゴム紐でしっかり結わえた後その上に更に手がらを結ぶ。この時輪の方を長くしておく。

c　後の長い毛を二つに分け、交叉させるように互に反対側の手がらの輪に、端がのぞくようにしてかけ、まずその部分だけとめておく。

d　左の手を右のてがらに、右の毛は左のてがらにかけたら残りの毛は後へまわす。てがらは小間物屋で四百円ぐらいで売っている。

e　毛先を適当な位置に巻いて形よくとめつける。衿足のおくれ毛は細い毛ピンで目立ぬようとめ、かんざしをさして出来上り。

5

a　七浦さんの髪は前髪も短く、後の髪もさして長くはないパーマがかかってない髪なのでおくれ毛はチックでおさえる。グラビア　一〇五頁

b　前髪だけとってあとは全部うしろにやや高目にとかしつけて根をしばる。とどかない毛はかき上げてすずらんどめでていねいにおさえる

c　前髪はおろしてもよいが、パーマがよくかかっていないので、上にふわっとかき上げて形よくまとめた。毛先はおくれ毛止めでおさえる

d 大き目のヘアピースをのせまわりをヘアピンでしっかりとめつけ、同じかんざしを四本さす。まげのまわりに小さな花をかざってもよい

b のこした横の髪はふくらませ加減にうしろにかき上げ、すゞらん止めておさえる。好みによっては、逆毛を使ったりしゃぐまを入れても

e てがらの両端の下に同じ色のかんざしを二本さしこんで出来上り。
前髪は無雑作に前にたらしたが、上にかき上げてもよい。

c しばった毛先をまとめその上にヘアピースをのせヘアピンでしっかりおさえる。横の髪をピタッとおさえた方が似合う人はそれでもよい

7

a 短いのでゴムでしばれない。うしろで丸くとった髪の毛をねじるようにしてすずらん止めでしっかりとめつける。グラビア一〇七頁

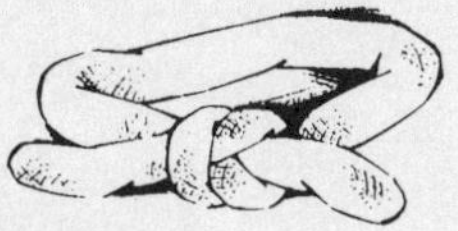

6

a うしろは根を低目にとりゴムでしばる。横の髪をわざとのこしたのは両わきをふっくらとふくらませたいため。グラビア一〇六頁

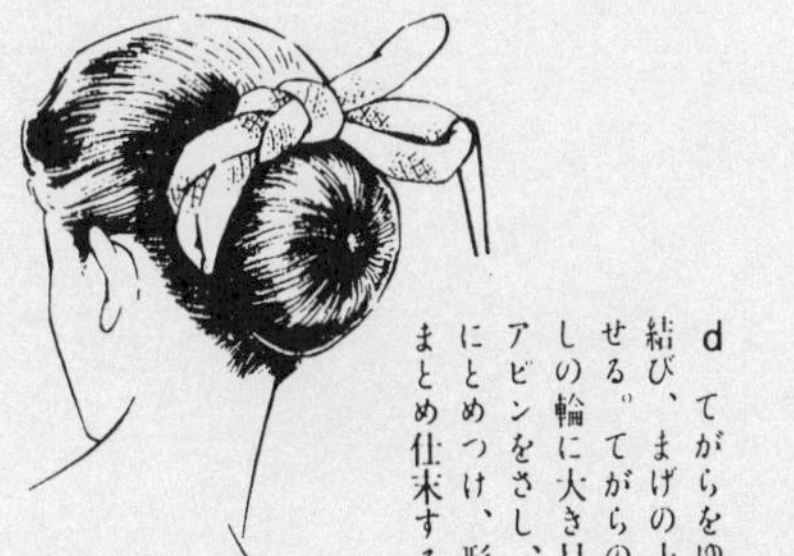

d てがらをゆるく結び、まげの上にのせる。てがらの両はしの輪に大き目のヘアピンをさし、まげにとめつけ、形よくまとめ仕末する。

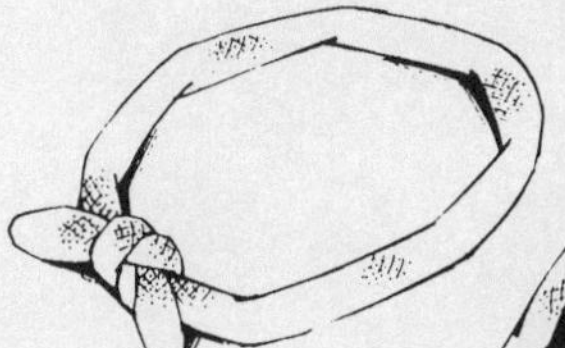

b てがらの両端を軽く小さく結び、うしろにとった根の上側にもってきてヘアピンでとめつけそのまま長くたらしておく。

c　てがらの結び目が前から見えるように大き目のヘアピースをのせ、根にとってまとめた毛にヘアピンでとめつけるとしっかりととまる。

d　てがらの下端の輪にヘアピンをさしまげの上にもってきてきゅっととめつける。かんざしをまげにさす。おくれ毛は毛ピンでおさえる。

8

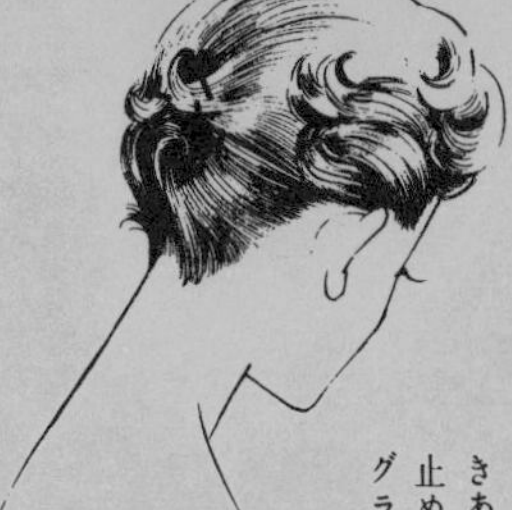

a　まげを下の方につけるために、毛は全部うしろにとかしつけ、衿足の毛もかきあげてはすずらん止めでとめつける
グラビア　一〇八頁

b　横の毛も両わきにたらさずに、うしろにかきあげて細い毛ピンでそっとおさえる。ヘアピースを低目においてヘアピンでしっかりとめる

c　ヘアピースの両わきに同じ形のかんざしをさしこむ。かんざしは、ヘアピースの下地にさしこむようにすると、しっかりととまる。

d　てがらをヘアピースの上端においてかんざしの両端にひっかけるようにしてまげの上側で結び、形よくまとめて仕末する。

e　後にさしたかんざしと同じものを前髪を少し上げてさし髪でまきピンでとめる。その上から前髪をふわっとかけ毛ピンでそっとおさえる

それいゆ短篇小説

香代の誕生

耕　治人

え　佐藤泰治

耕　治人＝熊本県に生る。明治学院英文科卒業。作歴は古く「水中の藻」を出版したのが昭和十三年。「結婚」「不良女学生」或いはゾルゲ事件を扱った長篇「喪われた祖国」や近作として「詩人千家元麿」等がある。

沈丁花がかすかな匂いを放つていた。階段のわきの大きな支那鉢の水は緑色で、小さな睡蓮が浮んでいた。半年前となにもかも同じであたりはひつそり静まり返つている。香代は一瞬時の経過を忘れた。外出先から帰つたばかりのようだ。英男のところに嫁つぐまで洋裁に通つたが、朝家を出、夕方帰つてきた。香代の記憶が甦《よみがえ》り、はじめて実家の玄関に立つていることが実感としてきた。

香代の眼は熱病病みのように光つている。頬はこけ、唇は乾いている。駒込林町の義母の家を飛出してから、何処をどう歩いたかわからなかつた。

暗褐色の扉についているベルを押す。かすかなスリッパの音。扉が内側にあき、香代の母の豊子が顔を出した。

「まあ！　あなたは！」

息を呑んだ豊子の顔を香代は眉一つ動かさず見ていた。

「香代さんどうしたのよ。」

あたりの静かさを引裂くような豊子の声に香代の頬がピリッと動く。豊子は突掛けた庭ばきが邪魔になるのかハダシになり香代の身体を抱くようにして部屋に連れていつた。香代は豊子のするままになつている。身体のなかの心棒が抜けたように香代の身体は心もとない。

「あなたが福岡にいるものとばかり思つていたのよ。いつ東京に来たの。なぜ知らせなかつたの。」

矢つぎ早やな豊子の質問にも香代は石のように黙つている。

「どうしたらいいかしら。お父さんはお留守だし――」

父の龍作はピアノの出張教授をしている。香代の弟の哲雄は大学に通つていた。広い邸内は昼間豊子だけになる。ただならぬ気配を感じたのか庭の方で飼犬のリュックがけたたましく吠え出した。

「ねなんとか言つて頂戴。あなたもしかしたら妊娠じやないの。」

豊子は香代の手をとる。ザラザラしている。結婚するまで白魚のようにしなやかだつた。

「駒込のお義母《かあ》さんがもう帰つて来なくてもいいつて」

表情もなくポツリ言う香代の言葉に豊子は胸が凍る思いだ。

「いつたいどうしたつていうの。まるであなたは聞きわけのない子供みたいじやないの。いつ東京に出てきたのよ。」

香代は宙を見詰め
「昨日――」

「それじやゆうべ駒込のお家《うち》に泊つたのね。」

香代はうなずくが、身体が小刻みにときどき震える。香代は内気だが明るい素直な娘だつた。柔かく赤味がさしていた頬の肉は落ち、血の気はない。豊子はようやく我に還り香代をまず休ませなくちやと思う。

「あなたのお部屋もとのままにしてあるわ。床をのべて上げるから、お休みなさい。ね。」

香代を抱き起こした。黒いビロードのワンピースの下の身体が痛た痛たしいほど痩《や》せている。英男とうまくやつているものとばかり思つていたのだ。机の上の人形もうす緑のカーテンを張つた書棚も電気スタンドも嫁つぐ前のままだ。そんなものに取巻かれ気持が落着いたのかそれとも豊子の懐《ふところ》にかえつて緊張がほどけたのかポツリポツリ香代は話し出した。

「お義母《かあ》さんが毎月一万円仕送りしろつておつしやつたの。英男さんの給料は手取り二万一千円でしよう。それにね英男さんは結婚の費用に五万円会社から借りてるの。」

「そんな話つてないわ。英男さんのお母さんが、うちにあなたを貰いにいらしたとき、あなたたちにはなんにも干渉しない。自由にさせるつて約束したのよ。」

三越の写真部でとつた香代の見合写真を親戚知人にくばつてあつた。それが英男の母の眼にふれたのだ。

「いまどきこんなしとやかなお嬢さんがいらつしやるなんて夢にも考えませんでした。英男の嫁にいただけるなら願つてもない幸せでございます。」

英男の母の咲子は仲人を通さず直接談判にきた。咲子の夫はA大学教授だ。英男は東大を出、中央ガラス会社の福岡支店詰めだ。いんぎんにそんなことを述べる咲子の鼻先に高ぶつた気持がチラチラしていた。咲子が自慢タラタラ言うのを聞きながら豊子はワクワクしていた。香代は二十五になつていた。今年こそ嫁入らせねばとあせつていたところだ。豊子の方がその縁談に飛びついてしまつた。見合いのため福岡から英男がやつてきたのはそれから六日後だつた。歌舞伎座で型通りの見合いをしたが、そのときはもう決つているといつてよかつた。香代は親が乗気になつている縁談に反対するなど思いもよらない。豊子も龍作も香代のためならどんなことでもしてくれた。香代が結婚してから女中をよしたが、香代がO女子大に通つていたときなど雨の日女中が学校まで傘を届けにきたものだ。見合いして五日後東京会館で式を挙げた。そこから東京駅へゆき、英男の任地である福岡へ立つたのであつた。

「駒込のお義母《かあ》さんはいつそんな無理なこと言つたの。」

「英男さんが給料を貰う少し前お義母《かあ》さんから手紙がきて、あなたたちもそろそろ新婚の夢がさめたでしようから、お義母《かあ》さんの頼みを聞いて頂戴つて。」

豊子は手拭を絞つて香代の額に当てながら
「英男さんのお父さんは大学教授だし、あなたたちが送金しなくてもやつてゆけるはずよ。」

「あたしそう思つたから、英男さんにお送りしなくてもいいでしようつて言つたら、英男さん黙つて、返事をしないの。お義母《かあ》さんから三日にあげず催促のお手紙がくるの。」

うつろな眼を天井に向け香代は低く言つているが、豊子の唇はワナワナ震えてきた。

「あなたを世間知らずと思つて馬鹿にしてるのよ。」

「お義母さんは英男さんが一人のとき一万円送つていたからつてお言いになるの。だけど英男さんは五万円借りてるから五千円毎月差引かれるでしよう。あたしに渡すのは一万六千円ですもの。」

六千円で二人暮すことは出来ない。新婚だから台所用品も買わねばならぬし、英男の同僚が訪ねてくるから接待費もいる。香代はありのまま咲子に手紙をしたためたかつた。しかし英男は五万円借りてるのは咲子に内密だから、知らせてならぬという。いくらしうとでも理不尽な要求は拒絶するのがいま時の嫁でそこは戦前と違いはつきりしている。しかし香代のように親やしうとに反対出来ぬものも多いのだ。香代のような女は世間の表面に

もしれないが存外多いのである。

「それで英男さんと喧嘩《けんか》して飛出したの。」

手拭を取替え豊子がたずねる。香代の額は火のように熱いから、手拭はすぐ温かくなる。それを洗面器の水で絞る。香代は嫁入るとき豊子から五万円貰つた。英男には内密にしておきなさい。万一の場合のためしまつておくのですよと豊子は言つた。

「あたしたちの家を英男さんが借りておいたんですけどなんにも道具がないの。座布団一枚と破れた蒲団だけなの、それまで会社の寮にいたから道具が少いのは当り前ですけど、あんまりひどいんで、あたしびつくりしたのよ。」

食卓や台所の戸棚など貰つた五万円で買つたが、香代は新しく家庭を築いてゆくと思えば嬉しかつた。

「二万円ばかり残つたから二月お送りしたの、あたしそれで許して戴こうと思つたら、とてもきびしいお手紙がきて。あたし郵便屋さんの足音を聞くと身体が震えたわ。」

「あなた方が幸せに暮しているとばかり思つていたのよ。どうして知らせてくれなかつたの。」

「お母さんが心配すると思つて。」

「そんないじらしいことといつて。あなたは馬鹿よ。」

豊子は声をあげ泣き出した。どんなに可愛がつて香代を育てたことだろう。「おんば日傘で育つ」という言葉があるが、世間の風に当てず、綿でくるむように慈しんできた。大学教授や中央ガラス社員という肩書に眼がくらみ、調査もしなかつた。英男は一、二年したら日比谷の国際ビルにある本社勤めになるはずだつた。そしたら香代は東京で暮すことになる。そのころは孫が抱けるだろう。なにもかも結構づくめのはずだつた。

「あなたがそんなに苦労しているとしらずに、さつき玄関であなたを幽霊じやないかと思つたのよ。すつかり痩《や》せてしまつて。」

「お義母《かあ》さんから電報がきて、すぐ上京しろつていうの、昨日のお昼過ぎ東京駅について、駒込林町のお家にいつたの。」

半年前と変り果てた姿で戻つてきた。東京会館で挙式のとき純白のウエデング・ドレスをきた。それを軽ろやかな旅行服に着替え東京駅にいつたのだが、処女の美しさにあふれ、親の許を遠く離れ未知の土地にゆく哀しみと喜びをふくんだ香代は生涯の絶頂に立つていたのであつた。ホームや車内の人たちの視線はかがやくばかりの香代に釘づけされた。

香代の乾いた眼にはじめて涙があふれた。

「お義母《かあ》さんはもうあたしを嫁と思わないつていうの。」

豊子は香代の手を握り、

「どうしてこんなことになつたんでしようねえ。」

「あたしもわからない。なんだか夢をみてるみたい。」

「いいわ。あなたゆつくり休みなさい。お父さんがお帰りになつたら相談して、あたし駒込のお家にいつてきます。」

豊子は唇をかむ。その言葉に安心したわけではあるまいが香代は眼を閉じた。心身の極度の疲労のため意識がぼんやりしてきたのだ。

豊子はそつと枕許を離れ階下にいつた。気持を落着かせるため茶の間にゆき、火鉢のそばに坐つた。豊子は自分が乗気になつて香代を嫁にやつた。それを思うと居ても立つてもいられぬ気持になる。世の中のことはまつたくわからぬものだ。咲子の家は大谷石の塀にかこまれ、植込みのある堂々たる構えだ。一万円毎月送れなどよくも言えたものだ。二階の様子と玄関の方へ気を配りながら、そんなことを考えているとコトコト靴音がした。龍作が帰つてきたのだ。急いで迎え、低い声で、

「あなた香代が帰つてきたのよ。」

「ええツ！」

龍作はキョトンとした顔をしている。茶の間で囁くように一部始終を話した。

「自殺でも計るようなことがあつたら大変ですからね。あたし駒込の家にいつてきますから気をつけていただきたいの。ときどきそつと様子をみてくださいね。」

豊子は着替えると勢込んで出掛けた。豊子が理解出来ないのは英男の気持だ。送金出来ないのは香代の責任じやない。英男の給料が少いからだ。なぜ五千円差引かれるのを咲子に知らせていけないのか？　豊子は香代を世間知らずと思つている。しかし豊子自身世事にうといのだ。龍作は戦前作曲家として一流だつた。名声もあり収入も多かつた。しかし戦争中腎臓《じんぞう》を患い、戦後身体が恢復しないせいもあるが、すさまじい時流に押し流され、表面から消えてしまつた。S音楽大学講師としてようやくその方面に名をとどめている。全盛時代をしのばせるものは鬱蒼《うつそう》とした樹に取囲まれた二階建のどつしりした邸宅だ。それを見れば一人娘の香代に五六十万の持参金をもたせると思い込んでもあながち責めることは出来ないかもしれない。咲子は実はそれを暗黙のうちに当てにしたのだ。娘が結婚難の今日、英男は三国一の花婿である。咲子が送金せよといつたのは多額な持参金をさしたのだ。庶民と違い教養も地位もあるから言い廻しが婉曲《えんきよく》なのだ。しかし豊子ははじめから昂奮しているし咲子は咲子で裏切られたと思つている。咲子の家の応接間でいきなり豊子は香代たちに干渉するなと言つた。売り言葉に買い言葉で咲子は英男の心は香代のものかもしれないが身体はあたしが産んだ、英男の身体は樋口家(咲子の姓)のものだから干渉するのは当然とやり返す。英男の給料を考えたら一万円送れなど言えた義理じやないと豊子が喰つてかかると咲子は流石に持参金と言わず、英男ほどの男と結婚するなら英男が使う靴下やワイシャツの一年や二年分持つてくるのがあたり前だとうそぶく。教養などどつかに置き忘れたようなみにくい喧嘩になつた。豊子はヒステリックになり応接間を飛出したが、我が家が近づくにつれ気が滅入つてきた。自分がしつかりしていなくちや香代はどうなるだろうと気を取り直す。こうなつたら一刻も早く英男を呼ぶことだ。香代の口ぶりから察すると英男との間は円満のようだ。英男が香代をかばつてくれたら咲子がなんて言おうとかまうことはない。豊子の考えはそれで決つた。

「どうだつたかい母《か》あさん？」

暗い顔をした龍作が豊子を迎えた。

「香代は？」

「ずつと眠つてる。ときどきのぞきにゆくが、醒めないようだ。」

豊子は二階に行つてみた。部屋が薄暗くなつている。スタンドをつけ、香代の顔をのぞくと眼尻から頬にかけ涙のあとがいく筋もある。そつと降り、すぐ上京せられたしと電報を打つた。

香代は食事も摂らず死人のように眠り続けていた。翌日昼近く香代はようやく茶碗に一杯だけ食べた。

「もつと食べて頂戴。ねお願いだから。」

豊子の言葉に香代は頸をふる。手洗いにゆく香代の足許はフラフラしている。待ち受けた電報がきた。勤めの都合で上京出来ないというのだ。

「なんて意久地なしでしよう。咲子さんが怖いのよ。だからあなただけ上京さしたのよ。」

「そうなの。英男さんはとても旅行が好きでしよう。独身時代よく旅行したんですつて。一万円毎月送るんだからそれじやとても貯えが出来ないでしよう。だから五万円借りたんだけど、お義母《かあ》さんにそれが言えないのよ。」

「男の風上《かざかみ》におけない奴だわ。あんな男とわかつていたらあなたをやるんじやなかつた。」

「英男さんは小さい時からお義母《かあ》さんに反抗出来ないように育てられたのよ。」

「又そんないじらしいことを言つて。みんなからいじめられてるのに。」

豊子は香代に取りすがり泣き出した。

「あたしと英男さんは似てるのよ。あたしもお母さんやお父さんの言附けにそむくことは出来なかつた。」

「あたしが悪いのよ。許して頂戴。」

豊子は子供のように他愛なく泣き崩れた。

どうしたらよいか？　豊子と龍作は額をよせ、コソコソ話合うがよい知慧が浮ばない。

なによりもまず香代の身体の恢復を計らねばならない。豊子は牛乳やバターや果物など香代の枕許に運ぶ。その間に興信所に頼んで咲子や英男の身許を調べた。咲子や英男の仕打ちが常識ではどうにも解釈出来ないのだ。その結果驚くべき事実がわかつた。英男は再婚だつたのだ。最初の嫁は三月ばかりで咲子とやり合い自分から追ん出ていた。やはり一万円送金が原因だが、香代と同じように持参金がなかつたのだ。咲子が結婚を急いだのもそれで納得がゆく。

香代は寝たきりだが、隣り近所で気配を察して豊子が買物にいつたとき

「香代さんが帰つていらつしやるようですね。お身体でも悪いんじゃないんですか」

と話しかけた奥さんがある。豊子は見栄も外聞もなく咲子や英男のことを喋つた。

「香代さんが結婚なさる前お宅の家族や財産など聞きに見えたのです。あたし口止めされたから黙つていましたけど。」

それでわかつた。咲子はお互地位があるのだから信用して調査するようなことは止めましようと言つたが、咲子はちやんと調べたのだ。咲子は龍作の名声を知つていたろうから、持参金を計算に入れたのも無理ないかもしれない。龍作が病気しなかつたら株券や地所など手放さずにすんだが、残つたのは邸宅だけになつた。近所の人もそこまでわからないから、女中を使い電話もあるからと外見だけ言つたに違いない。

豊子はすつかり逆上し、家に馳込むと、香代に洗いざらい話してしまつた。

「英男さんが再婚だつてことはあたしうすうす感じていたの。だけど英男さんの意志でなく、お義母《かあ》さんのため別れさせられたんですもの。」

豊子はまじまじと香代をみ、

「あなたは変つたわねえ。子供だと思つていたら。」

我が子ながら見上げたもんだと豊子は吐息をつく。

「それに引換え英男さんはあなたが病気だつて電報を打つても見舞いにもこない。」

三度打つたが、三度目の電報には返事もない。

「よほど咲子さんから仕込まれたんだわねえ。」

豊子の言葉に香代は淋しく笑つた。香代は男というものは英男以外知らない。ボーイフレンドをもつたこともない。O女子大で仲のよかつた琴子とそのことで議論したことがある。

「あんたつて人は男友達を作れないんだから、お見合いするのは仕方がないけど、交際だけはなるべく長くする

のよ。」

歌舞伎座でただ一度顔を合わせただけで式を挙げることになつたとき

「駄目ねえあんたは。きつと後悔するわよ。」

それでも唯一人の級友として式に出てくれた。

香代はそれを思い出す。琴子が言つた通りだ。しかし煮え切らない男でも身も心も捧げた英男だ。「家」の重圧をはねのけ、自分と手をとりあつてゆくなら、自分はなにか職につき、送金してもよい。よく話合いたいから上京を待つとこまごましたためた。しかし返事がなかつた。香代はそれであきらめた。

三週間振りに香代は寝床をあげた。鏡に向い髪に櫛を入れた。鏡に映つた香代の顔には以前の面影がない。

「どうしたの、あなたは？　まだ起きちやいけないのよ。」

香代の身体をふくため熱い湯を入れた洗面器をもつてきた豊子は驚ろいている。

「もういいの。すつかり元気になつたわ。」

香代は身仕度をすると行先を告げず出掛けた。豊子は呆つ気にとられている。

H新聞社の琴子を訪ねた。そこの婦人部で琴子は働いている。琴子はまだ独身だ。

琴子から家庭裁判所のことをくわしく聞いた。香代は英男と別れるつもりだ。琴子は賛成した。

家に帰つて明日日比谷の家庭裁判所にゆくつもりだと豊子に言うと

「裁判所なんてそんなみつともないところにゆくのを止めて頂戴。」

「お母さんがそんな考えだからいけないのよ。あたし書類に書き込んできます。裁判所から英男さんに呼び出しがゆきますわ。」

「女がそんなことするもんじやありません。お父さんと相談して――」

「あたし生れてから今日までお父さんとお母さんの言いつけにそむいたことはありません。これからあたしの思うようにさせていただきます。」

「どうするつていうのあなたは？」

豊子はオロオロしている。

「英男さんとの離婚が成立したらあたし働きます。よりよい生活をつくるため自分の力でやつてゆきたいの。」

豊子は香代が自分の手のとどかぬ遠いところにいつてしまつたのを感じた。別な、新しい香代が生れたのだ。

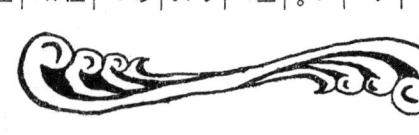

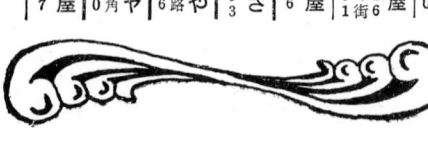

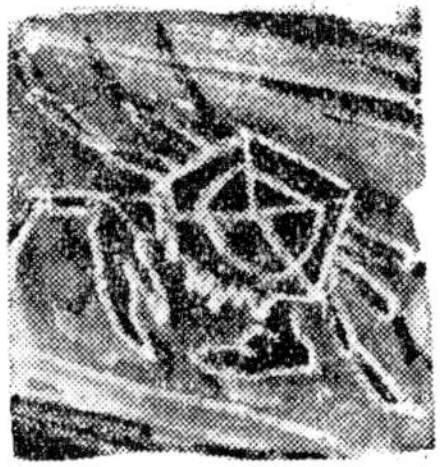

エリヤの言葉

三浦哲郎

え　加山又造

それでは、北国にいる女友達の話をしよう。エリヤのことをあなたに語ろう。エリヤというのは、東北の北端ちかく、北上山脈が発するあたりの山あいの、葦の湯温泉というちつぽけな温泉村に住んでいる混血児の少女のことだ。

――私がふるさとの町から汽車で四時間の旅をして、はじめて葦の湯温泉へ行つたのは、去年の初夏のことである。私は二十三才、その年の春に都のある大学を卒業し、三つの会社の入社試験を受けたのであるが三つともきれいに落第して、目下失業帰省中の身であつた。けれども私がその温泉を訪れたのは、湯花の香り高い山の湯に沈潜して傷心を慰めようと計つたからではない。私は化石を捜すのが目的であつた。葦の湯温泉界隈は、その温泉の効験よりも化石の産地として知られている。太古の時代にはこの地一帯は海の底であつたと伝えられ、したがつて化石も貝や蟹などの海産物が多く、いずれも二千万年を経ているという。

私は化石捜しの旅に出るに当つて、一つの野心を持つていた。甲羅の大きさがコンパクトぐらいもある大蟹の化石を掘出そうという野心である。ある晩、私はふるさとの町のおしるこ屋で化石の置物を見かけ、ふと興味ある暗示を得た。その置物というのは、五寸四方の平べつたい岩石の表面に、前後して同じ方向へ歩む大小二匹の小蟹の姿がくつきりとうかび出ている化石であつた。私は思つた。これは小蟹夫婦の散歩図だろう。けれども私が興味を覚えたのは、小蟹の様子よりもむしろその符手の隅を三角にさえぎつている長径一寸五分ほどの細長い楕円のもり上りで、よく見ると、それはどうやらもつと大きな蟹の鋏の先端らしいのである。私は考えた。これほどの鋏を持つ蟹ならば、甲羅はおそらくコンパクトぐらいはあるだろう。もしもそんなに大きな蟹の化石があつたとしたらどうだろう。それを燻《いぶ》した程度に磨きをかけて、どこかの大広間の床の間にでんと据えたらどうだろう。現に鋏の化石はあるのだから、そつくり全身の化石も捜せばあるにちがいない。

私は思い立つた。化石捜しの旅に出よう。めまぐるしい社会からしめ出しくらつたこの身にとつては、自然の風物に接しながら二千万年以前の遺産を求めて旅することも、この際一興ある処世法というべきではないか。もし大物が掘り出せたら、私はそれを世話になつている兄へ徒食の申しわけとして献呈しよう。或は町の橋の袂に青い暖簾《のれん》をさげている骨董《こつとう》屋へ持つて行つて、眼玉の飛び出るほどの高い値段で売りつけてやつてもいい、そして私のふところに望外の大金がころがりこんだら、私はそれを貯蓄して再起のための資金にしたい。――私は新しい使命に徹するために、兄のお古の黒い古風な背広を着用し、ひと昔前に丁稚《でつち》が愛用したというぶかぶかの色褪せた黄

三浦哲郎＝青森県出身。昭和六年生れ。早大仏文科卒。同人雑誌〝非情〟掲載の「十五才の周囲」により第一回新潮同人雑誌賞を受賞。他に創作「ぶんぺと湯の花」「風船座」などがある。

色のハンチングを目深かにかむり、にわか骨董屋になりすまして葦の湯温泉へのりこんだ。

　私は紅屋という温泉宿に投宿した。紅屋はこの村では最も古くからある宿で、私は仕事の性質上、なるべく古ぼけた宿を選んだ方がなにかと便利にちがいない。私は宿帳の職業欄に「骨董商見習」と記入し、谷間の湯殿へ降りてひと風呂浴びてから、早速宿の主人にこの村のちかごろの化石産出状況について訊ねてみた。主人の話によると、最近新しい湯口を求めてボーリングした際、夥《おびただ》しい数の貝の化石が土砂にまじつて掘り出されたそうである。しかし私は貝の化石など眼中にない。そんな大物はないだろうかと訊ねると、蟹の大物の噂はほとんど聞かないが、ひよつとすると亀太爺さんが持つているかも知れないから、一度亀太爺さんを訪ねてみたらどうだろうと紅屋は言つた。

「亀太郎つていう随分以前から化石とマムシで暮している爺さんですが、どちらにかけても名人だという定評です。なにしろ、川が洪水になるたびに水が引いたあとから必ず大物を掘り出すといいますからね。マムシだつて、爺さんに睨《にら》まれると、射すくめられてぴくりとも動けなくなるんだそうです。あそこへ行つたら、或は相当なやつがあるかも知れませんがね」と言うのである。

　私はすぐさま亀太爺さんを訪ねることにして、道順を訊ね、縁側に出してある赤い緒のついた宿の下駄をはくと、

「お若いのにご熱心ですな」と紅屋が言つた。

「しかし、ひよつとしたら爺さん留守かも知れませんが、呼んでも返事がないようでしたら近所に訊ねてごらんなさい」

「誰か留守番はいないんですか？」

「エリヤという小娘がいますが、でも、これはとても用が足りないでしよう」

「エリヤですつて？　いやに西洋風な名前ですね。エリ子のまちがいじやないですか？」

「いいえ、エリヤです。エリヤのヤはマリヤのヤです。では行つていらつしやい」

と主人は言つた。

　私は難なく亀太爺さんの住居を探し当てたが、爺さんは生憎《あいにく》留守のようだつた。道ばたの泉で洗濯している娘さんに訊ねると、爺さんは留守だがエリヤなら谷間の水車小屋の向うにいると教えてくれた。私は一応来意だけは通じて置こうと思い、谷間へ降る坂道を降つて行つた。

　やがて道は谷間に出た。二三段、階段式に作られた細長い田圃《たんぼ》の向うを、谷川が断崖の裾をえぐりながら矢のように早く流れていた。私は黄色い野花の咲きそろつた畦《あぜ》道を駈け、水車小屋の背後をまわつて流れの前に出た。そうして早瀬に突き出た五六間先きの岩の上に、オレンジ色の胴着を着た大柄の少女が、向うむきにしやがんでいるのを見た。彼女は赤いネッカチーフで頭を覆い、ズボンを膝までたくし上げた跣足《はだし》の脚は、足もとから飛び散る飛沫《ひまつ》の色より白かつた。あれがエリヤにちがいない。

　私はわざと下駄を高く鳴らして川岸まで歩いて行つ

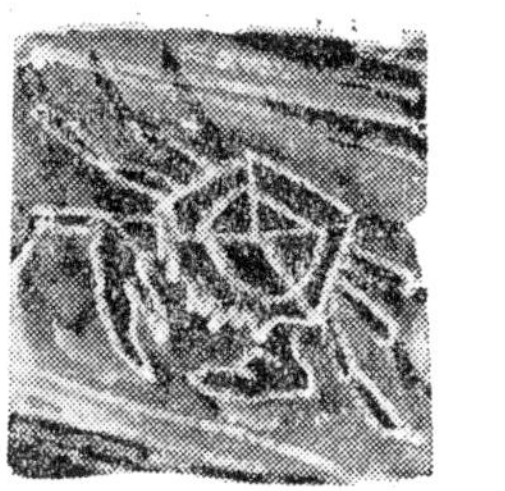

て、「エリヤさん」と声をかけた。しかし彼女は気がつかない。二度呼んでも気がつかない。私は河原の小石を拾つて、彼女の立つている岩鼻の脇にどぶんと飛沫を上げてやろうと腕をふり上げた。その時、さつと彼女はふり向きながら立ち上つた。私はその動作の驚くべき敏捷さに思わず眼を見張つたが、彼女もまた眼を大きく見開いて不審そうに私の顔を凝視した。

「エリヤさん」と私は言つた、「亀太爺さんの娘さんのエリヤさんですね？」

しかし彼女は詰問するようなまなざしを私の上に注いだまま、無言で小首を傾げると水滴に濡れたまるい顎を胴着の肩にすりつけた。私はふと気がついて、あわてて手の中の小石を捨てた。

「僕は決して怪しいものではないのです」と私は叫んだ、「僕は駈け出しの骨董屋で、化石を捜しにやつて来たんです」

その時、急に彼女が微笑をうかべて私の足もとを指さしたので、私は思わず次の言葉をのみこんだ。彼女は私の足を指さし、それから自分のネッカチーフを指先でつまんで、首をすくめて笑つてみせた。はじめ私は面喰つたが、すぐにその二つのものがいずれも同じ赤い色なのに気がついた。私はやつとうなずいた。

「そうです。僕は紅屋に宿泊している者です」

すると、彼女は人差指で私の背後の空を突つついて、次に親指を鼻先に立ててみせ、それで自分の唇を叩くと今度は両手を西洋風の合掌に組んで二三度ふり動かしてみせた。私は一瞬茫然としたが、その時になつてはじめて彼女が唖《おし》であることに気がついた。それと同時に、彼女がしてみせた一連の手ぶりが、彼女と紅屋の主人との親しい間柄を示すものであることをも了解した。

私は当惑した。過去に於いて、私は唖と談話した経験は一度もない。それに、このように可憐な唖の少女がこの世に存在しようとは、夢にも思つたことがなかつたのである。私は彼女を訪ねた目的を説明しようと努力したが、どのようなゼスチュアをもつてしても、化石という神秘的な物体を表現することは到底不可能と思われた。私は腕組みして途方に暮れた。

エリヤは小首を傾げて私の困惑ぶりを眺めていたが、急にくるりとうしろ向きになつて手籠の上にかがみこんだ。そして掌の上になにかのせて立ち上り、岩伝いに岸の方へやつて来た。私は彼女に近寄つた。彼女は掌の上を指さしながら、ゆつくりとしたゼスチュアと豊かな表情とで、およそ次のような意味のことを表現した。

「コレハまむしノ心臓デス。紅屋ノ小父サンヘアゲテ下サイ。彼ハ病弱ナノデ、好ンデコレヲ食シテイマス。私ト彼トハ大変親密ナ間柄デス。ソノ証拠ニハ、私ノねつかちいふハコノ通リ紅屋ノ色デハアリマセンカ」

私はわからない個所はなんどもくりかえすことを要求して、やつと大意を汲み取ることが出来たのである。私は了解したという合図に、口を大きく開けたままうなずいてみせた。彼女は大事そうに掌を傾けて、私の掌の上に三粒のマムシの心臓をころがした。それは豆粒ほどの大きさで、石炭のように黒く、しつとりとした光を放つていた。私とエリヤとは顔見合わせてうなずき合つた。そして私は彼女の眼が空色で、小高くもり上つた鼻のあたりに、ぱらつと雀斑《そばかす》が散つているのをはつきりと見ることが出来た。彼女は人差指で私の唇を指さし、その指で自分の唇を二三度叩いてから、強く西洋風の合掌をした。私の飜訳によれば、それは「アナタトアタシハ心ノ仲間！」という意味になる。私は彼女の好意に答えようとして彼女とそつくり同じゼスチュアを試みたのであるが、最後のところでうつかり合掌しようとしたために、心臓の一つは掌を滑つて足もとの地面にこぼれ落ちた。私はあわててそれを拾い上げ、川べりに跪《ひざまず》いて流れにひたした。谷川は浅い平らな河床の上を、滑るように流れていた。その流れの下で、河床の岩畳がはたはたとはためいているように見えた。そしてその時、実際私の耳にはそのはためく音が聞えるような気がしたのである。私は跪いたまま耳をすました。これは幻聴というものだろうか。それとも私たちが言うべき言葉を失くした時、沈黙を破つてひそひそと交される自然の囁きなのだろうか。そうだとしたら、エリヤだけがこのような神秘の音を常々耳に聞くことが出来るのにちがいない。私の聞いた岩畳のはためく音は、たとえば朝風が障子の破れをくぐりぬける時のように、実にひんやりとしてさわやかな音色を立てるのである。

その夜、紅屋の主人は囲炉裏ばたでエリヤの身の上話をしてくれた。客は私一人きり、そして紅屋の家族は、主人のほかは炊事係の老婆が一人いるだけだつた。初夏とはいつても、北国の山の夜はまだうそ寒く、老婆は炉ばたにうずくまつて、枯柴を折つては火の中に投げ入れた。私は熱い番茶をすすりながら主人の話に耳傾けた。

『今から十数年前の真夏のころですが、早口の東京弁を話す中年の女が、五六才のまるまる太つた女の子をつれて湯治に来ました。女は子供のオデキの治療に来たと言つてましたが三日目に女の子を置き去りにして逐電してしまいました。宿帳に書いた所書きもでたらめでオデキがあるはずの子供の白い背中には、金色の産毛がぎつしり生えているだけなんです。捨てられた子はエリヤと呼ばれていたのですが、生れつきの唖らしくてなにを訊いてもわからない。しかしよく見ると眼は空色だし、肌の白さや産毛の生え方もどうやら異人の子なんです。わたしは若い頃から独り暮しで育児の心得がないものだから、すつかりよわりました。ところがちようどその頃、亀太爺さんの娘が一粒種の女の子に死なれて半狂乱になつて同じ年頃の女の子を探し歩いていたのですが、他所を探しあぐねた亀太爺さんがわたしのとこへやつて来て、唖でも混血児でもかまわないからエリヤを育てたいというのです。手離す時はさすがに不憫《ふびん》でしたが、わたしだつてこの先どうしたらいいのかわかりませんでしたからね。それから七八年たつてその母も死にましたが、エリヤはごらんの通り見事に成長しました。今では爺さんと二人暮しですが、爺さんの身のまわりの世話は勿論、捕つて来たマムシの処理まで一切手落ちなくやつてのけているのです。

『時に、エリヤという名前は、マリヤの訛《なま》りではないかと思うのですが、どうでしよう。日本の気取つた女たちは、マリヤのことを屡々《しばしば》メエリヤというふうに発音する傾向があるそうですね。エリヤはマリヤで、そうして彼女は白系露西亜人の混血児ではないでしようか。空色の眼、あのはちきれそうな体軀《たいく》、パン粉をまぶしたような肌の色、断然白系露西亜人といいたいところです。そういえば、エリヤには赤いネッカチーフが実によく似合うではありませんか。

『ですけどね、人のつながりというものは不思議なもので、エリヤがあの頃のことを覚えているわけはないのに、わたしの顔ばかりか、素性までも知りぬいているというふうなんです。わたしが独り暮しなことも身体が弱いこともちやんと知つていて、爺さんが蛇とりから帰るとマムシの心臓を三粒ずつ掌にのせて持つて来てくれるんです。そしてついでに風呂へ入つて、どうしてもわたしの背中を流してやると言つてきかないのです。わたし共は湯舟のふちに腰かけて長いこと手真似で雑談するのですが、話題はなかなかつきません。エリヤは実に流暢に話しますし、日常のことだつてなにひとつ不自由を感じていないふうなんです。白系露西亜人だつていずれは滅亡の民でしよう？　父も知らず母も知らず、その上生れつきの唖です。まるで世の中の不仕合せを一人で背負つているみたいですが、暗い影が少しもない。エリヤは明るくて、実に健康です。わたしはエリヤを眺めていると、なにかこう、命というものにじかに触れているような気がして、身体中のやくざな塵がさつぱり洗い落されるような思いがするんです。』

翌日、私は亀太爺さんに会うことが出来た。けれども私の捜す大物は爺さんのところにもなかつた。爺さんは喉の奥からぜえぜえと咳きこみながら、こんな体になつては当分化石採りも出来ないだろうと言つていた。その後二三日、私は近辺の部落を丹念に捜してみたが、コンパクト大の蟹の化石はついに発見出来なかつた。私は落

胆したが、紅屋は大物の噂を耳にしたら早速私に連絡してくれることを約束した。私はもう一度出直してくるつもりで葦の湯温泉を引き上げた。

そのまま夏が過ぎ、秋も十月の半ばを過ぎはころ、私はやつと紅屋の主人から一通の手紙を受け取つた。しかもそれは次のような文面で、私を大いに驚かせた。

《拝啓。取急ぎ御報告致さねばならぬことがございます。

十日前に、亀太爺さんが亡くなりました。喘息が悪化して呼吸困難になり、エリヤに看取られながら息を引き取りました。取りのこされたエリヤの身は、小生が引き取ることになりました。

さて、このたび亀太爺さんの棲家《すみか》の床下から素晴らしい化石が出て来ました。爺さんが何時何処でそれを掘り出したものか全く不明ですが、爺さんは誰にも話さずに生涯秘蔵したもので、死後にはじめて陽の目を見たわけです。なにしろ土地の故老たちが冥土《めいど》への土産話だと喜んだという代物ですから、御商売柄一見なさつてはと存じます。しかし残念なことには、その化石は爺さんの遺言によつて死後も永久に爺さんの所有にかかる物です。もし見るだけでよろしかつたら、名人亀太郎の供養の意味で是非お出かけ下さい。エリヤには前もつて話して置きます。おいでになればエリヤが御案内致します。匆々頓首》

翌る日、私は再び骨董屋に変装して葦の湯温泉へ急行した。エリヤは私を見ると、大急ぎで少しやつれた頬を両掌で押えてみせたが、それでも彼女は思つたより元気で、早速私を山の上にある村の共同墓地へ案内してくれた。

深い溪谷に落ちこむ崖の上にある墓地は、ぼうぼうと風が吹き荒れていた。エリヤは先に立つていくつもの墓標の間を縫い、谷間に面した斜面のところまで行くと、黙つて一つの新しい墓を指さした。それは盛り土の上に手焙《あぶ》り火鉢ほどの自然石を無造作にのせただけの簡素な墓で、そのそばで一本の卒塔婆《そとば》がこちらに白い背中を見せたまま風に吹かれて揺れていた。私たちは斜面の低い笹藪を踏みしだいて墓の正面にまわつた。あ、という声が、その時私の口から飛び出した。そして私は思わず駈け寄つてその墓石の前に跪いた。

——亀が！……

平らに磨かれたその石の表面には、全長七寸はあろうと思われる海亀が、濃い茶褐色の甲羅をもり上げてぴつたりとはりついていたのである。私はわが眼を疑つた。しかしそれは疑いもなく、海亀の化石であつた。磨きに磨き上げられたその甲羅は、秋の午後の日ざしを浴びて深い沈黙の光沢を放つていた。私は仏の手前も忘れて手をのばし、それに触れてみようとしたのであるが、指は空しくその滑らかな甲羅をすべり落ちて、私はただ指先に氷のおもてを撫でたような冷たさを感じることが出来ただけであつた。私はしばし茫然として、この見事な太古の遺物を見とれているほかはなかつた。化石採りの名人亀太郎の墓としてこれほど完璧な墓標が他にあろうはずがないのである。

……エリヤに背中を小突かれて、私はふりかえつた。彼女は私の顔を指さしながら、揶揄《やゆ》するような顔付きでこんな意味のゼスチュアをしてみせた。

「アナタハ先刻カラ口ヲポカント開ケテイテ、マルデ長イ欠伸《あくび》ヲシテイルミタイデスワ」

そうして彼女はもうそろそろ帰ろうではないかという身ぶりをした。するとその時、私の胸の中にパッと黒つぽい焔が立つた。私ははじめてわれに立ちかえり、自らに課した使命が飜然と身内によみがえるのを感じた。私はいきなり横ざまにその石を抱え取り、断崖のふちから一散に天翔《あまがけ》つて逃走したい誘惑に駆られたのである。私はエリヤに向つて、発作的に石を抱き上げる恰好をしてみせた。エリヤはみるみる眼をむいた。彼女は両手の拳を口に当て、地団駄踏んで強い拒絶を表現した。そして目まぐるしい唖言葉の早口で、冷血な私の野望をなじる激しい抗議の演説をした。

私はジレンマに陥つた。私は胸に腕を組み、不穏な発作に見舞われることを警戒してわれとわが身を固く抱きしめた。私は骨董商見習である。そして今や稀代の逸品を眼前にしている。もしこれを売りさばいたら、私はむしろ多すぎるほどの再起の資金を手にすることが出来るだろう。〈私は喉《のど》から手が出るほどにその石が欲しい!〉だが、なんということだろう。それがすでに他人の墓標であつたとは。私は胸の中で絶叫した。〈私は断じて墓盗人にはなりたくない!〉

しかし私はエリヤの熱心なパントマイムを見つめるうちに、胸の中の焔の色が次第に白けて行くのを感じた。エリヤの話す唖言葉の早口は到底私のよく理解するところではなかつたが、彼女が地団駄踏みながら反覆して問いかけた一つの質問だけは、おぼろげながらわかるような気がした。彼女はなんどもくりかえし力をこめて叫んだのである。

「ナゼ、アナタハ人ノ誇リマデカスメ盗ロウトスルノデショウカ。コレハ爺サンガ一生カカツテ捜シダシタモノナンデス。ソンナニホシイモノナラバ、ドウシテアナタモ一生カケテ捜シダソウトシナイノデショウ!」

彼女の無言の声は私のがらんどうの胸の中にいくつもの木霊《こだま》を呼んで反響した。そしてその木霊に追われるように、私の身体を包んでいた一攫千金《いっかくせんきん》の黒つぽい夢が、秋の黄ばんだ大気の中に一斉に霧散して行くように思われた。私は化けの皮をはがれて素裸かになつた私自身が、エリヤの前に突つ立つているのに気がついた。私は羞恥で頬がほてつた。私は、小首を傾げて顔色をうかがうように私の顔をのぞきこんでいるエリヤに言つた。彼女はあまりに力をこめてゼスチュアしつづけたので、額にばかりではなく空色の両眼にさえも汗のしずくを光らしていた。

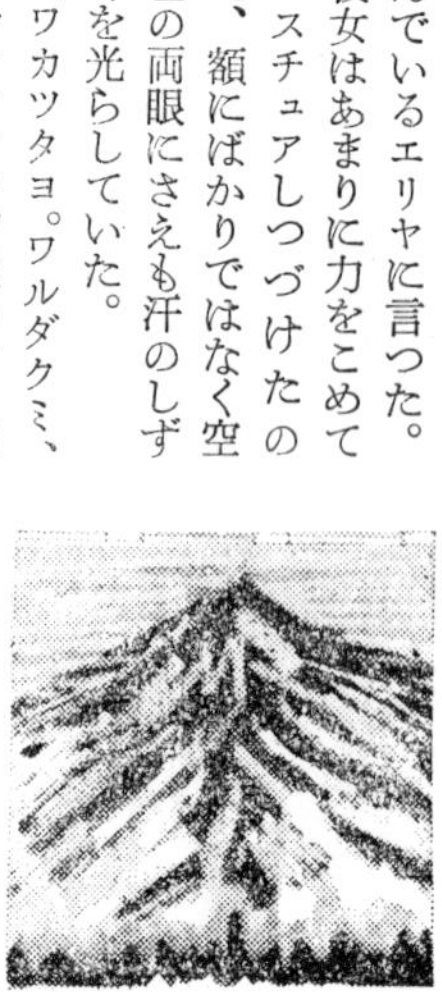

「ワカツタヨ。ワルダクミ、許シテオクレ。僕ハモウ化石捜シハ止ソウト思ウ。僕ガ一生カケテ探スモノガ実ハ他ニモアルノダヨ」

するとこわばつていたエリヤの顔が、安堵の微笑でみるみる崩れた。彼女は片足でぴょんと一と跳びすると、朗らかな調子で無心に反問した。

「デモ、アナタノ捜スモノツテ、ドコニアルノ?」

どこに? それは私にもわからない。わからないから一生かけて方々捜し歩くのだ。しかしたとえその在りかがわかつたとしてもたとえばちいさな幸福ということをどうしてエリヤに知らせてやることが出来るだろう。

「遠クニ?」とエリヤは心配そうだ。

「ソウダ。遠クニ」

「アノ山越エテ、ズット遠クニ?」とエリヤは遠くうねつている紅葉の山脈《やまなみ》を指さす。

「アア。アノ山越エテズット遠クニ」

エリヤの指さす彼方の空には、白い半月がくつきりとうかんで見えていた。エリヤは指さしたまま眼を細めて半月を眺め、私もまた顔を仰向けてそれを眺めた。

前方からひときわ強い風がどつと吹きつけ、私の帽子の庇《ひさし》を煽《あお》つた。私のぶかぶかのハンチングはたやすく風に吹き飛ばされてころころと斜面をころがつた。そして断崖のふちからふわりと躍り上ると、それつきり私たちの視界から消えてしまつた。私たちは断崖のふちまで駈けて行つて、風に吹き飛ばされないように腹這いになつて谷間をのぞいた。黄色く古びたハンチングは蝶のように風にのり、ひらりひらりと反転しながら緩慢な速度で舞い落ちて行つた。そのはるか下方には、意外に細く見える谷川が純白に泡立ちながら帯のように流れていた。私はせめて私のハンチングが、その白い泡に呑まれることを祈つた。エリヤは青い眼をまんまるに見開いて、放心したようにいつまでも谷底を見つめていた。私の耳もとでは風がぼうぼうと唸り声を上げ、私は谷川の響きさえ聞くことが出来なかつたけれども、或はその時、エリヤは舞い落ちて行くハンチングの耳なれない羽搏《はばた》きの音に、一心に耳を傾けていたのかも知れなかつた。

待つ人

芝木好子
え　高橋秀

今日は仕事が早く上つて、定刻には帰れそうなので良子はそわそわしていた。年末になると締切らなければならない仕事が多くて、こゝのところ居残ることがよくあつた。早く帰れるなら恭一と会いたいと思つたが、指折つてみると彼の方は今夜はアルバイトの日に当つていた。

「うまくゆかないわ」

良子はなんとなくそう思う。恭一は一週のうち三日は勤めのほかにアルバイトをやつているのだ。二人が二人とも時間が空いていてうまく会える日は幾日もない。そんなことでもう半月あまりも彼等は会つていなかつた。クリスマスとお正月が控えている年末は、そのたのしみのために一層いそがしいのかもしれなかつた。

良子は夕方仕事を終ると、洗面所へいつて手を洗つて、簡単に口紅《ルージュ》を引いた。二十一才の皮膚には濃いお白粉は不用である。念のために恭一に電話をしてみようかな、と思いながら良子は鏡から離れた。もしかすると彼の方も都合でアルバイトはお休みと言うことになつているかもしれない。なんだかそんな気がする。

彼女が洗面所を出て事務室に戻ろうとすると、向方から課長の佐原が歩いてきた。彼は良子をみると微笑して立止つた。

「もう帰るの」

「はい」

「よかつたら帰りにちよつと待つてくれないか、私用だけど」

「はい」と良子はおどろいた表情をした。

「キャンドルね、あそこで待つていてください」

言うだけ言うと、彼はさつさと通りすぎていつた。良子はなにか夢をみているような気持で、ぽかんとしていた。佐原に呼ばれた私用と言うのがわからない。彼は良子とは違う課の課長である。この間中国へ貿易のことで社長のお伴をして行つてきてから課長になつたばかりの、まだ若手の方の人であつた。本当なら良子は口を利く必要も関係もない人と言つてよいかもしれない。それが偶然知りあつたのだつた。

この秋の終りのころ、良子は紅葉を見るつもりで同じ課の並木栄子と誘い合つて、やつと会社の箱根の寮へ出かけた。会社の寮だから一ケ月も前から申込んでおいて、やつと

芝木好子＝東京出身。東京府立第一高等女学校卒業。結婚後、「青果の市」によつて昭和十六年下半期芥川賞受賞。他に「流れる日」「ある女子学生の死」「州崎パラダイス」などがある

部屋をとることが出来たのだ。寮とは言つても殆んど普通の旅館に似ていて、たゞし宿泊料はとてもやすい。それになんとなく内輪の感じで安心だつた。強羅に近い宿からは、秋の景色が美しい。山肌が色づいて、華麗な紅葉の季節が近づこうとしている時季だつた。

良子たちは午近くに着いて、食堂へ出た。昼食だけは食堂へ出ることになつている。するとそこに佐原がきていたのだつた。

「やあ、君たちも来ていたの」

彼はカメラを手にして庭から上つてきたところだつた。佐原には二人の子供が一緒にきていた。上が女の子で、小学校の三年生、その下がまだ一年生の弟だつた。

「君たち紅葉を観にきたのか、洒落《しやれ》てるな」

「課長さんもそうでしよう」

「僕は子供のお伴さ」

上の女の子は良子や栄子を警戒するように、じつと見た。食事は別々のテーブルだつたし、良子と栄子はこれからの半日のプランを、ランチを食べながらあれこれと考えた。結局湖水めぐりをして夕方までに戻り、次の日は十国峠を越えて熱海へ出て帰ることにきめた。ふたりが昼食を終つて先に食堂へ出るとき、佐原は二人の子供と睦まじく食事を摂つていた。そのときになつて良子は佐原の夫人が昨年の終りに亡くなつたのを思い出した。

「あの子供さんたち、お母様が居ないのだわ」

「そうよ、今気がついたの」

栄子は笑つて、

「佐原さんて会社ではきびきびしていて怖いところがあるけど、案外やさしいパパさんね」

と云つた。

二人がバスを待つて湖畔へゆき、遊覧船に乗つて船の出るのを待つていると、発船間際になつて佐原たちも乗りこんできた。この偶然にみんなは笑い合つた。

「まるで約束したようだ。君たちはこれからどうするの」

「夕方まで芦の湖であそんで、バスで宿へ帰ります」

と栄子が言つた。

「僕の方は十国峠へ出て、今夜のうちに東京へ帰るんだ」

佐原はそう言つた。遊覧船は観光客で一杯なので、彼等はデッキに出ていた。快晴の日和で、芦の湖を囲む四囲の山の樹立は燃え立ちはじめた紅葉が美しかつた。

「良い景色ね。でもこんなに船にお客をのせて、沈まないかしら」

太つた栄子は心配そうにまわりを見廻した。下のデッキには修学旅行の中学生があふれていた。

「あたし泳げないんですもの」

「僕も泳ぎは駄目だな」

「課長さんも泳げませんの。あたしはあの岸までわけないわ」

良子は葦の揺れる湖畔まで二百メートル位わけないと思つた。

「船が沈んだら、私がお嬢さんと坊ちやんを抱えて泳ぎますわ」

「ほんとかな」

佐原は煙草をふかしながら微笑した。

「ほんとですわ、亡くなつた父が泳ぎが得意で、小さいときから海で教わりましたの」

「君は、お父さんがなかつた？」

「三年前に亡くなりました」

良子は親がないと聞いて自分をじつと見ている佐原の女の子に、やさしい視線を向けた。感じ易そうなその女の子が、良子はなんとなく哀れ深かつたのだ。弟の方は無邪気で、船が沈むことなど夢にも思わずにキャラメルを食べている。船はどうやら沈まずに、無事に岸へ着いた。

「さよなら」

と言つて、良子と栄子が手を振ると、佐原の二人の子供も元気に手を振つて去つていつた。

「母親がいないと、パパもたいへんね」

「心配しなくても、佐原さんなら来手はたくさんあるわ」

良子はすぐ佐原のことは忘れてしまい、その日は湖水の際を歩いたり、お土産を買つたり、お茶を喫んだりして遊んだ。それから夕方のバスで山越えをして宿に戻つたのである。

お風呂に入つて、夕食が済んでから、二人はピンポンをしに娯楽室へ下りていつた。するとそこでまた、佐原の子供たちに会つてしまつたのだ。

「僕たち、戻ってきたんだよ」

と男の子がうれしそうに言つた。

「十国峠へまわると、遅くなるからよ」

少女は聡《かし》こい表情で、きつぱりと言つた。

「また一緒でうれしいわ、ピンポンしましようか」

良子は彼等を誘つて、早速ピンポンを始めた。二人の弟を持つて育つた良子は、子供と遊ぶのが上手だつた。子供のどんな球でも相手になつて打つてやると、少女もだんだんおもしろくなつたとみえて、愉しそうに大きな声を挙げたりした。丹前を着た佐原がいつのまにかきていて、彼女らの興じているのを眺めていた。

「パパも入りなさい」

と女の子に言われて、終いには佐原も加わつて丹前の腕をまくりながら、ピンポンに興じた。

この旅のたのしい思い出が、いまでも良子の胸に残つている。彼等はその翌日一緒に十国峠をバスで越えて、東京へ帰つてきたのだつた。そのときから良子は佐原と会えばにこにこと挨拶をする間柄になつていた。しかし彼と特別に口を利いたり、会つたりしたことは勿論一度もなかつた。

夕方、良子は約束のキャンドルと言う喫茶店へ行つて待つていた。すると間もなく佐原が入つてきた。

「やあどうも失礼、待つたかな。急に呼び出したりして悪かつたかもしれない。今夜はなにか約束があつたのと違うの」

彼の口調は兄かなにかのように親しくて、やさしいものだつた。良子は顔を赧《あか》らめて、別に約束はないと答えた。

「じやあ、夕飯をそのへんで食べよう、いゝですね」

彼は珈琲を半分でやめて、外に出るとすぐ車を拾つた。良子はいくらか当惑しながら、その車に乗せられた。車はほんの一まわりほどして、日比谷の角のNビルの前で停つた。佐原はその五階にあるホテルのグリルへ招ぼうとしていた。彼等はビルの中へ入つて、ずらつと並んだエレベーターの前に立つた。丁度エレベーターが降りてきて、箱の中から人が吐き出された。その中から無帽の恭一が出てくるのをみて、良子は驚いた。

「や、どうしたの」

恭一は良子のそばへ身を避けて立停つた。彼は良子に連れがあることに気付いた。

「仕事？」

「……ちょつと」

良子は違うと言う身ぶりをした拍子に、顔に血が昇つてきた。空になつたエレベーターへ人々が入つてゆくので、良子は誘われて入つてゆきながら、なんとなく恭一に後ろめたい思いだつた。彼を残してエレベーターは天国へ昇つていつた。

ホテルのクロークで佐原と良子は外套《がいとう》を脱いで預けた。良子は黄色のざつくり編んだカーディガンを着ているので、少し恥かしかつた。食堂には外人客の姿もあつた。しかし佐原は良子の服装には少しも拘泥《こだわ》つてはいなかつた。

「先刻、エレベーターのところで会つた人は、友達ですか」

佐原はスープが運ばれてきたとき、何気なく訊ねた。

「えゝ、音楽を愉しむ会の友達ですの」

「どんなことをして愉しむんです」

「レコードを聴いたり、音楽史の勉強をしたり、歌つたり、いろんなことですわ」

「若いんだな」

佐原は自分の知らない世界を探るような目をした。

「すると、クリスマスにはなにか演《や》りますか」

「まだはつきり決つていません」

良子は例年のことを思い浮べたが、佐原にそれを言つては悪いと思つた。なぜそんな気がするのがわからないが、彼の言つた私用がそのことに関聯《かんれん》がありそうに思えた。その予想は的中した。佐原は今度のクリスマスに、自分の家へきてほしいと言つた。

「子供たちが箱根のたのしかつたことを覚えていて、よく言うんです。僕はふだん子供たちと遊んでやる暇もないので、クリスマスは子供本意にしてやりたいと思つてね」

「あのときのことは、並木さんとも話しますの」

と良子は栄子のことを言つた。

「よかつたら並木さんも誘つてきて下さい」

佐原は思い出したようにそう言つた。箱根の一日がたのしかつたら、当然栄子も仲間でなければならないのに、と良子は思つた。食事の間、佐原は二人の子供の話をした。

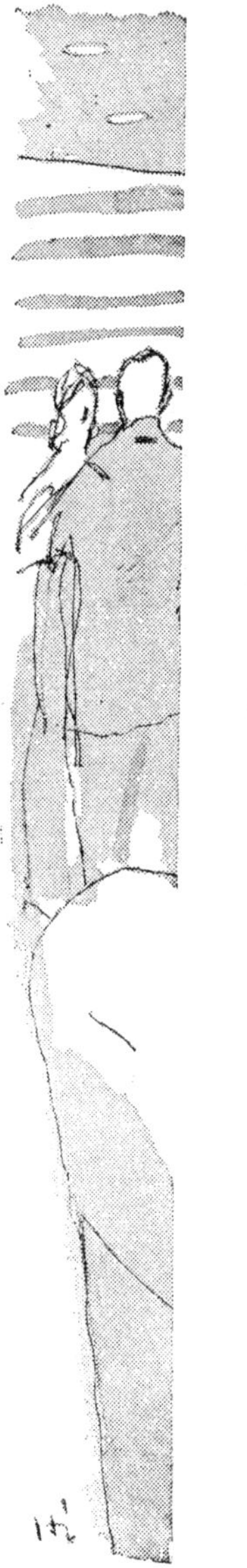

「上の女の子は神経質で、他人嫌いで困るのですよ。殊に女の人には警戒心が強くて、父親が近所の奥さんと挨拶をしても厭がるんだな。それが珍しく箱根で君たちと仲良くなつてから、気持がほぐれて、幾分なごやかになつてきているらしい。クリスマスにお招きしたいと言うのも、子供との合議の上ですね」

佐原はそんな説明をしながら、良子をじつとみつめた。その視線からは熱い光りが流れて、威圧するようなまたくるみとるような明滅があつた。若い良子はその男らしい強い分別のある男の眼差《まなざし》に捉えられると、身体の底から慄《ふる》えがきそうだつた。この方はわたしになにかを求めている、と気付いた。すると良子は急に自由を失つてしまい、微笑を浮べることもできなくなつてしまつた。

この前の旅行のとき、良子が夫人を失なつた佐原に同情すると、栄子が笑つて、

「心配しなくても、佐原さんなら来手がたくさんあるわ」

と言つたものだつた。良子はそれを思い出した。佐原は年齢のわりには仕事の才腕を買われて、重要なポストについていたし、これからも会社の仕事が外へひろがつてゆけば、彼の活躍する道は一層ひろがるだろう。佐原の前途は洋々としていて、もうすぐ車なども自由に乗りまわすに違いない。

良子は顔をあげて彼を見上げた。自分よりも十幾つ年の違う佐原は、落着いている、彼はどこへ出しても恥かしくない紳士である。もし凭《もた》れたら大樹のように揺ぎがない力をもつているだろう。彼のファンは会社の女たちの中にも幾人も居る筈だつた。彼に来手がたくさんあるのは嘘ではない。そう言えば客を招待するキャバレーなどでも、彼はたいへんもてると聞いたことがある。

食後の珈琲が運ばれてくると、佐原は自分で角砂糖を壷からつまんで、良子のカップに落した。彼女が急いで遮《さえ》ぎると、

「子供のに入れてやるから、馴れている」

と笑つた。

「毎日、どなたが子供さんのお世話をなさいますの」

「僕の母がきてみるんです。母もあなたや並木君の噂を聞いて、会いたがつている。クリスマスには是非来てください」

子供たちも愉しみに待つているとも彼は言つた。もし本当に佐原の母が待つているとしたら、良子は自分が遠まわしに結婚の申込みを受けている、としか考えられなかつた。良子は彼がさつきから女の微妙な心の変化を探ろうとして、自分から目を離さないでいるのを感じた。するとおそろしいのか、うれしいのか、いやなのか、まるでわからないほど大きな波がきて、自分の身体を翻弄《ほんろう》しているのではないかと思つた。

食事のあと、彼等はロビーの深いソファに掛けて休んだ。レコードがしずかに流れてきて、そのリズムに合せて踊つている夫婦もあつた。この豊かな雰囲気と、自分の家のつゝましい茶の間とは、まるで遠いものだつた。良子は食後の心よさのためか、佐原と並んで身をよせていることも、それほど窮屈ではなくなつていたし、彼がおそろしいとも思わなくなつていた。

「若い人はよく踊るのでしよう、そうじやない？」

佐原が訊ねた。

「少しは踊りますわ。でもみなさんだつてキャバレーへゆけば踊つたりなさるでしよう」

「よく知つてますね」

佐原は良子の反撃をおもしろそうに受けて、

「踊りましようか」

「いゝえ」

良子はあわてゝ断わつた。

「こんな恰好では踊れませんわ」

「ではこの次、クリスマスの晩にでもお相手をしてもらいましよう、いゝですね」

彼は念を押した。

二人はやがて立上つてロビーを出てゆき、外套を着てエレベーターを降りていつた。良子には夢のようにゆたかな一ときだつた。彼女は佐原に礼を言つた。

「いや、僕も愉快でしたよ。この次がたのしみです」

二人はビルディングの外へ出た。このあたりは鎧戸が下りると薄暗い。佐原は良子を送るつもりか一足先に出て、流しの車を止めた。良子はふと傍《かたわ》らの仄《ほの》暗い舗道に目をやるなり、顔色を変えた。彼女は狼狽《うろた》えながら佐原のそばへよつていつて、自分はこれから立寄るところがあるからと、別れを告げた。

「そうですか、ではこれで」

佐原は妙な表情で足を停めたが、強いてとも言わず、自分だけ車に乗りこんだ。扉がしまると彼を乗せた車は走り去つていつた。良子は自分の全身から汗が噴きこぼれるような羞恥に打たれた。しばらく身動きもせずにそこに立ちつくしていると、足音が近づいてきて、

「よかつたの？」

と恭一が心配そうに訊ねた。良子はなんともなく腹立しくなつて、はげしく首りを振つた。

「あのひと、誰」

「会社の課長さん」

と良子は答えて、はじめて恭一を仰いだ。

「あれからずつと待つていらしたの」

「うん、まあね」

恭一は少し照れた表情で良子の腕をとつて濠端の方へ向つて歩き出した。

「あれからこの近くでお茶を喫んだのだが、今日折角君に会つたのに、このまゝ別れるのは残念だろう、だつて半月ぶりだものなあ。どうせ君の用事だつて一、二時間ですむと思つたから、もう一度顔だけでも見てゆこう、と決めたのさ。それから待つたのさ」

良子は自分の過した時間を計つてみた。それはたつぷり二時間はかゝつた筈だ。その間、彼女は贅沢な雰囲気のなかで、たのしく、幸福に充ちて美味しいものを摂つたり、良い音楽を聴いたりしていた。それなのにその間恭一は、冷い冬の風に打たれながら、外套の襟を立てゝ、立つたまゝ自分の帰りを待つていてくれたのだ。良子はなんと詫びてよいか解らなかつた。その癖彼女はそんなことをして自分を罰した恭一に、腹を立てゝいた。

「もし私がこの出口からいつまでも出てこなかつたら、どうするの。約束もなしに待つなんて、無駄よ。風邪を引いてもしらないわ」

「夜の出口はこゝ一つしかないもの。待てば出てくるに決つているじやないか」

恭一は少しも疑つてはいなかつた。彼は久しぶりに良子に会つて、彼女のわがまゝを聞き、彼女とこうして肩を並べているのがうれしかつた。

「このまゝクリスマスまで会えないかと思つていたんだもの、それを思えば偶然会えて儲《もう》けものをしたさ。少し位待つのはたのしみな位だつた」

「負け惜しみね」

良子は笑つたが、胸が熱くなつた。お互いの家庭の事情で、まだしばらく結婚も出来ない二人にとつて、クリスマスはなによりもたのしい一夜なのに自分はうかうか彼を忘れようとしたのだ。

「今年のクリスマスは、また皆んな揃うかしら」

「もちろんさ、みんなで新しいバンドを作りたいと言つているんだ」

そこには若い人間だけの創り出す世界があつた。良子はそこへ還らなければならないと思つた。佐原の家庭は良子の世界とは異質の場所だろう、彼は思い違いをしている。佐原には佐原にふさわしい女性がいるのだ。丁度自分が恭一にふさわしいように。

「なに考えてるの、寒くないか」

良子は少しも寒くはなかつたが、許しを乞うように恭一を仰いで、

「寒いわ」

と彼の肩に触れて歩いた。

—了—

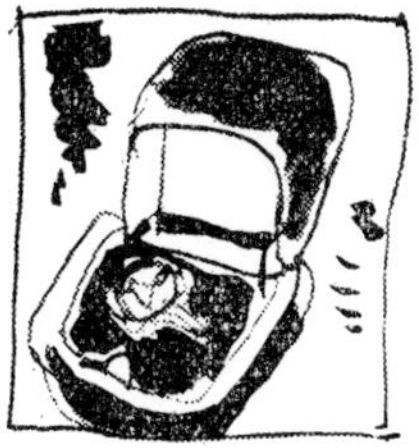

出張

永井龍男

え　森田元子

A

眼を覚す間もなく、うろたえて自分を探していた。

「いつたい、どこにいるのだろう……」

まるで、雲の上に放り出されたような気持の中で、比佐子は一連の音響を聞いていた。

一つ一つ弾みを持ち、軽やかな調子を取つて空気を打ち続ける音だつた。

そして、それはすぐ聞き分けられた。

「あら……、発動機船じやあないの」

そう思うとたんに、ベッドに寝ている自分の体を、比佐子は実感した。（自分のではない）ホテルのベッドの感触が、一度に浦上比佐子の眼を覚した。

「そうだ、大阪のホテルの三階に寝ているのだ」

と、自分の位置を確めながら、少しずつ遠のいて行く発動機船の音を、あるなつかしさで追つていた。

「けさは、とつても調子が好いんですよ」

そう云つているような、弾みのあるエンジンの音だつた。

比佐子は眼を明けた。

ほんの一眠りしただけで、まだ夜半のつもりだつたが、窓を閉じたカーテンの端からは、朝の光りが洩れていた。

「……だけど、このホテル、海のそばに建つてる訳はないんだが」

手を伸して取つた時計は、六時半を指しているようだつた。その位の、部屋の暗さだつた。

比佐子は毛布をはいで、ベッドの端へ腰を下した。そこに冷たいスリッパがあつた。糊のきいたホテルの寝巻が、わざと二三度、バネに委せた比佐子の素肌をこすつた。

女物にしては、ひどく短かく見える寝巻の後姿で、比佐子は窓へ寄つて行つ　。カーテンを引くと、朝靄《あさもや》にくすんだ大阪市が見渡せた。そして、三階の真下はかなりな幅の河だつた。

ビルと舗装道路に挟まれた河は、エナメル塗りの黒いベルトに似ていた。発動機船は見えなくて、人けのない橋が二つばかり眺められた。海へも、そう遠くないのかも

永井龍男＝東京出身。二十才前後の頃、帝劇の応募脚本や「黒い御飯」等の短篇で認められた。また文芸春秋社員としても活躍した。戦後の昭和二十五年には「朝霧」によつて横光賞を受賞

知れない。額を窓ガラスに寄せて、比佐子はしばらく河を見下していた。東京育ちには、ものめずらしい風景だつたが、それだけでそうしているのではなかつた。

発動機船の音が、遠い過去の記憶をよみがえらせていた。

房総半島のある港町で、療養中だつた比佐子の父が、いよいよ絶望ということで、比佐子と三つ違いの妹は、東京から呼び寄せられた。

療養所を見舞つた後で、その夜は海に近い宿屋に、附添つてきた親戚の者と一泊した。それほど死期は迫つていたのだが、憔悴《しようすい》した父よりも、一月振りに逢う母の恋しかつたことを比佐子はよく憶えている。十三歳のことであつた。

その翌朝、まだ夜の明け切らぬうちに、比佐子は発動機船の音と、船出の人声で眼を覚した。

自分だけ眼を覚したつもりが、隣りの寝床でも妹がパツチリ眼を明いていて、浜向きの廊下へ、競走で跳び出した。

細かなことを憶えているもので、その前の晩床に入つてから、灯を取りにきた蛾が、追つても追つても部屋を去らない。親戚の若者が、新聞紙でたたき落し、廊下へ払いのけたのを、その時姉妹が見つけた。

大げさに声を上げ、まだ生きていると若者を起して告げた。生きているとか、死んだとかいう言葉使いが、その朝の自分達にどう関連するものか、比佐子は知りはしなかつた。

新聞紙の上で、蛾は細かく身を慄《ふる》わせていた。おそらく、夜中そうして生きていたのであろう。

無理に起された若者は、新聞紙に体をかがめたが、

「へえ、驚いたなあ。ほんとに生きてる。……あれ、卵を生んでるよ。来てごらん、細かいのが、いつぱいころがつてる。あんなに引つぱたいたのに、強いもんだなあ」

と、怖がる姉妹を呼んだ。

父はその日死去した。

それから十五年経つ。母もすでにこの世にはいないし、親戚の若者も戦死した。

B

昨夜別れ際に約束した通り、大阪支社の瀬川光子が一時間後に比佐子を訪ねてきた。

食堂へ下りて、二人は朝の卓に着いた。

「お眠れになれた?」

「久振りに、ポンポン蒸気の音で眼を覚まして、それから、ゆつくりバスに入つて……。大阪つて好いわ、河の水が奇麗ね」

と、比佐子は椅子の具合を直した。

それで新鮮な顔をしているのだなと、瀬川光子は思つた。

東京本社からの電話で、予約して置いたホテルの部屋へ、昨夜比佐子を案内した光子は、ホテルのフロントで出された宿泊者カードに、比佐子が署名するのを、さりげなく傍でのぞいていた。

浦上比佐子、二十八歳と書き込まれるのを、なんだこの人、やつぱりそんな年だつたんだ、数え年なら三十になるのだと、妙な小気味よさを感じたのだが、卓に向い合つて見ると、年なりの落着きに包まれた若さが、おのずと感じられてきた。自分より大柄だつたし、おつとりした比佐子の物腰に気おされるのを、光子はひそかに耐えて、着ている服とかハンドバッグへ、なにげない視線を注いだ。

自分達の持ち物と違う点を見つけて、

「さすがはね」

と、早く光子は云つてみたかつた。

五年前に東京本社の秘書課に入社して、最近一年社長室勤務に廻つている浦上比佐子は、大阪支社でもしばしば噂さに上る。

社用私用の別なく、会社へ顔を出してからの社長の身辺は、比佐子の手で整理されている上に、社長は先年妻を亡くしたまま、独身を続けているのだから、周囲が黙つて見ている筈はなかつた。

それを比佐子は、無頓着な態度で今日まで切り抜けてきた。本人に質問するまでもなく、噂さの耳に入つていない訳はないのだが、いつも知らぬ顔で通してきた。それが一層、周囲の興味をひくことにもなつて、例えば、

「さすがは、私たちとは違うわよ」

と、瀬川光子辺りが早く何かを発見して、ふいちようして見たくなる。

「社長、岡山から帰つていらつしやるんですつて?」

「そうなの。福岡の支社から、お廻りになつたのよ。御長男の、縁談がお定りになつたんで、お里の方へ御挨拶にいらしつたの」

「岡山の方なの?」

「御両親はね」

「御長男つて、もう二十七八だつたわね」

「一昨年就職なすつたんだから、そうね、その位よ」

オートミールのスプーンを運びながら、比佐子は答えた。

就職のことを云つたのは、妹をふと思い出したからだつた。妹も就職先きが定つて、来春卒業と同時に、世の中へ出て行く。

オートミールにしてもトーストにしても、今朝はボーイが運んでくる。学校へ出かける妹と二人で、毎朝忙しい思いをするアパートでの食事とは違い過ぎた。

「十五分位前に、ここを出ればいいかしら」

と、比佐子が訊いた。

大阪駅へ、社長を出迎えなければならない。

「充分よ。会社から、車を廻してくる筈ですわ」

古顔らしく、光子は事務的に答えておいて、

「社長自身は、もう奥さんもらわないつもりなのかしら。息子さんがそんな年になると、再婚しにくいものかしら……。もつとも、私たちの方の部長なんか、独り者でいる方が、いろいろと便利なことがあるつて、社長をうらやましがつているけど」

と、ひとり言めかして呟《つぶや》いた。

ボーイの手で、コーヒーが注がる。

「この頃、東京へいらしつた? 数奇屋橋の辺り、ずいぶん変つたのよ。きつと、びつくりなさるわ」

それを機に、比佐子は全然別のことを口にした。

C

その晩九時過ぎに、フロントから電話があつた。

ロビーで、社長が待つているということずけだつた。

外出から戻つて、楽な服に着換えた比佐子は、書類ケースを小脇にエレベーターで階下へ降りた。

「待たせて、すまなかつた」

並んで立てば、ハイヒールの比佐子よりはいくらか背は低くいかも知れない。五十を二つ三つ越したと思われ

る社長が、ゾファーから比佐子を見上げるように、微笑していた。

「あたくしも、瀬川さん達と道頓堀を歩いて三四十分前に戻つた処なんですの」

と、同じゾファーに浅く腰を下して、

「御部屋へは?」

「いま、ここへ掛けたばかりだ、服を脱ぐと、憶空になるから……」

社長はそう云つて、比佐子の膝から書類ケースを取つたが、

「別に、急ぎの用件はないでしよう?」

「はあ、今朝申上げたことの他は……」

「明日の朝までに、眼を通しておく」

「本社の方とは?」

「電話で連絡しておいた。僕は、明日の三便の飛行機で帰るが、あなたはどうする? 一日二日、京都で遊んで行くか。瀬川にでも案内させて」

静かな調子で、社長が云つた。

客のまばらな、夜のロビーだつた。

「福岡へお発ちになつた後、ゆつくり東京で休ませていただきましたから、私は汽車で追いかけます」

「帰るなら、同じ飛行機を取らせるが、こつちへあなたを呼んだのは、忙しい思いをさせるつもりではなかつたんだ。京都見物でも、していらつしやい」

「ありがとうございます。でも……」

「ここのホテルは、新聞社寄りの部屋だと、輪転機の響きで、夜明け前に眼を覚すが、あなたの部屋はどうかな?」

「三階の、とても静かなお部屋でした。今朝は、久振りにポンポン蒸気の音を聞いて、子供の頃のことを思い出したりしたんですの」

比佐子の言葉を聞きながら、社長はボーイに合図した。

「……僕の部屋へ運んだ荷の中に、これ位の箱があつたろう。それを、こちらの部屋へお届けして置いて呉れ」

と云いつけて、

「葡萄の、うまいのがあつたから」

「まあ、うれしい。でも、箱ごといただいてしまつては……」

「僕はもう欲しくない。岡山の土産だ」

「如何でした、岡山は」

「あなたに、その話をしようと思つて、招んだ客を料理屋へ残して帰つてきた。岡山の家では、あなたのことを、僕よりよく知つている」

「あたくしのことを?」

思わず引き入れられる比佐子の顔を、社長は相変らず微笑で見詰めていた。

「あなたの、アパートの近くに、八百政という店があるでしよう」

「はあ、ありますけど」

「その店で、あなたは毎日、なにかしら果物を買つている。夜なんぞ、妹さんと一しよに、林檎をかじりかじり帰ることがあるそうだ」

「まあ、誰がそんな……」

「妹さんの、就職先きも定つたそうですね?」

「はあ、お陰さまでどうやら」

「お陰さまつて、あなたは僕に、一口も相談しなかつた」

「お願いすれば、うまく行くことは分つておりましたの。でも、そういうお頼まれごとの多いのを存じていましたから、なんとか自分達の力でと思いまして」

「怒つているんじやない。あなた達を賞めているんだ。あい会社なら、大丈夫ですよ。あなたの役目も、これで一段落つく訳だな」

六七年前に母と死別して以来、妹の学費生活費が比佐子の手から出ていることは、かねてから社長は知つていた。

「八百政のことなんぞ、どなたが御存じなんでしよう」

「まだまだ、ある。妹さんには、婚約者があつて、日曜日には必ずアパートへ遊びにくる。立派な青年だそうだ。アパートの連中、はじめはその人をあなたの恋人だと思つていたが……」

眼を伏せた比佐子の頬に、血の気の上るのが見える。

「いや、悪かつた悪かつた。種を明かすとね、今度の縁談で岡山の家が、僕ら一族を調べさせた。興信所というのを知つているでしよう。ああいう処に頼んで、相当細かく調べさせたらしい。私立探偵なんというものも、か

なり進歩したとみえて、金さえ出せば、根掘り葉掘り、根気よく調べるらしい。妹さんのことも、八百政のことも、その報告書の中に書いてある。僕ら一族を調べるのに、何故あなた達まで巻添えを食つたのかと云うと、これは僕の口から云うのは変だが……」

と、社長はくすぐつたい表情を口もとに浮べて、

「つまり、僕の日常の行状をあれこれ挙げて行つて、あなたという存在に打つかつた訳だ。これだというので、興信所の先生、調べの中心をここへ持つて行つた。処が、なにも出て来ない。出て来たのは、八百政とか、妹さんの婚約者だ。当然のことだけれども。……許して下さいよ。こんなおしゃべをするのは、しないと後の話が分つてもらえないからなのだ。岡山の家の親父というのは、七十近い爺さんだが、初めて訪ねた家に一晩泊めてもらつた位だから、ちよつと変つた面白い爺だつた。爺さんその晩、僕らの調書を参考のために読んでおけと云う。こいつ年甲斐もなく酔つぱらつて、調子を外したかと思つたが、調書に興味のないことはないから、寝床へ持ち込んで眼を通した。僕の知らない先祖の名前まで出てきて、なかなか面白かつた。翌日爺さんに顔を合わせると、あんた調書に出てくる浦上比佐子さんと云う女性を、どうするつもりかと云う。藪から棒で、返事に困つていると、自分は三人の娘を持つていて、三人目の娘を今度お前の息子にやることにした。そういう立場から経験から忠告するが、お前は一人の女性を殺しかけている。お前は潔白で、やましい処はないと思つているが、それがいけない。お前はそれで平気だろうが、浦上という人は、君の仕事を手伝つているということだけのために、つぐないのつかない損をしている。二人の間になにかあると云うならば兎に角、君が潔白ならば、一刻も早く浦上さんを解放し給えと、爺さん強腰で忠告めいたことを云う」

両肘を、社長は膝の上に突き、少し前こごみの姿勢をとつて、心持ち声を低めた。

「実は寝台車で、一晩考えてみた。まず最初に、なるほど爺さんの云つた通り、おれは悪い奴だと思いましたよ。そこで、一つだけあなたに不躾けな質問をさせて欲しいんだが、あなたには婚約者とか、将来どうとかいう人はないのですか?」

「社長が、一番よく御存じだと思いますけど……」

比佐子が、平静に応じた。横顔に、笑いを浮べているようでもあつた。

「いや、こんな質問は年寄り臭い。僕の云いたいことは、そんなことではないんだ。僕はあなたに、辞職してもらおうと思う。……と、同時にだ」

と、云いかけて、社長は絶句した。

こんな自信なげな社長の様子を、比佐子は見たことはなかつたし、辞職という突然な言葉に、胸を突かれてもいた。

「どうぞ、先きをおつしやつていただきます」

不安が、比佐子にそう云わせていた。

「京都で、一日二日考えてみて下さい。僕はあなたに求婚する」

社長は、棒切れのように固いプロポーズをすると、ゾファを立つた。

それに続いて、比佐子が立上つたのは、秘書としての永い習慣が、知らぬ間に体に出たのだつた。

なるほど、比佐子の方がやや背丈けのあるように見えた。

— 了 —

カーテンの研究

片山龍二

ガラス窓にはカーテンを

あなたのお部屋に窓はありますか？ そしてその窓にはカーテンがかかつていますか？ 和室の障子ならともかく、ガラスの入つた窓にカーテンがないのは、ちようど、お化粧した顔にほほ紅を忘れたように、何となく味気ないものです。

光線をよけるカーテン

カーテンの役割を考えてみましよう。まず光線よけです。夏の日射しや、朝夕の斜の光線が部屋にさしこまぬようにするわけです。フランスでは床のじゆうたんが変色しないように、少しでも日がさすとカーテンをしめておくという話です

強い日射しを柔かく

光線よけといつても、ぴつたりと光線を遮断する場合もあるし、強すぎる日ざしをやわらかにする場合もあります。また、夜など、室内のあかりが、あまり外にもれないようにする場合もあるでしよう。それがカーテンの役目のひとつです

暖かさを保つカーテン

次の役割は防寒です。冬の夜など、ガラス一枚の窓では戸外のきびしい寒さをさえぎることはできませんいくら部屋をあたためても窓から熱を奪われてしまいます。カーテンとガラスの間にできる空間は、部屋の暖かさを保つてくれます。

カーテンは部屋の装い

これまでは、カーテンの実用的な役割ですが、もうひとつ大きな役目がカーテンにはあります。それは、部屋の装いということです実用的ではありませんが、これはカーテンのもつ機能的なものと同じぐらいに重要な要素といえるでしよう

選ぶにも細い心づかいを

カーテンが部屋の装いである以上、カーテンをかけることで部屋の感じを悪くしてしまつてはなんにもなりません。防寒になれば、日よけになれば、というのでなくて、部屋を美しくするために、こまかい心づかいをもつて選ぶべきです。

部屋の調子と合わせる

まずその色彩が部屋の調子とあつていることが大切です。壁の色と濃淡の差のある同系色、また美しく調和する反対色、スタンドの笠、いすの張り布などに映える色など、ドレスにあうアクセサリーを選ぶような気持で選べばよいでしよう

実用的な役割を考えて

次に布地の種類と柄を選びます。布地はもちろん好みにもよるのですが、カーテンとしての実用的な役割を十分にはたすことのできるものでなければなりません。レースのカーテンは防寒には向きませんし、日やけしやすい布地もだめです

色々あるカーテン用布地

カーテン用の布地というものがつくられています。幾種類もありますが、だいたい染色も堅牢で日やけしにくく、用途によつて必要な機能をもつようにつくられているようです。どんなものがあつて、どれがよいか少し調べてみましよう。

渋い色調のタップス

まず、太い綿糸で、大きなからくさ風のもようを織り出したものがあります。ソファーなどにも使うようなもので、色調も渋く、柄はクラシックなものが多いようです。タップスという名前でヤール巾のもの一ヤール二四〇〇〜四五〇〇円です

カーテン地の最高級品は

カーテン地の最高級品はドンスです。ふしのある太糸でもようを織りだしたもので、タップスとちがつてもようは片面だけ、片面は無地です。たいていレースのカーテンと二重にして使うからだそうです。一〇〇〇円から一五〇〇〇円です。

簡単なカーテンロット

布地の次に吊り金具を考えてみたいと思います。いちばん簡単なのは、針金をラセン状にしたカーテンロットです（一間につき四〇円、ビニール被覆のもの六〇円）。布地が重い場合はどうしてもたるんでしまいますし、長い距離もムリです

時代がかつたものは

クラシックな応接間になら調和するかもしれませんが、いかにも時代がかつた感じですし、といつて、決して本当に豪華というのでもありません。一番代表的でよく売れるのだそうですが、少くとも若いひとの部屋にはおかしいと思います

片面模様と両面模様

次はプリント。インディアンヘッドが多く、両面から同じもようをプリントしたものと、片面にもようを置き、片面無地染めしたものとがあります。単純な大きなもようのものが圧倒的に多く、ヤール巾で一ヤール三〇〇〜五〇〇円です。

キッチン用のカーテンは

このほかに縞のもめんのテント地（ヤール五〇〜一〇〇円）、ピケ縞（ヤール二〇〇円前後）などがあります。また、キッチン用に格子の生地にビニールを塗りつけたもの（ヤール四五〇円）があり、ぬれるところなどによいでしょう。

天井や出窓の上では

また、カーテンロットでは、天井などにぴつたり取り付けることができません窓わくの側面につける場合はよいのですが、天井や、出窓の上につける場合などどうしても二〜三センチあいてしまつて、すつきりしない感じにしかなりません

銘仙模様のクレトン

やはり織り模様のあるもめんですが、平織りで、たて糸に柄を染め、横糸が無地、つまり白つぽいめいせんのようなもようの布地があります。クレトンという布地で、やはり代表的なカーテン地。二〇〇〜四〇〇円です。

タップスやドンスと

レースは夏になると、薄手でいろいろのもようを編んだものが出廻りますが、今ごろ売場にあるのは三ミリと五ミリぐらいの四角い網のもので、タップスやドンスと合わせて二重にかけるためのものです。一ヤール二三〇〜三〇〇円です。

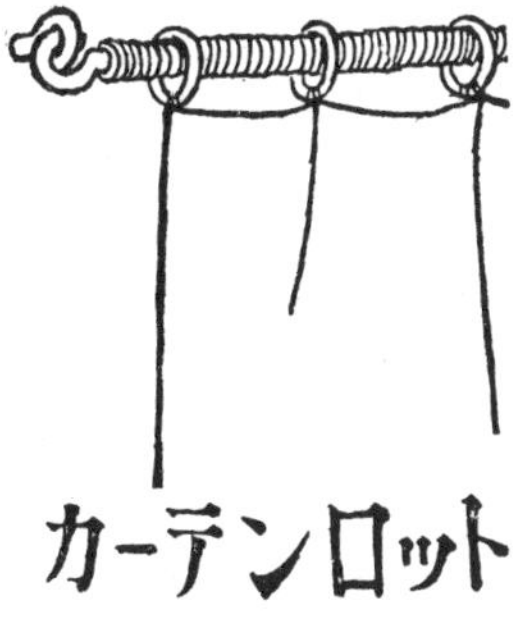

カーテン・レールを

こんな場合にはカーテンレールをつかえば、ぴつたり取付けられます。カーテンレールにはC型、函型、I型などの種類があり、それぞれ違うよさをもつています。以下にあげる値段はいずれも一間ごと、一間半や二間のものもあります。

引き抜きと板もの

I型には引き抜きと板ものがあります。引き抜きは最初からこの型につくったものでシンチュウ製が五〇〇円、同メッキは五五〇円、板ものは平らな板を折り曲げてつくつたもので、鉄製が一五〇円、シンチュウ製のものは四五〇円です。

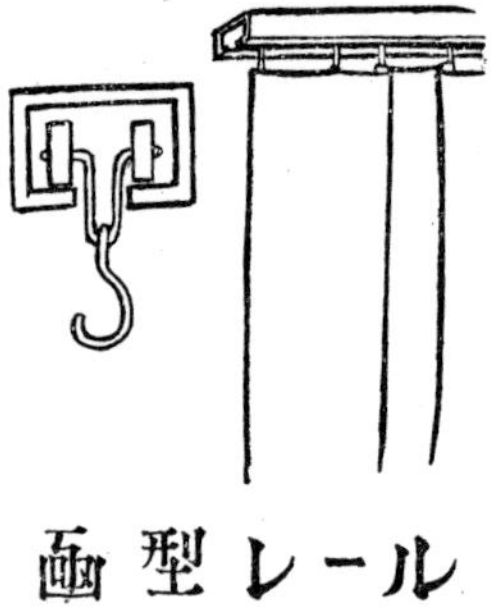

C型レールの便利な点

C型レールの便利な点はまだあります。これまでのカーテンレールは取り付け金具で固定しなければなりませんが、C型では図のようにじかに付けられます。それも天井のようなところでなく窓わくの側面につけて使える金具もあります。

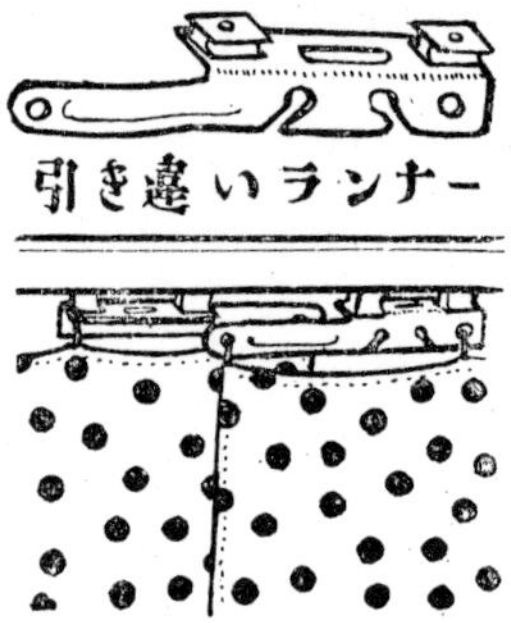

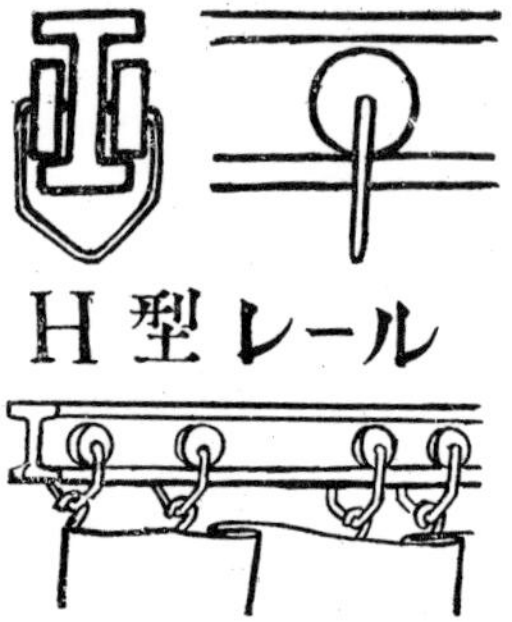

C型レールと角型レール

C型レールと角型レールは機能はほとんど同じですが、C型は比較的新しくできたもので、いろいろ便利なように考えられていますどちらも一間四五〇円ですが、C型で引き分け式の場合、ひもが一尺五円、滑車一揃い六〇円加算されます

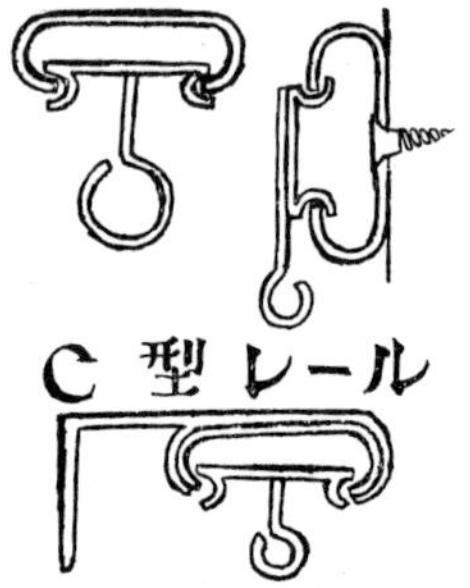

いろいろある「幕鋲」

足付幕鋲は縫いつける穴のついたもの、昭和幕鋲は差し込んで折りまげるものでいずれも一つ二円。文化幕鋲は布地をはさんで引くと締まるもので十二個一袋で六〇円、いずれもカーテンロット用。レール用にはあまり種類がありません。

大きなカーブにI型を

I型の大きな特長は、必ずしも直線にしか取り付けられないわけでなく、大きなカーブにならまげられるという点でしょう。天井に扇型にI型レールを取り付けてカーテンをかけると、部屋の隅を仕切つて着替え室をつくることができます

二枚かけられるC型

C型は二連用の受金具があつて、レースと布と二枚をかけられます。また、滑車を取り付けてひもで引き分けるようにすれば、高い天井などにつつた場合開閉が簡単です。引き分けの場合、中央が重なるようになつた金具もできています。

代表的なカーテン金具

カーテンのほうへ付ける金具を金具屋さんでは「幕鋲」といつています。代表的なのはただの輪のものと釣針型のものです。輪のものはカーテンロット用、かぎ型はカーテンレール用です。太さにより違いますがいずれも一つ一〜二円です

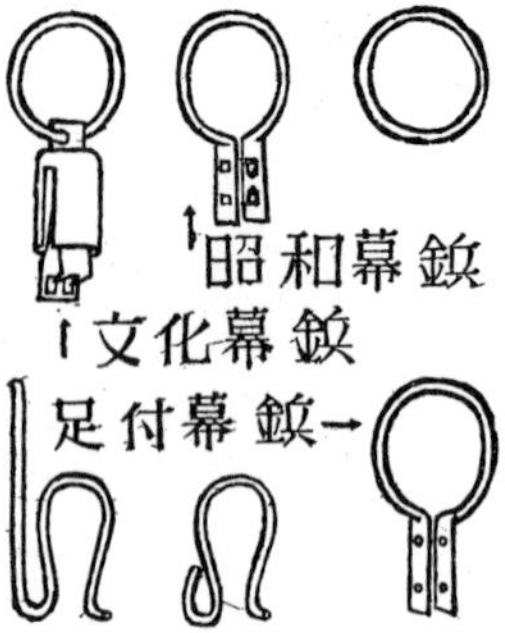

レール金具をかくすには

幕鋲をつけるときには、ちよつと注意してください足付きや文化幕鋲はカーテンの上端をはさむより仕方ありませんがふつうの輪やかぎをつけるとき、上端から二センチほど下がつたところにつけるとレールや金具をかくすことができます

すそはすつきりしたい

カーテンのすそに、毛糸の玉がぶらさがつていたり房がついているのがありますが、新しい感じでなく、すつきりしません。カーテンをしぼつておさえるベルトも打ちひもや房のさがつたものでなく、共布のもののほうがしやれています。

コーデュロイや別珍は

コーデュロイや別珍は、そんなに上等のものでなくても、どつしりした落ちつきがあつてよいものです。丈夫なものですから、色がさめたら染め直すと新しいように美しく生まれかわります。静かな、落ちついたふんいきの部屋のために。

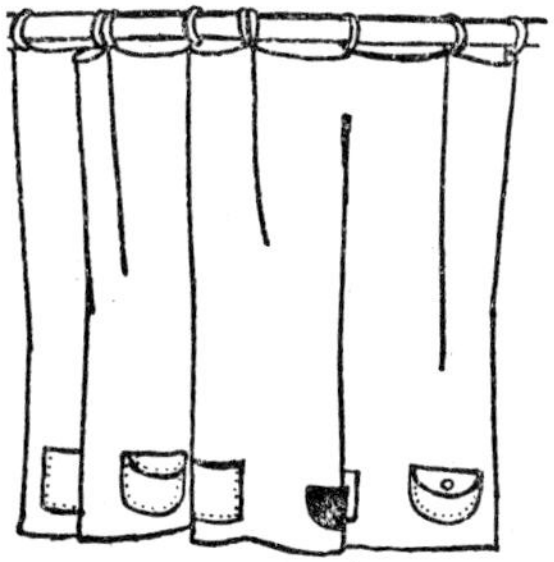

ひだにタックをとる

布地はヤール巾ですから一間に二幅ではひだがでません。そして、ひだの分は幕鋲をつけるとき平均につまんで、タックをとつておいて下さい。ひだが美しく平均に出ます。特に、ひもをつかつて引き分けにするときはこうしてください。

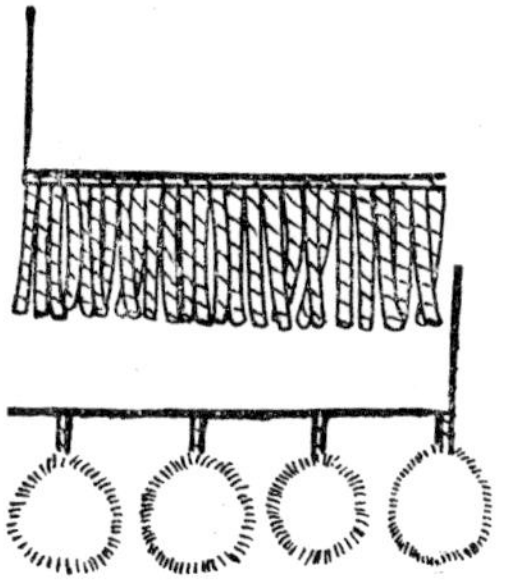

伸び縮みをはつきりと

布地によつて、正確な寸法につくつたのに、上を吊ると重みで伸びてしまうものがあります。反対に、せんたくをするとびつくりするほど縮むものもありますカーテンのすそは、きちんとした長さで、揃つていないとみつともないものです

次に使うことを考えて

取替えねばならないときがきて、春のカーテンがどこにしまつてあるかわからなくなつたり、すぐに出てきても汚れていたり、金具がとれていたりすることのないよう。はずしてしまうときには、すぐかけられるようにしておきましよう。

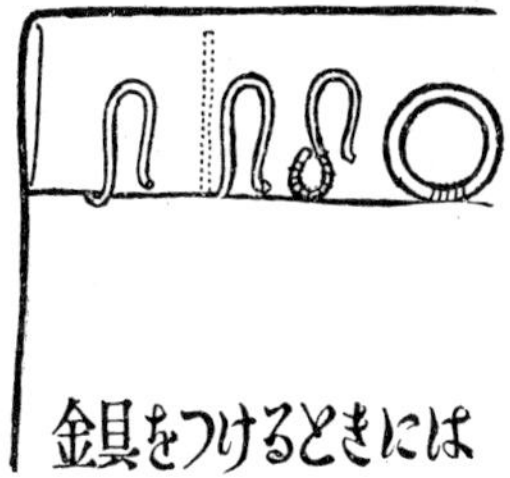

プリント地のつかい方

布地もカーテン用のものばかりとかぎりません。日やけしにくい堅牢染のものなら、ふつうの布地でよいのです。ただプリント地は押入れのような片面しか見えないところに使わないと裏側のもようのはつきりしないのは感心しません。

季節の感覚を生かして

秋になつたのにいつまでも夏のレースがかかつていたり、春だというのに重たい防寒用のカーテンがかかつているのは、いくら上等のカーテンでもすつきりしません。ドレスと同じで、季節にさきがけた感じで取り替えたほうが新鮮です。

貴女らしい工夫をぜひ

あなたのお部屋のカーテンは、あなたらしいたのしい工夫をこらしてもよいでしよう。簡単なアップリケをするのも、リボンを小さく結んでとめつけてもよいでしよう。机の前など、ポケットをつけたりするのもたのしいし便利でしよう。

これくらいなら出來る冬の集い

クリスマスからお正月、学校の冬休は、官庁会社の年末年始の休みと、冬の夜は普段あまりつきあいの広くない人でも、招かれたり親しい人達を招いたり、なにかにつけて人の集る機会が少くありません。素晴しいカクテルドレスに男の人ならタキシイド、白ナンバーの暖房車を会場に横づけにして……なんていう気の張るパーティのマナーはしばらく置くとして、ここには、簡単でいとも気軽に集って冬の一時《ひととき》をだべりあうようなトックリのスウェーターとスラックスの集い、炬燵やストーヴをかこんで、熱い番茶をすすりあうような、そんな誰でも、ただその気になりさえすれば、これくらいだったら明日にでも出来るといったこれからの冬の日の心あたたまる集いについて、いろいろ考えてみることにしました。ですから、どうかそんなつもりで、ごく気軽にどこからでも、お眼にとまった所からご覧になっていただきたいのです。「私だったら、こうもしてみよう」といった、皆様の素敵なアイディアの糸口にして下さい。

冬の夜の集いに一番なによりの御馳走はあたたかさでしょう。謡曲の鉢ノ木の故事で、何ももてなす物がないがと、大切にしている梅松桜の鉢ノ木を切って囲炉裏にくべ、雪の夜道を歩いて来た客をもてなす話がありますが、その点、広いなかなかあたたまらないような部屋は、どんなに美しく飾りたててあっても、又、手のこんだ珍味を出されても、冬の集いには不向きと言わなければなりません。

終戦後しばらくは、何人かの人が冬の間に集る時に、各自ですこしずつ炭を持ちよったりしたものですが、昨今は電気でもガス・ストォヴでも、炭でも石炭でも不自由しなくなりましたので、暖さのサーヴィスは苦にならなくなりました。しかし何かを持ちよって一つのたのしさをつくると言うのは気持の良いものですから、そんな雰囲気だけは上手に生かして、たとえばお台所の仕度とか、後かたづけなど気軽にお手伝いするのもたのしいもの。そういう時は招く方の側も、無闇に遠慮せずに快よく手伝って貰い、少しでも団欒の時を、皆と一緒に楽しみましょう

何か持ちよるといえば、冬の夜の集いに一番むいている料理である鍋ものなどをする場合に、あらかじめよく打合わせて材料を持ちよる方法もあります。それもただ形式的に持ちよるというのでなく食後の果物などまで計算にいれて食器類なども、集る家に余分がないと前もってわかっていたら、誰か余分のある人が持込むようにしなるべく集る家に負担をかけないようにしたい。それでなくても、いろいろな細い物の負担がかかりがちで、そんな事が、楽しい筈の集りを重荷なものにしては失敗。

飲みもの一つにしても、コーヒーでも紅茶でも不自由しない今日此頃だからといって、少し集る人の頭数がまとまれば、やっぱりかなりの負担をかけることになります。それに、そのつど揃いの高級な器物に淹れるのでは出される身も気づまりなら、後始末も大変。寒い時だと何時間の集いのうちには、たえず何か熱い飲み物が欲しくもなりましょう。最初から誰に

もあまり好き嫌いのない香ばしい番茶パーティときめてしまつて、煉炭火鉢にもたえず湯をしゆんしゆんわかして置くと、一番手軽に冬のつどいを楽しめます。

例えば、誰か幹事というほどのいかめしいものではないまでも、リーダーを一人きめて、誰には肉か魚を、誰には野菜やシラタキの類を、誰には果物や一寸した菓子などというように割りあて、会費を清算して頭割りに取りたてるようにすると、かえつてドライで気持が良いかも知れません。そして他の人達は、少し時間早めにきて台所の仕度を手つだうとか、部屋の簡単な飾りつけをしたり、遊戯の用意万端をととのえるのも結構

勿論これは集る形にもよりますが、同窓の親しい人達や、同じ社の若い人達の集りなら、こんなふうに割り切つてしまわないと、いくら広い家で、人手があつて経済的余裕がある人のところでも、後がつづかなくなつたり、なにかきゆうくつで気づまりで心からたのしめないのではないでしょうか。

もしそれではあんまり割切りすぎていて味気ないというのでしたら、会費と別に近頃はやりのプラス・アルファー式にして、それこそ、カーネーション一本でも、特売の蜜柑一山でも、フィルム一本でも持ちよつて、その場で披露するというのも一興でたのしいもの

もつと簡単に考えれば、それはやつぱり昼間集るに越したことはないでしょう。ことに冬休みの間ならば、朝も普段より遅いことでしょうから、十二時頃に集つて、三時に時節柄お餅のつけやきでも食べるのでしたら一番気軽に集まれる筈。そして、あまり冷えこまないうちに、夕方六時頃に解散するのも、寒い冬の夜道を思えば、賢い方法かもしれません。

そんな手軽な集いでもいくらでもたのしい雰囲気をもりあげる方法はあるでしょう。例えばクリスマスだからといつても、なにもクリスマスツリーをたてて、喫茶店や店やさんが客寄せにするようにおおげさな飾りつけをしなければ気分が出ないものでもないわけでそれこそ、庭に植えてある柊《ひいらぎ》の小枝を切つて、壁にちよつととめてみただけでも、「あつ、そうか今夜はクリスマスなんだつけ」といつた心あたたまるような雰囲気は出せるのではないでしょうか。

色合いのあたたかな美しいチェックか何かの小布に、これも取つて置いた綺麗な包み紙を刻んで配色よくメリー・クリスマスのローマ字を貼りつけたものを、みんなの眼につきやすい壁に画鋲でとめるとか、送られて来たクリスマスカードの美しいものを並べてセロテープでとめつけるのも面白い。

弟妹が多くて何人も人手があつたにしても、あまりぎようぎようしい飾りはかえつてわずらわしいもの。ことにクリスマスの飾りつけなどは、その一夜のためのもので、翌日からはもう何か古ぼけた感じで、何日もクリスマスの飾りつけがそのままになつているのなどは、かえつて佗びしい印象のするものでおかしい。それよりも、誰も知らないうちに、ちよつとしたあなたのセンスが、みんなの眼をたのしませるようでありたい。

ようするに新年の飾りつけでもクリスマスのそれでも、こういうふうにするものだからするというのではなしに、あなた自身の創意をそんなチャンスに上手に生かして、まず、あなた自身がその雰囲気をたのしむようなものであることが良いのではないでしょうか。

ですから例えば新年の松飾りにしても、外側だけ飾りつけて家の中は普段と変らないというのではなく、大掃除のついでに、人の集

これくらいなら出来る冬の集い

ることを念頭に置いた部屋の簡単な模様がえのようなこともしてみるとよいでしよう。いつもは壁に寄せてあるテーブルを部屋の中央に少し出して、人数が多く坐れるように工夫するとか、二間続けて部屋を使うことのあるのを予想して家具の位置を移動するとかいつたふうにして、部屋の感じから新しい年を迎えるにふさわしいものにしてしまうのです。

　無論、ただ人の集ることだけを考えた合理的でない装飾本位な模様がえであつてはならないわけでそのためには、融通性のある、空間をいろいろに利用出来るような新しさを、住みなれた部屋なり住居なりに、もう一度再発見するようなこころづもりが肝心でしようよく「うちは何畳で、荷物がどれだけあるから動かしようがない」と言う人がいますが、そういうお宅こそ、年に一回のこんな機会に上手な住まい方を考えるべきです

　そして、部屋の模様がえと同時に、新しくテーブル・クロスとか、クッションや、カーテンなどをかけかえることが出来れば理想的です。ただし、全部を新しく買い揃えると言うようなことは、とても負担になつて、そう誰にでも出来ることでないので、そこは手持の生地を上手にやりくりするとか安い特売の生地にアップリケなどの手を加えてたのしさを感じさせるものにしあげるわけです。

　ということは、もつと言えば、こんなちよつとした新しい年の準備のようなことでも、其場あたりの思いつきでは簡単に出来そうで出来ないので、普段からの計画性が必要になつてくるのではないでしようか。つまり何処にでもあるような造つた飾りを買つて来て、それをただべたべた飾りたてるというのでは、かえつて落ちつきのない部屋になつてしまうので、いかにもその人らしい暖かさの感じられる雰囲気のなかに、上手にXマスなりお正月の季節感がいかされたような部屋が、人にも喜ばれまた、自分もたのしめるのです。

　カレンダー一つにしてからが、普段はさほどには感じないかもしれませんが、新しい年を迎えたばかりのときには、フレッシュな印象で眺められるものなのですから何々酒店とか、土曜特売デーなどと赤くでかでかと入つたものを、そのまま掛けているのは考えもの

　いろんなところがお歳暮にカレンダーを出していますから、大低の家庭では三つや四つのカレンダーがある筈。そのなかから、数字の書体の一番モダンでスマートなものをえらび、余程印刷のよい季節感の溢れた原色写真でもついていれば別ですが、目ざわりな部分は裁ち落してしまつて、配色のよい台紙に貼つてみたりするのもかえつてスッキリとしていて楽しい

　若い人達ばかりの集いでしたら何処其処の何といつたような名の通つた老舗の銘菓を品よく菓子皿に頭数だけ出すといつたいき方よりも数多く誰にでも親しまれるものを何種か上手に大きな器にいれて出した方が喜ばれます。もし天火のあるお宅でしたら自家製のお菓子を出すのもいいでしようし、時節柄、お餅のかたくなつたのを油でいためたような家庭菓子、笊に綺麗な紙をひいたうえにバラにしたキャラメル等を山盛りに出すとか要はその出し方にいろいろ楽しめる工夫がありさえすれば十分

　最初におことわりしたように、「皆に来て貰うのは楽しくていいけれど……」と何か気の重いものがあとに残るようなパーティとは無関係なことばかりで、「どうもあんまりこれではネ」とお考えの方もあるかも知れません。なるほど予算が十分にあつて楽しい集いを持つのも一つの方法でしよう。しかし、「家へ来て頂くんだつたらこれくらいの事はしなくては」とか、何かそうする事で女王のようにふるまう意識が働くのでしたら、そこに集る誰かが楽しさを割引されていはしないでしようか。

これぐらいならできる　パーティのアイディア

飯　田　深　雪　　　カメラ　阿　部　正　二

パーテイはたのしいもの。そしてたのしむものです。高価で手のかかるお料理や、豪華な装飾が絶対に必要とはかぎりません。むしろそれよりも皆のよろこびそうなおいしいお料理でメニューをつくるのが大切ですし、それをたのしい盛り方でテーブルに飾り、お客をうつとりさせるようなふんいきをつくることのほうがより大切なことでしよう。簡単な手料理でも、じようずに盛つてたのしい豊かなテーブルをつくることができます。

ここでは、すぐ応用のきくパーテイのアイディアをお目にかけることにしましよう。

キャンドルの籠の花はこのテーブルを豪華に装うものですが、どちらも高価なものでなく、木の枝と、くだものかごを利用したのです。みかんと花とリボンが生き生きと映えて、テーブルの印象をつくり出しています。エッグサラダはゆで卵を七と三の割合で切り、大きいほうの卵黄をうらごししてマヨネーズを加えてねり、白味の中へしぼりこみ、余りは髪のように外へしぼり出します。小さいほうを食紅でピンクにぬり、帽子のようにしてようじでとめます。きゆうりとチーズを八ミリ角にせんぎりし、壺にさしました。ケーキもデコレーションなしでけつこう。これはケーキをシユガーコートして固まつてからリボンをプレゼントのようにかけ、ランの造花をつけましたが、これは生花ならなおよいし、美しい花なら、何の花でもけつこうです。

赤い目と口、赤い帽子のエッグサラダと、せんに切つたきゆうりとチーズ・ステック

キャンドルの下にみかんに似た木の枝をおき、みかんをところどころにつきさしました。生き生きとしてテーブルをつくります。

サンドイッチはレースペーパー２枚でかこむように

手をつけ絵をかいた紙カップのおつまみ入れ

果物籠を塗装して造花を入れリボンをかけた食卓の飾り花は生花でも。

ケーキに砂糖のころもをつけ、薄いリボンでプレゼントのように結んでみた。

ラックス

井　艶　子

右の写真は黒のカシミヤのスラックスに白と黒のざつくりしたツイードで作つたジャケットを組み合せたもの。ジャケットはヒップラインから少しうかせ気味にベルトをつけて裾にギャザーをよせ、衿も抜衣紋風に、全体をゆったりしたシルエットにまとめてみたら細いス

ス

酒

ラックスが強調されて美しいシルエットが生れました。帽子は黒のモヘアのベレー。
左の写真は、グリーン地にブルーとえんじのチエックのスラックスと黄味がかったベージュの男のひとがきるたっぷりしたセーターの組合せです。スラックスには花型の模様編みのセーターは絶対不向き。こんなシンプルなものがマッチします。セーターの裾に銀色のブローチをつけて女らしいアクセントをそえてみました。

スラックスの魅力はそのボーイッシュな感じにあるといつてもまちがいではありませんが、まるで男装したようにみえたり後からみたら長髪の男性にみえたりしたのでは魅力も半減してしまいます。では、スラックスをはいたときはどういう風にしたらよいのかといつても、はつきりこうしたらよいということはとてもむずかしいのですが。つまり女らしくエレガントにスラックスをはきこなす、といつてもどこかにボーイッシュな感じがなくてはいけないのです。スラックスをボーイッシュにはく事によつてますます女らしい感じが生れなければならないと思うのです。木の実の様な若い人たちが、スラックスにだぶだぶの男のセーターやシャツを着てもそのだぶだぶであるためになおさらその中のかぼそい女の子の体が感じられるようでなくては。たとえば黒いスラックスに黒い男もののセーターをざつくりと着た時には頭には赤いネッカチーフをかぶつてみるとか、男仕立のシャツをきりりと着た時には巾広のベルトに金の鎖をまいてみたら。ボーイッシュな印象の中でどこかに女らしい一箇所を作る事—これがスラックスの魅力を百パーセント発揮するコツです。左の写真はグリーンのスラックスにココアブラウンのセーターの組合せ。グリーンのベルトと朱色のスカーフがシックなアクセントになつている。

日頃スラックスを愛用しているひとの中には、スラックスの活動的な事ばかり礼讃しているひともいます。スラックスが、まず活動的であることは勿論ですが、スラックスにだけ許されたおしゃれについても無関心であつてはならないと思います。生活に疲れたサラリーマンのズボンのようなだぶだぶなスラックスを平気ではいているひとはいないでしようか。男のひとのズボンの巾もかつては十何インチもあつたものですが此の頃は既製服のズボンでも九インチ位が多くなつて、若いひとのおしやれなズボンなら六インチ半位などというものまであるくらいです。まして女のひとのスラックスの裾巾が十何インチもあつたらまるでフレヤースカートをヒラヒラさせているようでみつともないものです。細いすつきりとした脚が女のひとの魅力になつているのだとしたら、スラックスもすつきりと細くありたいものです。形のよいほつそりとしたスラックスの中に女のひとの細いきやしやな脚を感じさせる、これがスラックスのエレガントな魅力ではないでしようか。

右の写真は黒のカシミアのスラックスとトルコ玉のブルーのフエルトで作つたトッパーの組合せです。フエルトはラフな感じの布地ですからスラックス・スタイルによくマッチするものです。細い形のよいスラックスに脚

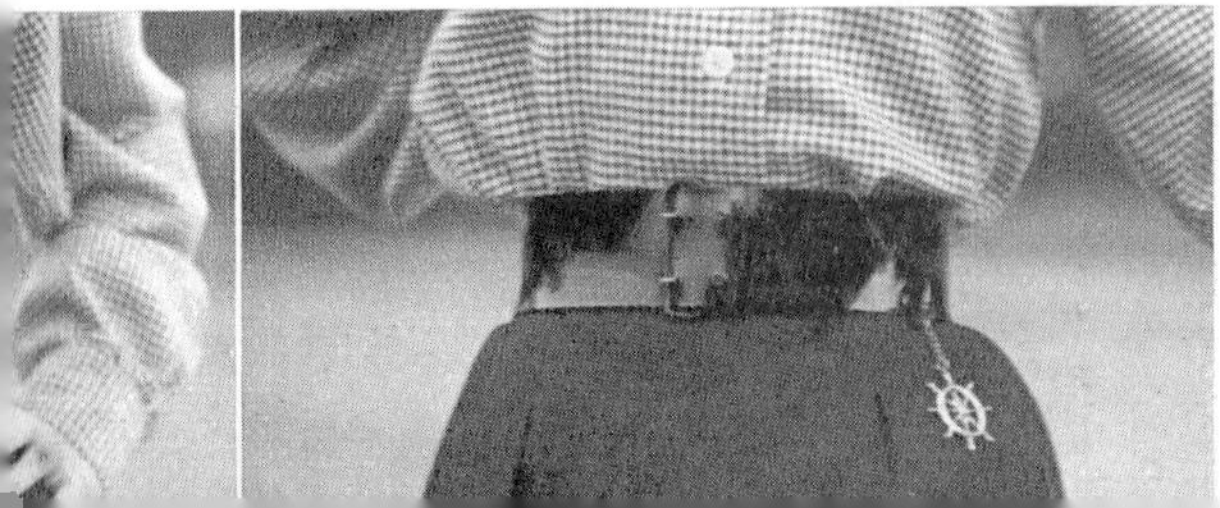

男仕立のシャツ・ブラウスとスラックスの組合せはスラックス・スタイルの基本的なもの。誰が着ても似合ういやみのないものですが、こんな場合でもちよつとどこかに女らしいアクセントをそえてほしい。ここでは、ベルトの変化で女らしいアクセントを求めてみました。左の写真は、黒のスラックスと白と黒のチェックのウールのシャツブラウスの組合せをベルトの変化でたのしんだもの。右側の写真は黒のビニールのベルトですが、男の人のアクセサリーであるキイホルダーをぶらさげて、たのしいアクセントに。左側の写真のベルトは茶色の皮です。銅の大きなバックルが豪華なアクセント

の線がとてもきれいにでています。上着は細いスラックスと対照的に体からはなれたふわっとしたシルエットにしたので細い脚線が強調されて美しいコントラストが生れました。また、スラックス・スタイルは、バック・スタイルがともすると女らしさに欠けるものですから、バック・スタイルには、特に気をつけて女らしいアクセントをそえてほしいもの。ここでは裾と袖口に巾広のステッチをきかせて、大き目のボタンを後にかざつて女らしいアクセントをそえましました。黒とブルーのアストラカン風に織つたウールのハンチング・ベレーは男のひとがかぶるものですが、スラックス・スタイルにはこんな帽子がよく似合います。

左の写真は、黒のカシミアのスラックスと赤いビニールレザーで作つたジャケットの組合せです。ジャケットは胸にはりつけた二つのフラップの下からギャザーをよせ、全体をO型のシルエットにまとめてみました。ギャザーから生れたビニールレザーの光沢の美しい変化にシックな味をねらつたものです。ジャケットの下に着たタートルネックの白いセーターや黒のベレー、赤いカッターシューズが若々しいアクセントになつて若いひとの通勤着にもむく一揃いです。（使用レザー・エレガント）

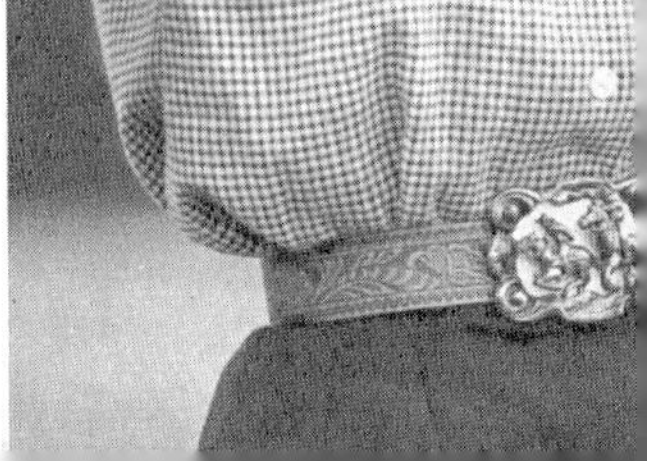

私は若いひとのために
こんな既製服をつくる

加藤友彦

チャコール・グレイのデニムを使つて、ステッチのある七分コートとタイトスカートとのアンサンブルを作つた。雨よけがついていて、その下からギャザーを出し、袖口のカフスは裁ち出しにしたもの。ポケットは二重にして、上からも脇からも入れるようになつている。

ワイシャツ風のシルエットの中に、若々しいフレッレユな感覚を求め、細かい点で女らしさを匂わせてみた。若いひとの気のきいたおしやれ着としてたのしんでほしい。

雪だるまのようなシルエットをもつこの上衣は、スキーの前後などにふさわしいものでV字型の前明きのカットと、それにつづくフードの縁をブルーのサテンでトリミングし、裾を同じサテンの紐でしぼつてみたが、しぼらずフレアーのまま着てもよい。細目のスラックスは濃いブルーと茶のチェックをバイヤスに使い、前中心だけ丸くカットしてみた。別にどうというデザインでもないが、淡いブルーのナイロン・ボアのふかふかした感じをそのまま冬のスポーツ着に生かしてみたもの。

（作り方263頁）

（作り方二六四頁）

グレイ地にブルーの縞の、ざつくりしたツイードで作つた街着。袖は縞の変化をねらつてラグラン風の一枚袖で、後はヨークの下からギャザーをとつてブラウス・ドシルエットに。上衣の裾と袖口の半月形のトリミングは

加《か》藤《とう》友《とも》彦《ひこ》

映画衣裳デザイナーを志し日大芸術学部映画科に学び、かたわら文化学院デザイン科に通つた。卆業後帽子のデザインを一年間研究。後銀座ひつじやの既製服デザイナーを経て現在既製服卸三喜商店に勤務、既製服デザイナーとして活躍している。昭和6年生れ。

黒の表皮で、同じ皮の細いベルトとで洒落た感じをねらつてみた。スカートの裾の両脇にもフラップをつけて上着と同じボタンを飾つてアクセントに。白いサテンのブラウスは前にタックをとり衿元にボウを結んだもの。

左は若い人のスキーのための揃い。上着は絹のような光沢をもつ黒のツイルで、胸と両袖にそれぞれポケットをはりつけて、実用をかねた楽しさをねらつた。白のウールポプリンのスラックスの裾にも同じポケットをつけ、その下にスリットをつけた。白のステッチと銀のメダルのようなボタンがかつちりとスポーツ着らしい印象。

炎の色にも似た真赤のモヘアは、その影の流れに豪華な夢がたゞよう。

　若さを強調するために九分丈にして僅かにタイトなスカートをのぞかせた。後の衿元に五つの深いタックをとり、全体に絹の芯（ゴース）をはつて、ゆるやかなひろがりをもつドレイプを裾までながし女性的なシルエットを求めてみた。裾につけた思いきり大きなポケットがアクセントになつて、若々しさを与えてい

　若いひとのためにロマンティックなコートを。

　黒地に白の水玉模様のバーバリーで、わざとスポーティなデザインをさけて、ドレッシイな感じの中に甘い夢をもつてみたもの。

　後の衿元からギャザーをたつぷりとり、脇のスリットには白い表革のボウを結んでドレッシイなシルエットを出した。カラーとボタン、カフスにもそれぞれ白の表革を使つてフレッシュなアクセントに

芳村真里さん
株式会社　三喜商店

（作り方二六五頁）

るもので、けしの花のような印象をもつた、若いひとのためのオーバー・コート。

レインコートにもなるので雨の日のたのしいおしやれ着としてぜひ一枚ほしいもの。

モ デ ル

生地提供

（作り方二六六頁）

スエターは冬の暮しのいろどり

RENOWN

柔らかい感触の毛糸のスエターに心ひかれる此頃です。今年は殊に極太の毛糸でざつくり編んだスエターが多く、特にハイランダー・スエターとよばれる、スコットランドのハイランド地方のウールを使つたものは、快い弾力と風合をもつています。美しいがドレスやコートには一寸気がひけるという様な大胆な色を思いきつて着られるのは、スエターの楽しさの一つです。くすみ勝ちな冬の暮しを、気軽なスエター・スタイルで楽しく彩つて下さい。

二人で過す家庭での寛ぎにはペアスタイルで思いきり愉しく。白のVネックで男物の方には太い縄編模様が入つている。ブルーのトリミングが若々しい印象。

ウエストのあたりまでの短いもの。全体が横編みで前身頃

スエター

にタックを二本とりボタンで抑えたのがアクセント。衿は折返して着てもよいが伸して着るとロウネックのジャケットと組合せたような感じ

モヘアのように毛足の深いスエターはどこも締めつけないでふわつと着るところに味がある。これはチャコールグレイの地に、クリームと赤の縞という個性的なもの。スラックスやタイトスカートに

衿つきのごくあたり前のスエターだが、衿ぐりの周囲を、ちようど衿の巾に別色を使つてとりまきアクセントにしたもの。白いスエターは誰が着ても例外なく、一番感じのよいものだが、白いだけに汚れが目立つ。それだけに洗濯には充分注意してほしい。

言うまでもないことだが、毛糸の洗濯は必ず微温湯（20°〜23°）に洗剤をとかし（熱湯は禁物）充分浸み込ませた後、もますに軽く押洗いし、濯ぎの際も同じ温度の微温湯ですつかり洗剤を落してからタオルに巻きこんで水気をとり、型に入れるか、板に広げて陰干しにする。干すときに毛糸がのびて型がくずれないように気をつける

最後の写真は今冬一番多く見かけるバルキー。身体をすつぽり包むような、腰のあたりまであるルーズなシルエットを、だらしない感じにならぬように何気なく着こなすところにラフな味があるもの

季節のさかな

多田鉄之助

ブリ

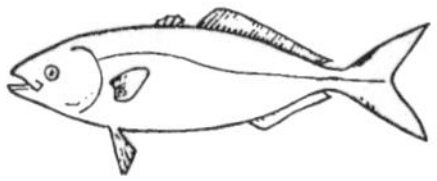

寒ブリという名前があるくらいですから確かに冬の魚です。この魚が出世魚といわれるのは大きさによって名前が異なるからです。富山、金沢、広島、大分などでは正月をはじめ、めでたい時にはブリを用いることになっています。また京都の古い形式の雑煮にもこれを用いていますし、古い本の中にもブリの名はしばしば出てきます。

ところで、ブリを大きさの順序によってワカシ、イナダ、ワラサと名前を変えて呼んでいますが、本当はブリというのは三尺以上の大きさになったものの名前なのです。しかし近頃はわりあいに小さいものもブリといっています。なお、関西ではハマチ、メジロ、ブリの順に名前をかえて呼んでいます。その他全国各地でいろいろ特別の名前を附けて呼んでいますが、成長したものをブリと呼ぶのはどこでも共通しているようです。ブリは大きさによって食べる時期が違います。ワカシは初夏、イナダは真夏から初秋、ワラサは初春に美味だとされていますが、捕れる場所によって違う場合もあります。しかし、アブラののったブリとなると、全国どこへ行っても冬のものとされています。

ブリは料理法が多くある魚です。塩漬にして保存用にしたものは産地から遠くに送ることも出来ます。特に丹後（京都府の北部）や越中（富山県）の塩ブリは有名です。またこれは各地のお祝い料理に用います。生のものは刺身にして珍重されます。焼いて用いるのが一番よいのですが、これに大根おろしを添えると一段と美味になります。煮物も悪くありませんが、あまり脂肪の多い部分は向きません。洋風の煮込物、揚物などにしてもよいものです。新しいイナダやワラサの内臓は美味なものです。

ところでブリの料理法を二つ三つ記してみましょう。初めはブリの付焼です。これはブリを適当の大きさの切身にして金ぐしをうって烈火で焼きます。これには掛ジョウユを作っておいて二、三回掛けながら濃いキツネ色に仕上げて供します。掛ジョウユは酒三、ミリン二、ショウユ一の割合で少々煮つめて作ります。ブリの塩引は刺身にするように通称サクという形に切り、皮を引き、薄塩して、二時間位してから、水で塩を洗い落して酢を潜らせ、厚さ一分位に切ってキュウリの一分切やミョウガのセンにわったものなどを加えて、ショウガ酢を付けて用います。ショウガ酢は二杯酢にショウガのツユを少々加えたものです。

大阪の郷土料理として有名な船場《せんば》汁《じる》は元来サバを用いて作るのですが、ブリを代用すると味がかえっておいしいものです。先ずブリを五分角位に切って薄塩して、一時間後に水洗いしてザルに上げ水を切ります。大根をタテ二寸ハバ五分位に庖丁します。ナベにカツオの出汁を入れそれに同量の水を注いで薄めます。コンブの小片を加えて火に掛け、少し温まったらブリと大根を入れて、火が通ったところでショウユ少々を加えて味をととのえ表面に浮くアワを切ってコンブを引上げます。椀に盛って出す時にサンショウの葉を少々附けると風味を増します。

アンコウ

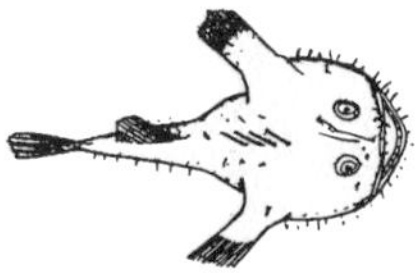

冬の各種のナベ料理のなかでも、アンコウナベは庶民的なもので、酒にも飯にもよい滋味ある料理です。アンコウの名産地は水戸です。冬の水戸に行きますと料理屋でも家庭でもアンコウ料理を自慢にしています。アンコウは深い海に住む魚でいたって貪食な魚ですが無精な性分で、釣竿のような触角を出してちらつかせていますと他の魚が何かエサがあると思って寄って来ます。それをパクリと食べてしまうのです。十何年前の話ですが宮城県塩釜の料理屋の主人が、せっかく私が塩釜に来たのだから何か変ったものを御馳走したいといって、浜の漁船まで出かけたことがありました。その時、大きなアンコウがありました。「これがいい」といってその料理屋の主人はこの大アンコウを買いましたが、持って帰るのに困ってしまいました。すると漁師がありあわせのなわでアンコウを上手にゆわえて、この棒をなわに通して二人で持っていらっしゃいと言いました。その浜から料理屋までは七八丁離れておりました。料理屋の主人が先に立ち私が後について

アンコウをぶら下げて歩いて行きますと通りがかりの人が「大きなアンコウだ」と皆ふりかえって見る位、化け物のように大きいアンコウでした。料理屋に帰ると主人は早速料理にかゝりましたが、間もなく大きな声で私を呼びますから、調理場に行きますと「ごらん下さい。アンコウの腹からこんなものが出ました」というので何が出たのかとマナ板の上をのぞき込んで見ると冬の海に多くいる黒ガモと二尺に近いスズキでした。さすが大食漢のアンコウの名に恥じない腕前、イヤ口前に感心しました。

　さて、アンコウの特長は捨てる部分がほとんどないことです。中国でアンコウのことを琵琶《びわ》魚というのは、形が琵琶に似ているからです。アンコウの七ッ道具という言葉がありますが、それは皮、エラ、ヒレ、肝、水袋、腸、卵巣の七つをいいます。エラやヒレが美味な魚は割合いに少く、特にアンコウの肝は美味しいので有名です。

　水戸へ行きますと、友酢和えという料理が出てきます。それはアンコウの肝を潰して酢で和えたものを、肝を適当な大きさに切ったものにつけて食べる料理なのです。

　アンコウの吊し切りという特別のおろし方をして、この魚は下ごしらえをします。先ずアンコウの下アゴに穴をあけナワを通してつり下げて、口から水を一杯注ぎ込んで大きな背ビレと胸ビレを切り落してから、アゴから庖丁を入れて皮を剥《は》ぎ、次に内臓を抜きますが、アンコウの下ごしらえは手数のかゝるものですし、また家庭で一尾買っても量は多過ぎて困りますから、それは魚屋さんに任したほうがいいでしょう。

　アンコウ汁は如何ですか。アンコウを適当の大きさに切って、肝や、皮も少々加えて酒に一時間ばかりつけておいてから、ミソ汁に入れてよく煮ます。表面に浮く泡を手まめに取って豆腐、ウドなどを適当の大きさに切って加え粉サンショウ少々を加えて用います。

　また、アンコウナベは代表的な料理です。これは別に定まった方法はありませんが、アンコウの身を二分位の厚さに切り、皮や内臓、エラなどは適当な大きさに庖丁します。附合わせには豆腐、ミツバ、ウドなどを用意します。これを大皿に盛っておき、ナベになるべく薄口ショウユとカツォの出汁でツユを作って、煮るそばから食べるのが一番おいしい食べ方です。もし薄口ショウユが無ければふつうのショウ油でも結構です。

タ　ラ　—鱈—

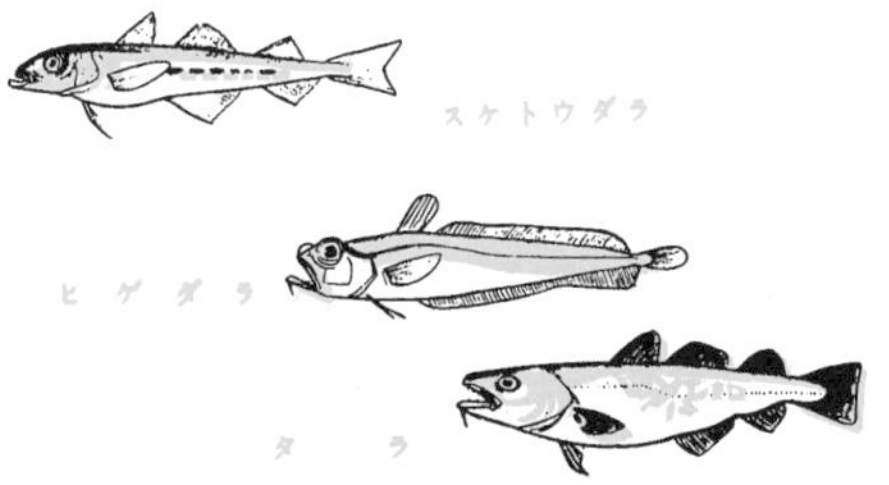

魚篇に雪と書くと鱈（タラ）という字になります。全くその字の通り雪の降る頃に味がよくなりますし、またタラの身は雪のように真白です。タラにはマダラ、スケトウダラ、ヒゲダラなどの種類がありますが、ヒゲダラは高級魚とされており、値段も割合に高いのですが、タラチリにするにはこの種類ならば申し分ありません。マダラは一番大きなタラで、北海道青森方面でよく捕れます。スケトウダラは東北や北陸方面の海に多く捕れます。中でも富山方面のスケトウダラは美味なものとして、知られています。マダラやスケトウの乾製品は棒ダラと言いますが、これを水に漬けて戻して、適当な味附けをして海老芋などと煮合せたものをイモ棒といい、京都名物になっています。またスケトウの玉子を塩漬にしたものはタラ子の名で全国どこにでも見られます。タイ飯といっているものは本物のタイよりはタラを使っている部分が多いのですが、まずいタイよりはかえってタラのほうが味が優れています。

　北海道の海では時折、タラの大群が押し寄せて思わぬ大漁に恵まれることがありますが、北欧の海ではかって一平方哩厚さ六百フィートのタラの大群が来たことがあるそうで、その数一億以上であったということです。今でも時々タラの数千万の大群がこの方面に集って来ることがあるそうです。タラは回遊魚で冬の頃に日本近海に来ますが、中には遠くまで行くのはおっくうだと考えて近所の海にうろうろしているのも少しはあるそうでそれを磯ダラといっています。タラは一腹数百万の玉子を持っていますから、それが全部無事に成魚になったら広い海もタラで満員になってしまうでしょうが、玉子のまま、またはかえって間もなく他の魚の御馳走になってしまうほうが多く一人前に育つのはその一部分にしか過ぎません。

　また、タラは身がおいしいばかりでなく、その肝臓からとる肝油はビタミン豊富な栄養食油として用途の広いものです。

　塩ダラの干したのは焼いただけで酒のサカナにも、お茶漬の相手にもよいのですが、タラはコンブと一しょに料理しますと、お互いに味がよくなるのは不思議な位です。

　タラコンブの汁の作り方はタラを水洗いして三枚におろし、腹骨はよくすきとって、薄塩をしてマナ板の上にのせ、上に板をおいて重石をして、塩を充分にまわらせてから、適当な大きさに切って水で塩を洗い落して、熱湯の中に入れてゆでて、椀に盛って、刻みコンブ少々を加え、熱いカツオ節の出汁を注いで用います。この料理には塩の強い塩ダラを用いることもありますが、あまり塩が強い時には薄い塩水の中にしばらく漬けて塩出しをしてから用います。

タラチリは前に述べた通りヒゲダラを用いるのがよいのですが、マダラでもスケトウダラでも結構です。作り方はタラを水洗いして三枚におろし、血合《ちあい》の部分と腹骨を取り去ります。それから皮を引いて薄く切っておきます。それから他にヤッコ切りの豆腐を用意します。ナベにコンブを敷いて水を加え火に掛け、湧き立ったら、タラと豆腐を入れて、ダイダイを絞った汁とショウユとを同量に混ぜ合わせたツユをつけて食べます。これは煮立てをすぐ食べるのに限ります。また薬味としてトウガラシ、大根おろし、ネギのみじん切りなどを好みに依って添えるほうがよいと思います。

コノシロ

―鰶―

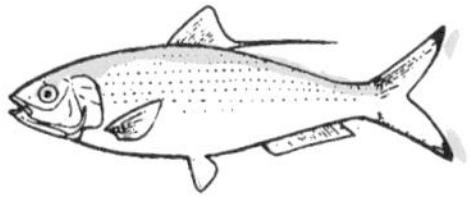

コノシロ

コノシロは此城《このしろ》に通ずるといって昔の武士は忌み嫌ったということです。小骨の多い魚ですが、新しいものは淡白でよい味です。

コハダのスシはおいしいものですが、コハダはコノシロの幼魚です。ところによるとコハダといわずにツナシといいます。コノシロを焼くにおいは人間を焼くにおいと同じだなどという説がありますが当らないと思います。もっともその起りには一つの伝説があるのです。昔、室の八島というところの長者に美しい娘がありました。そしてその娘には愛人がありましたが、型の如く、これをつけねらう嫌な役人がおりました。そこで長者はこの娘を好きな男と早く一緒にするにはどうしたらいいだろうと考えた末に、娘は急病で死んでしまったということにして、その火葬を行ったという形式を有合わせのコノシロを焼くことによって代用したということです。そしてしっこい嫌な役人の目を逃れたというのです。

さて、コノシロは焼いても決して人間を焼くにおいなんかしませんからつけ焼にして召上って下さい。作り方はウロコエラを除いて、エラを取った穴からワタを引き抜き、腹の中をよく洗って両面に庖丁の切目を薄く入れ、骨切をしてからクシを打って両面を烈火で焼きます。なお火が一応通ったところでつけジョウユをつけてもう一度焼きますが、つけジョウユは前に記したものと同じものでいいのです。

その他、酢の物や漬物などにも用いられますが、コノシロにならない前のコハダを酢の物にするか、スシにするほうがよい味です。

マナガツオ

―魴―

マナガツオ

関西ではマナガツオの刺身は一番おいしいものの一つとされています。また、そのミソ漬、カス漬なども高級料理店で自慢して出しています。マナガツオは丸みのあるヒシ形の平らな魚で見た目になんとなく愛きょうがあります。紀伊、瀬戸内海、九州方面で多くとれています。マナガツオはあまり大きいものよりも、目方が七百匁見当のものが一番味がよいといわれています。とりたての新しいものなら、さだめし味がよかろうと思うと、案に相違して味が悪く、しばらくおいて硬直状態に一度なって、また軟かになった時が食べ頃です。この魚は水分を多く含んでいるので、ちょっと乾かすなりミソに漬けるなりして、水分を少し減らすと味がぐっとよくなります。またマナガツオの骨はとても軟かく美味で、干しておいてこんがり焼くか、または揚げて用いれば酒のサカナとしては好適なものになります。

オコゼ

―虎魚―

ミノカサゴ(キミオコゼ)

醜い形容の言葉におこぜのようだという位に、ものすごい顔をしていて、醜いほうでは陸の河馬にヒケを取らない位なのがオコゼです。しかし味はいたって優秀です。また背ビレには猛毒のトゲが生えていますから、料理する時は気をつけて、それに触れないようにしなければなりません。それから皮に附いている粘液を庖丁でこそげ取ることも忘れてはいけないのです。オコゼはミソ汁、清汁の実にしてよく、湯引という料理法もよいものです。作り方は、オコゼを三枚におろし腹骨のつかないように皮から肉を離して薄切りにして、塩少々を加えた熱湯でさっとうでて、冷水に入れて冷やします。ザルにあげて水切りして二杯酢で食べます。皮、胃、肝臓なども特別に味のよいものとして知られています。

詩の鑑賞

鮎川信夫

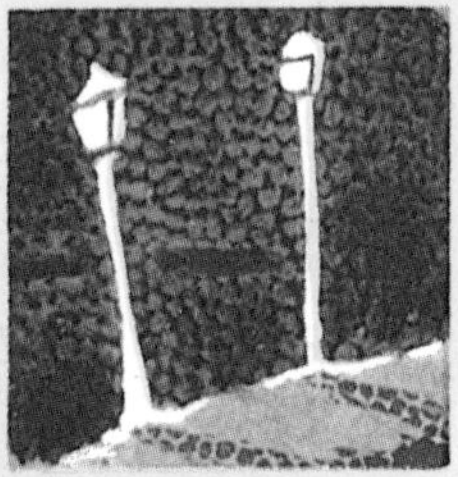

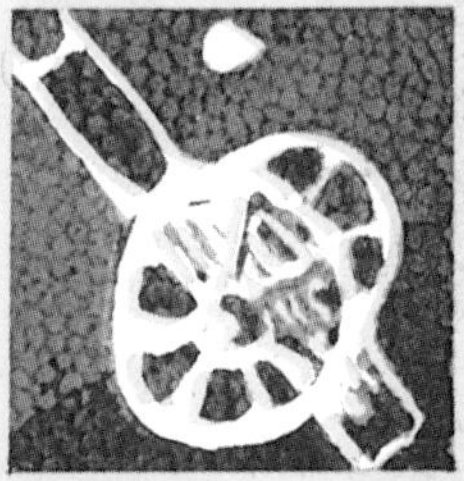

……あのともし灯の一つ一つは、見渡すかぎり一面の闇の大海原の中にも、なお人間の心という奇跡が存在することを示していた。あの一軒では、読書したり、思索したり、打ちあけ話をしたり、この一軒では、空間の計測を試みたり、アンドロメダの星雲に関する計算に没頭したりしているかも知れないのだった。また彼処の家で、人は愛しているかも知れないのだった。それぞれの糧を求めて、それらのともし灯は、山野の間に、ぽつりぽつりと光っていた。(…略…)しかしまた他方、これらの生きた星々の間にまじって、閉ざされた窓々、消えた星々、眠る人々が何と夥しく存在することだろう……。

（サン・テクジュペリ　堀口大学訳『人間の土地』より）

作家であり飛行家でもあったサン・テクジュペリは、「アルゼンチンにおける自分の最初の夜間飛行の晩の景観を、いま目のあたりに見る心地がする」と、その感動的な夜景をこんなふうに綴っています。

人間は火をつくり、灯をとぼして暮す唯一の動物であり、さらに電気を発見し、昼をあざむく電燈を発明するにおよんで、夜の恐怖や神秘感はやがては一掃されてしまうかのように思われました。事実これで、過去何千年何万年にわたって、人間を暗い死の恐怖につないできた闇の歴史は終ったのだ、とそう思ったことでしょう。

東京とか大阪とかいった大都市の近県にお住居のかたはご承知のように、大都市に隣接した地方からは、夜間、空を赤々と染めたその明るさで大都市の盛り場の位置を知ることが出来ます。不夜城と言う言葉がありますが、たしかにそうした盛り場にいってみれば、商業政策の深刻な宣伝戦を夜空に描き出す、七彩の見事な光りの競演に眼をうばわれないわけにはいきません。なるほど、人々は煌々とした電燈の下で語りあっているとき、あるいは人工の光の渦にまきこまれて街をさまよっている間は、夜の持つ暗い意味、夜がながいあいだ人間を閉じこめて来た、あの神秘で重圧的な夜の感覚から解きはなたれています。

夜というものが、われわれの住んでいる地球の側面が太陽に背をむけて自転してゆく、その定期的なわずかな時間を領しているもの——というくらいのことは、現代では学令期にたっした子供たちですら知っています。

昼が終って夜がまわってくる、そしてまた夜が終って昼の世界が始まる——このくり返しが、わたしたち人間生活の明暗をかたどるものであり、昼と夜は活動と休息、覚醒と睡眠という人生の対極的なものを象徴しており、それらの交替のリズムが、とりもなおさずわたしたちの実生活の、潮の満干にも似たリズムになっています。

夜がわれわれの心をとらえる力強さとか不可思議な魅力とかは、今日ですこしも衰えているとは思われません。夜空は、人間の発明した光りが明くなればなるほどいっそう高く暗く、地上においてすら光りのとどく範囲内はとにかく、光の圏外に足を踏み出してみると、闇は逆にその深さを増しているようにさえ思えます。

ソ連が人工衛星を打ちあげることに成功して以来、ジャーナリズムは一斉にこの人工の星の話題に飛びつき、何処に行ってもその話でもちきりといった感じです。夜空を見上げれば、誰もが新しい星の軌道をさぐろうとし人間の心に根強く結びついた夜の色の神秘を思う余裕はないかのごとくです。これではまるで、地球の引力から遠く自転する人工衛星の引力に、全界の人々の心が吸い寄せられてしまっているとでもいったらいいでしょうか。

だまってそうした喧騒をきいていると、なにかいまにも、われわれまで月世界に引きずりあげられそうな錯覚におちいりかねません

四人

三好豊一郎

真夜中　眼ざめると誰もゐない——
犬は驚いて吠えはじめる　不意に

すべての睡眠の高さに躍びあがらうと
すべての耳はベッドの中にある
ベッドは雲の中にある

孤独におびえて狂奔する歯
とびあがってはすべり落ちる絶望の声
そのたびに私はベッドから少しづつずり落ちる

私の眼は壁にうがたれた双ツの穴
夢は机の上で燐光のやうに凍つてゐる
天には赤く燃える星
地には悲しげに吠える犬
（どこからか　かすかに還つてくる木霊）
私はその秘密を知つてゐる
私の心臓の牢屋にも閉ぢ込められた一匹の犬が吠えてゐる

不眠の蒼ざめたVieの犬が。

夜

田中冬二

川口に泊つてゐる船の灯が水の上に揺らいで
潮は満々とさしてゐた
暗い夜で潮の匂ひばかりがしろい幻をえがいた
こんな夜は黒鯛や烏賊が川にはいつてくる
黒鯛は川蝦が好きらしい
烏賊は潮のままに一里も上まで溯り
水車がゆつくり廻つてゐる処で翌日捉へられたりする――
濡れた蓼の葉のかげで蟲がないてゐた
もううす寒く夜は羽織をかさねた

風の夜の狂詩

T・Sエリオット
上田保訳

十二時。
街のはしからはしへ
月の青ざめた綜合のとりこになり

が、少し気を落つけて考えてみれば、いままで何かにつけて新奇のことが起るたびに、それを闇雲に追いかけつづけてきた、人間の心理のあらわれにすぎないことのようにも思われます。

　人工衛星の打ちあげに成功したそのこと自体は、たしかに素晴しいことに違いありません。ライト兄弟が始めての飛行に成功したのと同じように、電燈がはじめてわれわれの住んでいる、この土地を明るく照しだすことが出来た、その時にように。しかし、そのことと、それがまき起した騒ぎとはほとんど無関係であって、騒ぎ、ブームそれ自身には、たいした意味はないでしょう。「神秘的な夜」といった言葉をつかい、夜と人間の心との関係を歌った詩について語ろうとしているのをご覧になった読者の皆さんのうちには、あるいは、人工衛星の打ちあげられている時代に今更夜の神秘でもなかろうと思われる方もあるかもしれません。

　たしかに人類の科学の発達は、わたしたちの認識の領域をひろげ、その意味では宇宙にたいする私たちのセンスを変えてゆくかもしれません。しかし、さきにのべた私たちの実生活のリズムに根本的な変化がないかぎり、そして詩というものが実生活のリズムの只中から生れてくるものであるかぎり、夜の意味が失われることはないのです。

　いままでとは逆に、今回は戦後の現代詩のなかからえらび出した詩、三好豊一郎の「囚人」から読んでいくことにしましょう。戦後の現代詩といいましたが、実はもっと正確に言えばこの「囚人」は今度の第二次大戦中、燈火管制下のほのぐらいあかりの下で日本の詩人によって書かれた数少い佳作のうちの一つなのです。戦争直後にこの「囚人」が、敗戦のショックにあえいでいる詩壇に発表されたとき、大きな反響を呼びおこしたことは言うまでもありません。その意味で「囚人」は日本の戦後詩のスタートを飾った一篇と目されている作品です。戦時下の夜につながれた若い詩人の孤独な不眠の心をうたった、この「囚人」の内閉的な暗さにもかかわらず、そ

ささやく月の呪いは
記憶のゆかを溶かし、
そのあらゆるあきらかな関係、
その区分と精密度をとかし、
わたしが通りすぎる街燈はひとつびとつ
宿命的な太鼓のようになり、
くらい真夜中の空間をとおして、
記憶はゆれる、
気ちがいが枯れたジェラニュームを振るように。

一時半、
街燈はつばを吐き、
街燈はつぶやき、そして
街燈はいった、「あの女をごらん、
歯をむきだしながら、あいている
戸口の明りのところで、君のほうをむいて、ためらって
いる。
着物のすそがきれ
砂でよごれているのが分るだろう、
眼じりが曲ったピンのように
よじれているのが分るだろう。」

二時半、
街燈がいった、
「下水に平たくなって
舌をだし、腐ったバタのかけらを
むさぼり食っている猫をごらん。」
そこで、子供の手が自動的にすべりでて、
波止場のうえを走っている玩具をポケットに入れた。
子供の眼のうしろには何も見ることができなかった。
僕は街で、明りのついたよろい戸をとおして
中をのぞきこもうとする眼をたくさん見た、
そして、ある晩、水たまりで一匹のカニが、
背中にフジツボをくっつけた一匹のとしよりガニが
僕のつきだした棒はしにぐっとつかみかかってきた。

れは戦後の若い詩人達の心に力強い希望を興えました。そして、同時にそれは戦争肯定の協力の戦争詩を書いて来た多数の既成詩人達に、厳しいショックをあたえたのでした。三好豊一郎はもっとも古い「荒地」グループの一人であり、この作品を軸とした詩集『囚人』によって、第一回のH氏賞を受けています。

「夜」は、田中冬二の五冊目の詩集で昭和十五年に発行された『故園の秋』のなかの一篇です。田中冬二は伊藤信吉氏の言うように、「田舎の町や温泉、村々のわびしい風景、そこに住む人々、古い言葉、祭りや生活のこまごまとした伝承、ものがなしい家々——こういうものが冬二の詩の中心的な題材である」といった詩人です。そして、戦前の日本の現代抒情詩の主流をなしていた、堀辰雄、三好達治ほか多くの同人を持つ詩誌『四季』を活躍の舞台としていました。その詩風はこの作品を読んだだけでもわかるように、短歌俳諧によって代表される日本古来の詩の世界を、そのまゝ現代詩の形のなかに生かしたような伝統的な気品と情緒を、新鮮なイメージによって伝えています。

田中冬二の第一詩集は昭和四年に出版された『青い夜道』ですが、その詩集の題名のように、彼は日本の夜の、それもひなびた日本の田園の夜の姿を、たくさんいろいろな角度からうたっています。そのどれもが作者自身もみとめているように「小学生の作文」のように単純にして平易なスタイルの作品ばかりですが、この作者の場合にはそれが少しもマイナスになっていないで、何か心のなごむような美しい響きで、読者の胸に故郷の夜景をくりひろげさせるものを持った作品にしています。

「風の夜の狂詩」は、先年ノーベル賞を受賞したイギリスの詩人、トマス・スターンズ・エリオットの初期の作品として知られているものです。詩劇「カクテル・パーティ」が、欧米で驚異的なロング・ランに成功して以来詩人エリオットの名は、日頃英詩に興味を示

三時半、
街燈はつばを吐き、
暗がりでつぶやいた。
街燈は口ごもった、
「月をごらん、
月は何のうらみも抱いていない、
彼女は弱い目でウィンクし、
すみずみにほほえむ。
彼女は草の毛をなでる。
月は記憶を失っている。
洗いだされたホウソウで、彼女の顔にひびがいる。
彼女の手は造花のバラをひねる、
それは埃りとオ・ド・コロンの臭いがする。
彼女はひとりもので、
としとった夜の臭いが
日のあたらない枯れたジェラニュームや
さけ目のはこり、
街の栗の臭いや、
よろい戸をしめた部屋の女の臭い、
廊下の煙草や
酒場のカクテルの臭いから
思い出がやってくる。
街燈はいった、
「四時だ、
戸口に番号がうってある。
《思い出》と！
君は鍵をもっている、
ちいさな明りが階段に輪をえがく、
登りなさい。
寝床はあいている。歯ブラシは壁にかかっている。
靴を戸口において、やすみなさい、明日にそなえなさい。」
ナイフの最後のひとひねり。

さない人々の間にも広く知られて、いまや二十世紀の生んだ最大の詩人の一人として、全世界の注目を浴びるにいたりました。エリオットのもたらした影響はイギリス一国の詩壇にとゞまらず、アメリカの詩壇はもとより、わが国の現代詩にも、少なからぬ影響を与えているといわなければなりません。

　十二時から四時までの深夜の都会の情景をうたったこの作品を、ひどく難解なものに感じる読者も多いかと思われますので、訳者の上田保氏が書いている「エリオット詩集」のあとがきのなかの解説を引用してみることにしましょう。ラフォルグあたりのサンボリズムの影響がうかゞわれるこの作品について上田氏は「フランスの象徴派や、映画のモンタージュや、実験心理学の自由連想などの影響によって作りあげられた」《情緒連続》の手法を駆使した詩だと説明しています。《情緒連続》ということをわかりやすく言いますと、普通の日常言語の場合のように説明的な論理的な連想のはこびかたとは性質を異にした、詩的な直観や情緒的な直観によって結ばれた連想のことなのです。ですからこの『風の夜の狂詩』の各行は、「連想やイメージが事実と象徴の二重露出」の効果を多分に持ったものになっているわけで、そう言う読み方をしていけば、遂次的な解釈のつかないところでも、情緒的には作者の意図した効果を鑑賞することは、さほどむずかしくはなくなってくるでしょう。

　人っ子一人通らない風の吹きすさぶ夜更の都会、青い月光に照し出された寒々とした街路、そういった深夜の都会の心象が、時間の経過のうちに、単に外観だけにとどまらず、超現実的な手法を用いることによって、よりいっそうリアルに内臓までも鋭くむき出しにされているような感じの作品です。その詩作技術の高度な面白味からいっても、現代詩の最も秀れた一篇とされているものです。

　誌面のスペースの関係から一時半と二時半の間の第三連目にあたる十行を、やむをえず省略しましたが、全体の鑑賞にはさしつかえないことをお断りして置きましょう。

暮しの研究その13

スラックス

酒井艶子

スラックス・スタイルが若いひとたちの間でタウン・ウエアとしても愛用されるようになったが、形のよいスラックスをはきこなしているひとはまだまだ少いようだ。スラックスの美しさは、ヒップから足首にかけてのよどみのない流れるような線にあるのだから、ヒップの辺がだぶついたり、変なところにしわがよったりしたのではスラックスの魅力も半減してしまう。若いひとのかもしかのようなすんなりした脚がスラックスの下に感じられるようなそんな形のよいスラックスをはきたいもの。

　スラックスの適度な太さというものはそのひとの体型によるのだが、最低裾巾が六インチ。それ以下では裾明きなしでは足が入らないし細すぎて歩くのにもきゅうくつ

　足首が細いからといって細いスラックスを作ってもヒップが大きかったらアンバランスでみっともない。ヒップから足先までのびた線がすっと流れるようでなければ形のよいスラックスとはいえないのだから、足首から、ふくらはぎ、もも、ヒップにかけてのバランスをよくみてほしいもの。仮縫の際には必ず全身のみえる鏡の前で。

　スラックスの生地は動いた時にさらりと体からはなれる様なしなやかで腰のあるものがよい、目がつんだうす手のギャバジンが最適。すぐ膝がでたりお尻がでたりする生地、余り薄い生地も体の線があらわに出るのでさけた方がよい。

　ドレスの下地の総仕上げとしてスリップを着るのと同様にすべりのよい布地で膝下まである下ばきをはくのがスラックスをはいたときの常識。昔は、デシンや羽二重で作ったものだが、今はアセテートのトリコット製の、すべりがよい上に暖かいものを売っている。形のよいスラックスをはいても、下着がヒップのあたりでごろごろしていたのでは折角の美しい線も台なしだから、メリヤスなど厚手のものはさけた方がよい。スラックスにはかさばらないで暖い、ナイロントリコットなどの下着がよい。

型のいいスラックスの製図

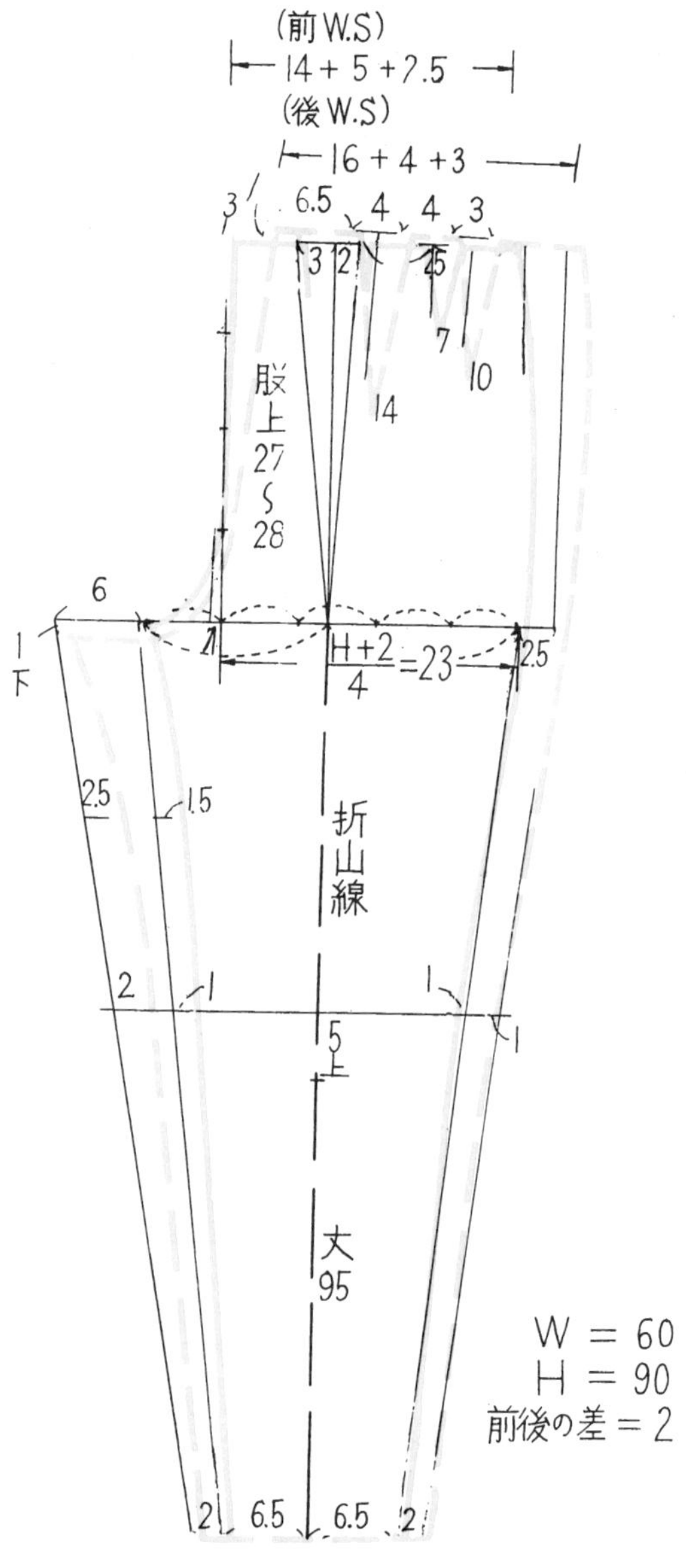

後

前

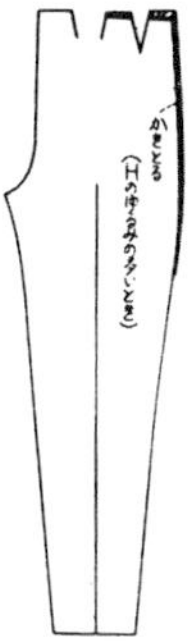

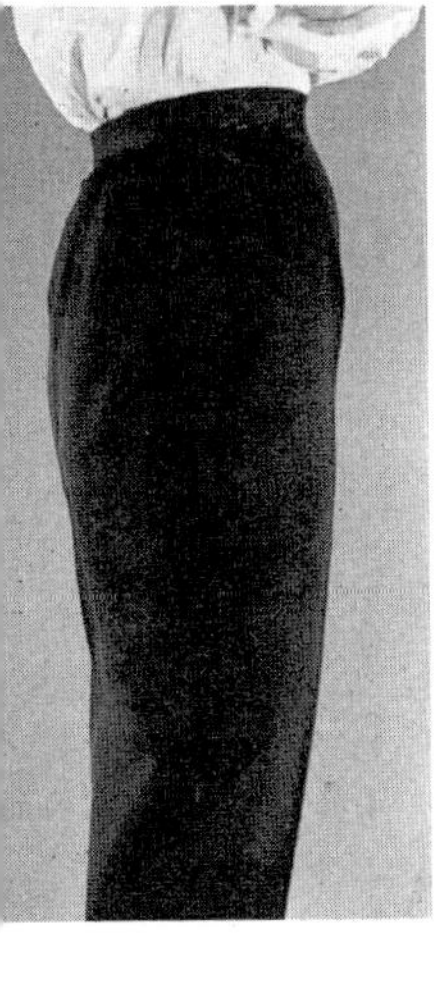

寸法通りに形のよいスラックスを作つたつもりでもヒップの辺にこんな大きなドレープがでてしまう。ためしにヒップをつまんで上に引張つてみるとドレープは消えてしまう。これはヒップが下つているひとにありがちなことで、後のまた上が多すぎてだぶついている場合。ウエストでたるみをかきとる。写真のピンはかきとる分量を示しているたるみをかきとつて補正してみたら（写真左）こんなにきれいなシルエットになつた。

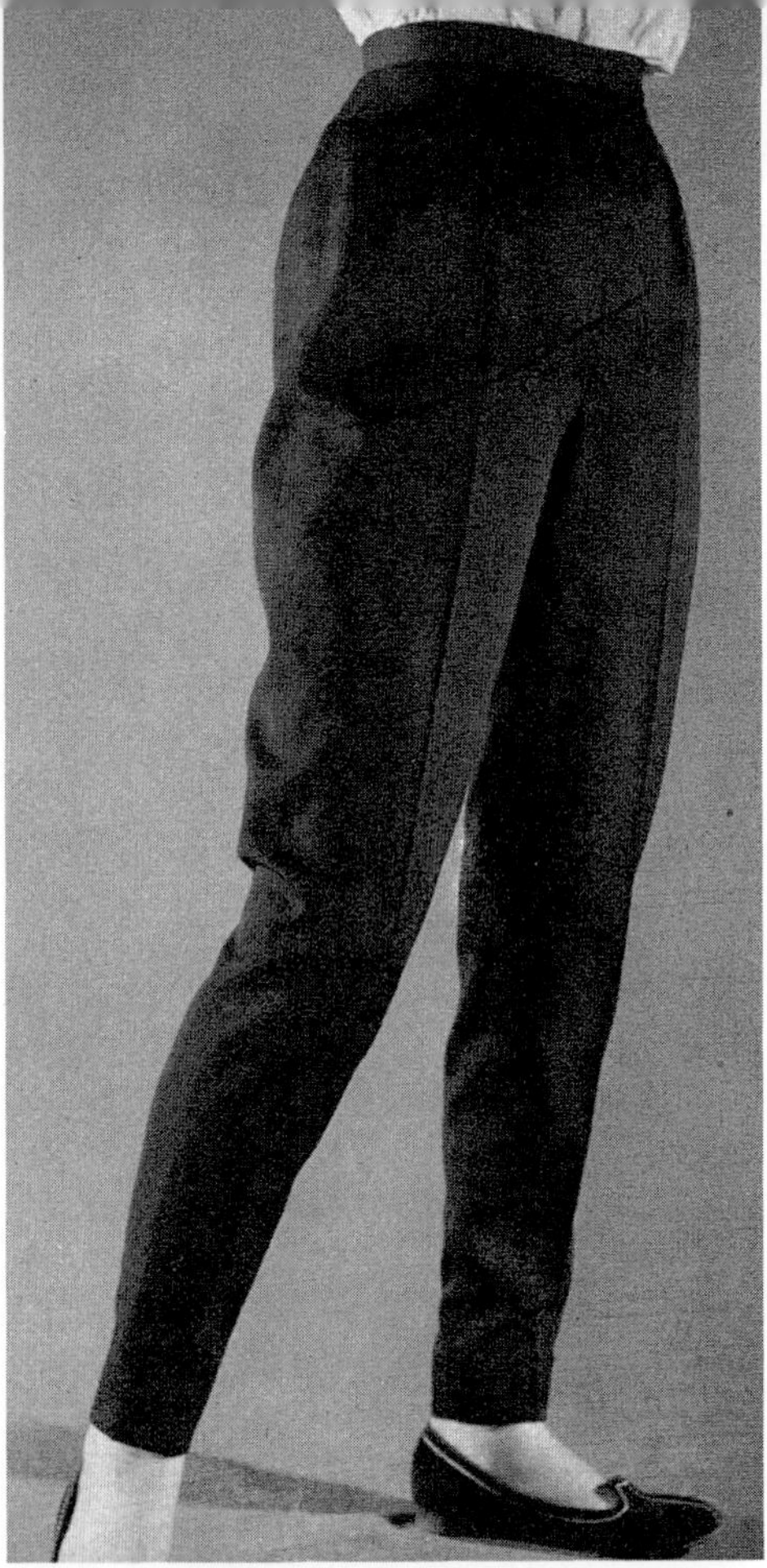

細い方がスマートだからといつてこんなに細くしたのでは車やのパッチみたいでおかしい。それにヒップからももにかけてはゆるみがあるので全体のシルエットもすつきりしない。活動的である事がスラックスの身上なのにこれではすわるのにもきゆうくつだし、腰かけただけでこんなにつれ上つてしまうもう少し裾巾を出すと全体の線がスマートになる。

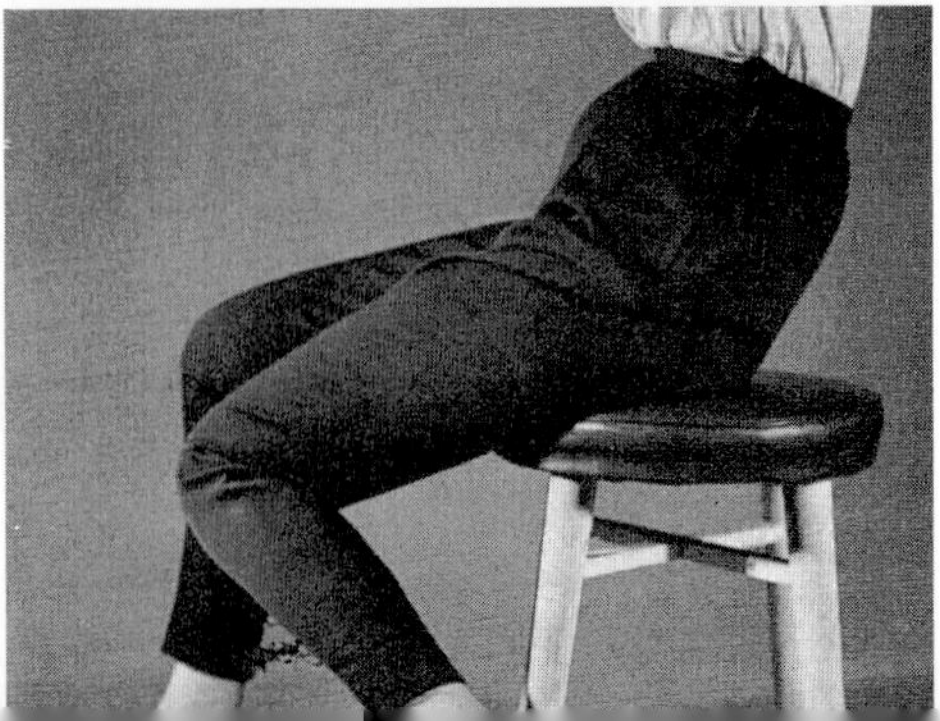

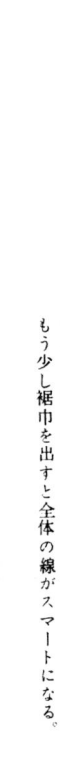

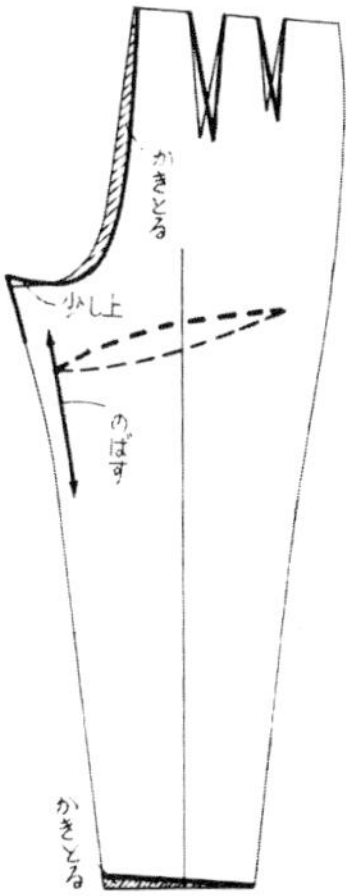

後

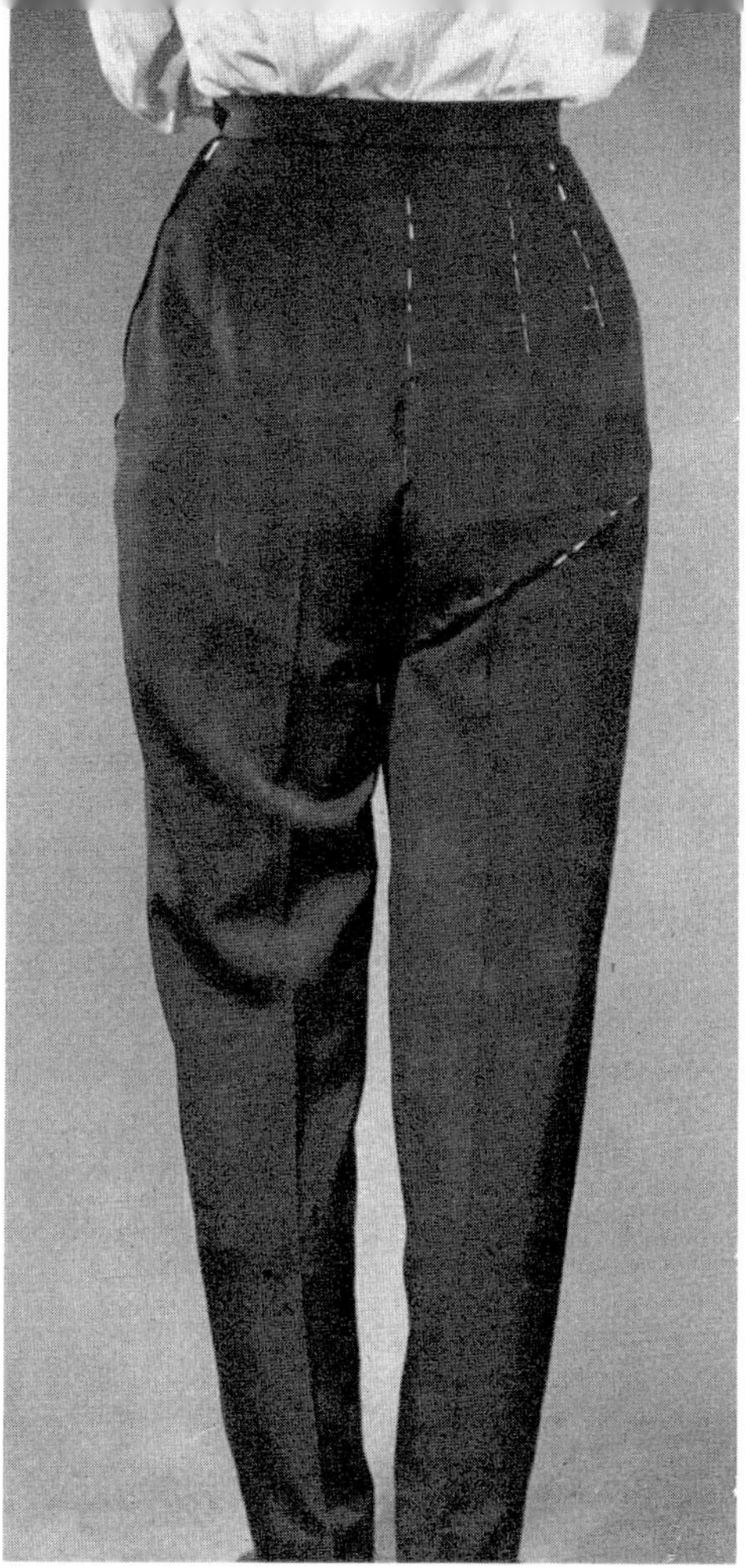

スラックスがにあわないとあきらめているひとも、ヒップが下つているとか、足がまがつているとかいう体の欠点をかくすように工夫して、仮縫いのときに念入りに補正すれば、形のよいスラックスをはきこなせる。

形のよいスラックスを作るのにまず注意することは、ヒップやひざの辺にでるたるみのことだ。日本人にありがちな体型つまりおなかが出て、ヒップが下つているひとはヒップにU型のドレープがでるし、また足がO型にわん曲していたり、ひざがまがつていたりするひとは、写真のようにももからひざにかけてみにくいしわがよつてしまう。これではスラックスの魅力は台なしだ。これは股上を少しかきとり、股上のあまつた分としわをピンでつまんで補正すればよい。股上をつまむとダーツの位置が変つてくるからダーツの方向をかえること。ピンで新しいダーツの方向を示した。

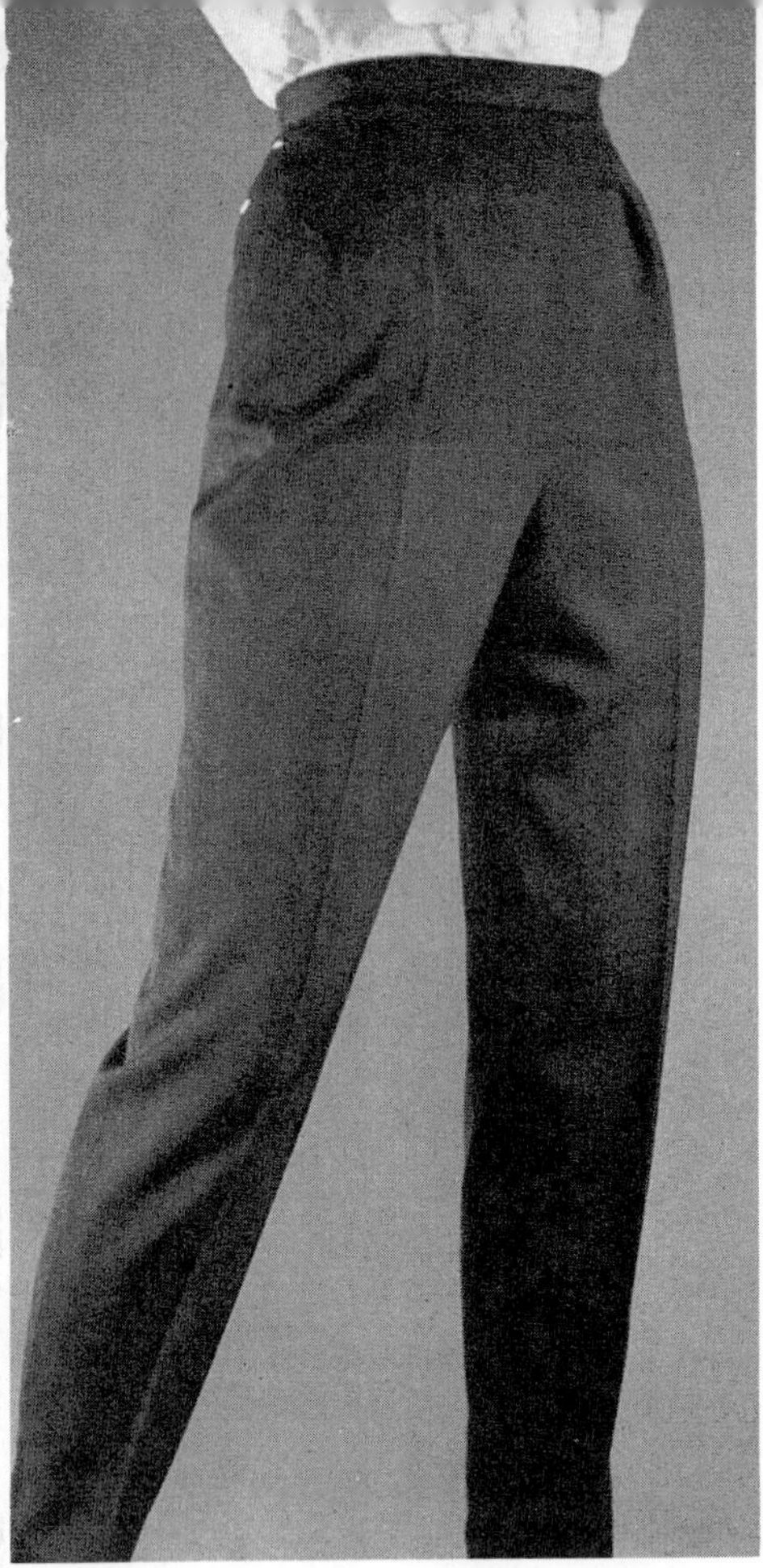

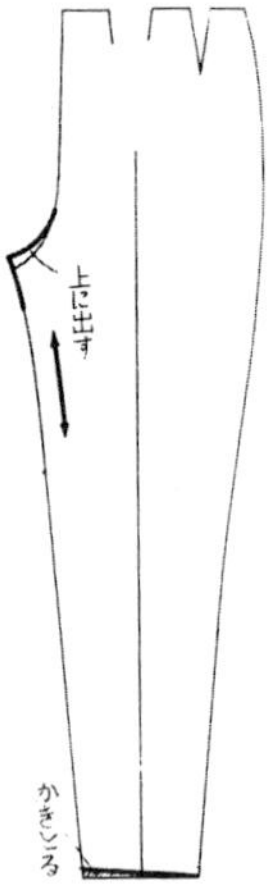

後

スラックスの巾（或いは太さ）はそのひとそのひとのヒップの大きさによつてちがつてくるわけだから、どれだけの巾が最も形のよいものという事はいえないが、たとえ一分のゆるみでも余分なゆるみというものがなく、また反対に体にぴつたりしすぎないようなものが理想的。写真のスラックスは比較的ヒップの線がきれいにでていて形のよいスラックスとして理想に近いものだが残念な事に股の内側にねじれたようなしわがでてしまつた。これは股上が少しくれすぎているのだから、図のようにポイントを上にあげてくりをすくなくすればよい。

脇明きは必ずファスナーを使うこと。スナップで止めると脇あきがごろごろしてヒップラインがすつきりしないものだから。

ベルトの巾は、二センチ五ミリ位から三センチぐらいまでがすつきりする。ベルトにはしつかりした芯をいれてほしい。

靴下　スラックスに赤や黄色の色のついたソックスは、よそゆきのきものを着て色足袋をはいたようで何だかすつきりしないもの。スラックスを外出着としてはく場合には、やはりナイロンのストッキングをはいてほしい。すべりがよいからスラックスがま、つわりつかないでいつもきれいな線がでている。

靴　スラックスはスポーティなものだから、スラックスにハイヒールをはいたのではみつともない。そうかといつてあまりがつちりしたスポーツ靴よりは素足のような感じのペッタンコのカッター・シューズの方が、タウン・ウエアのエレガントなスラックスには一番よく似合う。

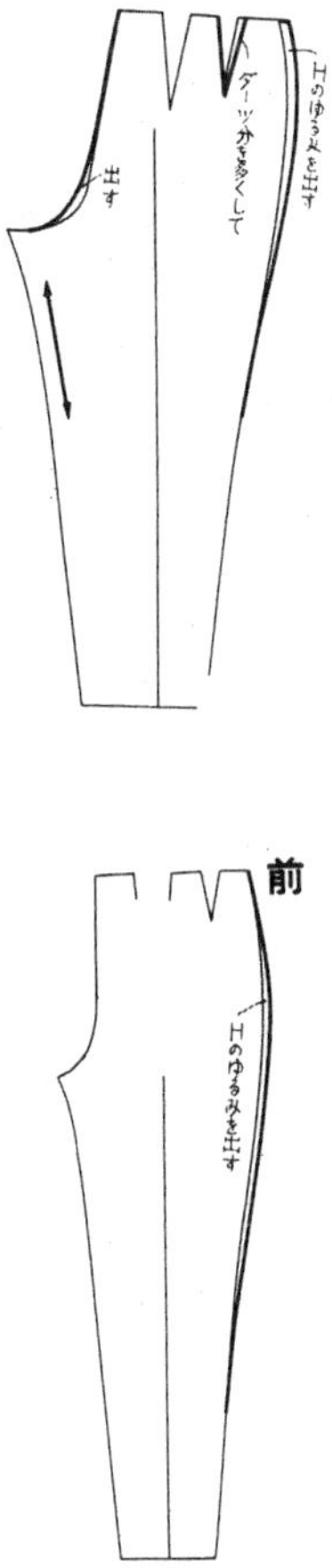

ヒップの部分に余分のたるみがあつたら勿論みつともないが、そうかといつてコルセットのようにきつくしてしまつたのでは体の線があらわにみえて、体の線に欠点のあるひとは勿論、そうでないひとも逆効果だし、スラックスの場合は、とくに見苦しいもの。

写真の場合は、脇線をかきすぎ、股上もくりが多すぎたので、ヒップラインが露出していてみつともない。股下の太さはちようどよいのだが、ヒップがきつすぎたため、ももに大きなたるみができてしまつたわけだ。

男のひとのためのおしゃれノート

男の胸のあたり

NO 1

中原淳一

新調の背広には程遠いからといつて、どんなものを着ていてもいいということはない。その人の人柄を服装の印象から受取る場合も多い。たとえパリッとしたものでなくても、守るべき服装のきまりをちゃんと心得ておくことが必要で、それなりに破綻のない服装は快い印象をあたえる。

服装の良し悪しは色の撰択によつても決るが、黒白の写真でははつきり説明がしにくいので、そのことは今はふれないことにする。男の服装のことをのべてゆく前に、まず一番目立つ、胸のあたりについて考えてみよう。つまり背広の衿の打合の三角に見えるところにあるもの、ワイシャツ、ネクタイ、チョッキで、背広とそれらの関係や、お互の関係などについて述べてみることにする。

まず、ネクタイが柄ものの場合だが、ネクタイに柄があるとき（プリントだけでなく、チェックや縞も含む。つまり無地でないもの）は、ワイシャツと背広は無地にする。

最初の写真は無地に近い濃いグレーの背広に、濃紺に白の水玉のネクタイでワイシャツは白。この背広は生地に少

3

し織り模様があるので、純粋には無地というわけにはゆかぬが、これがせいぜい止りで、これ以上だつたらおかしい

2はチェックの背広に同じ水玉のネクタイをしたところだが、実際には色のない写真でみるよりもずつとおかしい

チェックの持つ雰囲気と水玉のそれと、まるで違うのが一つになつたところは、まるで女の人の服で言えば、首にネックレスを巻き、衿元にブローチ、胸には花を飾つたようでおかしい。ポイントはどこか一つにおくべきで、この場合、水玉のネクタイを生かすためには、まわりの色をもつと避けて、グレイか紺の無地の背広にすべきである。

それでもとにかく、この場合はワイシャツが白なので、辛うじて救われているが、たとえ細くてもワイシャツが縞ものだつたら、全体の印象はもつと複雑になる。

3と**4**の写真を見くらべて下さい。こげ茶の濃淡のチェックのウールのシャツに**3**は黒と白のざくざく織られた、ややスポーティな生地の背広を組合せたもの。**4**の方は、その同じシャツにこげ茶の無地の上衣を着たところ。

スポーティなシャツにダブルボタンの背広は勿論おかしい。まさかと思うかもしれないが、実際にそんな恰好をしている人は、案外いるものだ。特におしやれと言われているような人に多いのは意外無地よりチェックの方が何となく洒落ていると思つてのことだろうか。柄もののシャツの時は上衣は無地というのは常識だが、特にこんなシャツの場合は絶対に無地に限る。たとえばツイードのようにほんの一寸※

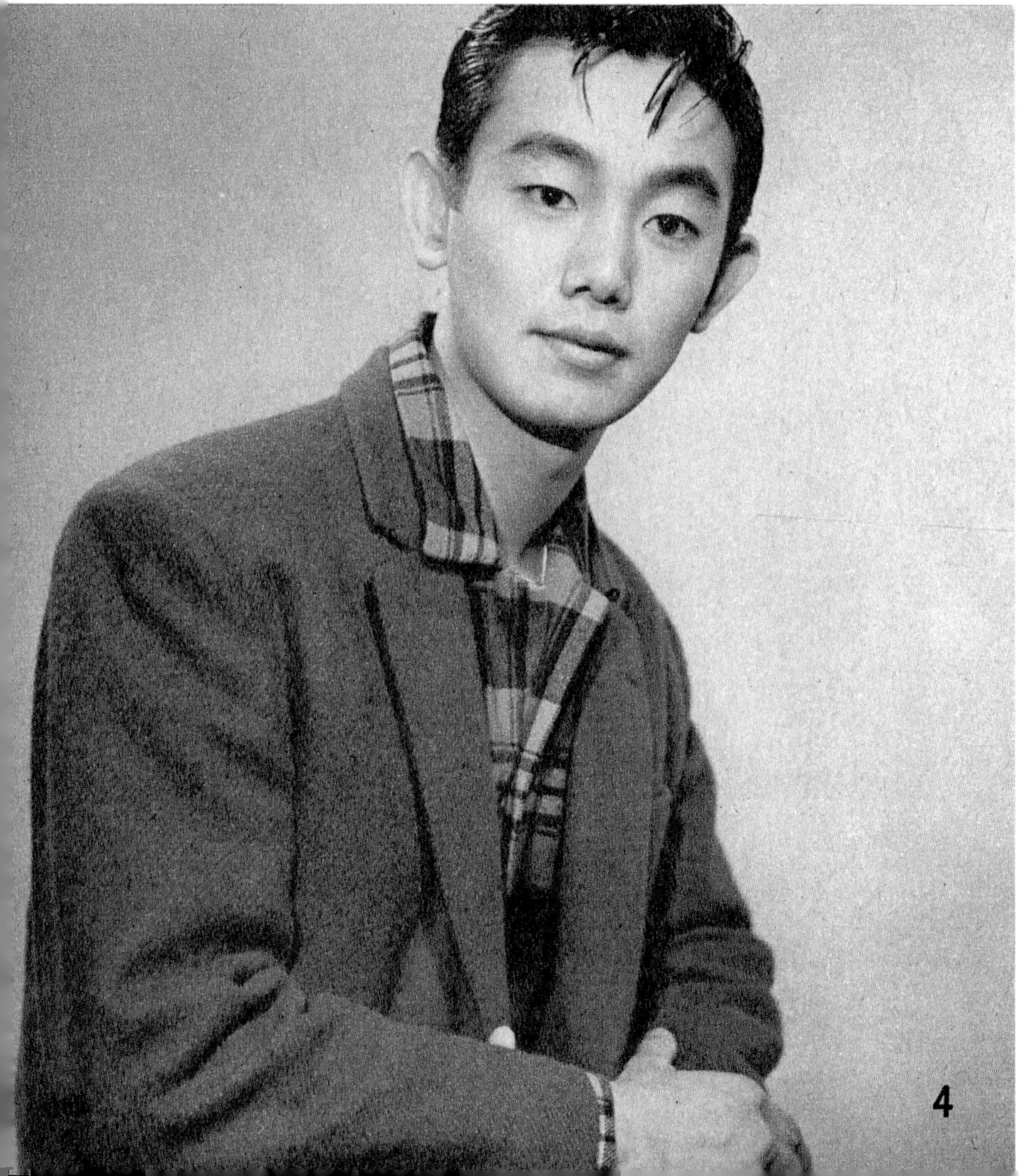

4

5

6

※織りの色が交つているだけでもチェックや柄ものはさけてほしい

5は綾織りの上着に、木綿のチェックのシャツで柄もののネクタイをしている。こんな場合はたとえ三つが、茶系統、ブルー系統と揃つていたとしても絶対におかしい。こういうあらいチェックのシャツにはネクタイはしたくない。一つか二つ上のボタンを外してスポーティに軽く着た方がしやれている。シャツがうんと淡い色のチェックか、ごく細かいチェックで、ネクタイがそのチェックの一色のうんと濃いものか、黒ならまだしもである。縞のワイシャツでも、縞があらかつたらチェックの場合と同じに考えるべきである。

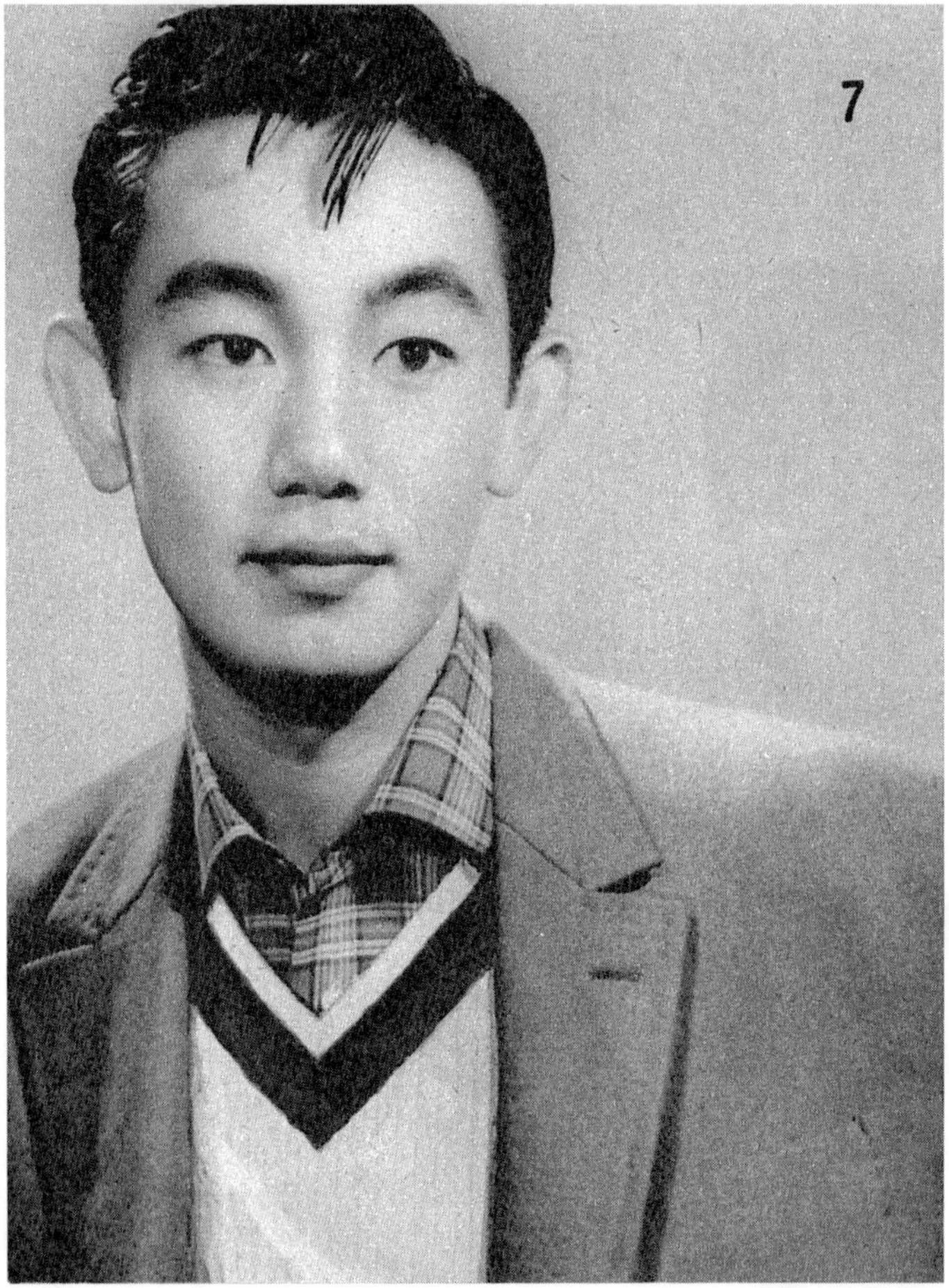

7

6は同じチェックのシャツに、ごていねいにもチェックのネクタイにチェックの上衣をきたもので、たとえ全部同じ色だとしても、みんなチェックというのはいかにもおかしい。もしそれぞれ色が違つていたとしたら、チンドン屋である。しかし笑い話でなくこんな装い方をしている青年がいるものだ。これもおしやれな人に多く見かける。本人は大いに洒落たつもりなのだろうが、決して垢抜けたお洒落ではない。

7の写真はチェックのシャツの上にVネックのスエーターをチョッキがわりに着たもの。暖いので冬には多く見かけるスタイルだが、V字型にそつて模様のあるものや、胸に編み込み横様のある時は、シャツは無地にしたい。これもワイシャツに柄があるの

9

で、衿の縞模様はない方がよい。ネクタイをしてもよいが、その際は背広、スエーター、ワイシャツ、ネクタイという四つの関係がゴチヤゴチヤと複雑な感じにならないように気をつける。

最近はチョッキが好まれている。渋い背広に派手なチョッキがのぞいているのは、いかにも若々しくて好ましい。8は縞のネクタイにチェックのチョッキを着て、無地の上着を着たところ。上着が無地なので、辛うじて救われてはいるが、ネクタイが縞で、チョッキがチェックという風に両方に柄があつては互いの柄を殺してしまうので、一ヶ所が柄だつたら、他は全部無地にしたい。

8

これにもしワイシャツがチェックだつたら、もつと複雑になる

色のことは言わないといつたが、青つぽいねずみ色の上着に白のワイシャツ、白とグリーンの縞のネクタイ、茶色の地に赤と黄色のチェックのチョッキでは、いかにもすつきりしない。チェックというのはいろいろな色がまじつているから、色が統一しにくいし、もし色で統一出来ても柄の性質がそれぞれ違うので、他の柄とは合わせにくい同じチェック地で、ネクタイと揃いというのだつたら、或いは面白い味があるかもしれないが

9は赤味がかつた濃い茶で、ざくざくした地厚な生地の上衣に、チョッキは前と同じ、ワイシャツは白、ネクタイは黒に近いこげ茶。こうなると、茶系統で全体が統一されて、ネクタイが、ぐつと濃く引きしめ、チョッキの胸元に美しい効果を出している。

柄物のネクタイを選んだり、チェックのワイシャツやチョッキを着たかつたりするのだつたら、よりよい効果をねらつて着たいものだ。外国のスターがしていたからといつて、それがはたして自分に似合うかどうかわからないし、またスターは絶対に間違わぬ人種ということはない。おかしい恰好をしていながら、それをちつともおかしく感じないというのは話にならない

着る人　杉本英一さん

エプロンは楽しい家でのおしやれ

松島啓介

若い人の家の中でのおしやれのために、お台所仕事やお掃除のときなどこんなエプロン・スタイルは如何ですか。タイト・スカートやスラックスのときに着てみて下さい。モデルの永津さんには、この短いギャザーフレヤー・スカートのようなエプロンを着てもらつたら、バレリーナみたいに可愛いくなりました。布地はなるべく厚手の張りのあるデニムや、木綿でも厚手のものを使つて、パッとしたフレヤーを出すように注意して作つてほしいと思います。ふつう街で売られているエプロンはそのほとんどが、ウエストの細い人、太い人の誰にでも着られるように、後でひもを結ぶようになつていますが、このエプロンは後をボタンでとめるようにしてあります。三つの図a、b、cはそれぞれその後を示したものです。あなたの自分のサイズにぴつたり合つたエプロンを作つてみて下さい。

作り方 （くわしい作り方とアップリケの型紙は二六七頁にあります）

A 紺のデニムで作つたもので下はほかのものと同じですが、そ

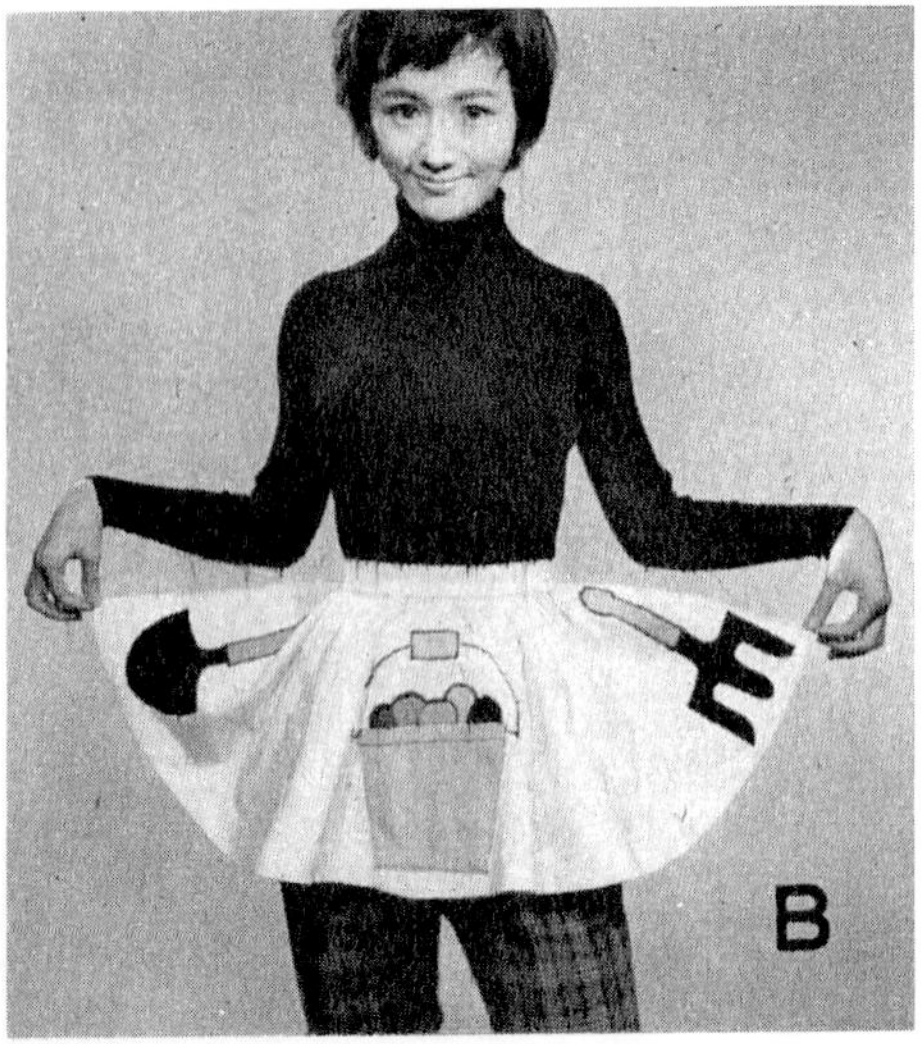

C

c

b

れに胸あてをつけ、吊りひもは首をまいて、うしろでボタンでとめます。胸あてにはアップリケのあるポケットをつけました。アヒルは白、そのくちばしは黄色、首のリボンはブルーです。ベルトの巾は五糎、ボタンは黒で直径三糎のものです（図a）

B 白の厚手の木綿で作りました。その両脇のはぎ目の上にシャベルとクマ手を、正面にはバケツをつけました。バケツがポケットになつています。色はシャベルとクマ手の先の部分は黒で、柄の部分は黄と空色。バケツは赤です。ボタンの直径は一・八糎です。（図b）

C あざやかな黄色のデニムで両脇に大きなポケットをつけ、アップリケの犬の色は片方が赤と白のチェック、もう片方はブルーです。ベルトは巾五糎の太いものです。ボタンは白の直径三糎のものを等間隔に（図c）

モデル 永津澄江さん

a

子供の晴着を合理的に考える

中原淳一

その1　最初に長い袖のきものを作つてそれからドレスを作る

子供のきものは何よりも可愛く、そして子供自身がそれを着てたのしくなるようなものでありたい。『お正月まではがまんなさい』『クリスマスには買つてあげます』『お正月になつたらね』等々…子供

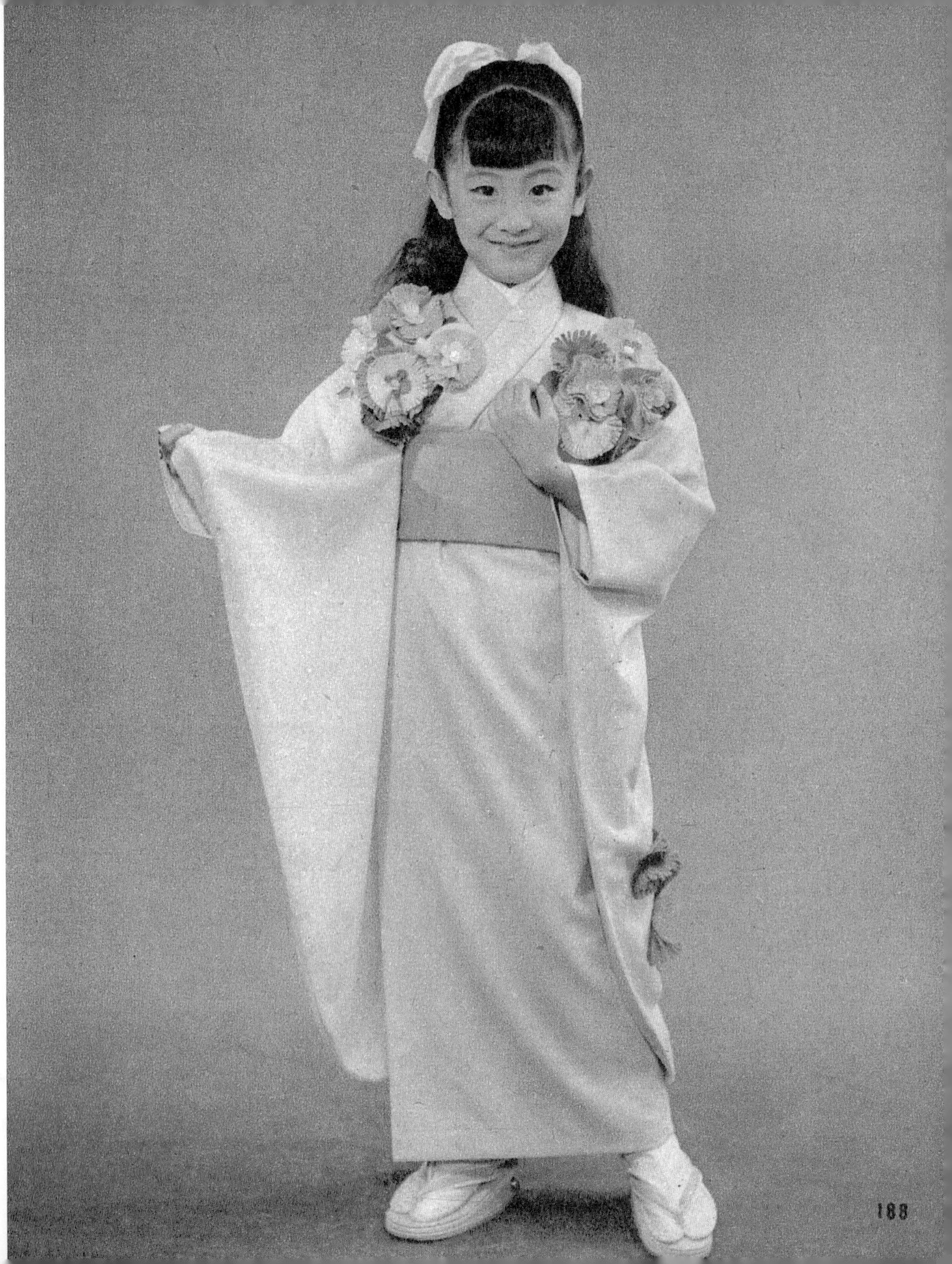

にとつてクリスマスやお正月は、何かしら新しいものを初めておろせる日として、それを待ち望む切実な気持は誰にも覚えのあることだ。新しいものを着る清々しい歓びを与えてやるために『せめてお正月には晴着を』とはどこの親も考えることである。ところがお正月の晴着というと、友禅のきものに金らんの帯やぽつくりという昔ながらのきまりきつた型にとらわれて『一年に一度しか着ないでどんどん大きくなるのに全く不経済である。』というようなことがしばしば問題になる。

では晴着は不要だろうか?…祝い日や歓びの日は普通の日とは違うのだという気持を子供の頃からもつことは大切なことだし、そういう改つた気持を与えてやるのが晴着である。だが、それは決して身分不相応な贅沢や無駄を教えるようなものであつてはならない。

高価でなく、窮屈でなく、後のことも考えて、しかも晴着らしい気分のあふれるものをと考え、あとでワンピースとスカートの出来るウールのきものと、部分的な変化で幾通りも感じを変えて着られるドレスを作つてみた。

ふだん洋服ばかり着ている子供も、お正月が近ずくと長い袂のきものにあこがれるものだ。

子供のきものはすぐ大きくなることを見越して、肩あげや腰あげをし、それが子供のきものの一つの型のようになつているが、こゝでは、長い袂のきものとして一度着たあとは、すぐドレスにすることを考えに入れて、下図のように裁つた振袖を作つてみた。

前頁の写真がそれで、淡いピンクのジャージーで、胸元と袂に、赤、黄、グリーン、紫など、色とりどりの丸く切つたフェルトを、きざみを入れたり縫いしぼ

きものの裁ち方

（一ヤール六百円のジャジー、二・二ヤール）

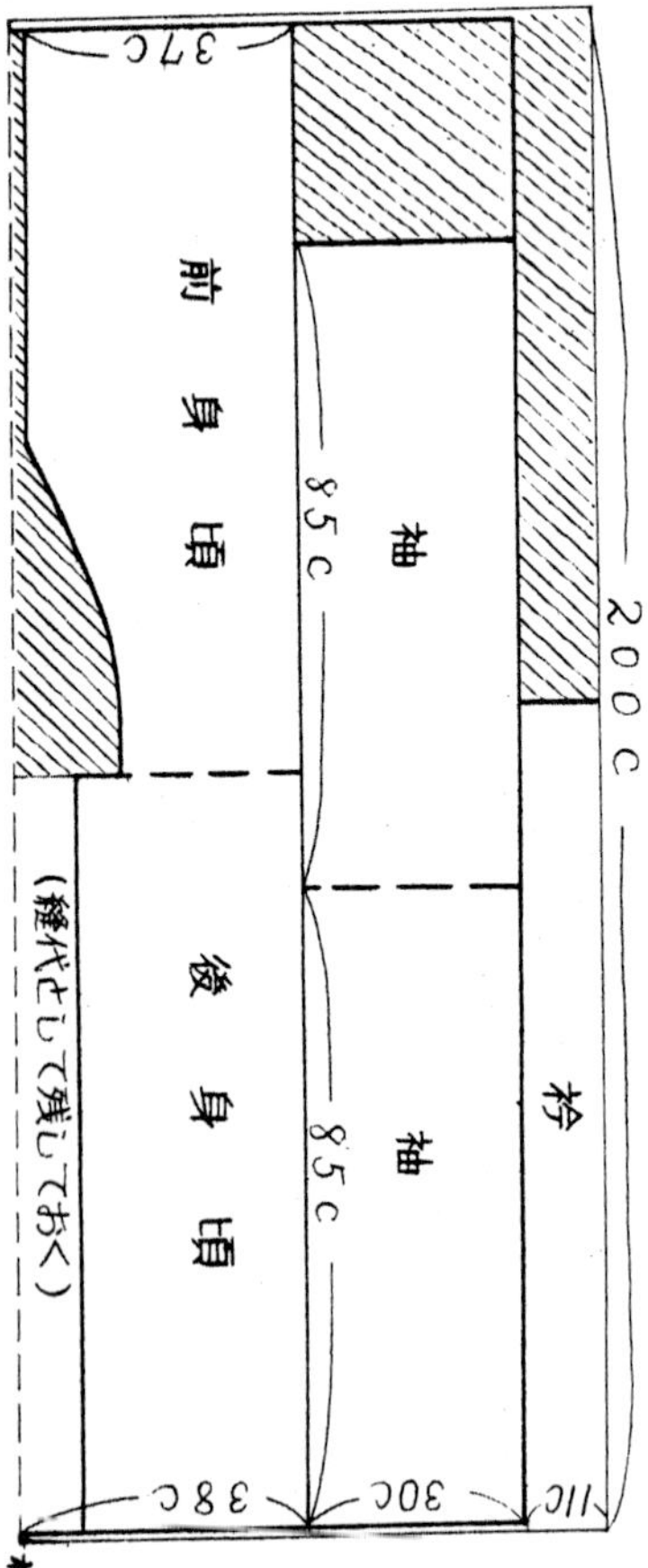

ドレスの裁ち方

この製図は、わになつているので、ジャンパースカートは片袖でとれるから結局スカートは二着出来るわけ。

（ワンピースの袖には接ぎが入る）

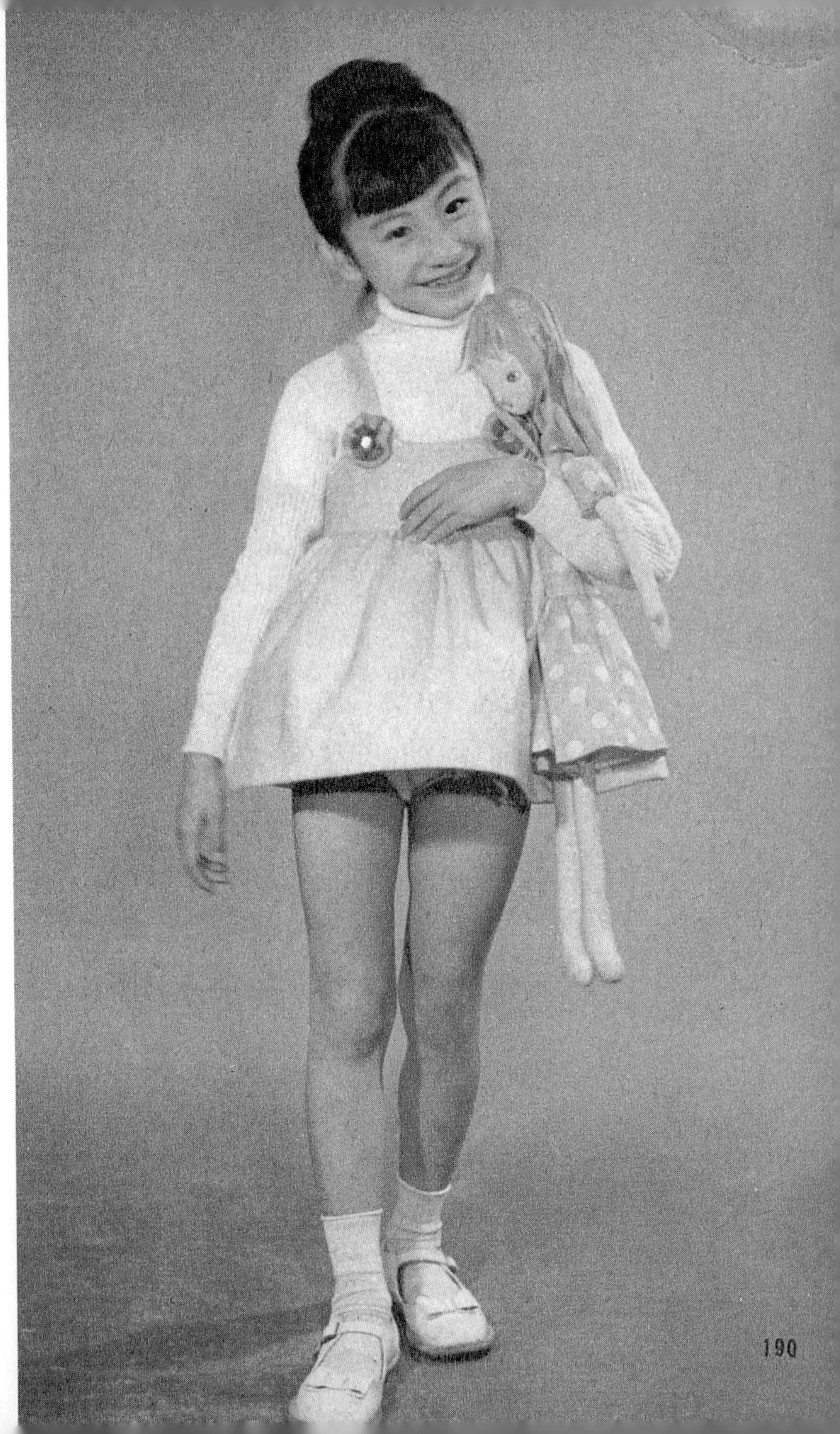

つたりしたものを重ねて中心だけをとめ、花びらが立体的に浮き上るようにしたのが、ピンクのきものを一層たのしいものにしている

きものとして着た後は、右のようなジャンパースカートが二枚とれ、花の精のように可憐なよそゆきのワンピースとが、ほとんど少しの部分の無駄もなく作れる、たのしい晴着。

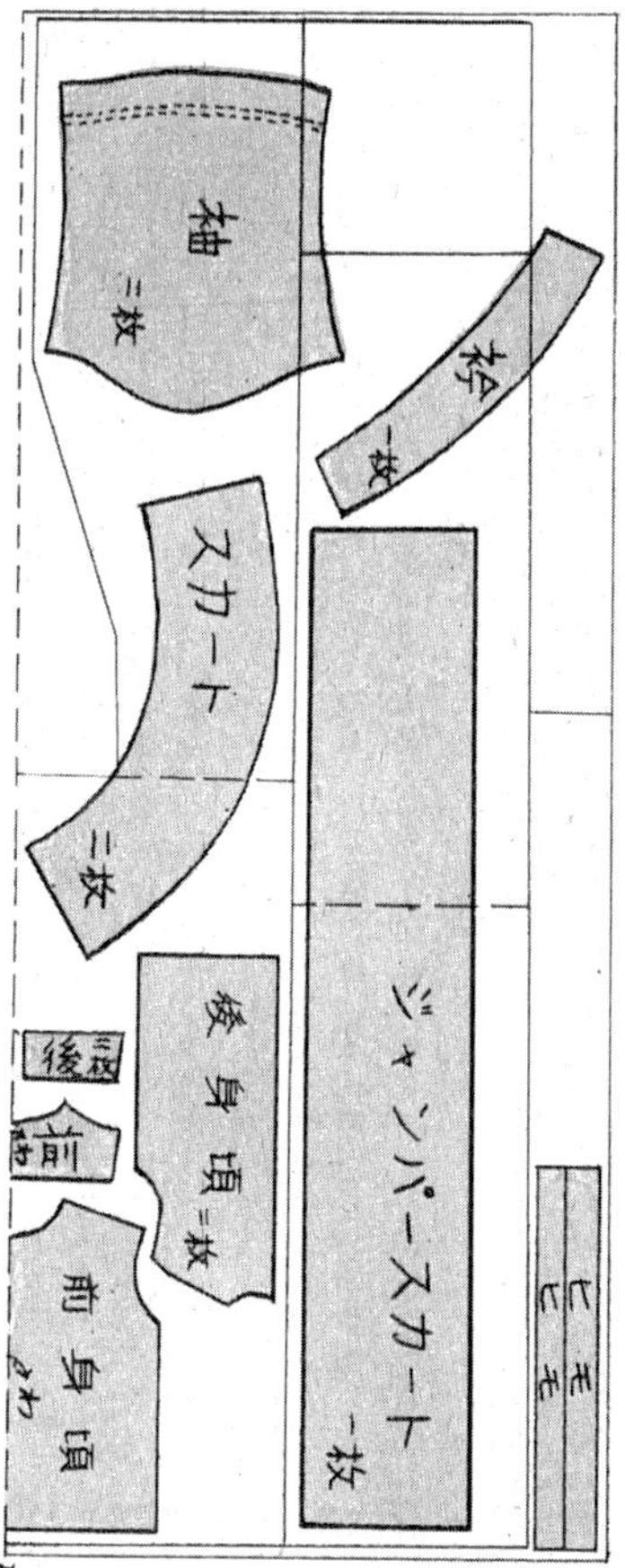

モデル　渥美真理ちゃん

その2　部分的な変化で晴着からふだん着まで幾通りにも着る

六分ぐらいの袖と、真白いケープのように大きなカラーをつけ、衿元には真赤なボウを結んで長く垂らしたもので、ワンピース風なよそゆきに。すつきりした扱いが改つた気分を作つて、すがすがしい印象を与えている。可愛くみせようとゴチヤゴチや飾ることは逆の効果を招くもの。

真赤なフェルトの、可愛くふくらんだランタンスリーブとジレーを組

みんなが晴着らしい装いをしているのに、自分だけが普段着を着ているということは子供心にも、何かいじけた、ひけめを感じさせるのではなかろうか？　だが幾度も着ないですぐ着られなくなる子供の成長ぶりを思うとちよつと考えてしまう。これは黒のウールで作つた、ジャンパースカート風のシルエットをもつドレスを基本にして幾通りにも着られるもので、基本のドレスは広くカットしたネックラインの中央にかぎ形の打合をつくりボタンを一つ飾つただけのもの。思いきり下の方の切替えから短いスカートのひだが可愛さを作つている。後は切替えまで明けて脱ぎ易い様に。

合せた外出着。カラーにはスラッシュをして黒いボウをきつちりと結んでみたもの。
スカーレットと黒の強い色彩が、おとぎばなしの、きのこのように妖精めいた美しさをみせている。

セーラー服はほとんど例外なく子供を可愛く見せるもの。打合のボタンを外して内側へ折まげ、四本ラインの真白なセーラーカラーと、袖をつけたもので、肩いつぱいの大きなカラーのぱつきりした印象が子供の清純さを引き立てている。子供にイヤリングやネックレスは止めたい。

子供服のよそゆきというと、童謡歌手か西洋人形のように何段にも切替えたナイロンやサテンのドレスを考える人がいるが、あれは舞台用のドレスで、普段の外出に着せて得々としているのは大人で云えばスパンコールのキラキラした胸の明いたドレスで街中を歩くようなもので滑稽な図である。

　右はブルーの前立のついたジレーを組合せただけだが、プ

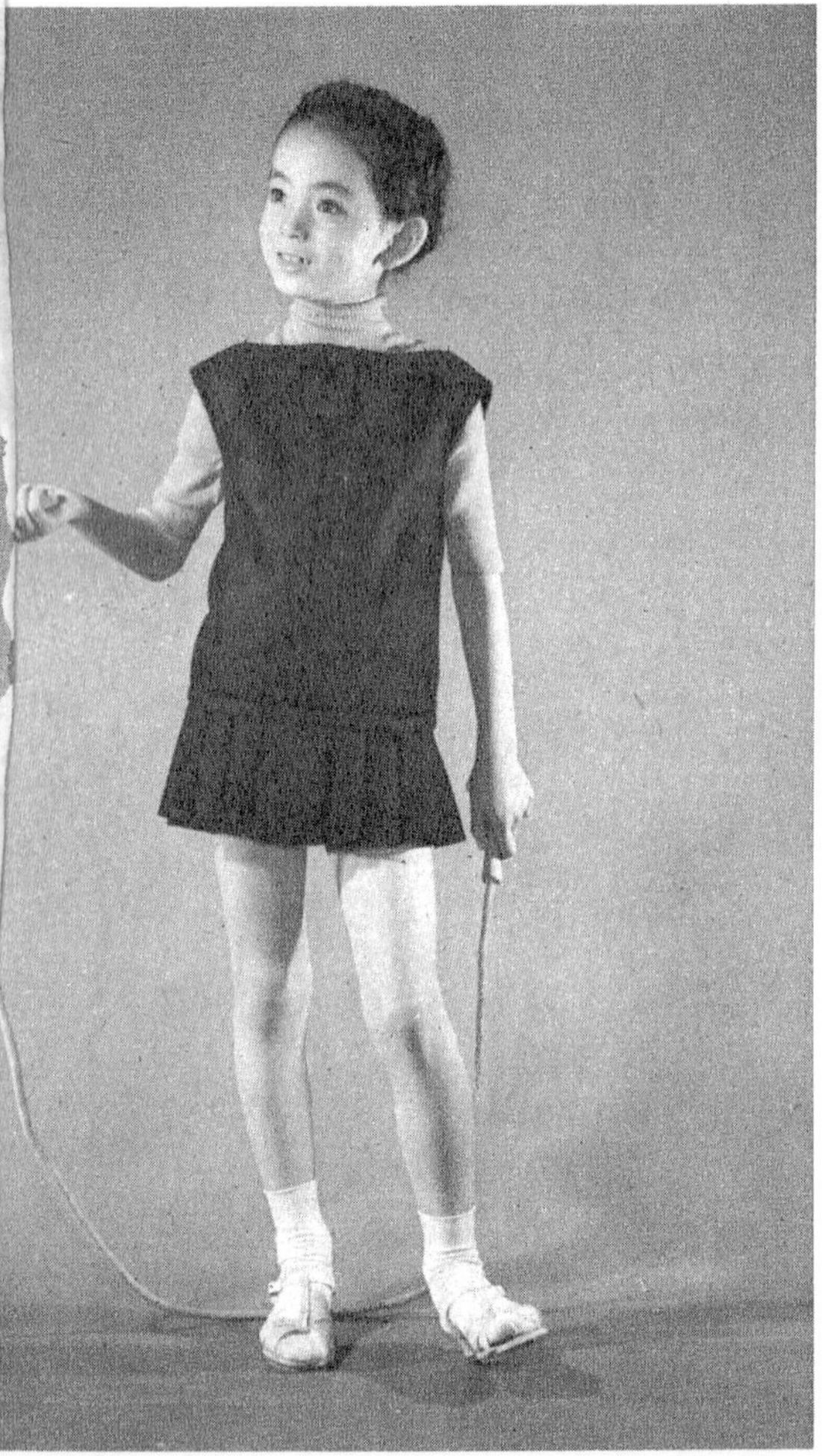

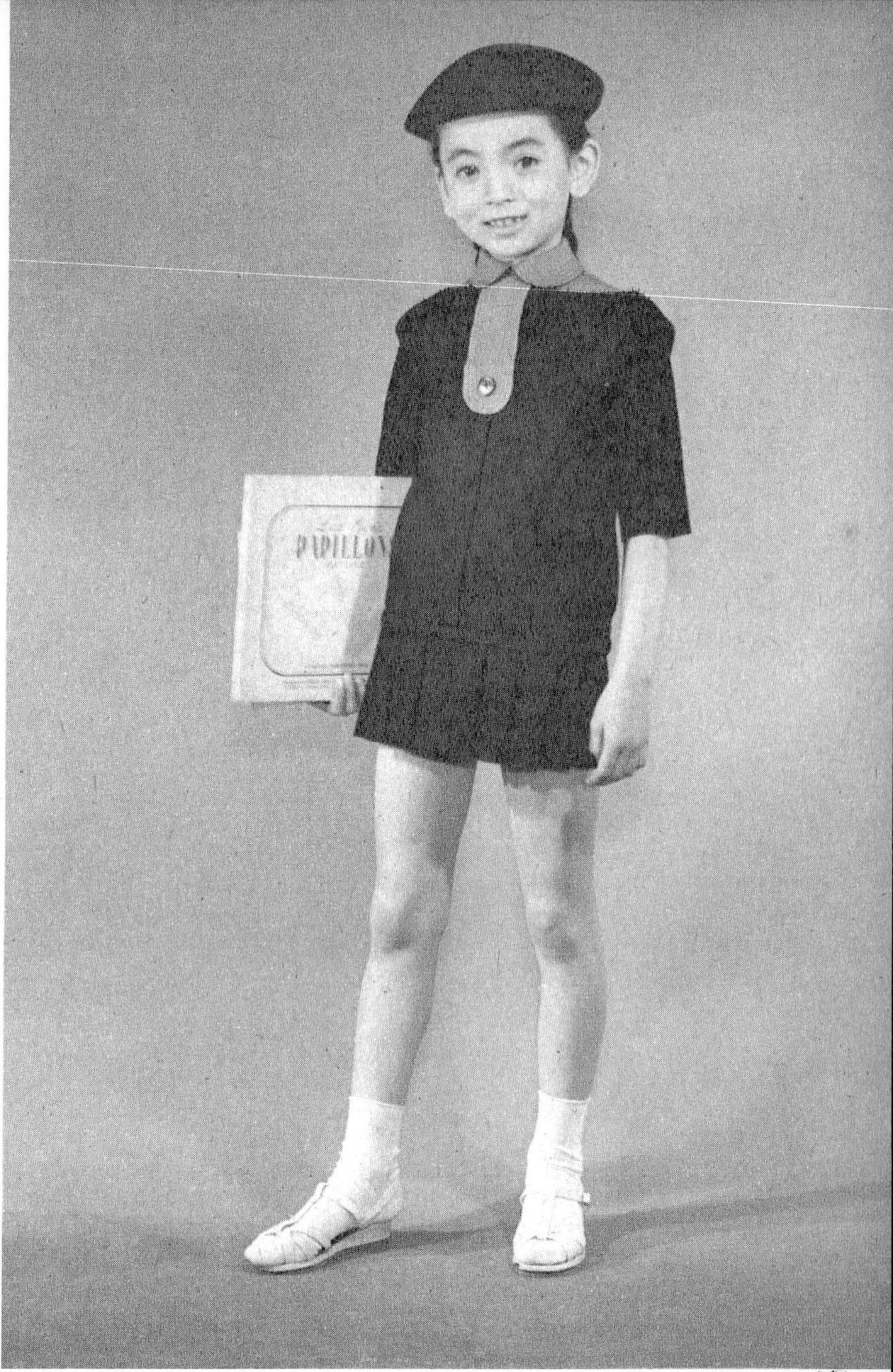

レーンな扱いが子供の無垢な美しさを引きたてて効果がある

下に真赤なスウェターを着て、ジャンパースカートのような感じで着てみると、そのまま、あどけない普段着になる。下に着るスェターは白でも黄色でもピンクでも、明るい色のプレーンなものを。

左の写真は半袖をつけて、真白なカラーとカフスをあしらつたもので、前とはぐつと印象の違つたよそゆきになる。

このように　つのドレスを基本にして幾通りもの着方を工夫して、その時々に感じを変えてやれば子供も飽きることがないし、晴着は不経済という非難もなくなる筈である。小さなカラーなどはほんの少しの残り布で出来るのだから、特別に作らなくても余り布のあつた都度手まめに作つてやるようにすれば、今度はどんなのが出来るのだろうという期待が生れるし、着ることのたのしさを子供の頃から覚えることにもなるのではないだろうか。

モデル　橋田真理ちゃん

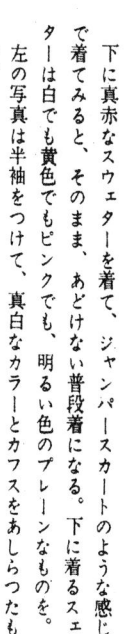

カメラルポルタージュ

あめや横丁

朝丘雪路

飴屋横丁、通称〃アメ横〃の名前で親しまれているこの町に、映画関係のお友達の案内で、始めて買物に来たのは、もうかなり以前のことになります。

昼間も電燈のあかりにくりひろげられる、このガード下の別世界の持つ一種独特の雰囲気には、はじめてこの町に足を踏みこんだ人を、なんとなく圧迫するようなものがあります。たとえば香港とか、シンガポールといつたような国際都市へでもいつたら、きつと街の何処かにこうした国際商店街がありはしないか、そんな感じだとでも言つたらいいでしょうか

二人並ぶと肩のふれあう狭い道にひしめく人々、ところどころにさらに狭い枝道がわかれ、その枝道は又もつと細い、ほとんど額をつき合いそうに軒をつらねた商店街につづくといつたあんばいですそして、それらのどの店先にも、購売心を快よくくすぐる外国一流メーカーの食糧品、化粧品、洋品雑貨などが、目白押しに並んでいるのでした。

飴屋横丁御徒町口　ちよつと夜景のような感じですが、ガード下で外は白昼。手前右の食品店先から右へ入る。

落花生の山　前頁落花生屋をのぞく朝丘さん。これはガード下の中通りにあるお店ではなく、右の外の通りに面した店「アラ、粒の小さいのや大きいのや細長いのや、落花生にもいろんな種類があるのネエ」と雪路さん

広小路側から見た飴横　この手前の都電の通りを渡つた所が国電「御徒町」駅ガード下にそつて上野駅まで飴屋横丁がつづく。表通に面した店は殆んど飴、落花生、駄菓子類の店

中通り　飴横の背骨にあたる中央通り中程の一区隔が二十軒位日曜休業で、ここだけ嘘のようにひつそりとしていた。

お化粧品の店　有名舶来化粧品、香水などが所せましと積みあげられた店先は、始めて来た人などあれもこれもと財布の底をはたいてしまう人も少くないと言う。これらの相場は、極端に言えば其日々々によつてマチマチで定価はついていない。化粧品の店は特に素人の客筋も多い由

文具・時計・ジャンパー　下　小さなものはセロテープから、置時計、カメラ、テープレコーダー迄ある店は、地方や郊外の小売店が仕入れにくる。　**ペチコート・人形・下着　左**　仕入の商売人にまじつて、素人もためいきまじりに見つめる店先。可愛らしい人形に頬笑む朝丘さん。

二度三度と買物に来るうちに、店の人達とも顔馴染みになり、こちらの好みもよくのみこんでくれるようになりましたので、すつかりいつか〝あめ横党〟になつてしまいました。そうなつてみると、いかにも国際商店街にふさわしく往来している東洋人西洋人、なんとも見当のつかないような風体の人、一見それとわかる買出しに来ている商人、銀座人種など種々雑多な人人が混然としたこの町の雰囲気までが、何か忘れがたい魅力になつて来ているのでした。魅力と言えば、勿論安いことが第一の魅力と言えるでしょう。以前とかくの噂になつたような密輸品だから安いということも最近では税関の出張検査などもあつて考えられないのですが、結局卸しの値段で求められるわけですから、利巾の広い嗜好品の場合には、二、三割から、物によると一般市場の半値で買えたりすることがあります。

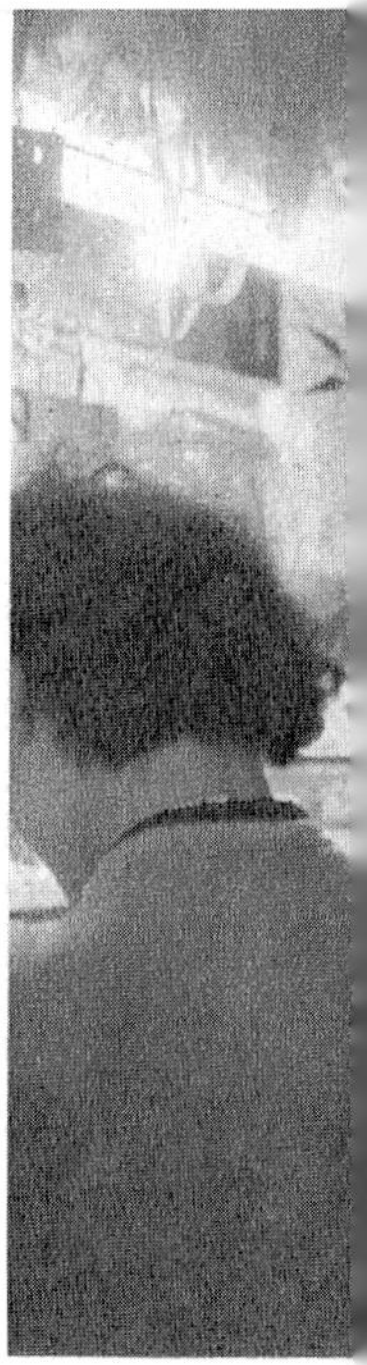

鍋と靴が雑居している洋品雑貨商

「アラ！ちよつと素適なお鍋があるわ」よくみるとパイプもある。抱き人形もある。そして靴まで並んでいる……上野名物アメ横だけに、客の半分位は見物のヒヤカシだ。そんな客の応待にも商人達は慣れている。

戦後の上野名物　あめ横で一番古顔の一人Yさんの話によると最初五、六軒の飴屋がこのあたりに露店に近い店を開いたのは、焼土のぬくみも冷めきらぬ終戦の年の冬。当時はガード下はガラクタ置場で地面は泥んこ、とても昨今の盛況は考えられない有様だつたとか。食糧不足菓子払底のその頃、中小飴工場直売の飴は飛ぶように売れ、誰言うとなく飴屋横丁と呼ぶようになつたもの

「飴が泣く」ところから　五六月になつて商売物の飴がべたつき始めることを、飴屋の符牒で「飴が泣く」と言うのだそうですなぜこんなことを言いだしたかというと、つまり「飴が泣く」頃になつて、何か代りの品物を置かなければとチリ紙をあつかつたのを皮切りに化粧品、洋品雑貨とより売れ足の早い品目を選ぶようになつたもの。しかし今でも矢張り看板の飴屋さんが一番多い

舶来飴屋　右・**和製飴問屋**　下　これはワンケース単位で買出しに来た小売屋さんに卸すのですが、クラス会クリスマスなどの会合の買出しや、お化粧品を買いに来たついでに子供のオヤツの買溜にくる奥さんもある由。

アクセサリや鞄を売る洋品雑貨店　飴横の安い理由の一つは、すべてが現金取引だからと商人は言う。アクセサリーはごく派手なものが多く、芸能界の客筋が多い。

あめ横の魅力は　卸値段で買えること、堀り出し物があること、あめ横という町の特殊な雰囲気等々といろいろですが、来年は工費何億といつた冷暖房完備の〃あめ横ビル〃が出来、一部はそこへ移転を噂されています。巨額な工費人件費をかけた明るい文化的なデパート〃あめ横〃になつた時、そうした現在のあめ横が持つている特殊な魅力はどんなふうに変形してゆくことでしようか

贈られるひとのよろこびは贈るひとのまごころ

中原淳一

クリスマスは、一年に一度、みんながサンタクロースになつて、愉しいくらしの夢をみたす日。人に贈るよろこびや、贈られるよろこびは知つていても、もしクリスマスという日がなかつたら、ついそのままになつて、そのよろこびもなかなか味わえないだろう。ところで、折角のおくりものがたとえどんなに素晴しいものでも、デパートの包紙でつつんだままだつたらそれがクリスマス用につくられたものであつても、のしのついたお歳暮同様味気ない。贈物として買つたものは、やはり一度家に持つてかえつて、つや紙や銀紙（一枚五円）などで包みなおして、可愛いい造花やリボンで思いきつて楽

小さな箱は銀紙で上手に包んで黒いしゆすの細いリボンを結んでみたら、銀色の光の上に、黒いリボンが、すてきな味わいをみせる。これは十文字にかけたリボンの中央の結び目に、別に幾重にも折りたたんだリボンをおいて、その上をきゆつと結んだもの。これは男のひとにおくる時。女のひとには、赤いリボンで。（写真右上）

しいものにしてみると、どんなささやかなものでもその包紙の楽しさが、贈られるひとのよろこびをまし、またそれが贈るひとのまごころというもの。

贈物は、五十円のハンカチ一枚でもたのしいもの。それにおくるひとのちよつとした心づかいですばらしい贈物にしたい。ハンカチ一枚を真赤なつやがみでつつみ、黒のしゆすの細いリボンを結んで小さな造花を一輪そえてみたら、こんな可愛らしいプレゼントになつた。画用紙を細く切つたカードもそえて。（写真右下）

これは、黒いラシャがみでつつみ、ローズ色の巾の広めのグログランのリボンをかつきり結んで、リボンと同じ色のバラの造花の一束をさしてみたもの。ラシャがみの黒にバラ色がよくマッチして、とてもシックな印象。ラシャがみは襖の半分ぐらいの大きさのものが一枚三十円で売つているから、一枚から小さな贈物なら十もつつめるし、黒には何色のリボンもよくうつる。（写真上）

ハンカチをきれいなコップの中に入れて、生きたピンクのカーネーションをそえてみた。こんな思いがけないアイディアが、おくられたひとをもつと愉しませる（写真左）ハンカチを入れたコップは、金紙でくるくるまいて上下でたたみ、少し巾広のリボンを十文字にかけて上で結び、中に入れたのと同じ色のカーネーションをそえてみたら気のきいた色どりになつた

こんなに可愛い小包みを受けとつたら「オヤ！」と目をみはり、胸いつぱいに幸せを感じるのではないだろうか。これは、そんな小包を受けとつた時の喜びを味わえるようにと包んでみたプレゼント。こゝではピンクのラシャ紙に縦横の紐の一本一本を違つた色にしてみたが、本物の小包紙に、紐も麻製ものを使つても又実感が出て良いだろう。

　荷札には贈る人への色々の言葉を書こう。この荷札は画用紙を小さく切つて上端にマジックインキで赤い

　手製の小さいマスコット人形を贈る様な時、もしその相手が洋酒党だつたりしたら、こんな洋酒のグラスの中に人形を入れ、小さな造花をそえてみたらどうだろう。受けとつた相手は包みをあけてみて思いがけない中味に「オッ！これはいけるな」ときつと喜んでくれるのではないだろうか。グラスはわざと箱に入れずにグラスを包める大きさの正方形の白い紙を四方から傘を畳むようにひだをこしらえ乍ら折つて行き、手際よくまとめて、十文字にリボ

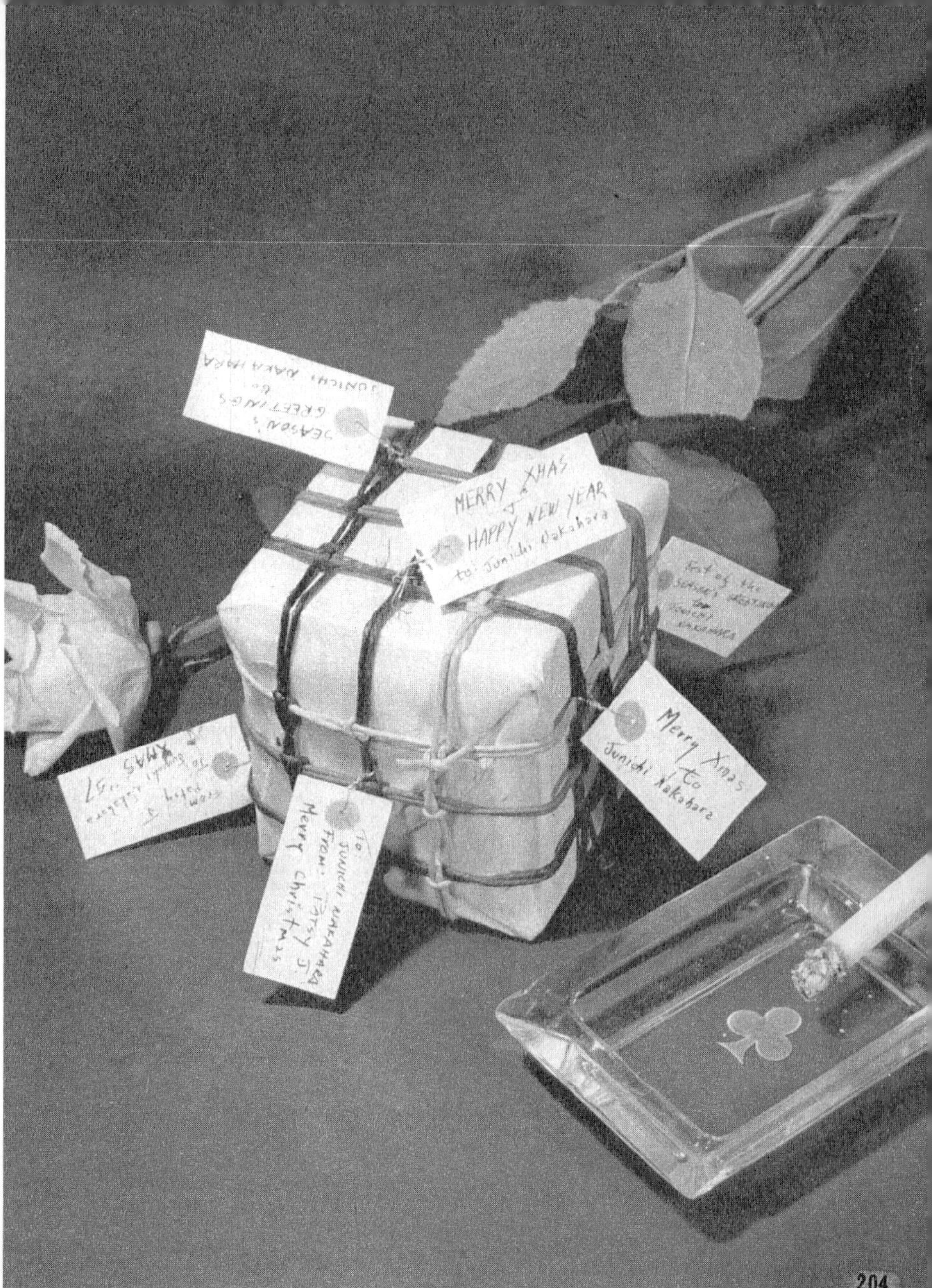

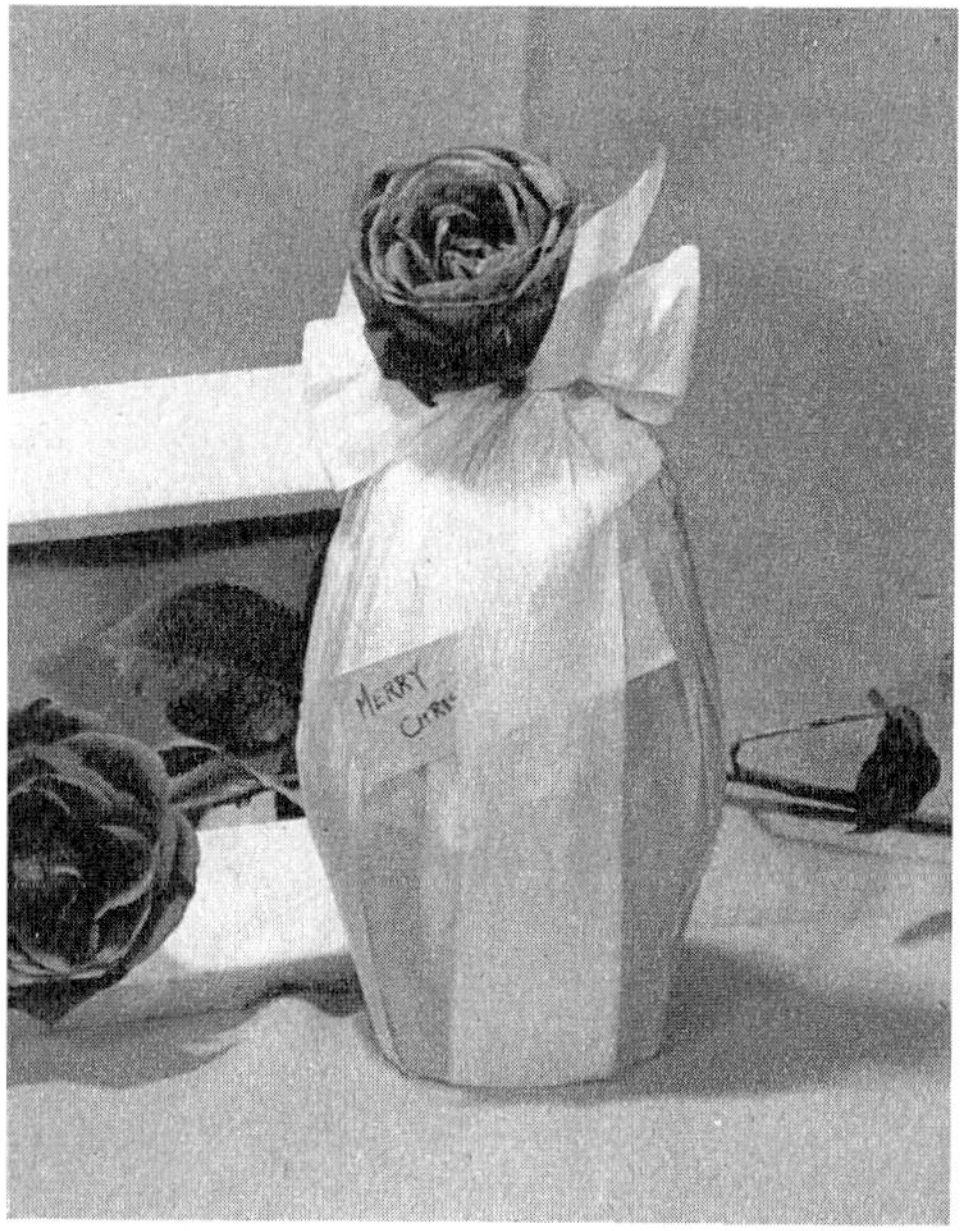

丸を描き、細い針金を通したもので可愛い。

ンをかけて造花でも又生きた花でも一輪そえてみる。

丸型のものは包みにくいもの。それでこんな花束の様な可愛い包み方を考えてみた。好みの色の紙で罐をぐるつと巻き、底と上とを畳むようにまとめ糊でとめ、上側の方には可愛いマーガレットの造花を茎から花だけちぎり一つ一つ糊で張つてみた。

これはペアの湯呑茶椀。こんなものはなおさらの事、デパー'の包紙で包んだまゝでは何とも味気ない。真白のツヤ紙に包み変え、細長く切つた銀紙を1cm巾の襞に畳んで蓋の上にはりブルーのリボンで押えて雪のクリスマスの夢を託してみたもの

海外おしやれの話題

大内順子

秋のコレクションも終つて、流行の話題も一息ついた形です。といつても、ファッション雑誌は次々と一流デザイナーの野心的なデザインを発表しています。それらのいくつかは忘れられ、いくつかは大きな話題を生み、いくつかは完全に消化されて私たちの生活にとり入れられてゆきます。そしてその生活に広く入りこんだものが、流行なのです。そんな意味での流行になるかどうかはさておき、海外のおしゃれの話題のいくつかをご紹介しましょう。

樽のように、まんなかがひろがつて、裾がつぼんでいるハレムスカート（前頁）。これは特に今年新しく現われたというのではありませんが、裾のつぼまつたシルエットの感じがスピンドルラインに通じるのか今年の各デザイナーの作品に大へん多く見受けられます。この写真のようなカクテルドレスばかりではなく、いろいろに取り入れられ、中には地厚のウールまでが、ハレムシルエットのスカートに使われています

ドレープの流れに新しさを求めて今秋フラワーラインを発表したピエール・カルダンは右の写真のようにストールの扱いにも新しい試みをしています。ストールを変化づけるのはパリのデザイナーの間で流行のようです

左の写真、見おぼえのあるシルエットではありませんか。今はなきクリスチャン・ディオールのスピンドルラインによるツーピースです。男もののツィードでつくられたこのジャケットとスカートの組合せは、ボン・ヴオヤージ（ごきげんよう）と名づけられています。

T.W

T.W

T.W

薄手のウールにペーズリーのプリントのワンピース。衿と袖に毛糸をあしらつています。毛糸のこんな使い方は今更いうまでもないテクニックで、取り立てて新しいというわけではありませんが、外国写真を見ていると、ずいぶん多く目につくのでここにとりあげてみました。再び大きくクローズアップされた流行のひとつといつてよいでしよう。オフィスなどで着る日常着としてそのまま取り入れられましよう。

ひとところ、フレアースカートというと、全円形で思いきり裾幅の広い、ウエストプリーツなどのないものが多かつたのですが、最近ではこの写真のように重みのあるフレアースカートが多くなりました。ベルトは共布、ジャケットをふちどるようにのぞいたブラウスの柄がとてもきいています。このブラウスもペーズリーをプリントした薄手のウールです。これもふだん着として私たちにも着られるものです。

これはイタリアンモード。女らしさの強調に重点をおいているといわれますが、このアンサンブルにはパリの香りが多分に感じられます。織り目の大きなザックリしたツィード、こんな厚地のもので袖無しのワンピースというのは、日本で真似をしても利用価値はなさそうです。コートの衿は川うその毛皮ですが、衿や袖口その他トリミングに毛皮をつかう傾向は、まだまだ当分の間はすたれそうもありません。

その１

ガラスのティー・テーブル

ビール箱の底にアンカーボートをはめこんで、脚にした極く簡単なものですが、布をはつてとめつければこんな素敵なティー・テーブルが出来ます。ゴミ箱や、スミ箱にするだけでなく、ビールやサイダーの空箱もこんな風に利用して頂きたいと思います。38号でビール箱の家具を扱いましたが、大変好評でしたので、又二つお目にかけます。日曜日の半日もあれば女の方にもやさしく出来るのですから是非やつてみてほしいと思います。

材料——一打入りのビール箱（お宅になければ酒屋さんで50～100円位で分けてくれます）。布地（縞・無地・花模様など）２ヤール位。アンカーボート（太さ長さがいろいろですから金物屋でよく見て下さい）４本、５粍厚の硝子（27糎×50糎）２枚、周囲を磨いて貰う。

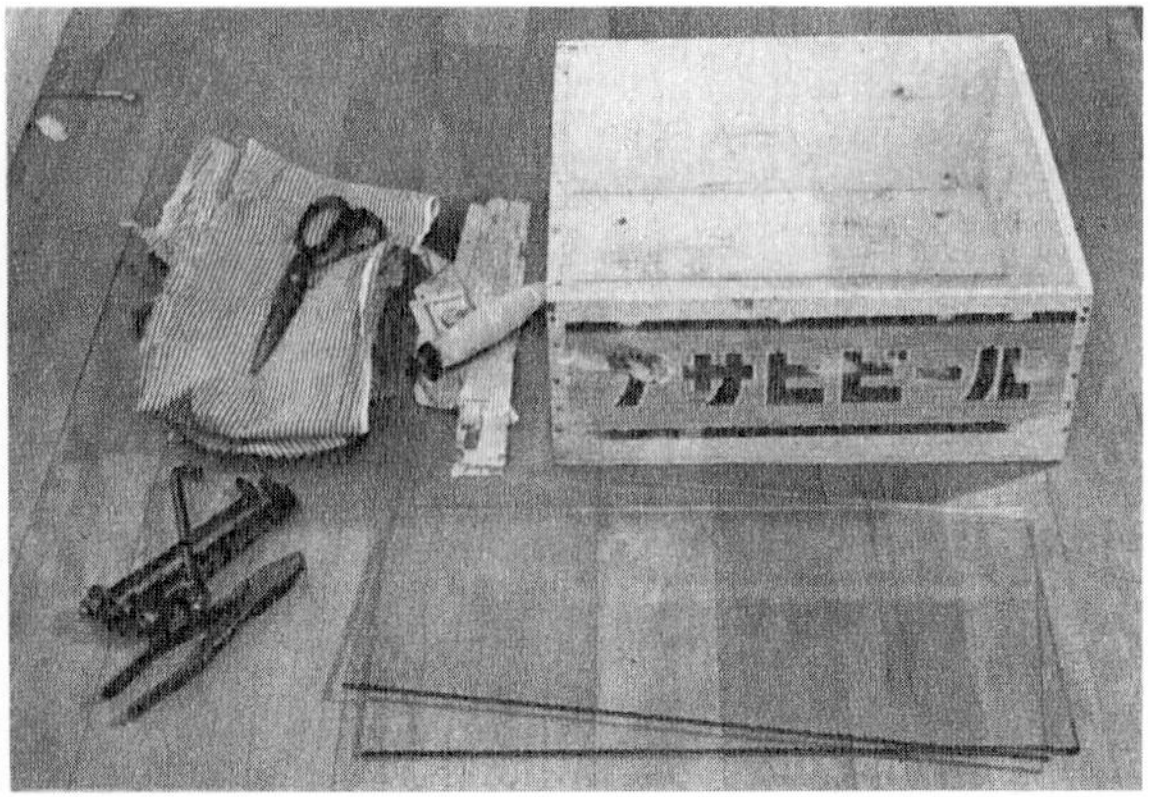

ビール箱はこんなにスマートに生れかわる

片山龍二

1

板のすいてるところには内側と外側から両面に新聞を丁寧に貼りつけます。又、箱によつては木目の割れ目や、節の穴があいていたりしますから、それにも目張りしておきます。新聞は一面に貼り込んでしまえば尚良いでしよう。

2

目張りしたビール箱に布を張ります。先ず箱の横（側面）から、出来れば一枚布で巻き貼りしますこの布は両側を（箱の上、下端にかかるため）**3**糎ぐらいずつ余裕を持たせておきます。内側や底の方に折りまげるところは手際よく

3

側面がすんだら内側、そして底最後に内側の底を貼り込んでゆきます。貼る場合の注意としては、四隅の処理をきれいに貼ることです。これには鋏で切り込みを入れて角をくつきり出します。又上縁《べり》の巻き込みもノリを多めに使つて

4

四隅に錐で穴を開けます。場所は足の安定を考えて、各四つの穴がそれぞれ縁から同じ位置に開くよう定規でよく計ります。この錐は壺錐といつて**1**糎位の直径の穴のあくのを使います。糊が乾いてからでないと布がシワになります

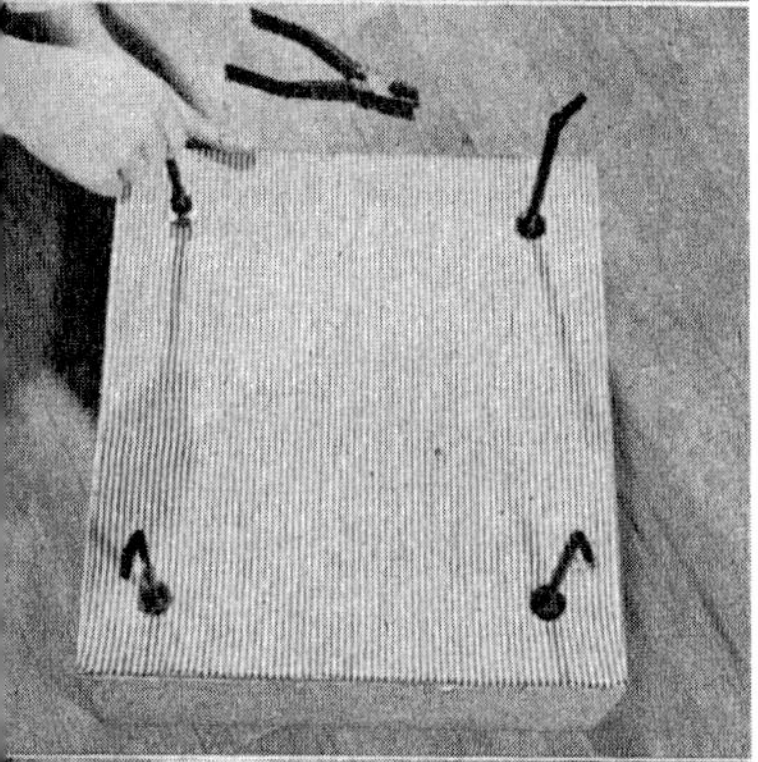

5

アンカーボートにナットを入れて座金をはめ、ビール箱の裏からさしこみます。もし錐が細くて入らないようでしたら、火箸をやいて穴を大きくして下さい。少々穴が大き過ぎても、座金をあてれば見えなくなるので心配いりません

6

内側からも座金をはめ、ネジをまわしてしつかりしめます。この場合、アンカーボートの先端の曲つている部分はそれぞれ四隅を向くように注意します。ボートの頭が内側にあまり出るとみにくいし使いにくいので注意して下さい。

も変
粧台

ころがねらいなので
板でありませんし、
つて不細工なもので
が、これではいかに
ることによつて、三
のです。右下の何で
ートになるのです。

ビール箱はこんなにスマートに生れかわる　その2

B

A

材料—はサイダーの箱ですが、別にこだわらなくていいのです。手頃な大きさの箱を選んでやつてみて下さい。なるたけ傷んでないのを用います。

この作り方が下段に出ていますが、蓋をあけた時、鏡が上を向いて具合がいゝのです。テーブルの上においても、壁に木ネジで底の方をとめつけてもいゝでしよう。底の方の下側が広くて便利です。

これは下の作り方と同じで、たゞ蝶番のつける位置をかえただけのものですが、全然感じが違つて来ます。洗面所につけて、顔剃り道具、歯刷子など入れても便利でシャレてます

1 先ずビール箱を縦に二つに割るのです。写真の要領で片面の半分の位置から他の面へは上端へ斜に

2 タテビキで線に従つて切つて行きます。釘に気をつけて、又、切り口をきれいに真直ぐに切ります

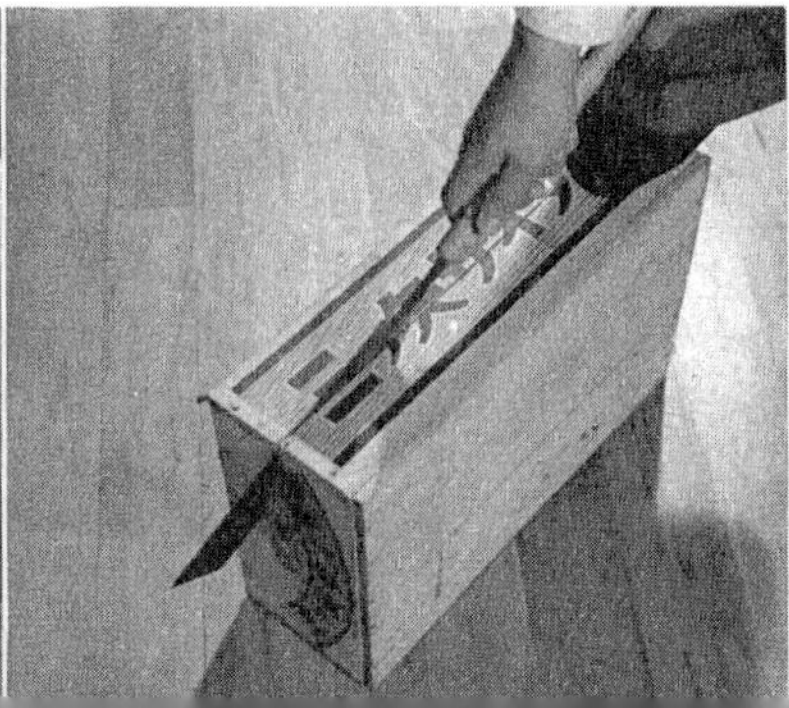

3 ビール箱の底の側に当る梯型のものと、上蓋のない三角型の側面のついたコ字型の二つになります

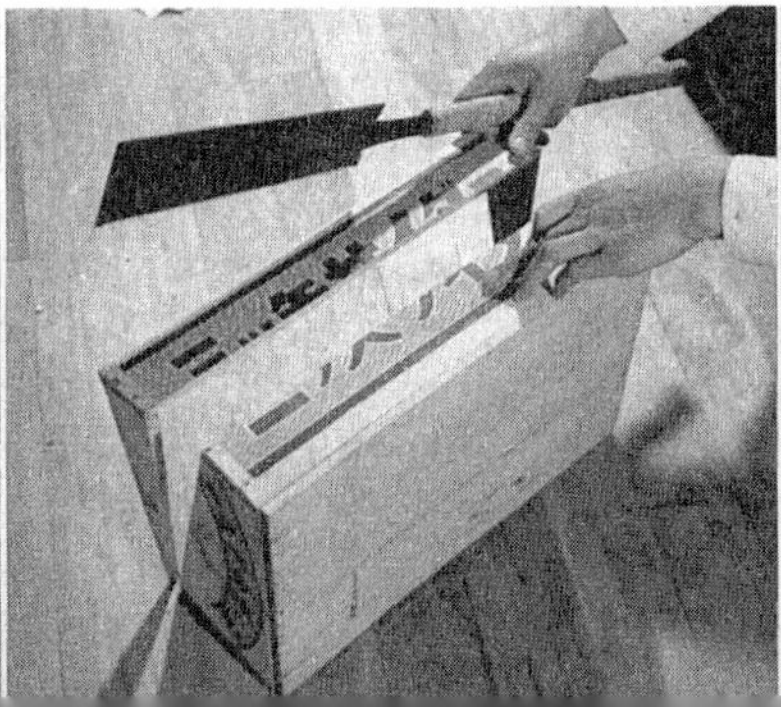

4 三角型の上端に、元のビール箱の蓋を打ちつけます。釘の打ち方に注意して、外側に出ないように

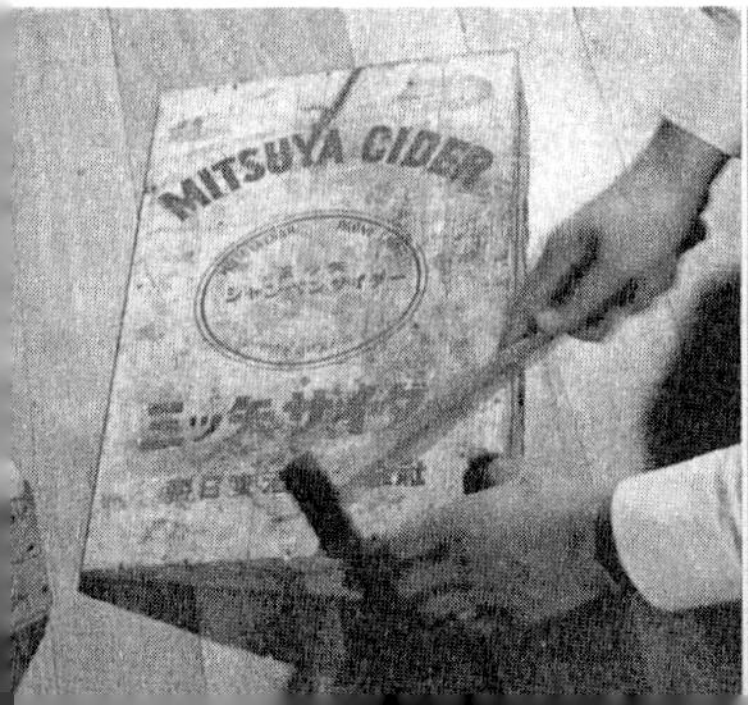

幾通りに
化する化

これはビール箱を斜めに切つたと
す。つまりビール箱の蓋は大抵一枚
かりに一枚板だとしても反つてしま
す。普通は裏からサンを打つのです
も味気ないので、こうして斜めに切
角の部分がサンの役目も果している
もないサイダーの箱が左の様にスマ

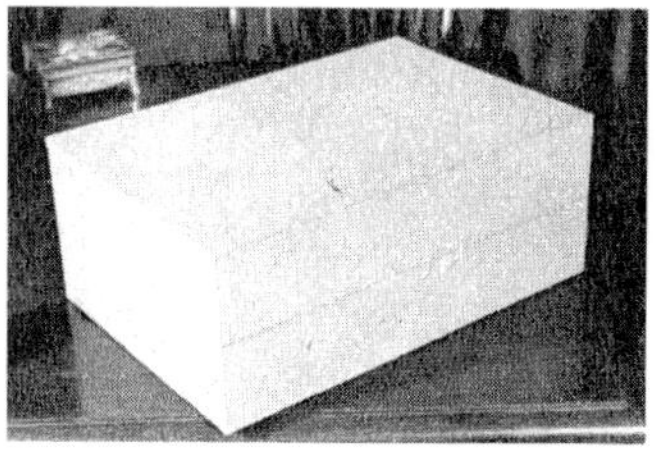

C

Aの写真と同じものですが、それを縦においたものです。この場合は中段に小さな棚をつけたいと思います。部屋の隅に右端をピッタリつけると、蓋を開けたとき全体が壁に接して安定感があります。

D

これはBと同じものをタテにしたものです。部屋の陽や、机の横の方においてあつても、蓋をあけると鏡は斜めに向つていて大変都合がいゝです。あけた時変化があつて、とても面白いと思いました。

---

5 出来上つた二つの箱に、それぞれ新聞紙を貼り廻します。ビニール塗料を塗ればコッテリ上ります

6 出来上りは下の写真のようになります。貼つた紙がブカブカにならぬよう、又、塗り方もムラなく

7 上蓋の内側に鏡をとりつけます 5ミリの厚さの鏡が350円です。止めつけはネジで簡単に出来ます

8 二つの箱を蝶番《ちようつがい》で止めつけます 切り口をきれいに揃え、両方を閉じたら元の四角い箱になるように

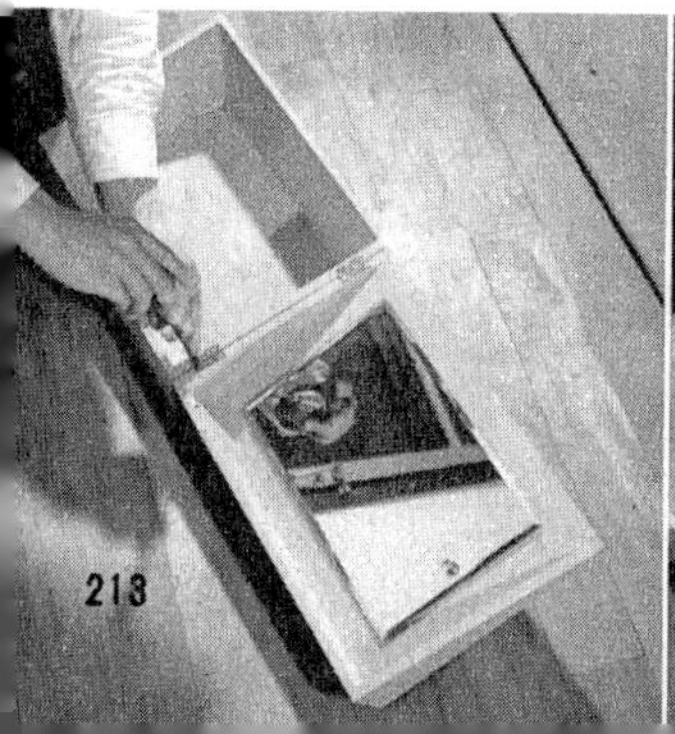

〃若草物語〃それいゆ それいゆ
のスカーフ・ハンカチ・ネッカチーフ

メッグ

ブーケを手にしたメッグはフローラルプリントのよくあうジュニア。地色は淡いライラック、ピンク、くすんだ若草と三色あります

ベス

大人しくて音楽の好きなベス。大きなフローラルプリントの服を着てます。地色はクリーム、サックスブルー、サモンピンクの三色

ジョー

読書の好きなジョーはスポーティな感じをもつています。ネイビーブルー、グリーン、レッドの地色にマッチした縞の服を着てます

エイミー

末つ子のエイミーは水玉模様のドレスに大きなエプロンをしています。地色にはサックスブルー、ピンク、レッドの三色があります

〃若草物語〃のスカーフ

皆様お待ちかねの中原淳一先生がデザインされたスカーフが新らしく売り出されました。

模様もあなたがたがきつとお好きに違いないと思われるオルコット原作「リトル・ウイメン（若草物語）」の四人姉妹です。

そして彼女達、メッグ、ジョー、ベス、エイミーが性格や雰囲気によつて、一人ずつ極彩色でプリントされている美しい豪華なスカーフなのです。

通学や通勤のオーバーの衿元に、ちよつとおしやれをして外出する時に、さつと締めると、素晴らしく洒落たアクセントになることでしよう。

又三角に折つて被つてもいいし、「昼下りの情事」でオードリイ・ヘップバーンが扮したアリアーヌのように被つてもいいし、そのほか、あなたがたが自分にピッタリする素敵な被り方を考え出して下されば、それはそれで一段と個性的で新鮮なアクセサリーとなつてあなたがたを美しく彩どるにちがいありません。

四人姉妹で揃えたり、仲よしグループで揃えると一層たのしいものになるでしよう。

値段各　六五〇円

それいゆハンカチ

すでに誌上でご紹介しました13点のほか瑠根先生の五点と〝それいゆ〟でおなじみの鈴木悦郎先生の一点が新たにお目見得しました。

21　エッフェル塔のあたりを散歩する素敵なパリジェンヌ

22　ブーケを手にしたスラックスタイルのジュニア。

23　瑠根先生自ら「チャーミングムード」の名で呼びます

24　おしやれな「ベラ」が外出着ですましています。

25　とても可愛い坊やと嬢や達。仔猫の〝ジジ〟も一緒に

26　悦郎先生のデザイン〝サモンピンクとグレーの水玉の中に四人の少女がいます。

21から25までは瑠根先生のデザインで、地色は水色、白ピンク、クリームの四色です

値段各　八〇円

23
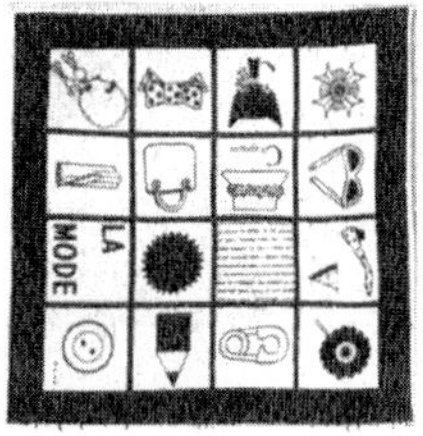

22

21

26

25

24

それいゆネッカチーフ

先に発売しました、内藤瑠根先生デザインのそれいゆハンカチが、ジュニアのみなさんの間で大好評。あの独特な可愛いカットが飛んだハンカチを、大抵の女性は、持つている程でした。

そろそろ冬の訪れを感じ、クリスマスも待たれるこの季節に、今度は、みなさんに上の写真のような、内藤瑠根先生のかかれた〝それいゆネッカチーフ〟をおおくりいたしましよう。

みなさんのお気に入りのブーケ、プードル、カル、等が美しくおかれていて、とても楽しいものです。

コートの衿からちよつとのぞかせたり頭にかむつて装いのアクセントにして下さい。なお、色は各々の説明のところについている色だけです。よくお読みになつて御指定下さいますよう。

値段各　四五〇円

1　黒、赤、黄、若草色の布の上に、丁度カットを描いた紙を貼つたようなしやれた感じのもの。真中では少女がほほえんでいます。

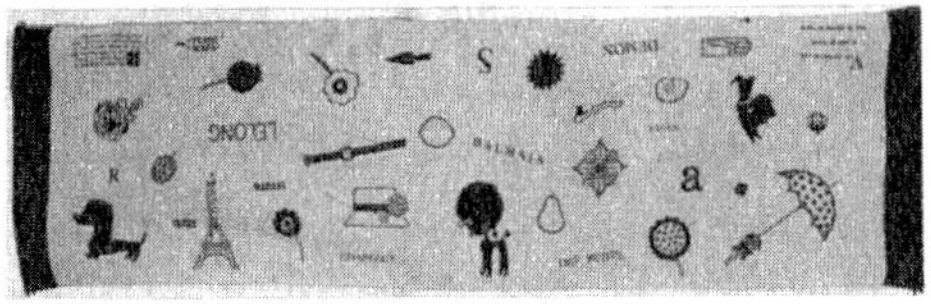

2　みなさんの好きな花、仔犬、帽子、靴などが沢山飛んでいるとてもたのしいもの。色は黒、赤、黄、若草色の4色あります。

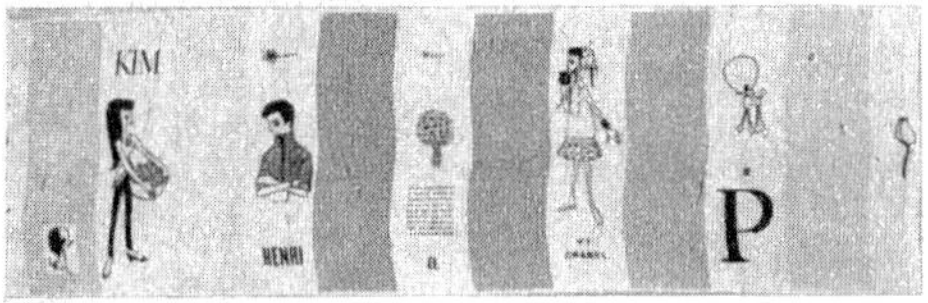

3　短冊型に、赤、黄グレイ、サモンピンクの色が並んで、白地のところには、素敵なジュニアやプードル、ブーケがおかれています

4　ちよつとシュールな絵を思い出してしまうようなユーモラスなデザイン。レッド、オレンジ、グレイ、グリーンで彩色されてます

尚この“若草物語”のスカーフ、それいゆハンカチ、それいゆネッカチーフは、デパート有名小売店で発売されていますが、通信販売の便宜もおはかりしております。御希望の方は、種類（スカーフとかハンカチ）と写真番号（又は名前）色を御指定の上定価に書留送料￥55（ハンカチのみ送料10円）を添えて下記へお申込み下さい。　☆申込先　東京都新宿区須賀町8　それいゆの店通信販売部

発売元　株式会社　ネモト

彼は誰れ？

日々数を増して行く高層建築の鉄筋のビルは、戦災後復興する都会の容貌を一変させ、一方には又、瀟洒なデザインを誇るモダンな住宅が、住宅難をよそに一般の人々の大きな夢がそこにはかけられているようである。

ここにとりあげる彼は、それらの人々の夢を現実に生み出してみせる建築家の一人、有能なる設計士である。山下寿郎設計事務所、これは日本でも屈指の事務所だというが、彼等がこれ迄手がけて来たものにはラジオ東京テレビ局とかNHK放送会館他、幾多の貴重な仕事が残されている。百名を越す所員の中にあつて、彼の仕事ぶりとその技術には定評のあるものだが、丁定規と烏口、向つたケント紙の上に描き出すそのビルの構想は、決して単なる技術だけの問題ではなく、設計する彼自身の内に蓄えられた美しい夢、高度なセンスによるものが多いといえよう。

さゝやかではあつても近代的な美しい夢を持つた合理的な一般住宅の設計から、総工費何十億円、何万坪にものぼる豪華なものまで凡てが創造の喜び、芸術的な意欲に支えられて、彼の毎日を生甲斐のあるものにしているようだ。一つの作品に取りかかつて三、四ケ月から長いものは二ケ年にも亘る倦くない机上の地味な仕事だが、それに託された使命は又、真に大きい。以下、写真でその毎日を追つてみよう。

近代建築の粋は彼のこの熟考の中から生れる。製図台を前に明晳な彼の頭脳は、研ぎすまされたその鉛筆のシンにも似て、やがて一線々々の中に美しい夢を折込んで建物の容姿をひきだしてゆく

朝の出勤。東京の街のど真ん中、丸の内にある事務所へビルの谷間を歩いて通う彼だ。出勤九時十分、退社は五時、規則正しい生活が、彼の仕事に、又その性格にも似つかわしいものゝようだ

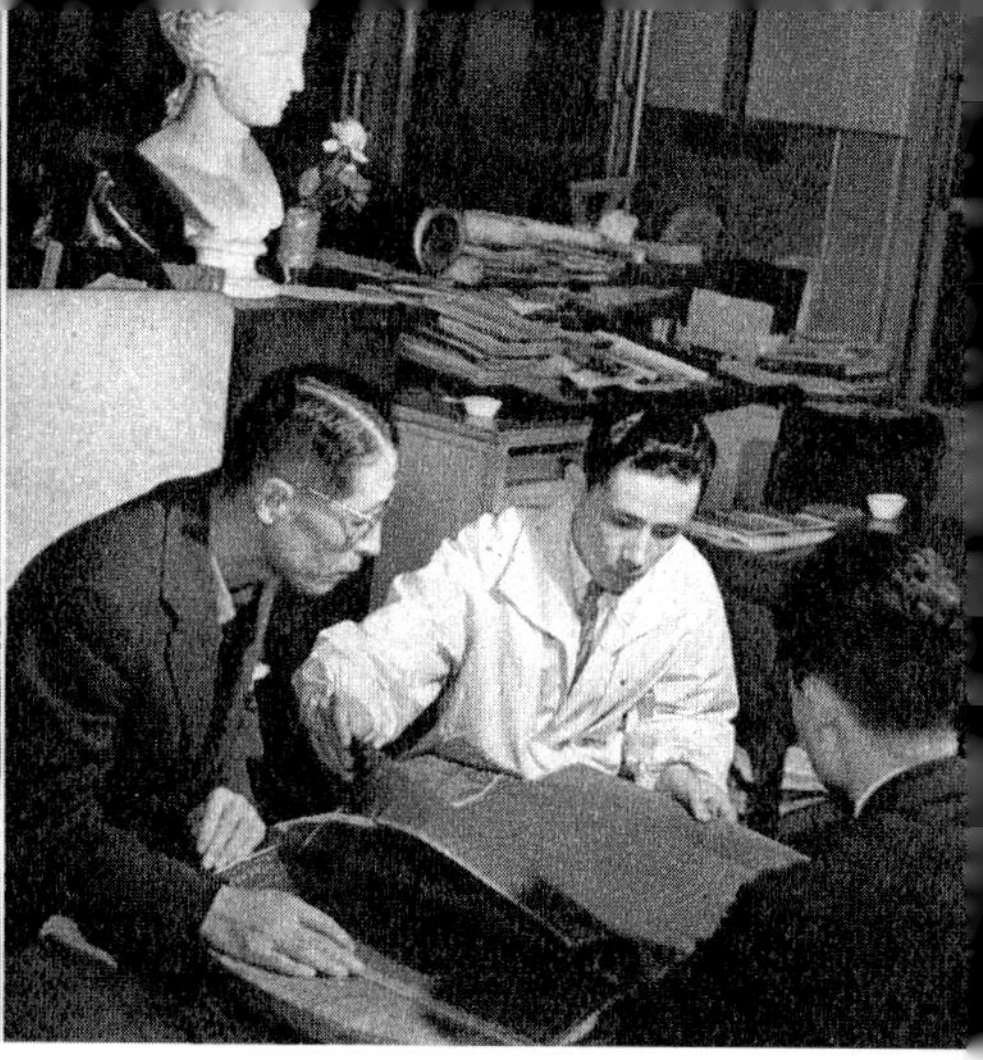

現場で工事主任と打合わせする彼。すべての工事は彼の手で作られた設計図にもとづいて進められるわけだが、そのために地方現場に出張する事も多い由。巨木と鉄骨の中で生甲斐を感じる一刻

石膏の白い豪華な建物の模型を前に苦心の成果を話し合う彼。設計図から模型完成……、ここまでくれば過去何カ月かの苦心も酬れたように感ぜられるという。写真の模型だけでも十万円との由

依頼主との交渉。何千万、何億円という建物になればなるほど、その検討や準備も一案から二案…十案と完成までには想像もつかない苦労がある由。青写真を前に真剣な打合せと検討をする一刻

完成間違かの建物の一室、これはスタジオであるが、冷暖房装置の通風量調査に余念がない。又特に音響効果などのテストも慎重になされるというが完璧な仕上げに細心の注意が払われるわけだ

ズラリと並んだ書架に参考資料を拾う。かねて各国の有名建築には関心を寄せている彼だが、実際の案を生みだすには並大抵の苦労ではない。充分な勉強と洗練されたセンスの要求されるところだ

それぞれ静かな落ちついた雰囲気を持つて仕事している設計事務所だ。主任技師・興氏と図面の打合わせをしている彼。下案に描いた自分の夢と構想はこうして説明され着々実際へ移されていく

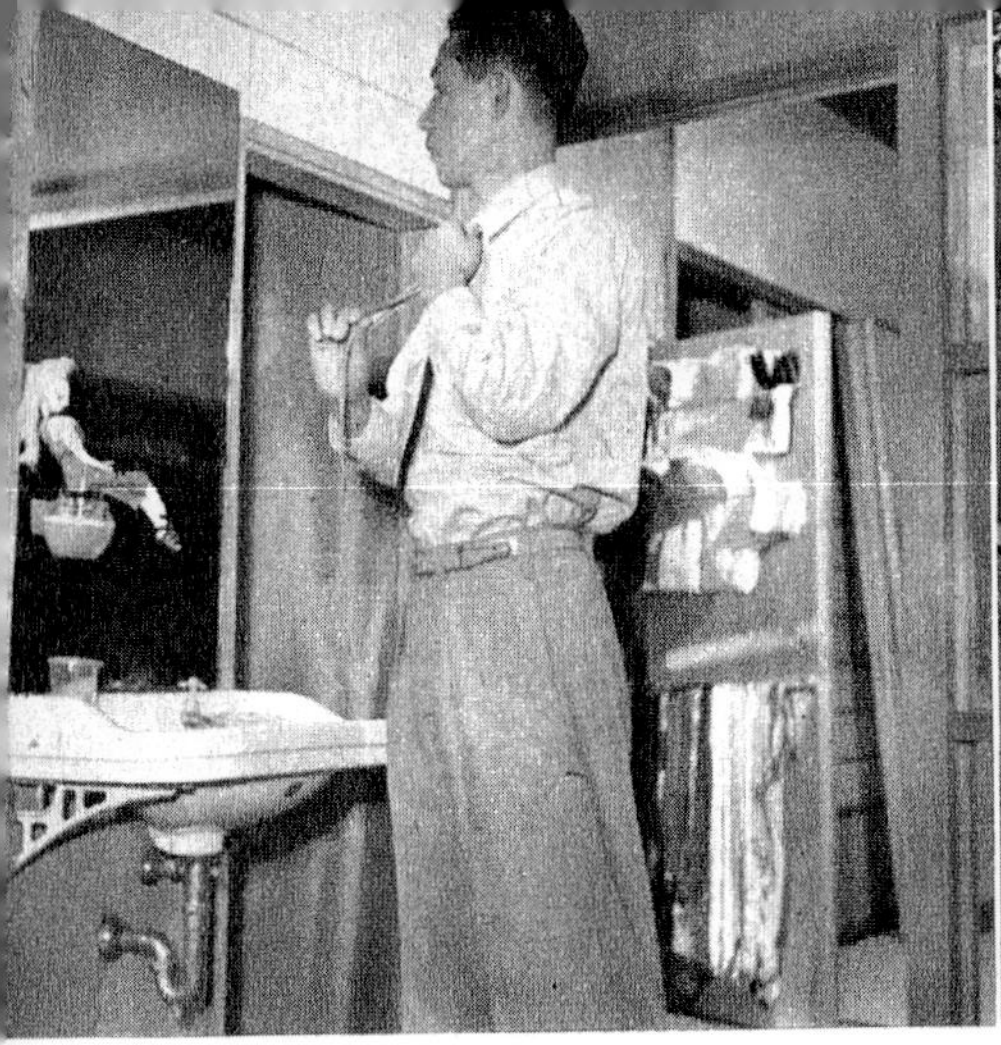

彼は兄夫婦と母などが住む母屋から離れ、別棟に一軒の家を一人で持つている。八畳間に四畳半玄関、洗面所つき。板の間は応接室風に使い、別に写真のための暗室もあるというから立派なもの

やはり職業柄、というよりはむしろ趣味として大工仕事をよくやる。玄関脇に装飾棚を作り洗面所を工夫する。自分の手で合理的に美しく作れる彼は器用だ。この仕事場は将来は炊事場になる由

彼の家は横浜の高台にある。兄の子供をつれて日曜日の散歩。優しい彼の人柄によるのだろうがとても馴ついて側を離れない由。仕事を離れて家に居るときの彼は呑気な性格を丸出しにしている

8ミリに撮して来たフィルムの現像から映写機まで備つているというから、彼の写真は趣味以上の本職に近い。これは右の白鳥の育ちを写したフィルムにタイトルを構成して一本に纏めるところ

これは彼の設計した住宅の一つ。完成した家を今一度調査する彼。満足な結果が出たかどうか、すごく気にしている彼だが、明るいベランダに冴えたクリーム色の建物が見た眼にも素晴らしい。

事務所から程近い宮城のお濠端。彼の趣味だが愛用の8ミリを携えて白鳥を写すことに余念がない。彼はこれまでに白鳥の生い立ちを撮り続けて遂に一本に仕上げたという自慢話を持つている。

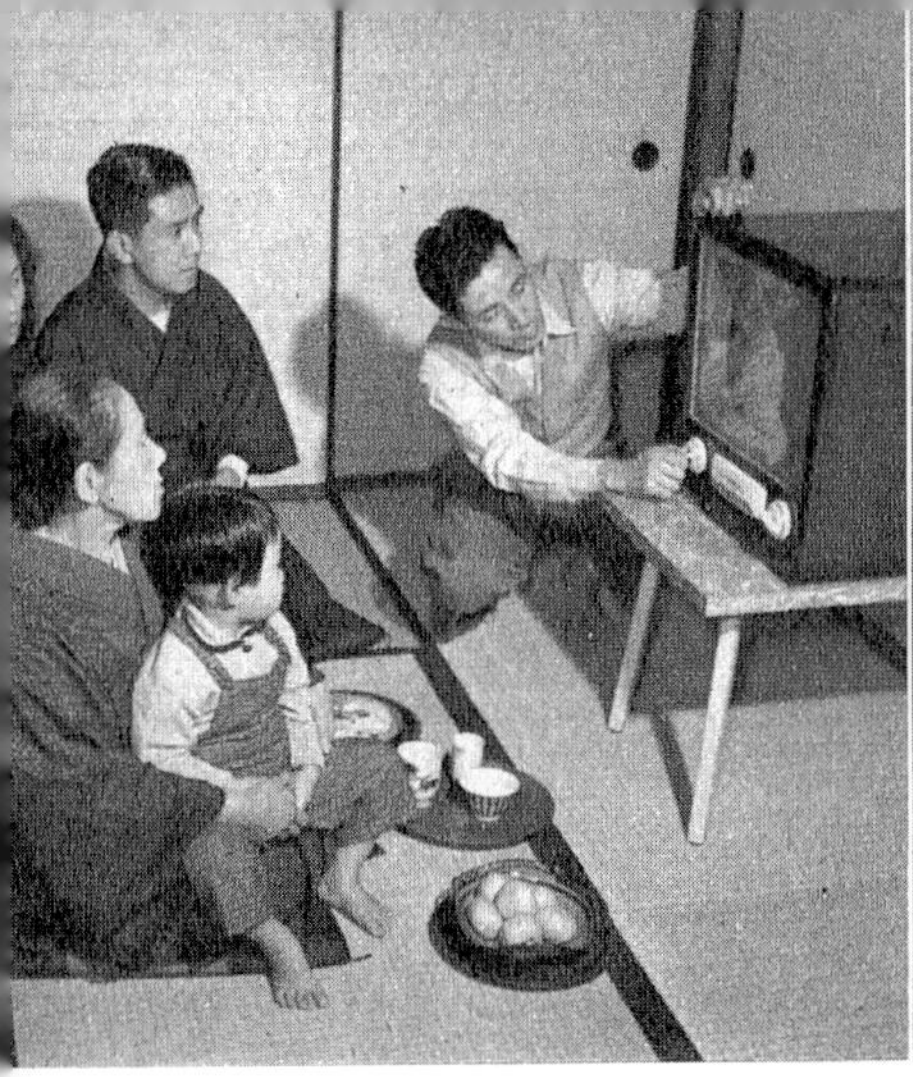

夜、母屋へ行つて家族の皆とテレビを娯しむ。母、兄夫婦、妹と揃つたところは、全体に落ち着いた雰囲気だが、彼の温和な性格もこうした中で出来たところか？　恵まれた家庭にいる彼の姿だ。

彼のコレクションは、カッパの人形を集めていること。一人ひつそりと自分だけの生活を楽しんでいる折々、それらを取り出してみてはその数を楽しむ…というのも彼の性格の一端を示すものだ。

スキーは彼の自慢のスポーツの一つ、相当な技術らしいが、登山も又彼の趣味にあつたものらしい。一人自然の中に浸り切つて、眼の前の草原に一大ビルの構想を描いてみるのも彼らしいものだ。

世俗な意味で、一人自分の生活を堅実に生きて行つている彼の毎日だが、そこには余裕のある生活ともの静かな落ち着き、そして上品な身のこなしと態度を失わない彼の性格がよくにじみ出ている。

昭和二年生れ、この世界では既に彼は独身のベテランと目されている有能さだが、やはり仕事柄、一人前の技術を身につけるには相当の年期がかゝるという。悠々として製図台に向い続けて来た彼の気まゝな性格と一種超越した気分のゆとり、そして又仕事を何よりも愛し続けた情熱がそこにはあつたのである。

しかし、も早や彼は現在自分の生活を確固たるものに築き上げ、新しい家庭の生活を作りたい意向を洩らしている。

彼の名は**鈴木二郎**。堅実な頼もしい青年と銘記したい。

静かな一刻を読書に。改つて机に向うことは余りないという彼だが、やはり専門書を手にして頁をくると何となく心が落着く。明日の素晴しい設計図もこうした雰囲気の中で培われるのだろう。

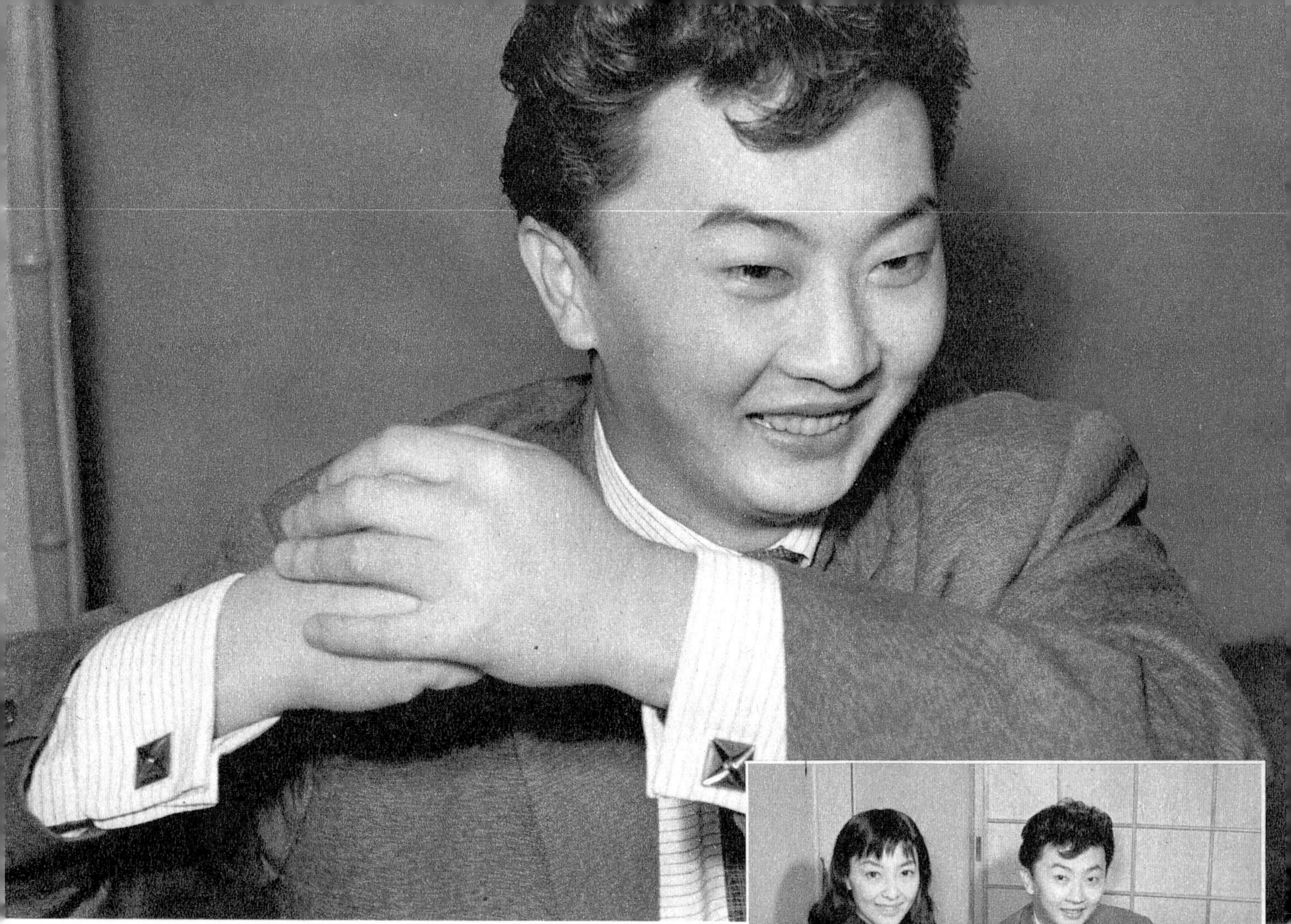

明るいスポーツマン歌手旗照夫さん

結婚も早目にしたいという

聞き手　大内順子

顔の丸いのが気になる

大内　お忙しそうですね。旗さんの歌は勿論ですけど舞台も割あいよく拝見しているんですよ。旗さんの舞台の印象って……

旗　まず、顔が丸い！　そうでしょ？　誰だっていうんですよ。だから困っちゃう。（笑）

大内　でもとても可愛いくていいじやありませんか。

旗　顔が丸いって…これでとても気になるんですよ。いつだったか、あれは一番ショックを受けたナ、有島さんの「おかつぱさむらい」というのがあったんですよ。それに〝青天〟（註、町人風のカツラ）被らされたんですよ。まあ普通のカツラならまだね（笑）でも有島さんはおかしくない、絶体おかしくないってね、カツラ屋さんがうまいって言うんですよ。でもイヤだったなあ……。

大内　その時の写真、ないンですか

旗　ありませんよ（笑）

大内　あればいいのに（笑）

旗　それをね、テレビフィルムで僕観たんだけど……思ったほど丸くはなかった……（笑）

大内　随分、丸い丸いって気にしてらっしやるけど、そうかなア。

昭和31年、大阪梅田コマ劇場のコケラ落し、「今日は楽しい木曜日」という題で文中の話題の一幕

旗　それと今ね、あの日劇のフィナーレでね、太鼓たたいているんですよ、日蓮宗の……。ところが出る前に、みんなにからかわれるですよ。僕の顔みて、そして太鼓と見くらべたりして…（笑）だから、もう…。

大内　じや、四角い太鼓を使えばいい……（笑）

旗　なにしろ、皆んなに言われるから、つくずく僕も丸いんだなあーつて、最近思ってる……。（笑）

ジャズとミュージカルを半々に

大内　ところで、旗さんのデビューなさったのは、何時頃なんですか？

旗　最初は放送なんです。公開録音でね、あれは確か二十九年三月かな

大内　でも、その前から歌ってらしたんでしょう？

旗　高校三年の時、卒業間近かだったんですけど、ハワイアンバンドかなんかで……

大内　確か、旗さん、お姉さまがその頃は歌っていらしたンですね。

旗　姉は初め宝塚にいて、戦争で止めたんですけど、終戦後、有楽座で実演のショーをやっていた頃。

大内　じや、そんなご関係で、初めから歌の方は……

旗　えゝ好きだったんです。学校が休みだと朝から晩まで観に行ったりして。

大内　最初にお歌いになったのは？

旗　放送で歌ったのは「ドミノ」…「味の素ミュージック・レストラン」という番組があって、あれのヒットパレードで……。

大内　私もよく聞いたわ。あの「チエミと歌えば」というのは、もっと後ですか？

旗　えゝあれは…かなり後。

大内　楽しみにして聞いてました。（アルバムを手に）この写真はコマ劇場の時のかしら？

旗　大阪コマ劇場のコケラ落しです

大内　すごく素敵ですね。

旗　自分では、その舞台が一番思い出として残っているんですよ。一応、タップシューズ穿いて、歌うだけでなく踊ったり、セリフもあったし……初め、うまく出来なくてね。これは実はパントマイムなんですよ。横に彼女がいるつもりでね、女の方と両方一人でやるわけなんです。

大内　両方やるんですか、女の方も

旗　えゝ、すごくテレちやって……

大内　観たかったなア（笑）

旗　こっちで女の方やっているときキートンさんが乞食になって出て来てね、隣に坐ってしまうので間違ってキスしちやう場面なんです。（笑）そしてお互いに後で慌てて唾はき合う場面もあって、それがとってもお客に受けてたんですよ。でも、これは、やっぱり苦しかったから一番印象に残っているんですね。

大内　旗さんはミュージカルの、こういうのをやるのはお好きですか？

旗　そうですね。歌にとってもプラスになると思うんです。歌も芝居のセリフと同じだろうと思うんですけどね。セリフに結局、節がついて…まあ語っているようなものですね。だから、芝居の心がなかったら歌ってものは上達しないんじやないかな

大内　あゝいうミュージカルだと、ポピュラーなものは、あまり歌わな

旗　照夫さん

コロンビヤ専属。ジャズ歌手。昭和二十九年三月，ラジオ東京に初放送。代表曲には「ハッシャバイ」がある。現在，東京日劇，コマ劇場，大阪梅田劇場等に常時出演して多くの人気を集め，最近はジャズだけでなくミュウジカルの舞台に意欲的な躍進が見られる。昭和八年東京生れ

欲を言えば、ジャズとミュジカルを半々ぐらいに

いでしよ。どちらがいいですか？

旗 僕は、やつぱりジャズの歌が好きだからジャズを歌いたいんですけど、結局あゝいうところへ入ると、小さくても、一つのそれぞれ性格を持つたものをやらされれば、その気持でやらなければならないンで、歌は第二次的なものになるのです。

大内 それはそれなりに、面白くて楽しいんでしようけどね。

旗 自分でも好きです。しかし、欲をいえば、半々ぐらいにやりたい。

全体に着物は地味なのが好き

大内 誰にだつたかしら、すごくおしやれだつて伺つたんですけど。

旗 えつ、とんでもありません(笑)

大内 お家にいらつしやる時は、着物が好きなんですか？

旗 えゝ、気分の落着いた時だけですね、着物を着るのは。でも大抵、家に帰ると、ねまき着て寝てしまうくらいだから……。

大内 そうでしようね。着物きて、ゆつくりする……ということは、あまりないでしようから。

旗 着物は僕自身好きだし、女の人の着物着ているのはいいですね。あまり派手なのは好きじやないけど……。特に女の人が黒の着物着た時、一番好きなんです。女の人がよく真黒なの着るでしよう、結婚式とかお葬式の時とか……

大内 だからつて、年中あんな着物着てられない。(笑) 旗さん着物はどんなものがお好きですか？

旗 紺とか無地。僕は紬しか着たことがないけど……。

大内 背広なんかはどんなのが……

旗 やつぱり、濃紺ですね。

大内 ちやんとドレスアップして着るのと、セーターやなんか、こう崩して着るのと、どつちがお好きですか？ もちろん場合にもよりますけど……。

旗 どつちかといえば、スポーティなものが好きです。

大内 何かすごく可愛い感じのがお似合いになるんじやないかしら。中原先生のセーターなんかお似合いになりそう……。

旗 なか〳〵既製品じや合わないんですよ。袖の太さやなんか……胴廻りはそうでもないんですけど(笑)

大内 じや、いつも御自分でデザインなさるのですか？

旗 いえ、外を歩いてて気に入つたので合うのがあれば買います。

大内 お兄さまに相談して？

旗 買物の時は全然相談しませんけれど、洋服仕立てる時は大抵ついてきてくれます。

大内 お兄さまはその方のご専門だから、いい相談相手になつて頂けるわけですわね。全然御兄弟仲がよさそう……。

兄貴の心づかいがこたえる

大内 旗さん、お家の方のことですけどね、お宅ではよくわかつていらつしやる方たちばかりですから、いろ〳〵批評が多いでしよう？ お姉さまなど、特にその道でいらしたから、今度の歌はどうだとか、舞台はどうだつたとか……

旗 そうですね、あまり家ではいいません。家へ帰つて聞くのはいやなんです。時々、言うとすれば兄なんですけど、あまりうるさくは言わないんですよ。何かまずいことがあれば、とても言い難くそうに、ボソッと(笑)……それもほんの時たまのことです。

大内 ガン〳〵言われると、かえつていやになつちやいますけど。

旗 えゝ、いつかね、楽屋で僕ポーカーしてたことがあるんです。兄貴そんなの嫌いなんですよね。雰囲気が良くないつて言うんです。それも初めはたゞ不機嫌な顔しているだけでネ。僕は分つているんですよ、どういうこと考えているのか。それでも知らん顔していたら、しばらくして部屋を出ていつたんです。そしたらね、後に置き手紙がしてあつたんですよ。あまり好きじやないし、雰囲気が悪いから止めてくれ、つて……この時は参つちやつたなあ！

大内 すごく、やさしいお兄様ですね……。今、やつぱり旗さんのマネージメントもやつて下さつてるンですか？ お兄様。

旗 えゝ、そうです。でも今は自分の仕事の方もとつても忙しいらしいんですよ。

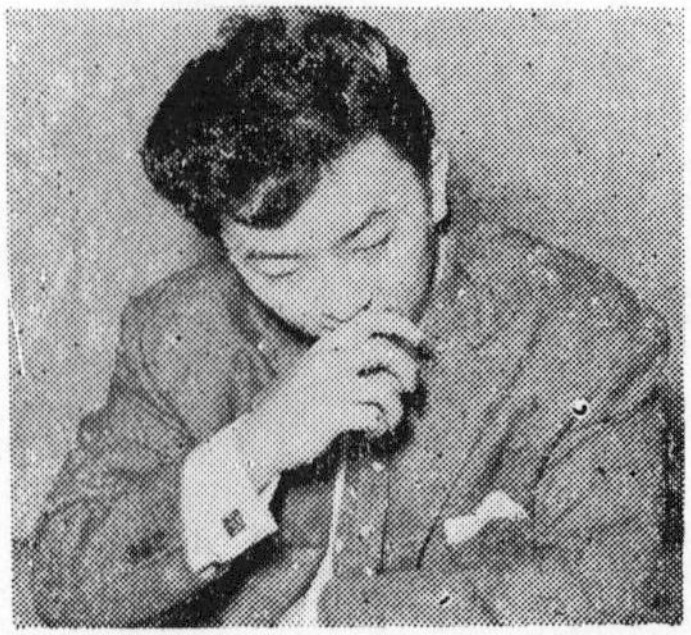

兄貴ね、後でソッと置き手紙して出て行つたんですよ。この時は全く参つちやつたなア。

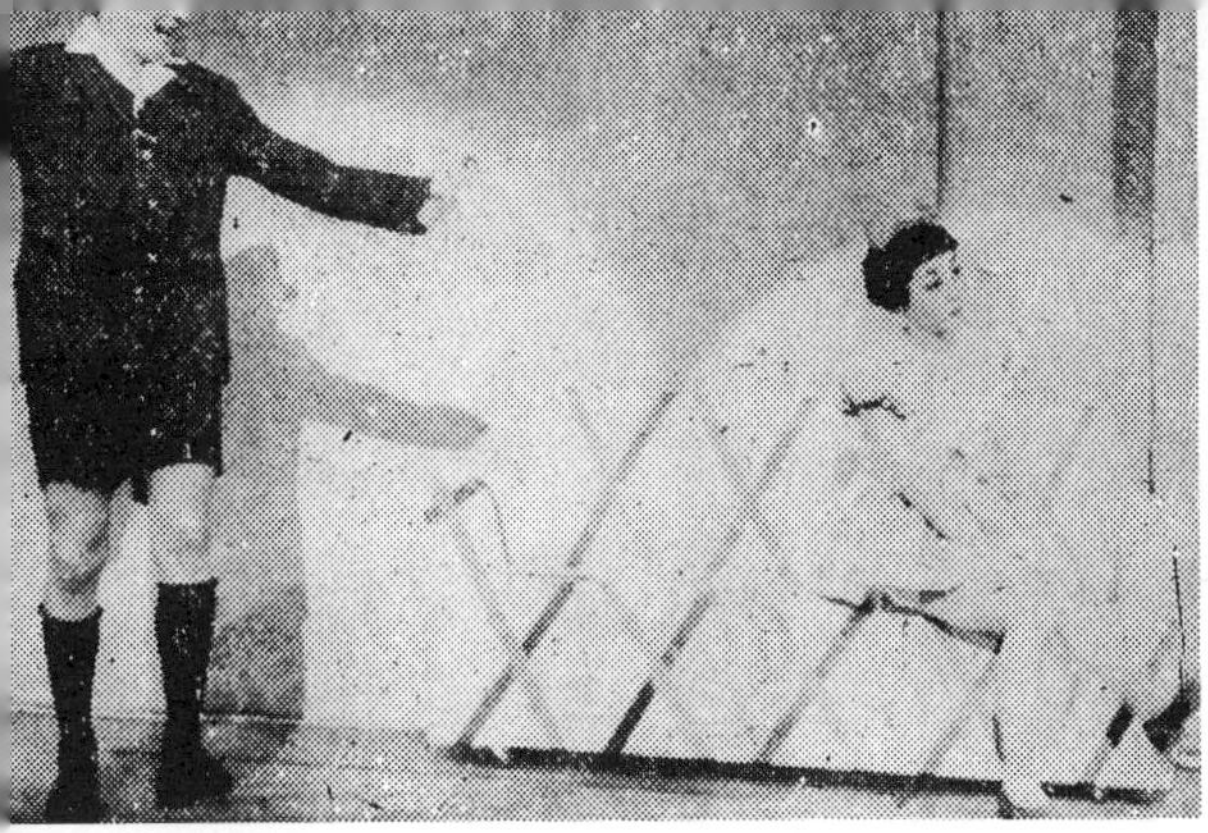

大内　そうですよね。雑誌もあるし、それにショーだ、TVだつて昭二さんご自身のお仕事の方だけでも……その上……

旗　こんどクラブ作つたでしよう？

大内　SOSですね。

旗　あれが又、まだ出来たてで大変らしいんです。

趣味はスポーツを楽しむこと

大内　写真は……とてもお上手だつてうかがつたんですけど……

旗　人物はあまり撮つたことないんですよ。スキーに行つた時、雪の写真をよく撮つたんです。

大内　そう、スキーはよくいらつしやるんですか？

旗　えゝ、毎年行きます。

大内　じや今年もそろそろ……。

旗　高校一、二年の頃からやつていましたけど、今は足を折つたりするのが恐いから、あまり無茶しないんです。

大内　他にスポーツは？

昭和32年、大阪北野劇場「秋のおどり」の舞台。珍らしく子供の服装で"マリアンヌ"を唄う。

旗　学校の時、野球部にいたんです

大内　ポジションはどこ？

旗　学校の時はサードをやつてたんです。今でも試合などあると、朝八時からといつても、もう六時半頃には起きてしまうのです。（笑）お酒も前の晩は飲まないし、空気はいいし体にとつてもいいですね。僕等運動してないと、体の調子が悪くなる方だから、今みたいに地下室の楽屋だけにとじこもるというのは苦手ですね。その点、映画の方はスタジオ以外はロケなんかに行けるし、いいなあと思う。日光に当る機会がないから困つちやうんですよ。

大内　そうかも知れませんね。

旗　だから、野球となると張切つちやう。結局、趣味といえばスポーツをすることと見ることですね。

大内　ボーリングなどよくなさるんじやないですか？

旗　えゝ、時々行きますけど、最近すごくこんでるから……。

大内　スポーツ以外には……

旗　マージャンは僕ね、小学校四年の頃に覚えましたよ。

大内　ワーませてるなあ（笑）

旗　おやじが好きでね。よく家庭マージャンやつていたものですから、今でもやりますけど……。

大内　お酒はよくお飲みになるのですか？

旗　酒はね、僕、初め全然嫌いだつたんですけどね、飲み始めたのは三年前かな。ビール飲み出して、それで肥つたんですよ。

大内　あら、ビール飲み始めてからなんですか？

旗　昔の写真は、皆がびつくりするくらい骨と皮だつたんです。

大内　昔つて、いつ頃？

旗　高校三年から歌い始めた頃、でも皆の説によると、やつぱり肥つていた方がいいらしいです。

大内　それはそうですね。

旗　ある程度肥つていた方が声は出ますね。

大内　そうでしようね。ビールはどのくらいお飲みになるんですか？

旗　今はブランデー飲んでいます。でもタバコは全然吸わないですよ。

大内　そうですか、やつぱり、のどのために……そうではないんですか

旗　大体嫌いだつたし……タバコはよくないらしいですね。

大内　食べものは？

旗　肉が好きかな、お魚はあまり好きじやないんです。果物は割と好きです。梨、柿、栗、メロン、西瓜、殆んど食べますね。でも夏蜜柑は好きじやないナ、あまり。

大内　車はいつも御自分で運転なさるンですか？　夜なんかお疲れになるでしようね。

旗　知つてる道を運転している分には疲れないんですけど……夜は前から来る車のライトで目が疲れます。家へ帰る時はまあいいんですよ。どうしても帰りたいから……。（笑）飲んだり遊んだりしたあとで、人を送つて行くのがつらくてね……

大内　車を持つていると、どうしてもね、しようがない。

旗　疲れると自然飛ばしちやうんですね。早く帰りたいから。この間知つてる人が百二十キロ飛ばしてネ。

大内　ウワー、すごい！

旗　よその家に飛び込んで、顔を何針か縫つたとか、肋骨を折つたとかしちやつたンだけど。それがネ、ウソみたいな話なんだけど……。ブーンと道から庭を飛びこして家の土間へ入つちやつた。庭にタイヤの跡がないんですヨ。（笑）

大内　まあ……コワイ。本当に？

旗　えゝ、そしたらすぐ前にその家のご夫婦が寝てたんですヨネ。奥さんが車を見たらワーッて泣き出しち

やつて、泣きやんだとたんに、そのまゝ気が遠くなつて卒倒しちやつた。

大内　そりやア、びつくりするワネ。

旗　車のドアも何もグチャグチャで外へ出られないンですヨネ。窓のガラスはこわれてるし。するとネ、運転してた友達がヒョイと見たら、破れた窓のそばに、丁度そこの家の電話があつた、そこで破れた窓から手をのばして（仕草をしてみせる）警察へ事故の通知の電話を掛けちやつた。（笑）

大内　旗さんのお友達といえば、どんな……？

旗　友達として本当に友達らしくつき合つていられるのは、学校の時の友達ですね。例えばスキーや何かに行くにしても、いつも学校の時の一緒に行つた同じ連中としか行かないんです。何というか、本当に学生時代にもどれるんですね。遊んでいる時に仕事の臭いがするのはいやなんです。

将来、静かな日本の子守唄を

大内　それから、何か将来のことで……。映画にお出になる気はありませんか。

旗　何か面白いものがあつたら、やりたいとは思うのですけれどね。

大内　やつぱり、ミユージカルなど……歌つてお芝居して……というようなもの？

旗　学生ものの何かスポーツものをやりたいんです。

大内　いいでしようね。ファンなんか、すごく喜んじやいますわ……。それから今、日劇では？

旗　「砂に書いたラブレター」とか「ユービロング・マイハート」などそつちの方はデュエットなんです。

大内　今までお歌いになつたもので何が一番お好き……

旗　やつぱり、自分の印象に一番残つているのは「ハツシャバイ」

大内　あれが代表曲目みたいですね

旗　それから「枯葉」も好きです。好きでも、やつぱり毎日々々歌つていると、あまりいい気はしないですけどもね。

大内　これから唄いたい歌というような……

旗　今、特にこれを唄いたい……というものはないのですけれど、一番好きなのは子守唄なんですよ。自分の声にも向いているんじやないかと思うんですけど……。あまり明るいリズミックなものは得意じやないんです。それでも今は、いろ〳〵なものをやつておかなければならないし……、特にこれをやろうと思つて特定したものを今はやつてないのですけどね、自分の好きなのは、静かな歌で、日本の子守唄のようなのが一番いいと思うのです。

　だから「赤とんぼ」とか「中国地方の子守唄」とか……あゝいう昔からの歌が好きです。

昭和32年、北野劇場「秋のおどり」、「頭に太陽を」という題の浮浪児役でシャンソンを唄う。

大内　でも、そういう歌を歌う方に転向してしまう……というのではないでしよう。ジャズの中にそういう……。

旗　えゝ、時々、そういうのをパッと入れると感じも変るし、聞いている人も親しみが加わると思うんです

大内　野球じやないけど、変化球にして……（笑）

結婚は出来るだけ早めに

大内　じや、旗さんの女性観といつたようなことを伺いたいんですけれど……

旗　女性観……困つちやつたな（笑）僕は年はまだ早いと言われてるンですけど今年、出来たら結婚するつもりでいたんです。

大内　アラッ！　そうですか、だつたら、ちやんと相手が決つているんでしよう？

旗　いや、相手がなかつたから流れちやつたんですョ。（笑）気持としては、僕は早目に結婚した方がいいと思つたんですよ。

大内　どういう意味で？

旗　結婚してからの方が、なんとなく自分の仕事が伸びそうな気がするのですけれどもね。おやじやおふく

ろなんかと一緒にいて、家庭的には全然不満はないんだけど、自分の家庭が欲しいです。

大内　一本立ちするという？

旗　仕事をやつていてもね、まだ我まゝが出てしまうんですョね。自分の家庭を持つて、責任を持ちながら仕事したいと思う。子供が欲しくてしようがないンですよ。（笑）あまり年いつてから子供持ちたくないし…

大内　パットブーンみたいに大学四年生で子供が三人いるみたいな…。

旗　あれは早いなア（笑）

大内　じや来年は、もちろんいい方がいらしたら結婚なさるおつもりですか？

旗　今年でも、もしいれば……

大内　まだ一月あるから遅くはないわね。（笑）じや、そのいい方つてのは？……

旗　やつぱり、自分で選びます。

大内　じや、その選ぶ……条件を…

旗　一番最初に考えるのは、子供が出来た時に、いいおふくろになれるかな……と思つちやうんです、女性を見る時。たゞ話したり、ワイ〱遊んでいて楽しいのとは違いますしね。恋人同志の期間というのは、とても短いだろうと思うんですよ。

まだわがまゝが出ちやうんですね。早く自分の家庭を持つて責任を持ちながら仕事したい

大内　先ず第一はいいお母さんになれる人……

旗　そして自分で信頼……というか何でも信用して任せておける人でないと……一寸でも後に神経が残つていたら、仕事に打込めませんからね。家庭をちやんと守れる人。

大内　それにはやつぱりお仕事のこと、よく理解した人でないといけないですね。

旗　ものわかりのいい人、何というかな、人間の融通性というか、臨機応変のセンスのある人。

大内　それから、一応、背はどのくらい、顔はどんな感じ……何だが結婚相談所みたいで変ですけれど……（笑）そんなことがあるんじやないンですか？

旗　背はあまり大きくない方がいいですね。あまり高いと圧迫感を感じて……いけないですね…（笑）

大内　大きくないといつても……

旗　五尺二寸くらい、いいんじやないですかね。三寸といつたら大きいですからね。

大内　それから、お年はどのくらい？…

旗　四つ違いくらいがいいんです。

大内　ウワー、むつかしいな。しつかりした人で、四つ若い人。……

旗　えゝ、結局、四つ若かつたら、まだ子供の人が多いンですよね。四つか一つ違い……だな。

大内　四つか一つ？…どうしてですか？三つや二つじやいけないんですか？

旗　どうもいけないンですな。僕はわりと年まわりをかつぐ方なんです。相性つて絶対あると思うんです。

大内　何年生れですか？旗さんは。

旗　僕は八年。

大内　八年は、一つか四つ違いが相性がいいんですか？

旗　……まずいなア（笑）僕は人間つて生れつき、性の合う人と絶体合わない人があると思うんですよ。

大内　そうかも知れませんね。でも好きな人がでて来たら、幾つ違いでも平気になるンじやないかしら……

旗　でしようネ、多分。

大内　でも旗さんなんか、周りにたくさんいらつしやるでしよ？　それこそ自薦他薦いろ〱と……

旗　とんでもない！　そういう話、一つもないんですよ、これればかしは探しに行つても、あるものじやないし……よろしくお願いします。

大内　かしこまりました（笑）

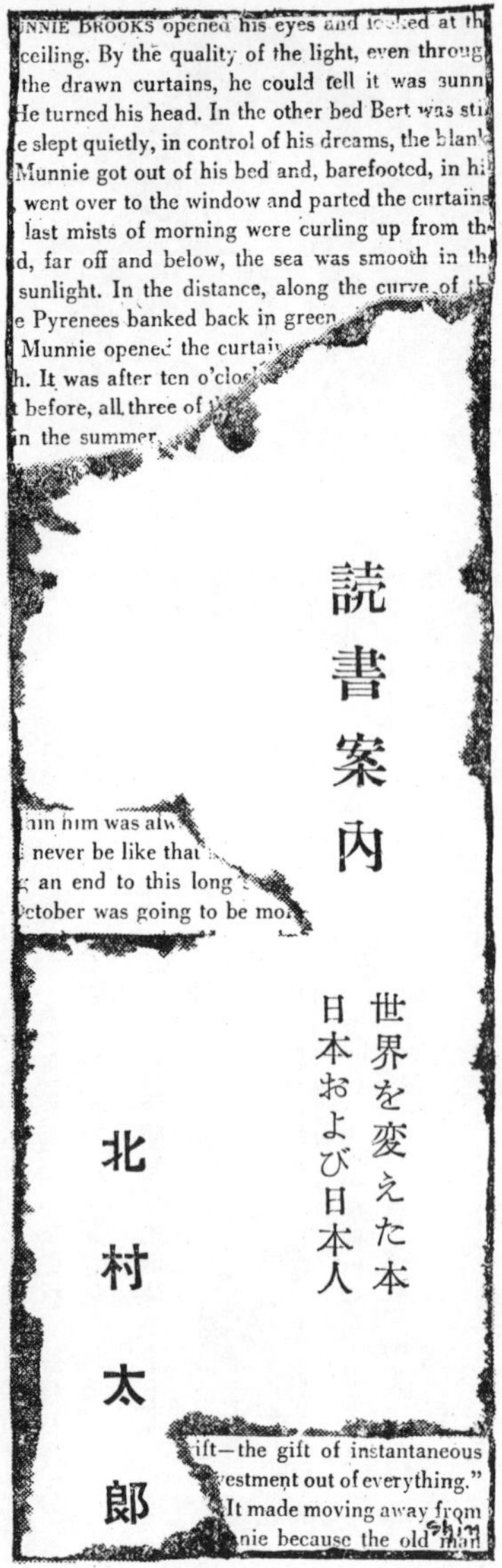

読書案内

世界を変えた本 日本および日本人

北村太郎

世界を変えた本

ロバート・ダウンズ著
木寺清一訳
荒地出版社刊
二一四頁　二六〇円

著者のダウンズ氏は一九〇三年生れのアメリカ人で、図書館学の大家だそうです。道理で、この著書にあげてある十六冊の本は、まことに種々雑多な部門にわたるもので、なかには、私たち日本人の多くにとつて、まつたくおなじみのない名前も散見しますが、それをまた、かなり巧みにダイジェストし、解説しています。

ダウンズ氏は、この中で昔から世間に大きな影響を与えた本を「人文の世界」「科学の世界」と分け、前者から十冊、後者から六冊の本をとりあげて、それらの本が、いかにして「世界を変えた」か、ということを述べているのです。「人文の世界」というのは、妙な言葉ですが、宗教、文学などを除いた「社会科学」関係の本のようです。

ダイジェストしたものは、どうしたつてもとの本とは違つた、別のものになるのは当然ですが、だからといつてダイジェストなんてアメリカ式でけしからん、浅薄だ、と頭からきめつけることもありますまい。信用できる筆によつてダイジェストされるのなら、読者はなにかを受けとるはずです。まして、なかなか読む機会のありそうもない本についてのダイジェストなら、読まないよりは、読んだ方がましだと思います。ダイジェストを読もうが、千ページもある完本を読もうが、個人の心の中に、ある事件が起りさえすれば、読書の効用はあるのですから。

ここに選ばれた十六冊の本は、文学・宗教を除き、自然科学・社会科学の部門に限られていますが、文学などの部門を除いた理由については、緒論にくわしく述べられています。選ばれた本の発刊された年代はというと、最も古いのが一五二三年、最も新しいのが一九二七年であり、量的にいうと、うすつぺらなパンフレットから数千ページの大冊にまで及んでいます。また、これらの本を書くに要した時間をみると、三、四カ月で完成したものもあれば、コペルニクスのように三十年かかつたものまであります。

著者のダウンズ博士は、万巻の書物の中から、なぜこれら十六冊の本を選んだのか——それは、緒論にくわしく述べられていますが、この緒論はなかなか要領よく書けており、著者の物の考え方も、当然のことですが、この部分に最もよくあらわれています。要するにマス（集団）としての人間を動かす力のあつた本、著者の言葉を借りていえば「ダイナマイトを背負つたような本」ばかりを選んで、いかに本というものが集団を動かす力を持つものであるか、ということを示すのが著者の意図なのです。著者自身、こういつています

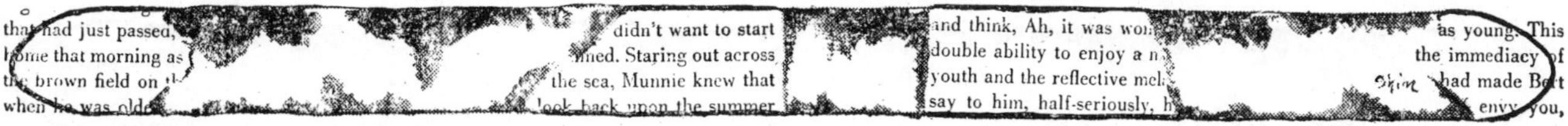

——「自然科学者たちを除外するが、ここに取り上げた本はみな、非国教徒、急進主義者、狂信者、革命家、煽動家等によつて書かれたものである。またそれらの本は、文章的にもなつていない、へたくそに書かれた本が多い……」

こういうわけですから、マスとしての人間に興味のない方には、あまりおもしろい本ではないかもしれません。しかし一方、マスとしての人間を考えてばかりいるひとたちが、いかに妙な考え方をするか、ということを知るには、格好の本であり、ひよつとしたらそこに著者の隠れた意図があるのかもしれません。（著者がいつているとおり、ここにとりあげられている自然科学者は話がべつです。ただし、六冊の科学の本のうち、心理学者のフロイトの『夢の解釈』は、厳密に自然科学に含めることはできないでしょう。ダーウィンも少々あやしい）。

たとえば、**『君主論』**の著者マキアヴェリは、人民に対する君主の心構えについてこんなことをいつています——「さてここにおいて、恐れられるよりも愛されるをよしとするか、愛されるより恐れられるを選ぶべきかの疑問が生じる……もしその両者の一を選ぶとすれば、愛されるより恐れられることの方が遙かに安全である。何となれば、総じて人は、恩を知らず、うつり気で、不正直であり、危険に対して小心、利に臨んで貪欲、恩恵を授けられる限り君主に尽し……危急が迫れば、彼らは君主に背を向けるものであるからである……」

また、「君主はどの程度まで約束を守るべきか」という章で、マキアヴェリは、約束を守る理由がなくなつたら、さつさと破つてしまえ、人間なんてすべて善良であるとは限らない、人民は常に不正直であり、不誠実である、従つて君主も誠実を守る必要はない。「いかなる君主も、誠実を破つたことに対するもつともらしい口実を見つけるのに当惑したものは、いまだかつてない」と、徹底したことをいつております。

さらに、君主というものは憎まれ、軽蔑されないようにすることが何より大事と論じ、人民に罰を科したり、およそ人民の不評を招くようなことは、一切「長官の責任」に委ねるべきだと、なかなかふるつたことを書いています。

みなさんは、こんな考え方をするマキアヴェリという十六世紀のイタリア人にいやな感じを抱くでしょう。しかし、実のところ、彼はマスとしての人間ばかりでなく、個々の人間の深いところをも実によく見ているリアリストなのです。私が引用した部分の「君主」「人民」という言葉を、いろいろ別な言葉でいい換えれば、立派に現代でも通用しそうです。この本に選ばれた十人の社会科学部門の著者の中で、マキアヴェリは、一段と秀でた人物といつていいくらいです。

そこへゆくと十八世紀の終りごろ、**『人口の原理に関する研究』**という本を書いたマルサスというイギリス人は、もつとたちがわるい。彼は経済学者ですが、人間が数限りなくふえて、この世がすみにくくなるというのが現実である、という立場をとり、マキアヴェリほどよく人間を見てものをいつていません。常にマスとしての人間が彼の頭にあるばかりです。精神のない人間のあつまりを人間社会と見て、実にふしぎな考え方をしています。マルサスの『人口論』は、重要な経済学の古典ということですが、この本の紹介から得たかぎりでは、経済学とは、まことに奇妙な学問だというのが私の感想です。統計とグラフを十分に駆使して経済現象を分析すれば、十分の一くらいの真理がとらえられるかもしれない、というのが経済学という学問ではないか、という感じがするのです。その範囲を脱すると、経済学者はとんでもないことをいう。およそ「学」とは関係のない「感想」が経済理論のなかにはさまれて、まことにこつけいなことになるのです。マルサスは、人間が最大可能の幸福を享受しようとするならば、養うことができないくせに家族を養う義務を引受けてはならない、家族を支える十分な手段のない者は独身で過すべきである、と説き、「既に他人によつて占められている世の中に生れ

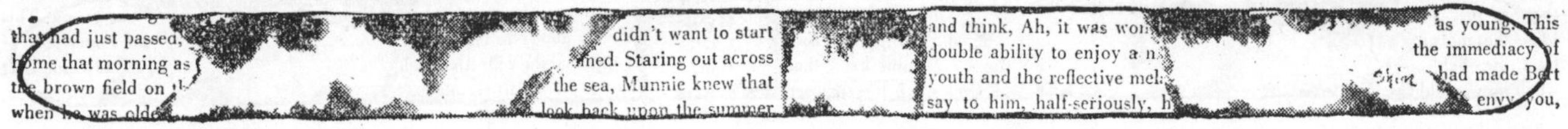

てくるものであつて、その両親から生活の糧をうることが出来ないならば、そしてその上、もし社会が彼の労力を必要としないならば、その者には最少限度の食糧を要求する権利もなく、また事実、いま在る所に在る権利すらないわけである」と結論しています。いまあるところにある権利すらないとは、まことに恐れいつたいいぐさですが、ここまでくると、マルサスという男、人物ではないか、という気がします。事実、彼が当時（十八世紀の末、つまりフランス大革命のころ）属していた特権階級のひとりとして、これだけのことをいつてのけるのは、生やさしいことではありません。当時としては、マルサスはもつとひどいこともいつているのです。たとえば慈善事業は、公私いずれにかかわらず望ましいものではない、とはつきり書いている。なぜかといえば、貧乏人に金を与えたところで食糧の量は一定している、従つて物価が上つてインフレ状態となり、物資の不足に拍車をかけることになる、というわけです。ちやんと平仄《ひようそく》（註 つじつま）はあつています。ドライ派の元祖というところでしようか。しかし、冗談ではなしに、当時、これだけの考えを公然と述べたことは偉いことだと思います。マスとしての人間を見るマルサスの眼は、まことに冷酷ですが、見当ははずれていません。いかにもイギリス人らしい徹底的に地味な見方です。フランス大革命の燃え上る火をドーヴァー海峡の向うに見ながら、これだけのことをいえる人間がいたということ、そういう人間が無事に一生を終える社会があつたということ、そういう事実を知る方が、経済学の素姓の怪しさを知るよりも大切なことかもしれません。

かけ値なしに、いちばんひどい男の書いた本は、ヒトラーの『わが闘争』でしよう。ダウンズ氏は『わが闘争』の章に「誇大妄想狂研究」という題をつけていますが、独裁者もヒトラーまでくると落ちたもので、ダウンズ氏のごときたかが一介の図書館学という妙な学問の親方に気違いあつかいされています。ダウンズ氏の文章を読むと、なるほどひどいものです。ある人が『わが闘争』の内容は「一○パーセントが自伝、九○パーセントが独断、一○○パーセントが宣伝」だといつたそうですが、ヒトラーは実に宣伝がうまい。アメリカに生れていれば、デュポンかジェネラル・モーターズの宣伝部長ぐらいになれたかもしれません。しかし、せいぜい宣伝部長どまりで、重役や社長になれる器ではありません。そういう男がドイツばかりか世界をひつかきまわしたという事実は、まことに恐ろしいことであります。なぜ彼が独裁者として失敗したかといえば、彼にはまつたく夢がなかつたからです。

マキアヴェリやマルサスにはなにほどかの夢がありましたが、ヒトラーには、実にふしぎなことに、まつたくそれが欠けています。夢を見ないものは、当然現実をも、よく見ていない。ヒトラーはまことに途方もないことをいつています。「ドイツを救う唯一の政策は、国境外に新しい領土を獲得し、その地に、さらに多くのドイツ人が住めるようにすることである、といい、「……今日ヨーロッパのドイツ人は八千万を数える！　それが百年たらずの後には、この大陸に二億五千万人になつていようが、その時ドイツ人が、世界の他の民族のための工場人夫として閉じ込められているのではなく、自らの労働によつてお互いに生活を保証する農夫及び労働者としているのであれば、この外交政策が間違いなかつたものと認められるに至るであろう」と予想しています。この文章にはまさに「誇大妄想」以外の何ものも見られません。こういう文章が『わが闘争』の至るところに散らばつています。彼は夢も見られなかつたし、現実もよく見えなかつた。しかし、人間の心理だけがよく見えた、というのはおかしなことですが事実です。ほんとうはおかしなことではないので、当りまえかもしれません。なぜなら、人間の心理のからくりというものは、たしかに気違いじみているからです。ヒトラーにとつて、人間の心理ほど扱いやすいものはなかつたかもしれません。彼は、心理という人間のあまり上等でない部分に、独得の親近感を持つていて、ときどきうす気味わるいようなこ

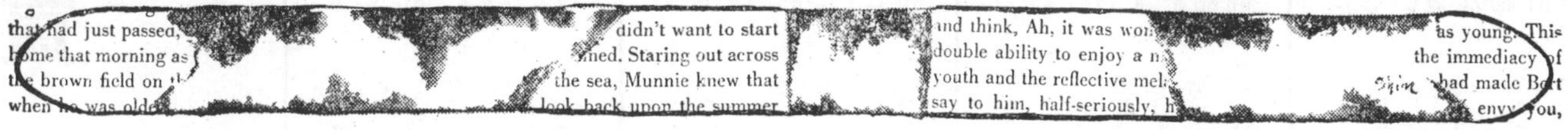

とをいつています。たとえば、午前中に大衆の意見をかえさせようなどと考えてはいけない、午前よりも薄暗い光線、つまり夕方の方が有効である、なぜなら人々はすでに勤労に疲れていて、反発力が弱くなつているからだ、などというのがそれです。また、デモ行進について、こういつています――「……幾百幾千人が行進する一大群衆の示威行列が、彼の息ぶきの下に、憎むべきブルジョアの世界がいつの日かは火と焔の中に消し去られて、プロレタリア独裁がその究極の勝利を祝うに至るであろうという誇らかな確信を、小さい、みじめな一人一人の個人の心に焼きつけるのだ」デモの効用を説いたこの文章自体が、もちろん巧妙なデモ、つまり宣伝であるということに気をつけてください。

ヒトラーは狂気だつたからこそ人間の心理がよく見え、従つて宣伝も上手だつたわけです。もともと宣伝の上手なやつなんて上等な人間じやない。会社員の位でいえばせいぜい宣伝部長どまりです。そういう男に世界がふりまわされたということには、ドイツ人の民族性、時代の政治情勢、歴史の流れなど、いろいろな要因がからまつていたのでしょうが、人類が下等なものにしてやられることがあるという事実は消すことができません。私たち個人個人についても同じことがいえると思います。

日本および日本人　福田恆存著作集第七巻
新潮社刊
二九三頁　三〇〇円

「日本および日本人」「文化とはなにか」「愛とはなにか」など、七つの評論が収めてあります。「**愛とはなにか**」は、D・H・ロレンス論で、これが本書の三分の一以上を占めていますが、私には「日本および日本人」「文化とはなにか」の方がおもしろく読めましたし、これらの方がすぐれているように思われました。この二つは文体が小林秀雄氏の戦時中の講演のスタイルに似ていますが、論理ははるかに明晰で、かなりすぐれた文章であります。

「**日本および日本人**」は、私たち日本人が昔から持ちつづけている特徴は、「美意識」「美感」だということを、実にいろいろな角度から説いたものです。そのことが現実にわれわれの特徴であり、伝統であることを、はつきり認識することが大切で、やたらに西洋かぶれしてこの伝統にけちをつけるな、と福田氏はいつています。自分の正体をよく知り、「ここ何十年来、ことに戦後に流行をきはめた、一切の指導的言説を信じるな」といつています。まことにもつともな主張で、私は、ことごとに同感の念を覚えました。

「**文化とはなにか**」という評論は「私は、『文化の日』といふことばが大きらひであります……」という書き出しで始まり、有機体として統一を保つたものが文化の本来のすがたであるとし、現代の日本にはそういう意味の文化がはなはだ稀薄であると断じ、そういう状態の自覚さえないのは困ると嘆き、「良かれ悪しかれ、自己を頑強に肯定し、これを守りぬくといふところにしか、文化は存在しない」と結論し、進歩思想をありがたがつて文化感覚を失つた知識階級を軽蔑し、民衆にはまだしも文化感覚が生きている、と付け加えています。

こう書くとばかに固そうな評論のようですが、実はまことにやさしい、きれいな文章で、話の内容もきわめて豊富です。私はかねがね福田氏のような考え方に近い人が知識階級に千人いれば、日本は変るだろうと思つているものですが、なかなかそうはゆきません。氏のことを「反動」だとか「論理をもてあそぶインテリ」だとか「進歩主義者の敵」だとかいつて攻撃する知識階級の人が多いようです。実にのんきなものです。福田氏のこの二つの論文に書かれていることは、私は常識でなければならないと考えます。氏の都会人的な「派手さ」をきらう人も少なくないようですが、おそらく、この人ほど地味な、深いリアリストは稀れでしょう。

買物じょうず

じょうずとへたの差

買物のじょうずな奥さんとへたな奥さんとでは、家計に大きな差ができるといわれます。短かい期間ならともかく、永いあいだには小さなムダも積もり積もつて、考えられないほどの巨大な額になるでしょう。一日五円の違いにしても、一〇年間には二万円に近い額になるのはすぐ判ることです

貧富をきめる買物

まして、一人の主婦が、家計をあずかつている期間というものは一〇年や二〇年ではありませんし、買物じょうずとへたの差も一日五円、月に一五〇円ばかりの小さな額ではないと思います。とすると、その間に家庭の経済的な豊かさ貧しさというものは、大へん大きな開きができるでしょう。

役に立つ品物を買う

買物じょうずということが、ただ一円でも二円でも安くものを買うというだけのことなら、別にくふうも研究もいりません。なるほど安く買う、お金を余計つかわないということも買物じょうずの一面です。が、それ以上その品物が生活を豊かに明るくする上にどう役立つているかが大切なのです

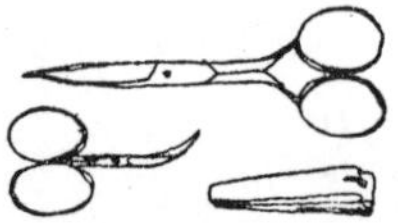

目的に適したものを

それでは、じょうずな買物のしかたとは具体的にいつてどういうことか考えてみましょう。何かを買うというのは、その品物によつて私たちが何かの形で利益になるからです。私たちの生活が益されるからなのです。ですから、その品が買う目的にいちばん適したものであることがまず必要です

商品を見わける力

そのためには、その品物が私たちの生活ではたす役割を正確に知ることがまず大切です。そして同じ目的のために作られている数多くの種類の商品の中からひとつ、いちばん適当なもの選ぶには、その商品を見分け、選び出すことの出来る知識が必要です。それが買物じょうずの第一歩です。

健全財政のために

次に大切なのは、その品物を安く買うということでしょう。使う目的にいちばん適した品であれば、一円でも安いに越したことはありません。いくら良いものだからといつて、ひどく高い値段であれば、どんなにそれが役立つたとしても、健全な家庭経済を保つていくことが出来なくなります。

無計画な買いもの

よく店頭で見受ける風景です。「それはいくら？　そう、じゃ五〇円ちょうだい」「そつちのそれ何？　いくら？　じゃ、それをひとつ」「あらこれきれいね？　何ていうの？　これふたつもらうわ」というように、何を買うという計算なしに、いきあたりばつたりな買い方。これは困りものです

まず設計が必要です

もちろん食べものなどは、店へいつてからおいしそうなものを選ぶのがふつうでしょうし、服飾品なども気に入れば買うということになるでしょう。しかし、そんな場合にも、それがたしかにいちばん適した品か、値段がどうか研究の必要はありますし何のために何を買うかの設計が必要です。

買い過ぎるべからず

食料品などで貯蔵のきかないものや、鮮度が落ちるとまずくなるものを買い過ぎるのは結局高く買ったのと同じです。必要な量を判断してそれだけ買うことです。近ごろは商店もはんぱ売りをサービスと考えてやってくれますし、出来ないものは近所の人と分けるのも買物じょうずの一方法です

外人の買物のしかた

デパートなどで外人が買物するのを見たことがある人は気づいているでしょう。うるさいほど店員に説明をしてもらっています。使い方だけでなく、品質のことや産地のこと、生産過程について、さらに値段についても「なぜ高いか?」「もっと安いはずだ?」などといった質問もしています。

店員によく聞くこと

知っているような顔をして、十分に説明を聞かないで買う。または値段について不満、または不安があっても口に出さずに、「これでおつり」という買い方。そんな買い方をよろこぶ人が少くないようです。そんなひとに限って、あとから、「不便だ」とか「高い」とかグチをこぼすものです。

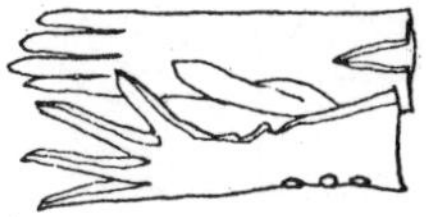

なっとくゆく説明を

ある物を買うとき、前もってその商品の予備知識を得ておくのもいいことです。しかしそれだけにたよらず、店員に質問してなっとくゆくまで説明を聞いて買いたいと思います。信用ある店でしたら迷惑がらずに十分説明してくれます。それが出来ないような店は決していい店ではありません。

値段の上がり下がり

品物の値段はあがったりさがったりします。収入が同じであれば、値のさがったときもその品物を買えば生活は楽になるわけです。だがそこで考える必要があるのは、なぜ安くなったかということです。もともと質の悪いものや、日を経たため価値を失ったものなどを買うのでは意味ありません

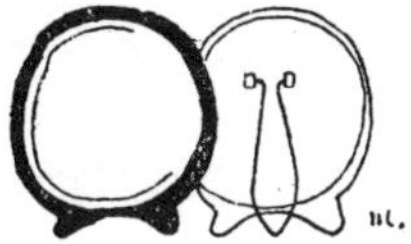

需要と供給の関係

値の上下のひとつの原因は、物の量と買う人との比率です。松たけやカツオがそのシーズンの最初に非常に高価なのは、わずかしかとれないからです。材料に限度があって少ししかつくれないものや、大量生産できないものが高いのも同じです。宝石類が高いのも稀少なればこそなのでしょう。

シュンのものを買う

ですから、シーズンのあるものについては、いちばん出さかるとき、「シュン」のときに買うのが経済的な方法です。花野菜(カリフラワー)は高価なものと思われていますが、十月半ばごろにはおそうざいになるほど安くなります。そして同時に、シュンのときは最も栄養に富みおいしいのです

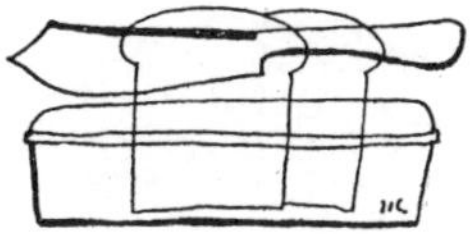

値段と同時に栄養も

値段が高いか安いかは、ただ単位あたりの価格の高低だけではきまりません。ほんのわずか高いだけでビタミンやカルシュームを強化してある強化食品(牛乳、ミソなど)は営養面から考えればかえって安いといえます。寄生虫の心配なく、なまのままたべられる清浄野菜などもその一例です。

原価は小売値の半分

商品の値段はどのように成りたっているのでしょう。おおざっぱにいって、小売値段は生産者値段のおよそ二倍です。百円で売っているものは生産者値段が約五十円ということになります。あとの五十円は、生産地から運ばれ、さまざまの機構を通って私たちの手に渡るまでの配給費用なのです

メーカーから直接に

というと、実際にその商品を使う私たちが生産者からじかに買えば、その配給費用五十円はつかわないですむ、つまり半値で買えるでしょうか。もちろん生産者(工場農家など)が私たちの近くにいればそうなるでしょう。しかし現在では、生産者と使用者とが遠く離れているのがふつうです。

直接買いの経費

ですから、生産者から直接買うということになると、まず運賃がかかります。少い数ではそれだけでもずい分高くなります。また、売る方も一つ二つではいやがるかも知れません。何人もがまとまつて買付けるためには、だれかが買つて運んできて、それを分配し、代金を集めることが必要です

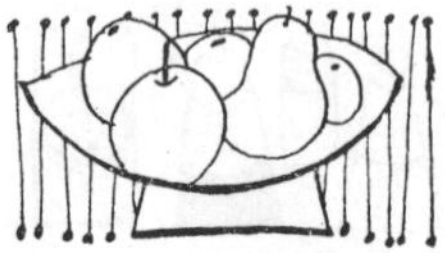

配給という仕事

つまり、生産者と使用者の間には、どうしても配給という仕事が必要で、問屋や小売店はその仕事の手数料をもらつているわけです。だから、問屋や小売店を抜いて、じかに買おうとしても、だれかがその配給という仕事をしなければなりませんし、それには時間や費用や労力がかかるわけです

配給にかかる費用

「商人がもうけているのだから、商人の手を通さなければ安くなる」と考えるのはあまりに単純だといえましょう。一定の手間はだれがやつてもかかるのです。配給の仕事に必要な費用をよく考え、計算して、その費用を含めてもなお安く買えるという場合には、生産者から直接買いもできます。

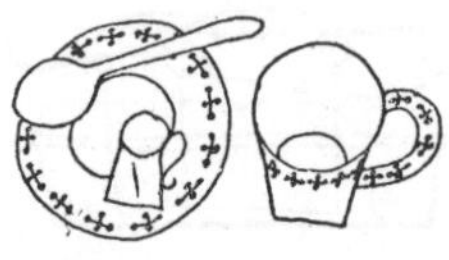

10円牛乳の場合

配給費用を切りつめることによつて、物の値段をさげることは、できないでしょうか？　昨年、東京はじめ大きな都市でおこつた「牛乳をもつと安く」という運動はそのためのものでした。現在でも東京の一部で行われている十円牛乳はその結果ですがいろいろの事情で一部に限られています。

デパートの特売とは

デパートの特売というのもそのひとつです。特売場で売つている商品は、ふつう売場で売られているものと必ずしも同じではなく、仕入れから安いものですが、更にデパートでは二割がふつうとされている利益を一割以下しか見つもつていません。包装紙や陳列などの経費も切りつめています。

特売向きの製品

特売の品物には、一流メーカーのマークのついたものがあり、それをふつうの売場とは段ちがいの安値で売つています。これは同じ一流メーカーのものでも、生地を節約してあつたり、横ぎれの部分があつたりボタンの質を少しおとしてあつたりした、つまり特売場向きに作つた製品なのです。

実用向きの特売品

つまり特売品は二級品です。だからといつて決して穴があいたり、汚れていたり、粗製品であつたりすることはありません。二級品でも実用には役立つような実質的な品物が特売場の主力で、大量生産に向くものが多いのです。ハンカチ、靴下、たび、石けん、雑貨、化粧品、下着類などです。

季節はずれの品物

最初から特売用に作られたのでないものも特売場にはあります。季節はずれや売れ残りが、一般売場から廻つてくるのです。季節と流行に密接なつながりある、婦人用の服、帽子、パラソル、ハンドバッグなどは持ち越しても売れ行きがわからないのでシーズン後半になると安く売り急ぐのです

割引きも経費の中に

そんな売り急ぎ品の値は考えられないほどの安さです。シーズン初めの三分の一にもなります。それは、シーズン初めには大大的に宣伝もし、シーズン終りに安売りする分も十分に経費の中に見こんで、収益を多くして――つまり高値で――売つておくのです。だから特売の安売りもできます。

薄利多売ということ

特売はデパートの特売場だけでおこなわれているわけではありません。ふつうの商店のやる「土日セール」「月末奉仕」なども特売のひとつです。これは週末や月末などの売上げの多い日を選んで期日を限つておこない、少しふだんより値を安くして、数多く売ろうという薄利多売の商策です。

「××市」蔵ばらい

土日セールや月末奉仕は、もともと売り上げの多そうなときをねらつていますが、反対に月末などを避けておこなう特売もあります。デパートが「××市」などと名付けておこなう蔵払い売り出しがそれです。これは売上げがふえる月末でないときに大宣伝をして大いに買わせる商策です。

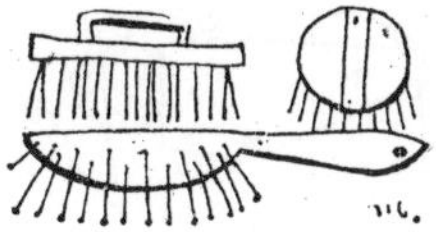

客寄せのための割引

ふつうの化粧品店や食料品店などで、一日十五日などと日を選び、何種かの有名商品を二割引きする、といつた特売もあります。これは一種の客寄せで、このサービスを機会におとくいになつてもらおうとか、値のきまつたものをこう安く売るのだから他のものも安いだろうと思わせる方法です

つい不必要なものを

いずれにしても、特売だからといつて、この品物とつりあわないほど安い値段になつているのでなく、安く売ることによつて十分得るものがあるようになつています。値段にひかれて特売には多くの人がおしかけ、さして必要でないものまで買いこんでしまう人もいますがほめられないことです

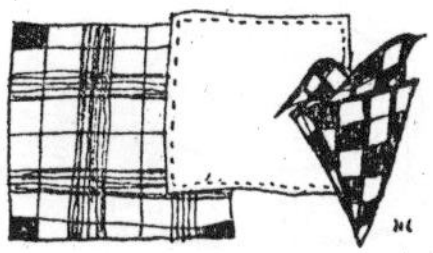

盛り場のたたき売り

盛り場のお店で、靴屋なら靴屋といろきまつたものを扱つているのでない、たたき売り専門のお店があります。純毛毛布とかオールナイロンレインコートとか、驚くほどの安値で売つています。非常に買いどくのように思つて飛びつくのですが、値のはるものほど「まやかし物」が多いようです

本物で客をつつて

たたき売り屋の商品にも、ほんものもあります。全部が全部ごまかしというのではありません。むしろほんものを示しておいてこれを原価を割るような値段で売り、こんどは値段のずつとかさむ粗悪品を「一万五千円のものが七千円」などと称して、原価二千円ていどのものを売りつけます。

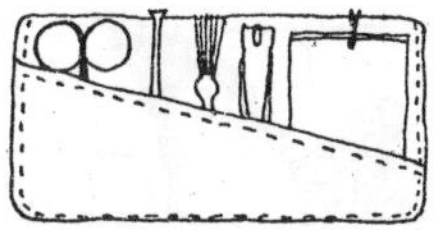

良い品に見せる技術

同様に、駅前の広場などにむしろを敷いて万年筆、石けん、ズボン、生地などの安売りをしているのがありますが、これなど一〇〇パーセントがあやしげな品物ばかりといつてよいでしよう。こんな商品を良いものに見せかけて売る技術は驚くべき巧みさですが、決してひつかからないように。

洋服地の持ちこみ

「そこの××会社へ納品にきたら、どうしたわけか二着分多くあるんで、売つて小づかいにしようと思うんで……」などと洋服地を持つて会社など人の寄るところへ持ちこむ生地屋がいます。有名な生地問屋の名を名乗つてくるのですが、この種類の商人の持つてくる品は、絶対信用できません。

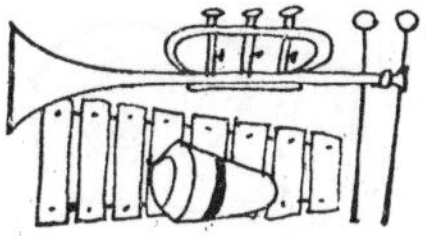

この通り純毛です

「化繊やスフじやありません。このとおり純毛です」と布のはしを燃してみせますが、これは一種の手品。織るときからこんなインチキ商売のための製品で、三ヤールまたは六ヤールごとに三センチほどの幅に毛を横糸に使つてあり、ちようどその部分から裁つて、端を燃してみせるのです。

商品知識を逆用して

「純毛だからしわにならない」とねじつて見せるのも巧みな手品で、じようずにしわの寄らないようにねじつています。万年筆の金ペンと称するペンを硝酸につけてみせるのも、ペンが石油で保護されるように仕組んだ手品です。商品の見わけかたを知つている人がかえつてよくかかるようです。

数量をごまかす手品

品物はたしかでも数量をごまかす手品もあります。銘柄品の生地を「三ヤール千円なら相場だが、ウチのは更に……」と手で布を引つぱり出していく方法。これもなれてくると判りますが巧みなやり方です。あとで文句を言つても「これだけを売つたので、何ヤールとはいわない」と逃げます。

信用ある店を選ぶ

こんな商人のごまかし方は更にいろいろとあつて、とてもふつうの人には勝負できません。「物を見分ける目さえあれば……」と思つて買物じょうずと自認している人がひつかかつたりします。こんな手にかからないためには安いからといつて飛びつかずに、信用あるいい店を選んで買うことです

押売り的でない店

信用ある、いい店とはどんな店のことをいうのでしょうか。また、たくさんある商店の中からどうして選び出すことができるのでしょうか。ちよつと考えてみましょう。まず、押売的に是が非でも売りつけようとする店はよくありません。裏にカラクリがあるかも知れませんし、古いやり方です。

買う人の身になる店

ただ利益さえあがればいいという方法はとらず、使う人の身になつて考え、買う人に喜ばれるようにするのが商店の新しい行き方です。品物を選ぶとき店員に聞いて、はつきり答えられる店は、経営者が店員に商品知識を持たせ、十分説明できるように教えている、よい店だといえるでしょう。

値引きをしない店

次に、必ず正札をつけ、値引きをしない店はいい商店です。値を引いてくれるほうが安く買えていい、というのは余りにあさはかな考えです。そんな店は最初から値引き分を見込んで高い値をつけているか値引き分を他商品の高値でうめています。デパートの信用も正札を値引きなしのためです

返品を認める店

最後に返品のきく店を選びましょう。返品を認めるということは、それだけ店の商品の保証をするということですし、商品に自信あればこそ返品も認めるわけです。どんなことであろうと返品を認めないほどに店が品物をよくしらべ自信をもてばいいはずですが、そこまではいかないようです。

よい店を育てる努力

そのような各条件にあう「よい店」は、まだまだ数少いようです。特にその地域に同業者がないような場合は、ずいぶん不親切で暴利をむさぼる店もあるのが現状ですこんな傾向も、私たちがよい店で必ず買物をして、悪い店では買わないか、注意をするかしてよい店ばかりにしたいものです。

支払いの方法のこと

買物といつても、ふつうの現金買いのほかに、帳面とよんでいる月末払い、月賦のような分割払い、その分割も給料から差し引くようなチケット制、分割した金額をあらかじめ払つて定額に達したとき現品を受けとる積立制、などがあります。そのような買物の方法について考えてみましょう。

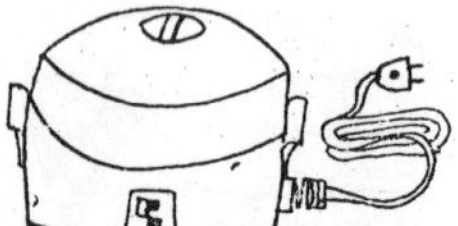

月末払いの帳面買い

帳面買いは、魚屋、酒屋、八百屋など食料品の場合に最も多くおこなわれていますが、これは家庭で買うものなので一種の信用貸しです。ふつう御用聞き配達つきのことが多いので、結局その経費が値に含まれますし、特売など割引きを適用してくれないことがあるので、徳用ではありません。

買い過ぎる欠点

そのときに支払いをしないので、つい値段の高い安いを考えずに注文してしまつたり、買い過ぎて月末に収支が合わなくなるような欠点が帳面買いにはともないます。ですから帳面買いの場合、月々の予算をたてておくことが大切ですし、毎日つかうようなものだけにしたほうがいいでしょう。

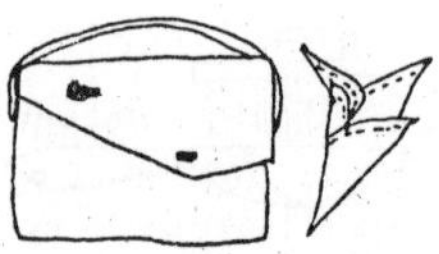

高い品を買える月賦

月賦買いは、毎月の予算内では買えないような値のはるものでも、一時に払わなくてすむし、たやすく買えるので、ゆたかな生活を営むことができる便利な方法です。アメリカではこの月賦販売が非常にひろまつていて、住宅や自動車も買え、それによつてゆたかな家庭生活が支えられています

計画性ある利用を

たやすく買えるためにいろいろと買いこんで、月末の支払いに苦しむ、という非難もありますが、これは制度の問題ではなく利用する人の心がけの問題でしょう。契約のときに毎月の支払い額はわかっているはずで、計画をたて、予算生活を送っている人ならそんな失敗は絶対にないでしょう。

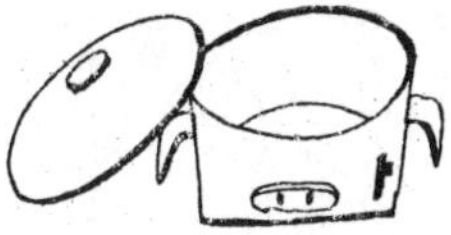

現金値より高い月賦

月賦の値段は高いという非難もありますが、これは利用者が店から金を借りる形になるのですから現金値より高いのは当り前です。ただ、どのくらい高いがが大切なのです。五分高、一割高、二割高と、現金買いとの差は店によりいろいろですから、利用するときは何軒かをくらべてみましょう

月賦は借金買いの形

月賦を、借金して買う形と考えると、一万円のものを十カ月払いすることは、四万五千円を一カ月借りたことになります。つまり一カ月目には残金九千円の借り、二カ月目は八千円、三カ月目は七千円と計算すると四万五千円になるのです。すると、その利子だけ高くしてもいいという計算です

どのくらい高いか

そのほか、集金費や、集金不能による損失などを見込むと、月賦値段は現金値段より相当高くてもおかしくないのですが、実際はそれほど高くありません。それは月賦販売店では大量に商品が売れますし確実な販売店だとみられて、問屋を通さずに安く仕入れたり支払を遅らせたりできるからです

チケットによる買物

チケット制は特定地区の商店連合などで利用者の多い確実な職場にチケットを送りそのチケットで買う人に現金値で品物を先渡しして、数カ月に分割して月給から差引いて払ってもらう方法です。これは現金値で分割払いですから利用者には便利です。買いすぎに気をつけるのは月賦と同じです

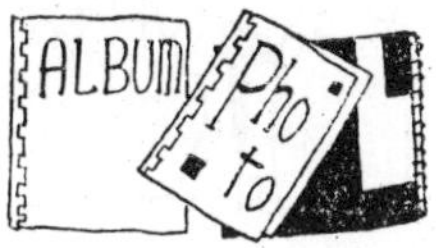

店を選びたい積立制

積立式は掛金を払いこんでから品物を受取るので一見魅力的でありませんが、結婚や新築を予定して、少しずつ払い込んで家具などを買うのにはよいでしょう。月賦と逆に利用者が店へ金を貸した形になるので現金より安くなります。ただ、悪質の商人に逃げられたりしないよう調査が必要です

一流メーカーの商標

私たちは一流メーカーの商標をたよりにすることを、いい品を選ぶひとつの方法にしています。もちろん一流メーカーの商標はその品の質に対する保証でもあるのですから安心して買えますが、どうかすると、有名品であるために、まつたく同じ品質の品物にくらべ二倍も高い場合もあります。

割高になる一流品

また、私たちが商標にたよりすぎることから、メーカーの中には大宣伝して自分の商標を売り込んで、多くの人に覚えさせ、それに頼らせようとするものがあります。有名商標はほとんど品質はたしかですが、値は安くないことが多いのです。ですから商標より品質、値段を検討するべきです。

高いからといつて

次に品を選ぶ目安としているのは値段だと思います。品質のよさというものは、一定の値段に支えられることはまちがいないのですが、だからといつて高い品必ずしもいい品とはいえません。金ペンの万年筆で千円と二千円以上の品は性能はほとんど同じで装飾などの費用がちがうだけなのです

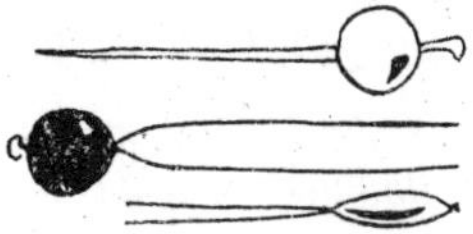

服飾品も品質をみて

服飾品を選ぶ場合、デザインや流行を中心に選ぶ場合が多いでしょう。もちろん、それはそれで必要なことです。しかし、その場合でも品質の面を見落してはいけないと思います。繊維の質、染色の良否、縫製のじょうずへた、付属品の質などをよく見わけ、更に値段を検討したいと思います。

高ければ良い品か？

ピアノ、カメラ、家具といつたものは、ずいぶん値段もはりますし、そう何度も買うものではありません。だからこそ、品質や値段を十分検討しなければならないのに高ければいい品だと思う人が多いのです。高いものを買えるのだと誇りたい気持もあるのでしょうが、非合理的なことでしょう

舶来品と国産品

もうひとつ商品を選ぶ要素は、舶来品と国産品の差です。私たちの生活に必要な品で、純粋な国産というものは非常に少いようです。綿花、大豆、小麦などはほとんど輸入にたよつていますから、みそ、とうふシャツ、パン、うどんなども、厳密な意味では、国産ならぬ輸入品というわけです。

見栄を満足させる

なかには舶来品を持つている、使つているということに見栄がある場合もあるでしよう。そんな見栄を満足させるために値段も高いという場合もあるはずです。もちろん日本の技術は外国から得たものが多いので、性能のおとつているものもあるでしようが、舶来品が必ずいい品とはいえません

商品の品質標示

外国では、国によつて品質標示が厳重に定められているところがあるそうです。日本でも一部の商品にはこの方法がとられています。多くは同業メーカーの連合会などが中心になつてやつているもので、一昨年あたりからその種類もふえてきましたが、全商品にというのもまだ先の話のようです

よい品を選ぶために

こうした品質保証によつて買物をすればまずまず信用できる商品を選ぶことができますが、残念なことにこの制度をとつている商品はまだまだ私たちに必要な日用品の品数からみれば、ほんの一部分に過ぎません。そこで、買物じようずのためには一応よい品を選ぶ基準線を知る必要があります

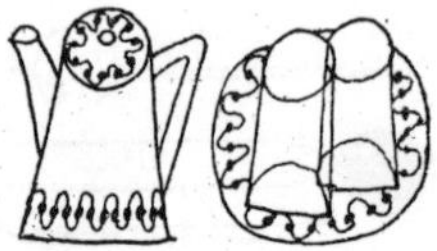

確実性のない新製品

新製品というのも時にはひとつの条件になります。しかし、まつたく新しい製品はたいてい多くの不備な点を持つていて、じきに改良された製品があらわれて、早く買つたことを悔いるものです。値段も最初は売れ行きもわからず製造も軌道に乗らないなどで、あとから安くなるのがふつうです

値の高い舶来品

ところがそういう材料でなく、直接使用する製品も輸入されています。万年筆、カメラ、チョコレート、時計など。これらはもちろん国産でもできますし、品質はそんなにかわりなく、値段はずつと安くつくられているのです。服飾品、し好品の場合は好みもあるのでうなずけることですが……

国産品も高めたい

舶来品の値段のなかには、そんな見栄を満足させる要素が入つているので、店によつて同じ品でも倍近く値がちがうことがよくあります。絶対いいものなら、舶来品をとり入れるのもいいことですが、国産品でも舶来にまけない水準に高めることも大切ですし、使用者も協力していいことです。

ジス・マーク

通産省工業技術院が行つている日本工業規格もそのひとつです。ふつうジス・マークといつていますが、一定の規格を定めてその水準に達しているものに与えています日用品では鉛筆、消ゴム、万年筆、電球、ライター、アルミ製品など少い品種ですが合格品には上のマークがつけられています

石けんの選び方 I

わくねりと機械ねりの区別が化粧石けんにあります。わくねりは表面の光沢が悪く香りも薄いのですが、固くて水にとけにくく、お湯でちようどよくとけるので浴用にはへりが遅く経済的です。機械ねりは水にもよくとけ、表面の光沢もよく香りも高いので、おもに洗顔に使うのによいのです。

石けんの選び方 II

化粧石けんの見分け方は、なめたとき刺激のないもの、色がさえたもの、はだに割れ目などのないものがよいのです。香料やパッケージは質とは関係ありませんが、悪質のものは安っぽい香りを濃くつけたものが多いようです。値段に大幅の開きがあるのは香料の値段のためといえるでしょう。

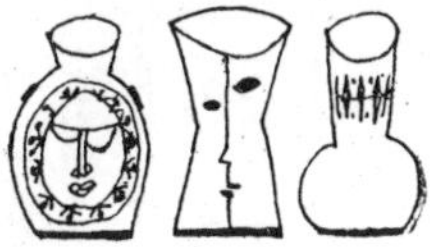

アルマイト II

硫酸アルマイトは本来はアルミニュームと同じ色に仕上がるのですが、加工してあることを示すため黄褐色に茶液で染めてあります。銀色アルマイトは着色しないものです。どちらの場合も地金の厚みが平均して傷がなく、表面のなめらかなものが良品です。ジスマーク表示のものなら安心です。

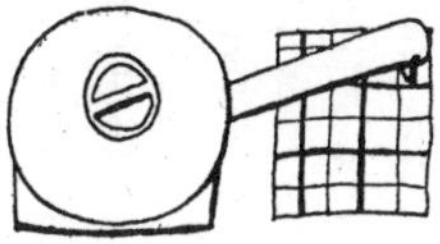

電気器具の選び方

アイロン、電気コンロ、トースター、電気ゴタツなどの電気器具を買うには、配線が完全か、すぐ故障しないか、故障のときすぐに修理できるか、などの点に注意する必要があります。素人にはわかりませんから、電気試験所の検査で一定規格に合格したという下のマークのものを選びましょう。

かん詰の選び方 I

中を見ることができませんから、外から見わけることが必要です。缶のさびていないもの、レッテルの変色、汚染、破損してないもの、かんの上下がややへこんでいてたたくと張りのある音のするもの、社名、容量、などが記載されていて検査証紙のはつてあるものを選べばよい品を買えます。

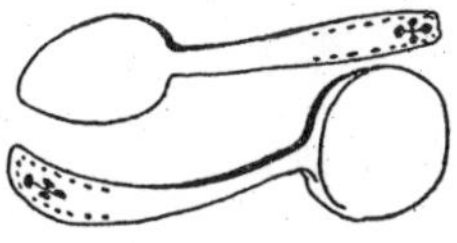

大切な考え方と態度

いくつかの商品の簡単な見分け方をメモしてみましたが、とても限られたページでは主なものだけでも書きつくせません。これはいずれ種類別にでも扱いたいと思います。しかし、いかに買物の方法を知り、見分け方を知つてもすぐ買物じようずにはなれません。その人の考えや態度が大切です

アルマイト I

台所用品はアルマイトが主になつていますが、これは酸や塩に弱いアルミニュームを硫酸や蓚酸の液で皮膜加工したものです蓚酸加工のものは皮膜が硫酸加工のものより丈夫ですが、値段は一割前後高くなつています。落ちついたコハク色で、たいてい蓚酸アルマイトの表示がしてあります。

ガラス製品

ガラス製品にソーダガラスとクリスタルガラスがあります。クリスタルは鉛を含んでおり、水晶のように透明で冷い輝きがある高級品でソーダガラスの数倍の高価なもので、ふつうの品はソーダガラスです。気泡がなく厚みが均一で正しい形、指ではじいて澄んだ金属音のするのがいい品です。

陶磁器の選び方

陶磁器といいますが、原材料と焼きの温度によつて磁器、陶器、石器《せつき》、土器の種類があります。陶器以下は趣味製品が多く、瀬戸焼、自由焼、清水焼など、実用品は磁器です。薄手で厚みが平均し、ゆがみなくうわ薬にむらのないもので、たたいて音にひずみなく澄んだものがよい製品です。

かん詰の選び方 II

かんの上部の浮出した文字は、一行目が品名、二行目が社名の符号、三行目が製造日です。最初の字は年で西暦年の最後の字二字目は月で10 11 12月はX Y Zで示し、三四字目は日です。7Y11 は一九五七年十一月十一日です。検査の有効朝間はかん詰で一年間で、味も一年以内がおいしいのです

生活向上のために

自分の生活を向上させたいと考えていることがまず大切です。そして、すでに私たちが使つているものについて「ここが不便だ」「ここがこうなつていれば」という批判や注文を持つことです。そんな心がけや生活態度を持つていなければ、決して本当の買物じようずになることはないでしょう

母娘通信　その五

人工的にくらしを飾っても、内側がきたなくてはたのしくない

逗子──ニューヨーク　中里恒子（作家）

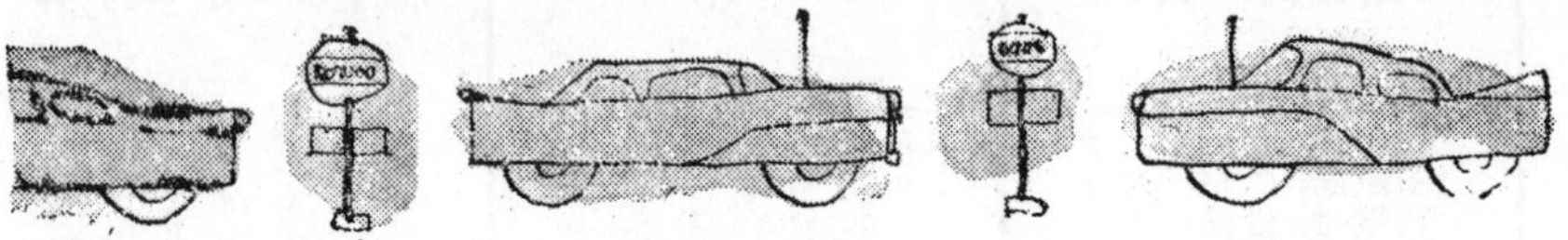

母より娘へ

先週、シイメール受取りました。どうもありがとう、きれいな矢ね……

レイモンドに宜しく言つて丁だい、ままの座敷へ早速かざりました。日本では、お正月鎌倉の八幡さまで、白羽の矢のお守りを頂くでしよう、そのくらい、矢というものは縁起がいいのよ、もつとも、ままは、そういうカツギ根性はないけれど、縁起のいいことは大好き。

その矢が、六本も屈いたんですから、縁起のよいこと無類だと思つて、すぐ新居？にかざりました。訪問客が、みんな珍しがります、ただし、中には口のわるいのがいて、つまりこの矢のデコレエションはインディアン時代の名残りですねなどと……インディアンは僕の先祖だつて、威張つてたアメリカ人がいたわね、あの森のなかの弓場のコースでいつしよだつたひと……またこんど、変つた矢が出来たら送つて丁だい。アメリカの風流も少し宣伝しましよう。

家──まだ全部片づかないのよ、全く日本の職人の仕事のだらだらなこと、九月からはじめて、たかが修繕に毛の生えたような仕事が、十一月いつぱいぐらいかかるんですからね、その代り、見ちがえるようにさつぱりしました……しましたという意味は、すでにそうなつて住んでいるからです。残つているのは、外部の手入れや二、三の建具の取換や、植木やのあと片づけなど……

それで、毎朝寝室の戸を開けると、さあつと晴天ならば、日光が寝台の上に射し込み、青い秋の空がみえ、山がみえ……覚えてるでしよう、あの寝室よ……壁も新しくし、木部も塗り替え、ひとりでひろびろと。

こんど、テラスも広くしました。そこにトビの家も新築して、おいてあるのよ、やつぱり外へ出したの、何しろ家の中だと、朝早くから、外へ出たがつてさわぎ出すし、ままもそばにいれば、つい、かまつてしまうし、おたがいにさびしがりやだから、遊んでいればきりがありません──だけど、ツーと言えばカーだからいいわね犬つて。

静子さん、Kのをばちやん、番町のおじ貴御夫婦、みんな出来上らないうちにたずねて下さつて、久しぶりでゆつくり御飯たべたり、お金の話したり、孫の写真みせたり……

銀座ではこんど、アラスカのあとを買つて改築です。昭ちやんたちもみんな銀座住いになるんですつて。ところが、Kでは、家を売ろうかというほどの失敗です……破産した話書いたわね、番町は相変らず、神戸も相変らず、重役会で、月に一回上京する程度なのでたまに、ままも御飯によばれますが。いずれにしても、あと、三百年も生きるわけではなし、気持よく暮したいね、ということに話がなるのよ……ままは、まだまだすることがあると言つてます、……必ずしも仕事だけではないわよ、女として人間として、もつと思うぞんぶんに生きたいし──。

この頃、元気よ、やつぱり新居でもないけど、住居が変るということは、気が変つてい

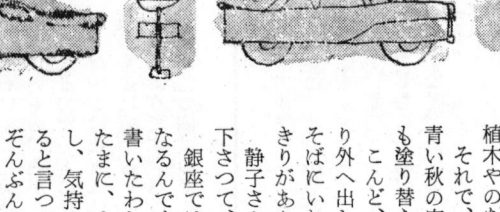

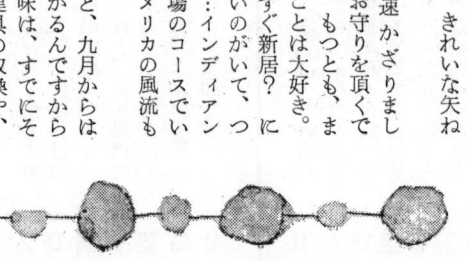

い、青たたみと女房は、などと男たちが言うのも一理あります。

　ニューヨークの秋はどうなの？　マイケルを連れて、海辺や林のなかをドライヴするのはいい気持でしょう。

　では、レイモンドに宜しく

ままより

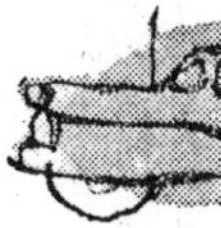

母より娘へ

いやだわ、圭子ちゃん！

　こんどはそつちが、一ヶ月余りウンもスンもなしで……返事もよこさずに。

　エア・メールの三色の封筒は、どんなに多い郵便物のなかでも目立つし、そのいろを見ただけで、ままは、圭の顔がうかぶくらいなのに……なにも、圭の手紙ばかり待つてるわけではないのよ、だけど、音沙汰がないのは気になるわ。

　松茸がもう盛りです。御飯にたいたり、すきやきは言うまでもなく、つけやきもうまい。この間、料理大学の編集のひとたちがみえて、いつしよに御飯頂いたけど、料理のことは、どうもあやしかつた——みんな、ダンナをもつて、いざ自分の世帯ということにならないと、身がはいらないのでしょう。イザとなれば、などと言い訳いつてた……圭の料理の腕？　というよりも、熱心に、面倒がらずにやる気持を、ままは買います。

　それもこれも自分の家庭だからなのね、なにかアテがなければ、必要がられなければ、人間て、一心になれないけど、——どうでもいいや、という投げやりな気持、無神経な暮し方は一番きらい。

　ままは、現在、誰にも必要欠くべからざる人間でもないし、時折、そりやもう、何する気もなくなることあるわよ……そんなとき、ニューヨークだろうと、唐天竺だろうと、圭たちがいると思うと、また、気持がピーンと張つて来ます。

　いかがです、手紙の返事も書かないでいては、相すまないでしょう？

　トビ、テラスでのんびり寝そべり、白い巻毛が風にゆれています。

ままより

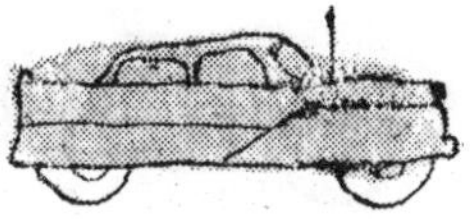

娘より母へ

どうも長ながと御無沙汰の程お許しを。

　へんなもので、ままの方からせつせと、（セッセでもないけど）御来信となると、ははあ、彼女無事なり、と安心してしまうのよ、それで、なんということなく、御ぶさたしました。

　こちらでは、もうクリスマスの仕度です。誰に何をと胸算用して、貰う方も、贈る方も、プレゼントの秘密をたのしむわけ。むやみに、やつたり取つたりしない習慣なので、クリスマスが、年に一度の親愛や、感謝の表現になるのよ。

　まま、遠くはなれているということは、いろんなことを思わせるものね、どうもこの頃ままの手紙を読むと、ままも、ひとりで大変だと思うし、昔から、気丈夫でいたままが、だんだん気が弱くなつてきたような気がして淋しい……どうぞ気をしつかり持つて頑張つて……

　それにまま、案外ガッチリしているようで、思わぬところで、息が抜けて駄目じやよ、あまいですよ、なにかにつけても。それが、圭は心配です。レイもそう言つています。

まま、こういうことをおたずねしていいかな、とも思いますが、もう、ままが迷惑をこうむるような事態はない？（わかるでしょう、あれ以来のこと）ままがこうむつた数かずのことを思い出すと、今でもくやしくて煮えくりかえるほどよ——やはり人間だから、いやな反面、わるい反面は、圭だつて黙視することを知つてます、でもままは、もつと積極的になる必要があるわ。

L神父さまはいらつしやらないし、いやなことを打ちあける相手がなくて、ひとりで困ることはないかなどと、圭の方が、おッかさんじみたことを考えるのよ……これも、マイケルを持つて、親の気持になつたからでしょう。

こちらは、対人関係もとても気持よく、万事うまく言つています。アメリカ人のよいところは、ひとに頼ることもなく、自分の力だけで出来ることをみんなしています。

取らぬ狸の皮算用？　みたいなことは、まあまあありません——大学時代の心理学も、家庭をもつて、アメリカの実社会に暮していて、人間研究に役立つことあり、大学生活の蓄積はむだではありません、ジョッブだけが仕事ではなし、圭は、安心してダンナと料理と育児に日を送つてます。

そうそう、レイの友達で、日本の仏道に興味をもつたのがいて、ボストンの美術館で見てきたらしい仏の彫刻のことを、圭に根ほり、葉ほりで、うんざりしました。

圭だつて、いくら日本人だからとて仏道の研究家ではなし、専門的なことはわからないわ、第一その仏のことですが、アミダさまやら、カンノンさまやら、とにかく、アミダさまがまんなかで、両側に二人、仏を従えているでしよ、彼らの名前をきかれては、全く寝耳に水でしよ……仏のことは、なにも知らぬとハネツケたけど——妙に、こういう古式なことに興味もつのがいるのよ、エキゾチシズムでしようね。

先週から、気がむいて、英訳でドストイエフスキーの罪と罰を読んでます、多くの連中が、ドストイエフスキーをあまり好まないけど、圭は、すばらしいと思います。あたらしい流行作家のものとは違つた、もつと霊的なものがあるわ……でも長いので、漫画漫文のような気軽さはないわ。

どこもかしこも御無沙汰ですが、そろそろ、カードの季節ですナ。

矢は、だいぶままの気に入つたようだと言つたら、レイ……喜んでにやにや……だつて圭たちが日曜に、森へ、アーチユリイ、レンヂにゆくのを、まま、しぶしぶ顔でついて来たり、誘つてもガンとして来なかつたりだつたから——はなれて見れば、その矢も、いいものでござんしよう。

では風邪の季節ですからお大事に。

圭より

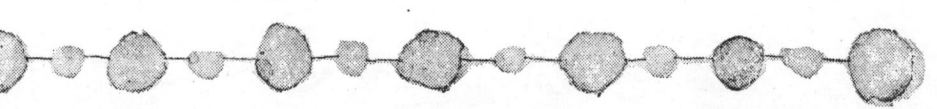

母より娘へ

圭子ちゃん、心配無用です。

現在、ままは、わずらわしいことありません、ろくな仕事をしていないのが、一番気がかりである以外は……

日のよく当るヴエランダで、スミレの植替えなどして——べつにこれが、気の弱くなつたしるしではござんせんよ、くだらぬことに、フアイトを燃やさぬのじやよ……

スミレと言えば、そちらで見たアフリカン・ヴァイオレット、まだ日本ではみません、まま、もし手に入つたら、早速植えるつもり、何しろ日光の豊富なことは、カーテンが、一、二年でボロになるのをみてもね……日向ならば、温室植物も咲くでしょう、それに風だつて、アメリカほど、ひどく吹かないし。

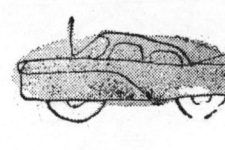

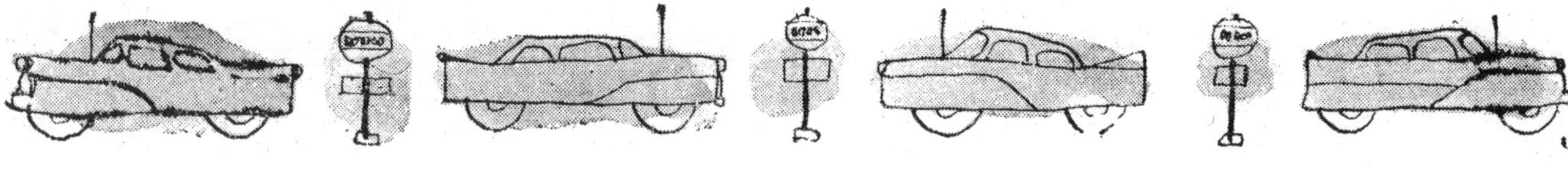

トビがそろそろ一人前らしく、妙な犬どもがウロツキにきます。そんなの相手にしなければいいのに、トビは遊んで貰いたがつてゴロゴロなくのよ、もつとも、あつさりしていて、ウロツキ犬をべつに追うでもなし——

ところが、数日前、素的なチンが一匹現われました、猫の仔ぐらいの大きさで、完全なスタイルの名犬?です。支那チンらしいの、さあそれが、二日ほど、朝から晩まで、トビのまわりをはなれず、二匹でとんだりはねたり、トビは喜んでひつくり返つたり大変なさわぎでしたが、いくら名犬でも、チンとワイヤアでは、結合のほどもあやしいので、トビを室内に入れました。

すると、そのチン、次の朝もぬけ出してきたらしく、トビのいないテラスをうろうろしていなくなつたと思つたら、それつきり行方不明です、飼主が、うちへたずねにきて、うちのトビと遊んでると思つて安心してたらしいの——実にいい犬で、チンクシヤといろあの形容のぴつたりの、見事なチンだつたけど、誰かにぬすまれたらしい。

従つて、トビはそれほどの名犬ではなけれど、うつかり放せません、時々、庭で放してやると、目にもとまらぬ早さで駈けまわり、ピョンピョン飛び上り、すさまじいわよ。

マイケル君どう? いずれすさまじくなるでしようね、どつちの気性に似ても。アメリカのいたずらつ児というのは、ままも、ワシントンの下町でみて、びつくりしたわ、徹底的よ、よくも悪くも頑固に執拗に遊んでるわね、一身を賭けてるみたいに。すぐ諦めたりしないから、いい芽を伸せば頼もしいでしよう。

この間、青山の根津美術館で、萩原さんのお茶の会がありました、ままは、お客にだけゆく筈でしたが、先生にむりやり点前をさせられて、ままの為にきて下さつた森田たま女史を正客に、一服たてたのよ、ろくな稽古もしてないし、お茶席なんて大きらいで、今まで見むきもしなかつたので、大汗かいたわ。

でも、こういう遊びもいいものよ、形式というものを身につける意味で、若いとき、いい加減に習つたことも、自然に身にしみているんです、圭なんか、いくらままがすすめても、遂に習わなかつたわね。

ままは、お茶はたべたり飲んだりの、実用だと思つてます、茶人ぶつたり、道具自慢で夜も日もないようなのはきらいです。手が少しぐらい違つても、気持が通つていればいいという主義、ひからびた侘びや寂びでなく、実生活を洗練する意味に考えて、のん気にやつてます。

暇とお金があるに委せて、どんな集りにも顔を出してる奥さんがあります、そういうひとは顔ずれがして、態度もいや味だつたり、妙なタイプです。社交ということも、ただ、どこへでも顔を出すということでなく、やつぱり節操みたいなものが根底にないと、いやらしい。

子供を育てあげ、生活にも余裕の出てきた婦人たちが、社交生活にはいるのはいいとしても、物質第一で、それぞれダンナの地位を誇り、表面だけは茶よ花よ歌よ舞よと、人工的に飾つても、内側がきたなくてはたのしくない。教養ということを、学問より重んじたいのは、そこに人間性が現われるからです。ままは、男でも女でも、ユーモアのわからない人は、恐くてつきあえません、ままの友達は、わざと洒落を言つたりするのではなく、自然にユーモラスなとこのあるひとばかりのように思つています。そして、そういう友達を一番ほこりに思つています。

どうか圭も、お友達を大事にしてね、アースラだの、シエラ・マッキユーだの、エレエナ? だの、可愛いい、感じのいいルーム・メートたちとは、その後会うことあつて?

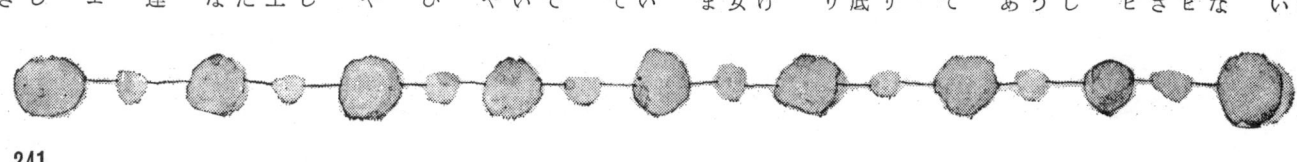

先日、脇村御夫妻が突然みえて、朝日のかんかんする部屋でお話して、圭の噂も出ました……覚えてるでしよう、東大の教授の……よく試写で御一緒した……あちらも、お嬢さ

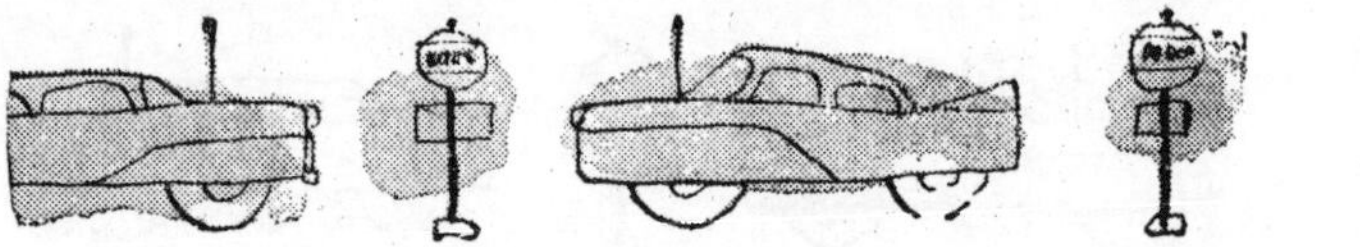

んおふたり結婚なさつて、先生は益々御活躍です、全くよい御夫婦……圭たちの時代の友達のような夫婦もよいけれど、万事、リードしてくれるパートナアを持つて、完全に女らしく生きることの出来る奥さんは幸福ですナ。

脇村夫人、ばらを沢山作つて、いつも惜し気なく切つて下さるのは、まことに嬉しい。なんでも宜しいのをと言いながら、ではとうんとこさ咲いてる花を、こちらから無心すると、ほんの涙ほど根をわけて下さる奥さんがいて、まま、がつかりしたことがあるの……だから、脇村夫人のように、御丹精の花を、あちらからすすんでザクザク切つて下さるのは、花も美しいけど、そのお人柄も美しく感じます。……ままなんかもケチして、咲いた花をむやみに切れませんよ。ケチンボということは、物質だけでなく、精神的にも、いやなことだと思つて気をつけているんですよ。

レイのお母さんお元気ですか、アイオワの農地も、もう荒涼としているでしょう、窓という窓の日向に、草花の種子を蒔いた鉢を並べていた光景、いまでも眼にうかびます。いいひとですね。

ままは、クリスマスの贈物すこしおそくなるかもしれません、まだ家の手入れが片づかなくて、雑用やら、整理やらでいつぱいなのよ、落着いた気持で、圭たちのもの選びたいと思つています。

トレイラアの写真待つてるのに、どうしたの?とりそこない?

マイケルの初のお誕生日のお祝も、おくれますが、なにか可愛いいものをあげましょう

皆さんお大事に

ままより

娘より母へ

まま、……この前の手紙、圭はすこし言いすぎたことがあるの気がつきました。

レイと、この間、夫婦間のことや家庭のことなど、他処の家のことを話していて、ままのことにも及びました。……ままの場合は、圭は絶対にままの立場の支持者ですが、レイは男ですから、やや、男の立場を支持して、べつに批判がましいわけではないけれど、客観的にみて、ひとのこと、（つまりわれわれ家族や妻であるまま）に対して、思いやりがなく、無責任に暮したということは、その当人の方が気の毒なひとだと言いました、それは、その当人の一番の障碍ではないかと、人間的に……

おそらく、ままはもう凡てを卒業したと思います、許そうと許すまいと、ままのお考え次第です。圭がひとりでフンガイしているのは潜越かもしれません、御免なさい——夫婦というものは、近くに在つて、また遠い人間だということを、いつだつたか、ままが言つたでしよう……そうなのね、だから、おたがいに気をつけなければね……

レイは、マイケルに夢中で、ふたりで遊ばしておけばいい御機嫌。アメリカだつて放蕩のダンナはいつぱいいます、息子に熱中してるのは、いささか威ゲンがなさすぎるけど、どうせ人間、なにかおたのしみがなくてはネ……マイケル、実にいい性質で、いまのところは、圭たちをこんなにたのしくさせてくれるマイケルに感謝しているくらい。

レイのお母さんも元気で、時折手紙をよこし、珍らしい花の種子をほしがつてます。

まま、近頃はだいぶ社交的になつたらしいわね、ひとりでとじこもらないで、せいぜい外へ出て、羽をのばして下さい、なにをなさつたつて自由なんですから……そして愉快に暮して下さること……神父さまも、ままに望むのは、まま自身の解放だとおつしやつたで

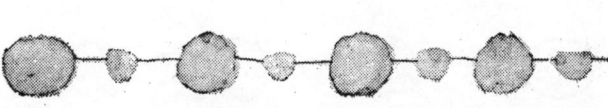

しょう？　神父さまから、お便りありますか、あら、マイケルが起きてこつちを見てます。

ではまた、圭、

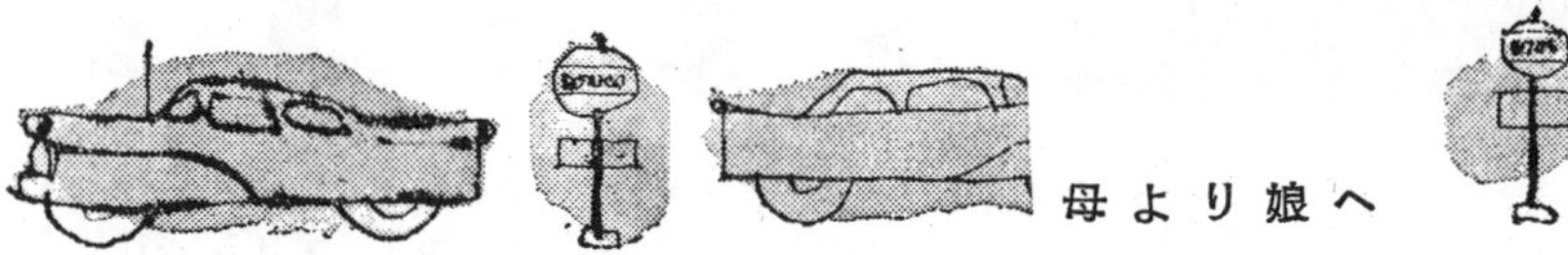

母より娘へ

とりいそぎ一筆、

圭の心づかいを嬉しく思いますが、ままは、もうイヤなことは、みんな忘れてしまいました。現在、充分たのしみを発見して暮してますから、身辺のわずらいはないのよ。そして、まだこれからも幸福に生きる工夫をしています。決して、世の中や、人間をすてたわけではありません、一番おもしろいのは、結局人間だと思つて、人間の中でも女であるままは、男の存在を無視しているわけではないのです。枯れるどころか……益々よい女になりたいと思つています。

やつと洋間の壁がなおつたので、T家におあずけしてある家具を、久しぶりで頂きにいつて、運ばせたの……例の、ままが元町で買つたあのソファやなんか……古ぼけてみる影もなくなつていたけれど、T夫人が、ままが売り払うと言つたとき、売れば、すぐには、失礼だけど買えないものだから、うちで粗相のないようおあずかりする、と言つて下さつてガラクタをしまつておいて下さつたのです。

おかげで、その古ぼけ家具を修繕して、昔より美しく部屋を作りました。もしも、圭たちが、なにかのチャンスを得て日本へ遊びにきても、充分暮せるスペースがあるけれど……まずまず、そんな夢は、夢の夢だろうか……

そろそろ、明日は脇村御夫妻に招ばれてお能見物です。英国からのお客さまといつしよに。そして、その夜は、ソ連大使館のカクテル・パアテイに出席します――

どういうわけか、ここ二、三回御招待を頂いたので、こんどはじめて、恐る恐る出席するわけ、……ソ聯のパアテイに出席したからと言つて、アメリカで、こんど、もしもアメリカへゆきたい場合、ぐずぐず言うことはないでござんしようね……

こういうことに、すぐ神経が働く世の中というものは、むずかしいものね、そのむずかしい国際的な空気のなかに、圭も、ままも、いるんですもの…

ではまた　さようなら。

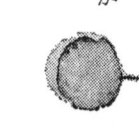

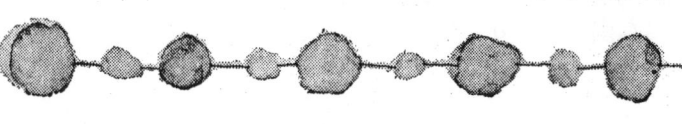

話題の人

ヘルベルト・フォン・カラヤン
（ベルリン・フイル終身指揮者）

現代ヨーロッパ楽壇の巨星、カラヤンは、すでに昭和二十九年に来日しているから、日本にも熱狂的なファンが少くないが、今度はクラシック・ファン憧れのベルリン・フィルを帯同しているだけに、感激は一層大きく今秋楽界の話題を独占した感がある。

一九〇八年にオーストリア、ザルツブルクの貴族の家に生れたカラヤンは今年四十九才、わずか二十《はたち》で、ウルムのオペラ劇場にデビュー、三十才の時にはベルリン国立歌劇劇場でタクトを揮う地位を獲得、戦後追放の憂目に逢つたが、一九四七年にカムバック、その名声を全欧洲に馳せ、ウィーン、ロンドン、ベルリンの各フイルハーモニーの指揮を独占するにいたつている。

長嶋茂雄
（立大野球部選手）

ながく破る者のなかつた六大学野球ホームラン記録七本を、学生時代最終の対慶大二回戦において破り有終の美を飾つたが、このほど巨人軍に加入が確定、今冬ストーヴリーグ最大の話題になつている。

本年二十二才。千葉県佐倉一高から立大に進み現六大学野球選手中、随一のロングヒッターとして活躍、今春対法大戦に七本目のホームランを叩き出して以来、いつ新記録の八本目のホームランが飛び出すか注目されていた。南海ホークス他彼をねらうプロ野球スカウトは少くなかつたが、日本シリーズに再度苦杯をなめて以来、選手の大型化を迫られた読売巨人軍の懇請により、在京球団という魅力もあり入団が決定したもの。三塁手。

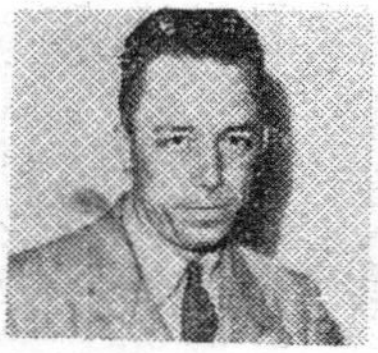

アルベール・カミュ
（作家）

現代フランス文学でサルトルと並び称せられる実存主義の作家として我国にも多くの愛読者を持つカミュが、本年度のノーベル文学賞を受賞、従来の受賞者にくらべてその四十四才という破格の若さがセンセーショナルな話題となつている。

一九一三年アルジェリアの貧乏な職人の家に生れた。苦学して大学を卒業、学究の志を病弱のためにたち、友人達と演劇運動に参加したり、ジャーナリスト生活などの後一九四二年「異邦人」を発表、一躍文壇の寵児となつた。「異邦人」は先頃、我国でも、中村光夫と広津和郎の間で大論争をまき起し話題となつた他に「ペスト」評論「シジポスの神話」等がある

イングリッド・バーグマン
（映画女優）

八年前に全世界にそのロマンスを馳せ、讃否両論かまびすしいうちに結ばれたバーグマン、ロッセリーニの夫妻が、十一月七日正式に離婚（法律的にはイタリアの国法で離婚を禁じているので別居の許可）、スターの離婚話には食傷気味の筈にもかゝわらず、この三人の愛児を持つ夫妻の袂別は、再び世界に数々の話題をもたらした。

一九一七年、スエーデンのストックホルムに生れ、一九三八年に渡米、「間奏曲」でデビュ以来「誰がために鐘は鳴る」他に矢つぎ早に主演、グレタ・ガルボの再来といわれ多くの女優賞を獲得。目下ロンドンで次作「カインド・サー」撮影中。

中村寅吉
（プロゴルフ選手）

埼玉県霞ケ関で行われた第五回カナダ・カップ（団体）第三回国際トロフィー（個人）争奪ゴルフ選手権試合は、米国ゴルフ界の至宝サム・スニード他多数外国選手が来日して話題を賑わしたが予想を裏切つて、団体個人ともに日本チームが初優勝を飾り、十月二十七日に四日間にわたる競技を終つた。団体競技の方の中村選手のパートナーは小野光一選手。

横浜出身、四十二才の中村選手は、十七才で保土ケ谷クラブからプロにデビューした生粋のゴルファー。昭和二十五年から二十八年まで四年連続して関東オープンに優勝以来、全日本、読売プロ選手権など、国内タイトルは数えきれない日本プロ・ゴルフ界の第一人者

話題の人

徳富蘇峰
（評論家）

明治・大正・昭和三代にわたつて言論界に活躍した長老蘇峰翁はこの十一月二日に九十四年の生涯を閉じた。本名は徳富猪一郎。「自然と人生」、「不如帰《ほととぎす》」で明治・大正期の青年に愛読された徳富蘆花の兄で、この兄弟の不和は文学史上有名。文久元年一月熊本県下、阿蘇山麓に生れ、新聞記者を志して十四才で出郷二十五才の時に雑誌「国民の友」を発行、ついで明治二十三年には国民新聞を発刊、昭和四年にいたるまでの四十年間を、国民新聞の主筆としてジャーナリズムに君臨したその著書は「近世日本史」をはじめ四百冊を数える戦後は、その軍国主義的な思想の故に追放され、一世を風靡した強力な論調も聞くことなく終つた

クリスチヤン・デイオール
（デザイナー）

パリのファッション界の第一人者であり、その年毎に発表されるラインは、世界の流行を支配する感のあつたディオールが、五十二才の働き盛りで十月二十四日に北部イタリアのモンテカティーニのホテルにおいて心臓マヒのため客死、パリをはじめ各国の社交界の愛惜を集めている。一九四五年秋にパリに店を持ちHライン（五四年）AラインとYライン（五五年）アロー・ラインとマグネット・ライン（五六年）等の華々しい流行の先駆も、今秋のスピンドル・ラインが最後となつた。一九〇五年ノルマンジーの生れ。法律を専攻したその学生時代はミュージックホールにいりびたる生活を送つていたといわれている。

徳川夢声
（芸能家）

無声映画の弁士を振り出しに、漫談、映画、舞台の俳優、最近はラジオTVの最高のタレントとして活躍、かたわら週刊朝日の人気対談「問答有用」三百四十数回のレギュラーをつとめる万能選手でますます声価をたかめている徳川夢声が十一月十九日紫綬褒章を受賞話題となつた。本名は福原駿雄、明治二十七年、島根県石見国益田町の出身。六十三才。小学生の頃から落語がメシより好きで寄席通いをつづけ、府立一中時代には落語家の物真似でクラスの人気を一人占めていたという一高の受験に二度とも失敗、好きな話術を生かした活動の弁士としてスタート。「くらがり二十年」他著書も少くない。

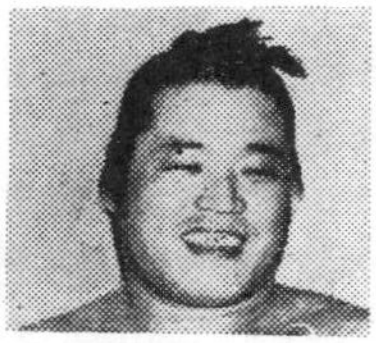

玉乃海太三郎
（九州場所優勝力士）

年六場所実現初の九州場所大相撲で、幕尻から数えたほうが早い前頭十四枚目に転落した玉乃海が関脇小結まで倒す連日の健闘に十五戦全勝、見事昭和角力史上輝かしい五人目の平幕全勝優勝を飾り、賞讃の的となつた今年の初場所当時の好調ぶりから大関先陣争いのトップをきる事に思われながら、其後胆石をはじめとした病苦にわざわいされ、二場所休場する不運に今場所欠場すれば十両に陥落。予想される瀬戸際に追いつめられていただけに、そのカムバックは明るい話題を賑わしたもの。大正十二年大分県出身。本名三浦朝弘。〝荒法師〟の異名で親しまれている。その取口は豪放をもつて知られ、特に腕力の強さは角界随一

大下弘
（プロ野球選手）

去年につづいて二年連続日本シリーズの覇者となつた西鉄ライオンズ不動の四番打者で、日本のプロ野球を代表する花形選手の一人だが、とりわけ今秋の日本シリーズでの活躍はめざましく、三割八分九厘の高打率をあげ、最優秀選手となり好例のトヨペット・デラックスを獲得話題となつた

台湾高雄の出身で今年三十五才のプロ野球十二年選手。昭和二十一年、東急フライヤーズ（現在の東映）に入団、同年ホームラン王になるという華々しいデビューぶりで話題を賑わした天才的選手。二十七年に西鉄ライオンズに移籍して以来、西鉄の誇る強力打線の中心となつて活躍。本塁打王、首位打者各三回、二十九年には最高殊勲選手

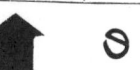

ラ・ディン

第八回　福島正実訳
・ギャスキン　高橋秀絵

〔前号までのあらすじ〕イギリス本国から遠くオーストラリヤへ向け流刑の旅を続ける囚人の一団、ジョージェット号の中にサラ・ディンはいた。無実の罪に暗い心を抱いているその彼女の運命に明るい希望を与えたのは、同乗の富豪ライダー夫妻だつた。彼等によりサラは女囚から小間使に所望され、そして護送士官アンドリュー・マクレイのひたむきな愛情を得て、彼女の新しい人生が始まつたのだつた。上陸後、結婚した二人が汗と努力で築き上げた広大な農場は着々その成果を挙げつゝあつたし、平和なたのしい日々が流れた。二人の間には長男のディヴィッドも生れ、サラにとつてそれは始めて味わう幸福の天地だつた。

しかしこの幸福を破つて、或る日農場に流刑囚の暴動が起つた。アンドリューは生憎く不在、彼等の築いた農場は荒れるにまかせた。しかし幸にも危機を脱した一家は、新たにシドニーにも店を出し、サラは三人の子の母となつた。マクレイ商店は日々繁昌し、サラに幸福な

サ

連載

キャスリン

日々が又帰つて来たかのように思われた。しかしこの時、新たにサラを苦しめる事件が起きた。それはサラの運命を狂わしたあの窃盗の罪を起したバーウエル家のリチャードがシドニーへ現われたことだつた。そしてサラにとつてリチャードは彼女の初恋の相手であり、又背いていつた憎い相手でもあつたのだつた。ときめくような胸を抑え、苦しい邂逅を恐れたサラの前に、夫のアンドリューは事もなげに、その経済力にものを云わせて社交界進出の機会をリチャードによつて摑もうとするのだつた。夕暮の海岸の一刻、こうしてサラの心は夫を裏切つてリチャードの胸の中に崩れた。

二九

雨が降りしきつていた。

店《ストア》の二階は薄暗かつた。サラは、壁に沿つて作られた棚の低い段の前に蹲つて、帳面を膝に、商品の生地の在庫調べに没頭していた。

「キャラコ――ダーク・ブルウ、八巻。キャラコ――花模様、五巻」口の中で小さく呟きながら、右手が敏捷に動いて数字を書き出してゆく。「但し、一部潮のため汚損。上ラシャ――」

階段をのぼつてくる重い靴音にサラはふと気がついた。店員ではない。アンドリューではあるまい。リチャードではないだろうか？ そう思つたとき、サラは思わず足をよろめかせて立ちあがつていた。怒りと、焦燥と――にもかかわらずしのび込む秘密の喜悦とが混りあつた混乱した気持だつた。

あれから、リチャードは、殆ど毎日のようにマクレイ家を訪ねて来た。アリスンは連れず、いつも一人で、二日に一度はアンドリューの留守にやつて来た。表向きは、アンドリューが譲つた農場の経営に忠告を求めに来るのだが、リチャードの本心はもとよりそこにはなかつた。リチャードはサラの顔を見ることなしには一日も過せないらしかつた。顔を見さえすれば大人しく帰つていつた。サラも、あれ以来、一度も唇を許してはいなかつた。だが――ふと見交すリチャードの瞳に、安心しきつたような満足の色が、「きみはぼくの恋人なのだ、ぼくはきみの愛人なのだ」と語りかけてくるのを見ると、サラは胸かきむしられる想いがするのだつた。サラは恐ろしかつた。アンドリューに、こんな乱れた気持を見破られることも恐い――リチャードが、この状態に飽き足らず、もつと愛のしるしを求めてくるだろうことも恐い――だがそれ以上に、夫を愛しながら、リチャードの愛を受け入れずにはいられなかつた自分の心が……それに秘密の喜びを感じている自分の罪深さが恐ろしかつたのだ。こんなことが、いつまでも続くはずはなかつた。いつか取り返しのつかない破綻がやつて来ることは明らかだつた。

……なにもかもを、いつきに、微塵に打ちくだいてしまう悲劇的な結末が……。

リチャードが、人目をしのんで、私に会いに来たのだ、とサラは思つた。前から、こうなることは判りきつていたのだ。リチャードは、なまなかなプラトニックな思慕に飽きたらなくなつて、愛撫を、危険な情熱の喜びを求めてきたのだ！ そして私は、とサラは、棒立ちになり、金縛りになつたように身動きもできぬままに、頭の片隅で感じた――それに抗うことができそうにない！

足音がドアの前で停つた。性急なノックの音が、サラの心に直接響くようだつた。

「どなた？」震えるサラの声だつた。

と、ドアが、返事もなく、勢よくつきあけられた。ずぶ濡れの雨合羽姿の男が、そこにがつしりと立つていた。それはリチャードでなく、ジェレミイ・ホーガンだつた。ジェレミイは、滴の垂れる帽子を脱いで手に持つと、サラを見

つめた。

「ジェレミイ！」

サラは、思わず、顔中に笑いを拡げて、ジェレミイの前に歩み寄っていた。安堵と、懐しさとに、ふと心弱い涙さえ浮かんできそうだった。

「嬉しいわ、ジェレミイ！ ずいぶん久しぶりね！ なぜまた、こんな急に出かけて来たの？ なにか、急用でもできて？」

「キンタイアの問題で、アンドリューに相談しなければならないことが起きてね」ジェレミイは、ひどくぶつきらぼうにいったが、サラはそれに気づかなかった。

「それはご苦労さまね。大変だったでしょう、お腹もすいてるわね。アンドリューは、ちょっと州庁へ行って留守だけれど、家で、お食事をしながら待って頂くわね。さ、行きましょう」

「待ってください」ふいに、ジェレミイが、ドアの前に立ち塞がるようにして、サラの行手を遮った。

「その前に、お話したいことがある」

「お話？ 話なら、家へ行ってからになさい。あなたはずぶ濡れじゃないの」

「家ではできない話です、サラ。あなたは、あの男の前で、シドニー中にひろがっているあなたたちのゴシップに就いて話したくはないでしょう？」

「あの男？ ゴシップ？」

サラは愕然としてジェレミイを見あげた。そしてジェレミイの表情に、怒気があふれているのにはじめて気づいた。

「そうですよ。あの男です。リチャード・バーウェルだ！」

「ジェレミイ！ いったい、どうしたというの？ なんの話か、私にはさっぱり判らないわ」サラは叫んだ。思わず知らず、警戒の声音になっていた。

「三日前、キンタイアに、シドニーの商人がやって来た」とジェレミイはサラの顔を正面から見詰めて話を継いだ。「ぼくはアイルランド人だから噂話が大好きだ。商人を引き止めて、シドニーの話を聞いた。酒をふるまうと、商人はしだいに心を許してなんでも喋った――シドニー中の家の居間という居間で、ひそかに語り交されているいま一番のゴシップを――あなたとリチャード・バーウェルについての噂をだ！」

ジェレミイは一歩進んだ。「ぼくはわが耳が信じられなかった。マクレイ夫人に限ってそんなことのあろう筈はないと思った。ぼくはかっとして商人を外へつき出した。そのあとで、もしや、と思った。悪い予感のようなものがした。ぼくは、用事を作ってキンタイアを発った。シドニーについて、ぼくはそっとその噂を聞いて廻った。多く歩く必要はなかった。ぼくが馬を預けた厩でも、一息入れるために寄った酒場でも、あなたとバーウェルの噂で持ち切りだった。バーウェルは運のいい男だと彼らはいっていた。ロンドンでさんざ放蕩をし尽してオーストラリアに流れてくれば、早速また金と女とにありついた……そのうちにバーウェル家とマクレイ家の周りは、リチャードの足で踏み固められた道ができるだろう、先週は一日の休みもなしに七度、今週ももう今日で三度、よくあれでアンドリュー・マクレイが怒らないものだと彼らは嘲り笑っていた――」

サラの顔が死人のような蒼白に変った。瞳が、堅いエメラルドのように冷たくなった。と思うと、白い手がのびて、ジェレミイの頬を発止と打った。だが、ジェレミイは岩のように動かなかった。

「嘘よ！ 嘘だわ！」サラは喘いだ。「根も葉もない中傷よ！ シドニーの人たちが、寄ってたかって私を陥れようと中傷の種を探していることは、ジェレミイ、あんただってよく知っているはずでしょう！」

「知ってはいる。しかしサラ――今度という今度は、彼らにそうされても仕方のない隙をあなたが好んで与えているのだ」

「私が？　ばか仰有い！　シドニー中のゴシップ好きが私を馬鹿にしているんだわ」

ジェレミイの口の端がぐいと歪んで、首が左右にゆれた。「ちがうな、サラ。あなたを馬鹿にしているのは、シドニーでなくて、リチャード・バーウェルだとは思わないか？」

いい返そうとした言葉が咽喉につまつて、サラは一瞬ためらつた。二人は、そのまま、長いことお互いの顔を睨み合つていた。暫くして、ジェレミイが口を開いた。

「ぼくは卒直にいう、マクレイ夫人。あなたは、アンドリューの前で、この噂が、ただのゴシップだと、根も葉もない中傷だと言い切ることができますか？　言つて良心の咎めを感じませんか？　いや」ジェレミイは返事を待たずに首を振つた。「感ずるはずだ。あなたなら、自分を偽ることはできない筈だ。ぼくにはそれが手に取るように判る。無理もないことだと思う。だが、このままでいいのか？　よくない、よくないのですよマクレイ夫人！」

サラは、思わず片手を顔の前にあげて防ぐような仕種をした。心に、平手打ちを喰つたような痛みを感じたからだつた。

「サラ、ぼくのいうことをお聞きなさい。行つて、あの男に、二度とあなたに会いに来てはいけないといつておやりなさい。シドニー中が、あなたたちの噂をしているのだ。アンドリューだつて聾ではない。ほうつておけばやがてはこれを知る時が来る。その前に手を打つのだ。ぼくのいうことは無理ですか？」

サラは顔を伏せた。心が、とめどもなく冷えるようだつた。ジェレミイにいわれるまでもなく、もうとつくにそうすべきだつたのだ。それが、考えられなかつた。ただ、坐りこんで、悲劇の起るのを、いまか、いまかと待つていたのだ。目の覚める想いだつた。と同時に、切ない、とめどなく味気ない想いもした。

「ジェレミイ……」とサラはいつた。「待つていてくれる？　私、外套を取つてくるわ」

「どこへ行くつもりです？」

「家よ。リチャードに会つて、いまあなたのいつたとおりのことを彼に云うわ」

三〇

サラが居間の戸を排して入ると、リチャードは暖炉の前で、優雅な乗馬靴の片足を炉格子にかけていた。リチャードはふり返つてサラが静かに戸を閉めるのを見た。たたきつけるような雨の屋根を打つ音が、遠いドラムの音のようだつた。窓から、暗い空にユーカリの樹の茂みが陰気な姿を映していた。

リチャードはいそいで近寄つてくると、サラの肩から濡れそぼたれた雨外套をはずした。その手を離さずに、両手の中にしつかと握りしめる。

「手が冷めたいね、サラ。髪も濡れてる。きみは、まるで十五、六の女の子のように見えるよ。きみ、憶えているかい……」

「やめて、リチャード」サラが、ふいに激しく頭を振つた。「昔のことを憶いだすような気持には、いまはなれないわ」そして、取られた両手をふりはらうようにした。「リチャード。子供のように模倣は、もうやめましょう。私たちは、お互いに無理をしているのだわ。還らない昔の夢を見ているのよ」

「サラ……」リチャードは不安げに眉をひそめた。「今さら、何をいい出すんだ……ぼくらは、それを承知の上でただひと時だけを昔のつもりになつているんじやないのか？」

「それも、もう止める時が来たのよ、リチャード。考えれば、馬鹿なことだつたわ、いえ、無意味なことだつたのよ……」

「そうかな？」リチャードは冷やかな眼でサラを見つめた。

「そうよ。止めなきやいけないわ。つもりなんて、世の中には通用しなかつた。そんなこと、最初から判つてなきやいけないことだつたんだわ。みんな、もう私たちのことを噂し始めているのよ」

「みんな？」

「シドニー中がよ。シドニー中のうるさいゴシップ好きが、あなたのここへ来る回数を数えているのよ。そして私とあなたが、情事に耽つているのだと噂しているのよ。やがてはアンドリューにも知れるわ。アリスンの耳にも入るのよ」

リチャードの瞳が、その時、疑惑の色を帯びた。「サラ……きみは、いままで、誰と話をしてきた？ きみの頭に、そんなつまらん考えを入れた奴は誰だ？」

サラはぎくりとした。「誰がいおうと問題じやないでしよ、リチャード。噂は、私自身で聞いたのよ」

「いい給え、サラ。誰がいつた？」リチャードが迫つた。

「そんなに知りたければ教えるわ。ジェレミイ・ホーガンよ。私たちの知合いよ」

「ジェレミイ・ホーガン？ いつたいそれは何者なんだサラ？ そんなことを、きみに直接いえるような知合いとは？」

「怒鳴らないで、リチャード。私はあなたの妻でもなければ情婦でもないわ」

リチャードは唇を噛みしめた。「ジェレミイ・ホーガンとは何者なんだ、サラ？」

「故郷アイルランドのために政治運動をしたために捕えられた政治犯だわ。彼は……」

「徒刑囚か！」

そのリチャードの、侮蔑に満ちた声音がサラの胸をぐさりと刺した。サラはきつとしてリチャードを睨んだ。

「あなたにとつては徒刑囚かも知れないわ。でも、私とアンドリューにとつては、ジェレミイは友だちよ。いいえ、兄弟よ。彼は私たちと一緒にオーストラリアを切り開いた仲間よ。いまは私たちのキンタイア農場の監督頭をしているけれど、彼なしには、私たちはここまで成功はしなかつたわ。リチャード、私はジェレミイを心の底から信じているのよ！」

リチャードはだが耳も籍さなかつた。「きみといい、アンドリューといい、時にはそんな阿呆になれるのか？ そのホーガンとかいう流刑囚の無頼漢は、きみらが余り甘やかすのでつけあがつたんだ。やつはきみらをなめているんだよ！ きみはそんな虫ケラのいうことを大人しく聴くつもりなのか？ 生意気にも主人のきみにそんな口をきく成上者の指図に従つて、ぼくを捨てるのか？」

サラは目を閉じた。リチャードが、流刑囚、成上者というたびに、胸に劇しい痛みを感じた。そして、リチャードの、我儘な子供のような顔を、改めて見直すのだつた。これが私を捕えて放さない初恋の男だつたのか？　人の心の傷に、こんなにも無神経でいられる男が？
「リチャード。捨てるとか、捨てないとか、変なことはいわないで。私たちの間には、そんな関係はなかつたはずよ。私は一度あなたに唇を許しはしたわ。でも、あれは気の迷い。あなたに、そんなことをいわれる覚えは少しもないわ」

リチャードの顔に、信じられないという驚愕の色が浮かんだ。
「だつて、サラ！　きみはぼくを愛しているといつたんだぜ！　あの日、あの海岸で、はつきりとそういつたんだ！　きみだつてまさかそれを否定はすまい？」

「否定はしないわ、リチャード」サラは冷やかにいつた。「自分の気持を否定してもしようがない。でも、いまの私は、そんな私自身を哀れむ気持の方がつよいのよ。私は夫を愛しています。三人の子供を愛しています。その私が、あなた同様に、ちつとも成長していなかつたと思えば、それが口惜しいのよ」

　リチャードは両手をポケットにつつこんで半ば嘲けるようにサラを見た。「そんなに口惜しがる必要もないだろうに、サラ。ぼくの求めているのは大したものじゃない――しつけのいいスパニエル犬並みに、居間の片隅に大人しくしているだけの特権じゃないか。きみがそれほど嫌ならば、接吻も求めまい、二人きりで昔の思い出を語ることも止そう。しかし頼むから、その下卑た徒刑囚の忠告に乗つて、お偉い侯爵夫人がなにかのように、二度と来るなどとつれないことはいわないでくれないか……」

　サラの身体がこわばつた。「リチャード。二つだけ忘れないで頂きたいことがあるわ。第一は、私の前では、ジェレミイ・ホーガンのことを、下卑た徒刑囚ということは許さないわ。第二に、私は侯爵夫人ではないけれど、この家の主婦よ。たつた今お引き取りになつてください。そして、今後は、アリスンと一緒でなければ、二度とこの家の敷居はまたがないで頂くわ」

　リチャードの顔が、みるみる蒼白になつた。唇が、二度、三度、いまにも何か叫び出しそうに痙攣した。怒気を含んだ眼差しが、サラの目に喰い入るように注がれた――だが、やがてその顔は力なげにうなだれるのだつた。

「サラ……ぼくはアンドリューじやない。なろうとしたつてなれはしない。ぼくは、きみのために財産を作ることもできないし、世界を征服してきみの足元に捧げることもできないさ。しかし……しかしサラ、ぼくにとつてきみは、この世のただ一つの貴重なものなんだ。ぼくは、きみを離しはしないぞ！」

　いい終ると、きびすを返してリチャードは居間を出ていつた。ドアが開いたとき、雨の日の湿つた空気がさつと流れこんで、サラは思わず身震いした。サラは、暫らく、身動きもせずリチャードの出て行つたあとの閉ざされたドアを凝視していた。一人取り残された広い居間が、にわかに荒涼として感じられるのだつた。「リチャード！　リチャード！」胸の奥で、彼女自身の声が叫んでいた。リチャード！　あなたは、余りにも多くのものを持つて行つてしまつた！　私の心の中に、さつきまで残つていたあの青春の情熱を、あなたは燃やし尽くしたまま立ち去つてしまつたのね！　サラは、ふいに、もう私も若くはない、と思つた。涙が、何処からか湧きだしてきてはほろりと一しずく、頬を流れて散つた。それは、リチャードへの、やはり思い切れない愛を惜しむ涙だつたのか。それとも胸の奥底に、秘め育ててきた美しい初恋の幻影を、無惨に打ち壊されてしまつたことへの、切ない離別の感傷だつたのだろうか……。

三一

その日から、リチャードの足は、全くマクレイ家から遠のいてしまつた。時おり、アリスンをともなつての儀礼的な訪問はあつた。だが、そんな時、リチャードの口数は目立つてすくなく、生気がなかつた。サラは見て見ぬふりをした。そして、そんなリチャードに、寄りそうて立つているアリスンに、いまは何か強い共感すら感じるサラだつた。

危なかつた、とサラは思う。あのときジェレミイの苦い忠言がなかつたら、私はやがてリチャードとともに恐ろしい破滅の道へ踏み出していつたかもしれないのだ。なぜそんな無防備の状態に自分があつたのかサラは想像もできなかつた。ともあれ、サラは、リチャードとの再会によつて受けた心の傷から、すでに急速に回復しつつあつたのだつた。

あるいはそれは、傷と呼ぶこともできない幻影にすぎなかつたのかもしれない。女と生まれて、最初に知つた恋心への、夢のような切ない想いの、当然逢着すべき結末が、サラの場合、劇的な運命の悪戯によつて十年おくれた、そのことから来る一種の幼ない幻覚だつたのかもしれなかつた。でなくて、サラのような現実的な魂がよろめくはずはもともとなかつた。それだけにいつそう、よかつた、ほんとうに愚かさと賢明さとの差は紙一重なのだとサラは思うのだつた。そしてサラの心から、種々な感情の乱れは、日一日と薄れていつた。

すべては元に復した。アンドリューがシドニーの中心的人物の一人として、ますます名実ともにその勢力を増やしてゆく一方、サラは、アリスンの指導よろしきを得て、もはや、押しも押されもせぬファースト・レデイの地位を獲得した。

アンドリューの野心は、内に外に、大規模であると同時に綿密だつた。彼は、自分の所有地の近辺の農場を機会さえあれば買い足していつた。この頃も、キャスル・ヒルの近くに拡がる、プリエスト農場の所有者が死んだのに目をつけ、その相続人と交渉して、農場を手に入れた。荒地のような荒れ果てた農場だつたが、アンドリューの言葉に従えば、二年以内には必らずホークスベリィやトゥーンギャビイの農場に劣らぬ一等地になるはずだつた。アンドリューは、新らしい農場の経営を、決して他人任せにはしなかつた。彼はキンタイアからジェレミイを呼ぶと自らスコップを振つて開拓に着手した。そしてサラに、遊びがてら仕事の進展ぶりを見に来ないかと手紙を寄越した。

サラはすぐに行く気になつた。キンタイアを離れてから、ついに今日まで、田舎を訪れる機会がなかつた。久しぶりに自然の大地に心ゆくまで抱かれてみたかつた。そこでサラは、店をクラップモアに委せ、グレンバアと子供たちをアンに委せると、馬車を仕立て、シドニーの喧騒を後にした。

馬車は快的に道路を走つた。サラは馬車の窓からしだいに展開してくるオーストラリアの山野にながめいつ

た。草の香も木の香も快よかつた。八年前、アンドリューにともなわれて、はじめてキンタイアへ赴いたあの日のにおいだつた。だが、暫く馬車に揺られるうちに、サラは忽ち疲れてきた。なん年か続いた都会生活のうちに、昔のサラの体力は、いつか失なわれていたらしかつた。

うねうねと続く路のはるか果てに人家らしいものが見えて来たとき、サラは思わず安堵の溜息をついた。それは確か、キャスル・ヒルの部落がもう遠くないことを意味する。キャスル・ヒルの部落を過ぎれば、アンドリューたちのいる仕事小屋も近いのだ。

しかし、馬車が最初の人家に近づいたときだつた。ふいに、馬車がぐらりと横ざまに傾いたと思うと、馬が劇しくいないて、そのまま動かなくなつた。サラは驚いて窓から外をのぞいた。馭者が、台から飛びおりて馬車の車輪を何かごとごとやつている……。

「どうしたの、エドワーズ？」サラは馭者に呼びかけた

「いやあ、奥様、困つたことが起きただ…。車のしん棒が折れてしまつた……これを修繕せんことには、先へ行くことができねえ」

「それは困つたわね」

「うんにゃ、あそこの部落には、鍛冶屋がごぜえます。すぐに直して貰いますで、なあにすぐでごぜえますよ。それとも奥様もちよつくらあそこへ行かれて一休みなさるかね？」

「そうねえ」サラは小首をかしげた。ひどく咽喉が乾いていた。激しい日光の照りつける中を、歩くのは辛かつたが、といつて馬車の中で待つている気にもなれなかつた。「それじや、一緒に行つて、冷たい水でも飲もうかしら」

サラは馬車から、ほこりだらけの道路に降り立つた。焼けつくような太陽が、忽ち肌に塩からい汗をふき出させた。部落は、見れば見るほど貧相だつた。太い丸太で組んだ櫓の上に、守備兵が一人銃を持つて立つて、サラの姿を、物珍らしげにじろじろと見おろした。そのとき、サラは最初の民家の裏庭に人だかりがしているのに気がついた。兵士をまじえた、二十人ばかりの人々が、ビールのコップを片手に、ぐるりと円を描いて、裏庭の一隅でいま行なわれている何かを見物しているのだ。

サラは、ふと好奇心を唆られて、思わずその方へ二、三歩あるいた。人垣の中が、みようにひつそりと静かなのも気になつた。が……近づいて、中をのぞいたサラは思わずそこに棒立ちになつた。それは、徒刑囚の鞭打ちの刑だつたのだ。

ひつそりとしているのも道理——裏庭の中央に建てられた荒けずりの材木を抱く姿勢で縛りつけられた徒刑囚は、すでに意識を失なつていた。そして、うなり声さえ立てられない裸の肉体へ、空を切つて打ち据えられる皮の鞭の音と、鞭打人の横に立つた兵士の、鞭の回数を読みあげる歌うような声とが、なにか、ひどくグロテスクな、のんびりした印象を与えていた。

「よんじゆうしーち」

「よんじゆうはーち」

それは、いままで、余りにもよく見てきた光景にすぎなかつた。流刑船ジョージェット号の中でも、このニュー・サウス・ウェールズでも——囚人を鞭打つことは、ごく当りまえな日常茶飯の行事でしかなかつた、だが、それがいまのサラの眼には、いきなりなまなましいものに映じたのだつた。蛇のように絡んだ鞭の下から新らしい血が、強烈な太陽の光に毒々しく輝きながらほとばしり出た。血は背中を走つて、ぼろぼろのズボンからはみ出している尻の上を流れ、脚元のほこりの中へ、ぽたぽたと滴り落ちた。そこには、すでに黒い血の塊りができていた。

鞭打人が鞭を振り止めた。終つたのかと思つている

と、群衆の中から、交替の鞭打人が出てきて鞭を受け取つた。そして、しばらく鞭の柄の握り具合を試していたが、やおら徒刑囚の身体にむかつてそれを振りあげた。鞭の先が、空を切つてひゆうと鳴つた。

「ごじゆういーち」

「ごじゆうにーい」

サラは両手をあげて耳を塞いだ。そして、夢中で、その人垣から遠去かろうとした。頭が、があんと鳴つて、胸がいまにも吐きそうにむかついた。足がふらついて、どうにも真先ぐに歩けなかつた。漸くもう一軒の人家の扉の前に辿りついた時には、眼がかすんでいた。ああ、倒れる……。思つた瞬間、サラは誰か男の手に、がつしりと抱き止められていた。

「どうしました、病気ですか?」

男の声がいつた。深いバスの中に、かすかに外国訛りのアクセントがあつた。

「いいえ」といいながら、サラは、張りつめた気の弛みで、男の腕にすがりついていた。男は、両腕をサラの身体にまわすと、そろそろと家の中に導いた。ひんやりと冷い家の中の空気が、サラの頬に無上の快さをともなつて感じられた。男の声が、誰かに、指図していた。

「お坐りなさい」男がいつた。「そして、これを飲んでみられるとよい。ひどい味がするが、ないよりはましだ」

唇に当てられたのは強いにおいのするブドー酒だつた。サラはむせたが、男の力強い指は、サラがそれを残らず飲んでしまうまでゆるめられなかつた。それから、柔らかい絹のハンカチが濡れた彼女の口の端に触れた。

「少しは気分がなおりましたか?」

男がまたいつた。サラは、目を開いて、はじめて男の顔を見た。男の痩せぎすの、身体は驚くほど背が高かつた。サラを見つめる、鋭い、もの問いたげな眼が、ほとんど黒に近く、ふさふさとした頭髪も黒だつた。頬骨の高い顔の皮膚は陽に焼けてオリーヴ色をしていた。唇が薄く、そのせいか酷薄に見えるのが、瞳の色の深さとちぐはぐな感じがした。男が質問を繰り返した。サラはようやくうなずいた。「有難う、だいぶよくなりましたわ」

「鞭打ちがよくありませんでしたな?」

「ええ……それと、太陽が……」

「無理はない。ご婦人向きの光景とはいえませんからな」

サラは、再び彼の言葉の外国訛りに気がついた。男は立派な身なりをしていた。シドニーではついぞ見かけない洒落た服、型変りのつややかな黒の乗馬靴、そして、男の左手の小指にはめた、はつとするほど見事なエメラルドのグリーン。男の英語は完璧《ぺき》だつた。だが、全体に異国風なアクセントがある……フランス人だな、とサラは思つた。

と、そんなサラの探索的な目を敏感に感じ取ったのか男は恭々しく一礼した。「奥様《マダム》、もう少しブドー酒をいかがです？　お気がしつかりするでしょう」

　サラはなぜか狼狽した。「ご親切に、有難う存じます。お言葉に甘えまして……」

「いえいえ、こちらこそ、かえつて光栄——ではそう申しつけましょう」

　男は、くるりと身を翻すと、家の者にいいつけてブドー酒の壜を持つてこさせた。「私もお相伴しましょう。だがその前に、私に自己紹介をさせて頂こう」と、立ちあがると、軽く一礼していつた。「奥様《マダム》——ルイ・ド・ブルジエと申します」

　サラは男の目が親しげな光をたたえているのに気がついた。すると、ブルジエと名乗つた男は、にこりとしてまた口を開いた。「失礼ながら、奥様の表情によれば、私はもう少し説明をつけ加えるべきらしい。そうですな？」ブルジエはにつと笑つて、グラスを手に取つた。

「私は今朝シドニーに入港したアメリカ船でロンドンから参つたフランス人です。これから、船中で知り合つたウイリアム・クーパー氏の家を訪ねる途中で……今後、暫らく当地に滞在のつもりでございますから、お見知りおきのほどを……」

「まあ、そうでございましたか。これは、申し遅れて失礼を。私、サラ・マクレイと申します。クーパー様とは格別ご昵懇《じつこん》にして頂いておりますわ。ルイ・ド・ブルジエ様。ようこそオーストラリアへお出くださいました」

　サラは晴れやかにいつた。そしてブルジエに手を与えた。ブルジエは、恭々しくその手を取つて身をかがめた——ブルジエの接吻は、シドニーのどの男たちのそれよりも優雅だつた。

　それから小一時間ののち——すつかり元気を回復したサラは、修繕の済んだ馬車に乗つて、去つていつた。ルイ・ド・ブルジエは道路の彼方に遠去かつてゆくサラの馬車を、窓辺によつて眺めていた。

「マクレイ夫人は旦那様の新しい農場へ行かれる途中ですだ」

　この家の女主人が、ブルジエに話しかけた。

「旦那様とは？　どんな人だ？」

「あれまあ、お客様はマクレイ様をご存知でないので？」

「うん、知らない」

「マクレイ様はオーストラリア指折りの金持でシドニーでも一番の有力者でごぜえますだ。それに、あの奥様がまた、どうして……お客様、奥様をどう思いなすつたね？」

「りつぱなレディのようだな」

「でしょうが……あれが、ここへ初めて上陸したときは徒刑囚の一人だつたとは、誰にもちよつと考えつきますまい」

　ブルジエは女主人を振りかえつた。

「それは本当か、お女将さん——あのひとが、徒刑囚だつたつて？」

「そうですとも、お客様——もつとも、もう十年も前の話で、今では誰一人そんなことを口にする人もいませんがね」

「お女将——ぼくに、マクレイ夫人のことをもつと聞かせてくれ」

　ルイ・ド・ブルジエの瞳は興味にかがやいていた。


——つづく——

ひまわり会ニュース

ラビット ジュニア クラブ 誕生

楽しいスクーティングを目指して

「乗る前は一寸恐かつたけど、乗つてみたらカンタンだわ」とラビットジュニアに乗る日活の北原三枝さん

お天気のよい日曜日など、若いひとがグループで自転車を颯爽と走らせている姿をご覧になつた方があるでしよう。そしてみなさんの中にももうその「サイクリング」というスポーツの楽しさを存分に体験した方もあることゝ思います。しかしそれ以上にスピード感を味わい、楽しさを増すスポーツが今、アメリカのテイン・エージャーの間で非常な人気をよんでいます。それがこれからみなさんにお知らせする「スクーティング」です。つまり「サイクリング」の自転車がスクーターに替つたものと思つて間違いありません。

自転車より早くて疲れないばかりか電車や汽車で行く時のように時間の制限や混雑の心配もありません。その上郊外の新鮮な空気を思う存分吸う快的感はスクーターならではえられないものでしよう。

〝ひまわり〟の花言葉〝気高く〟〝強く〟〝美しく〟によつて結ばれた沢山のお友達と草原を走つたり、白樺林の間をぬつてゆく楽しさは若い人ならではえられない貴重なものでしよう。然しまだ日本では「スクーティング」という言葉さえ聞きなれないくらいですから「スクーター・クラブ」は今度ひまわり会に誕生した「ラビット・ジュニア・クラブ」が恐らく日本で最初の「スクーター・クラブ」になると思います。これからの季節、紅葉に色どられた山の小路を快的なモーターの音を連らねての「スクーティング」は考えただけでも楽しいものですね。

然しそれにはスクーターも必要ですし免許や資格それに色々面倒な手続きがいると思つている方が多いと思います。そのような方達のためにこの「ラビット・ジュニア・クラブ」が発足しました。誕生日の十一月十二日(火)午後三時、スクーターを前にしての記念撮影ののち山一証券銀座営業所を会場に発会式を行いました。挨拶についでスクーターの性能、注意事項などの簡単な説明に移り、次回より毎日曜日実地練習を行うことを決め散会しました。このクラブはひまわり会の体育部門に相当するわけですから、ひまわり会の会員の方なら面倒な手続きもいらず簡単に入会できます。勿論入会金もスクーターもいらない上に、専門指導員が親切に指導して、自転車に乗れないような方でも三十分程度の練習で上手に乗れるようになります。一切費用がかゝらないというだけでなく、皆さんが上手に走り廻れるようになつたら地方支部間の交流や各地の由緒ある社寺や山河をかけめぐる楽しいプランも樹てたいと思いますから、皆さんふるつて御応募下さい。

入会御希望の方は往復葉書に次の事項を御記入の上、東京都中央区銀座東八の四、ひまわり会ラビットジュニアクラブ係宛御申込み下さい。

①住所　②氏名　③年令　④職業
⑤ひまわり会々員番号

ラビットジュニアクラブ発会式に参集した東京地区のお友達。

大阪地区に演劇グループ『つくしの会』誕生

大阪地区にも演劇グループをつくろうと色々相談しあつておりましたが、九月八日「つくしの会」と命名発足しました。グループの指導には現在大学で演劇をなさつている方にお願いしましたし、練習場所も決まりました。脚本も最初ですから高校生向の榊原政常作の「外向一六八」を中心に基礎から練習いたします。大阪或はその近郊にお住いの方で演劇に興味のある方はふるつて御参加下さい。連絡先その他は左記の通りです。

練習日　毎日曜日　午後一時より四時三十分

会　費　一ケ月　百円（連絡費及場所代、その他）

日曜日の集合場所と時間　城東線「桜の宮」駅の改札口　午後一時（時間厳守）

連絡先　大阪府堺市北向陽町二の七二の一　見本　幸子

演劇グループ『蕾』のお知らせ

★萩　雅恵さんを囲む会

公演の都合で残念ながら延期されていた宝塚の「萩　雅恵さんを囲む会」は萩さんが十一月の東京公演「モン・パリ」出演のため上京されましたので十一月十二日(火)レストラン・ギンブラで萩さんの親友で同期生の北城由紀子さんもお迎えして舞台の話や楽屋裏のお話など楽しいひとゝきを過しました

★観劇会「修善寺物語」

毎月第一土曜に行う観劇会は日大芸術祭「修善寺物語」（歌舞伎）を十一月二日上野松坂屋新館ホールで観賞いたしました。

★クリスマス・パーティ

十二月二十一日の今年最終の練習日には〝蕾〟らしい素晴らしいパーティを計画しています。寸劇の中でお互いに持参したプレゼントの交換などいかゞでしよう

★次の通り練習場所が決定しましたからお知らせいたします。

十一月　千代田区神田駿河台一の七　雑誌会館　三階　会議室

十二月　中央区蠣殻町二の一〇　中央区役所日本橋支所　会議室

下車駅　都電　水天宮下車　二分

名古屋でクリスマス・パーティ

日時　12月22日（日）午前11時

場所　栄町　ニュウボーン

会費　250円

申込　12月10日迄に名古屋市千種区高見町612

加藤　雅子

宝塚の「萩　雅恵さんを囲む会」で萩　雅恵さん北城由紀子さんとの記念撮影。

愛読者のページ

特集「もっと美しくなるために」は読者の皆さんの御好評を得て編集部一同嬉しく思っております。殊に「あなたはもっと美しくなれる」については、お問合せやら、「私も自信をもつことができて嬉しい」というようなお手紙やら沢山あってその反響の大きさに驚いております。「美しいということはよいことなのだ」という自覚と「もっと美しくなれる」という自信は、あなたのくらしをも美しく楽しいものに育ててゆくにちがいありません。

今号の特集「よろこびのあるくらしをつくる」は如何でございましたでしょうか。あなたの毎日を愉しく美しく、喜びのあるくらしをつくるための特集としました。御意見や御感想を又どし〳〵御寄せ下さいますよう。このページは愛読者の皆さんのためのページですから遠慮なく御利用くださることを編集部では希望しております。

☆「それいゆ」のみなさんごきげんよう。高校時代に「それいゆ」をお友達にみせて頂いたのが縁でそれ以来二十三才になる現在までずつと、きつとおばあちやんになつても見ていると思います。お蔭ですぐ下の妹は「ひまわり会」に、高校の妹はJそれいゆと、三人そろつてフアンです。小さい妹にはよく「お姉さんの影響で私までそれいゆスタイルになつちやつたわ」なんて、感謝してるのか怒つているのか、そんな事をいわれています。それからカバーの事ですがガラス紙のようなもので作つたらどうでしようか。「有名人の衣裳しらべ」には、ぜひぜひ桂木洋子さんをお願いいたします。四年ほど前に見えたきりしばらく出ておりませんのでどうかお願いします。

(石岡市外上土田　飯沼康子)

☆今朝は霜を見ました。暦を見てみるともう十一月だつたのです。ゆうべはもうサイレントナイトを聞きました。黒い土も冷たい風も冬へのプロロオグだつたのです。それいゆ四十三号からの愛読者です。四十二号は今注文しています。淳一先生の表紙は美しいのですが、ぼくは男の子だから表紙をデザインしてカバーにしています。「それいゆ」はぼくに考える事を教えてくれます。この本を買つている最大の理由は工作の頁があるということ、ものを作ることが大好きで作る事の喜びをしみじみ味わわせてくれます。欲をいえばもつとのせてもらいたいんですが。それから詩の鑑賞があるということ、ガサガサした社会からひとときをはなれて詩を読みます。一日一篇ずつぼくもかいています。これは注文ですが「彼はたれ?」に若い映画評論家をのせてもらいたいのですが、将来の参考のためにぜひお願いいたします。また暮らしのセンスとそれいゆ展を地方の人たちのために誌上に発表して下さい。一頁ぐらい、多色刷の頁もほしいのですが。以上いろいろと注文かきましたが、どれか一つでもかなえられればさいわいです。それいゆがうんと知性的で優雅な本になりますように。(久留米市津福本町　増尾義昭)

★本号は、皆さまの御希望に応えて美しい色刷りのページを入れましたが御満足いただけましたでしようか

☆関根郁子様へ

〝貴女と同じ様なケースの方のお話がのつていてよ〟とお友達が見せて下さつたそれいゆに、素晴らしい婚約生活をお送りの貴女の記事を拝見し、心からの声援を送りたくて筆をとりました。

貴女のフイアンセへのお便りを読んで、ああこういう思いをなさつてこういう毎日を送つていらつしやる方がいる、自分だけではなかつたのだという事を発見し、何ですかとても親しみの気持がわいて来ました。実は、私、結婚生活二ケ月で夫が留学生として渡米している身の上です。

昨年、留学生試験を受けたい事を打ちあけられた時、大いに励ました私でした。そして、クリスマスに合格が決定した時は心から喜びの言葉を述べたのでした。しかし、次の瞬間、それこそ目の前が真暗になつた様でした。暗たんたる毎日でした。お察しいただけると思います。彼も悩みました。結局結婚することにしました。そして私もスカラシップをとつて一緒に留学をと考えましたが、やはり残る事に決心しました。そしてあつという間に過ぎて行つた楽しい、充実した、新鮮な、夢の様な結婚生活。今やつと落着いた所です。そして貴女のお考えになつた様に、私も別れて暮す事を余儀なくされた此の期間を、より有効に私達の人生の究極の目的につながる、そして積極的にプラスになる様な生活をしたいと考え、一生懸命頑張つています。全力でぶつかつて夢中で過す毎日。私は真けんです。〝毎日が新鮮な驚きと、そしてささやかな進歩を得られる様な生き方をしよう〟という私達の約束を果すためにも、貴女が晴れの日をお迎えになる時、私はまだじつと彼の帰りを待つているでしよう。或はスカラシップがとれて、渡米の日を、彼のもとへ行く日を、飛びたつ思いで待つているかも知れません。いずれにしろ今は夢中で勉強の毎日です。脩様のお帰りももうあとわずかですね。どうぞ今の生活を十分に有効にお過しになつて、フイアンセのお帰りをお元気でお待ちになります様に。それいゆに紹介された貴女の記事によつて、私は本当に慰められ励まされました。感謝致しております。

(中野区桃園町　伊藤美智子)

☆内容もはつきりとわからないのになぜかしらひきつけられて読んだひまわりからジュニアそれいゆになりそして今はそれいゆを愛読しております。その間私の人生にずいぶん影響してくれたと思います。おつとめに出て一年で過労に倒れてしまい、むなしく療養生活を送るようになつてからも、「それいゆ」を開くと楽しい生き方を教えられるようです。きれいな心を失わずに明るく楽しく生きなさい! と。その意味で四七号の特集は大変良かつたと思います。人の美しさはドレスのすばらしさ、顔のきれいさだけでは得られないものだということも。そこで今の私は与えられた生活を私なりに有意義にくらそう、そして精神的な美しさを見出そうと。病人らしくない病人になろう! とフアイトを燃やしております。そしてまた、今の私の最高のおしやれ着であるねまきをデザインしたり、髪の形を工夫してよろこびを味わつております。では今後共どしどしすばらしい企画で、生活にうるおいを与えてくれる「それいゆ」を夢見てペンをおきます。

(三重県安芸郡　荒木メリー)

★一日も早く御全快なさいますようにお祈りいたしております。

☆お花のない生活なんて死んでいるのも同然……つて思うほどお花の好きな私にとつて、「花の文化史」はすばらしいプレゼントです。読書案内に紹介してあつたから、もう皆さまもお読みになつた事でしようけどバラの香水のところを読んでいたら何となくバラの甘い匂いがしてきたり、大好きなコクトオの詩もあつてほんとうに楽しいゴ本です。〝へーエこんな?〟つて思うようなことが一パイ。とにかくお花の好きな人には、ゼッタイ読んでほしいゴ本ですこんなに私をお花好きにさせたのもみーんなそれいゆです。大人の絵本

「それいゆ」は、私に色んなことを教えてくれます。寒くなりますが編集部の皆さまどうぞお元気で。

（名古屋市昭和区　柚原みち）

☆それいゆ四七号手にして思いついたままお話しましょう。

「ひまわり」「それいゆ」と共通した、とりすました貴族趣味を見出して悲哀を感じます。それが他社にないこの社の利点といわれるかもしれません。一例をあげれば「家元修業の安達瞳子さん」、どうして箱に入れてしまうのでしょう。もつと素顔をキャッチしたらよいのに、何か大きなものを外から覗いているようで物足りない。「おしやれルポ」、努力すればキリまでのぞけるはず。近代的な設備のととのつた場所のみでない事を御存知なら足を動かすべきです。通俗的なルポだと思いました。「あなたはもつと美しくなれる」K子さんは確かに美しくなりました。ただ気になるのは鼻の手術、後日談はありませんでしたか？ 鼻の具合が悪いとか、この記事に、手術代その他、附加した方が親切なように思いますが……。

タートルネックスウエーター愛用者として一言お礼申上げます。ただザックリ着るだけでなく、もつと何かと思つていた処でしたので「暮しの研究」もよい記事でした。髪のかたちにもちよつとふれて欲しい……なんて慾ばりですか？ 頭を休めるために読むのですが、字が小さいので疲れます。昔から細い活字と相場がきまつているのですね。まとまらぬ事を書き散らしましたが、ただよりよい雑誌に、マンネリズムに陥らないようにつとめていただきたいのです。

★愛読者の皆様の批評は一番恐しくまた一番有難いものです。これからもどしどし御批判およせ下さい。尚御住所氏名お知らせ下さい。

> このページにおたよりをくださるかたには、次の規定をお守り下さい。
> ①原稿は原稿用紙に
> ②当用漢字ではつきりと
> ③三〇〇字以内に
> ④住所と氏名をはつきりと書いて下さい。誌上とぐ名（ペン・ネーム）を認めません。
> ⑤「それいゆ愛読者のページ」と上書きしてください。

☆毎日の多忙な暮しの中で今日「それいゆ」四七号受けとりました。

「それいゆといえばジュニア向きでしよう」なんていつた人に「内容はすばらしいのネ」つて敬服された時、私は何故か長い年月の流れを感じました。満州を引揚げて帰つて何のうるおいもない生活の中で、始めて手にして薄つぺらな「ひまわり」中学時代、高校時代と多感なる感傷時代を私と共に暮してきました。ある時は私のささやかな生活に泉の様に湧き、又ある時は家庭科の私のリポートの重要な資料となつたり、妹の手芸の宿題に役立つたりしてまいりました。卒業後看護婦となるための厳しい生活の三年間にも、私に豊かな夢とフレッシュな感覚をもたせてくれ、卒業後就職した今も私の側にたえずいてくれます。考えれば私の日本に帰つて十二年、大人への歩みにたえずみつめてくれた老いを知らないすばらしいお友達でした。今後も私の生活の中の一隅に座する「それいゆ」の発展を心からお祈りいたします。遠い昔をなつかしんで今日はペンをとりましたがあの頃の愛読者の方々もどうぞお顔をおみせ下さいませ。（益田市上吉田　牛尾千歳）

☆それいゆの愛読者としてちよつとおたずねしたいのですが。

よくアップリケや先号のそれいゆにでていた紙袋に使つているラシャ紙というのはどんなものなのでしようか。神戸の百貨店へ行つても不審な顔をしてそんなものはありませんといわれるのですが。そこで売つている所と買い方をお知らせ下さいませんでしようか。（神戸市兵庫区　岡本夏江）

★ラシャ紙についてのお問合せがとても多いのですが、ラシャ紙というのは薄手の画用紙位の厚さのもので大きさは襖の半分位のもの。東京なら大抵の文房具屋さんに売つているのですが。色々な色があつて一枚三十円ぐらいです。

☆「それいゆ」四七号を手にとつてペラペラとめくつていたら、一二七ページの「あなたはもつと美しくなれる」という記事をみてびつくりしました。ページが進むごとにK子さんは美しくなつてしまうんですもの。

それからこの四七号もそうですけれど、この前からルネ先生のチャーミングメモがでていないのでちよつとさびしい。先生もお忙しいでしようけれど次号にはぜひぜひお願いいたします。

よくばりだけどまだあるの。手芸のページにもルネ先生のスマートな作品を出して下さいネ。注文ばかりでごめんなさい。では次号を楽しみにしています。

（名古屋市　加藤マサコ）

☆「それいゆ」47号〝あなたはもつと美しくなれる〟を大変興味深く拝見いたしました。最近、美しくなりたいという気持さえうすれていく自分を悲しく思つていました。実際問題として皆が悩んでいる事を積極的に回答して下さつたのですから、こんなに嬉しかつた事はありません。あの記事をもつともつとよく読んで出来る事は実行してみたいと思つています。

（神戸市須磨区　藤原美由記）

☆先号で中原先生のぱたーんがなく又、今号四六号は「海外おしやれの話題」と変つていましたが、もう中原先生のぱたーんはやつていただけないのでしようか？ 「海外おしやれ」はそれは別に有益なことに思いますが、やはり色刷りで、中原先生のぱたーんのほうが立派で美しいと思います。

目次の次を繰つたとき、色刷りのない淋しさは、やつぱり読者の誰もが感ずることだと思います。中原先生がこの間から御体を悪くなさつてお忙しいのだからと考えられますけれど、何とか次からぱたーんが入るようにして下さいますようお願い致します。

（金沢市　原可奈子）

★ぱたーんがなくなつたことへの厳しい御注文、編集部でもよくわかつております。これは当然中原先生の美しい絵を一つでも無くすることは出来ないのですが、ラジオにテレビに、又デザインや他の雑誌社の仕事に追われてお忙しい先生の現在から又、御身体も随分と無理なさつているために、止むをえず入らなかつたのです。でも決して今後無くなつた訳ではありません。今号四八号にはこのように立派に入つていますから御安心下さい。前二号の御詫びと共に中原先生も心から済まながつていらつしやいますことをお伝えします

☆編集部の皆様、毎日御忙しいことと推察致しております。いつもいつも美しい夢のある本、作つて頂いてありがとうございます。私、一つお願いがございます。

というのは、いつも連載の「母娘通信」中里先生のお手紙興味深く読んでいますが、あの手紙の内容、ほんとに遠く離れていらつしやるお二人の愛情あふれる手紙、美しく、又同情のような気持を持つて読まして貰つております。今度、中里先生にもつとつゝこんだお気持、と申しますのは、圭さんの結婚問題が起きた頃の先生のお気持、又圭さんのお気持など、又結婚についての考え方なども深刻なものがあつたことだろうと思つて、それを知りたく思います。機会を見て編集部の先生方にそれを採りあげて頂けませんでしようか？ 無理なお願い申し訳ございませんが、中里先生にもよろしくお伝え下さいませ。（東京　中山光子）

★お手紙の内容、よくわかりました。今度、中里先生にも事情をよくお伝えして、貴女の御希望にそえるようにしたいと思います。愛読者の皆さんの御気持を知つて中里先生もお喜びでしよう。

☆それいゆ四七号とてもたのしく拝見しました。特に、今度の特集〝もつと美しくなるために〟は、グラビアの頁も活版の頁も、丁寧な編集だと思いました。可愛いカットがひとつひとつ入つているコマ割りの活版の記事は、ともすると見落してしまいそうですが、じつくり読むと、とても読み甲斐のある、親切な記事だと思いました。洗顔の方法だの、入浴だの注意をひとつずつ覚えて実行しようと意気込んでいます。コマに小さく区切つた記事はまとまつていてとても読み易くて好きですが、これは〝それいゆ〟の特色のようですね。「それいゆつて、なんだか地器ね」という友達がいますけれど、私は丁寧な編集で読み出のあるそれいゆをおいて、私の本棚をたのしくしてくれる雑誌は他にはないと思つているのです。（群馬県・久保みち子）

◎編集部より―先号四七号では読者の皆様からグラビヤ「あなたはもつと美しくなれる」についての御意見やお問い合わせが数多く参つておりますが、特に〝皮膚整形〟の中村敏郎先生の病院の住所のお問い合わせが多かつたように思います。ここに纒めて御紹介しておきます。

東京都中央区銀座六丁目、松坂屋四階　中村敏郎皮膚科診療室

『ジョー』型紙

(グラビア110頁)

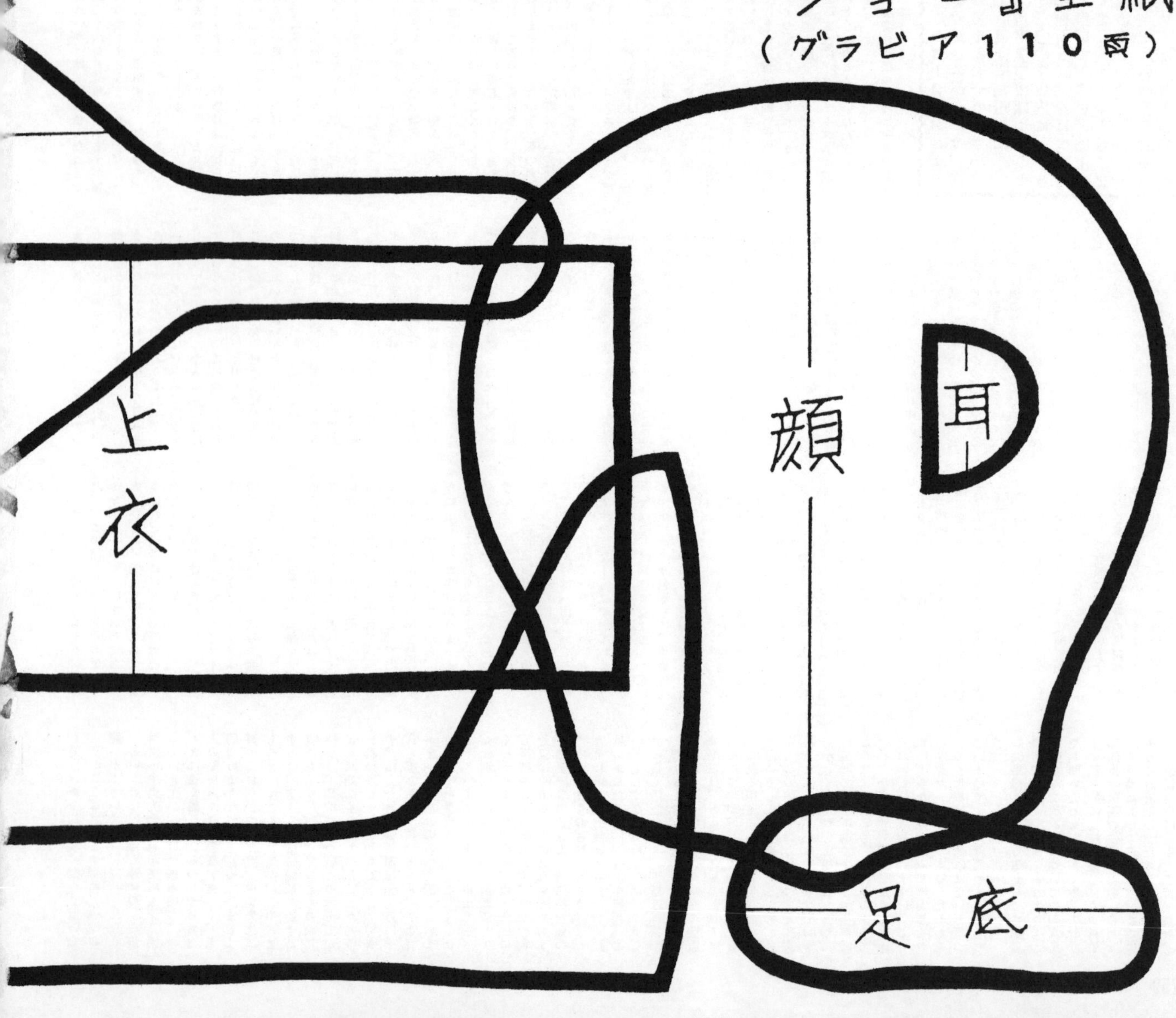

① キャラコで頭の型紙に縫代をつけた大きさに二枚裁ち、重ねて周囲を縫う。
② 表に返してパッキングをつめ、口をかがる。
③ 鼻と顎に芯をのせてとじつける。
④ 両頬、おでこに紙を丸めてのせ、糸で留めつけ、小さく千切った紙の裏面に糊をつけたのを一面に貼りつけて顔の形をととのえる。
⑤ うすくはがした綿を顔の裏面に貼りつける。
⑥ 肌色の布をバイヤスに使って顔を包み後頭部で縫いしめる。
⑦ ボディを肌色の布で二枚裁って重ねて縫う。
⑧ 表に返して首の部分に図のような芯を通し、後はパッキングをつめてから口をかがる。
⑨ 頭に首を差込むための穴を、首の太さより少し細目にあけて首を差込み、糸でしっかりとじつける。
⑩ 耳を縫って表に返し綿をつめてから耳の位置にとじつける。
⑪ 目と口の両端を後頭部から糸を通して引きしめ、顔の凹凸をつける。
⑫ 手、足を縫う。
⑬ 表に返した手の指を縫い、足の底をボール紙を切って糊づけする。
⑭ 手、足に綿をつめる。
⑮ 手をボディにとじつける。
⑯ 首廻りと腕に黒のスエーターを着せる
⑰ 足に黒の靴下をはかせる。
⑱ 靴を図のようにはかせる。
⑲ 髪毛はフエルトを細長く切ったものを糊づけする。
⑳ パンテイを図のようにしてはかせてから、ボディに足をとじつける。
㉑ タイトスカートをはかせる。
㉒ ツイードの残り布でドレスの前後身頃を裁ち、両脇を縫って着せつけ肩明きをまつる。
㉓ Book を作ってもたせる。

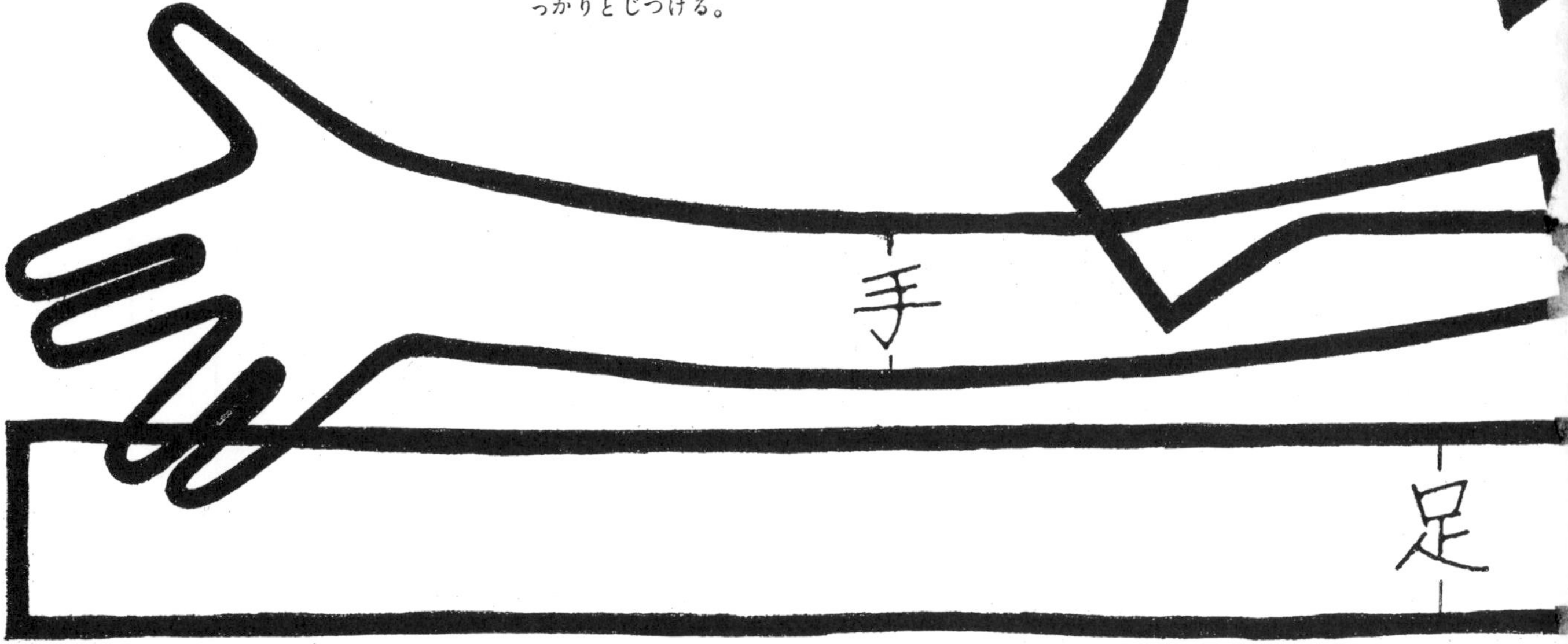

グラビア 160頁—165頁

私は若いひとのために こんな既製服をつくる 作り方

原型 ドレメ式

婦人服標準寸法表

名称	中寸法
首廻	36.5
肩巾	12.5
袖丈	55
腕廻り	28
手首廻り	16
掌廻り	20
背巾	34
背丈	37
背総丈	135
胸巾	33
胸廻り	82
W廻り	66
H廻り	92
H下り	20
乳下り	19

×印規定寸法

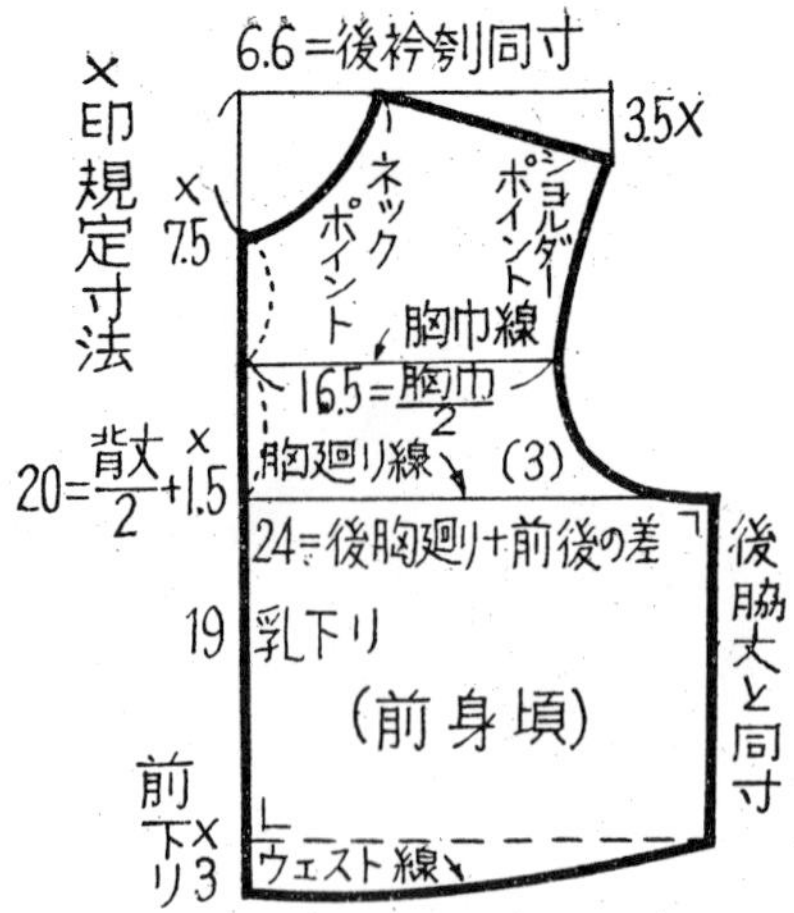

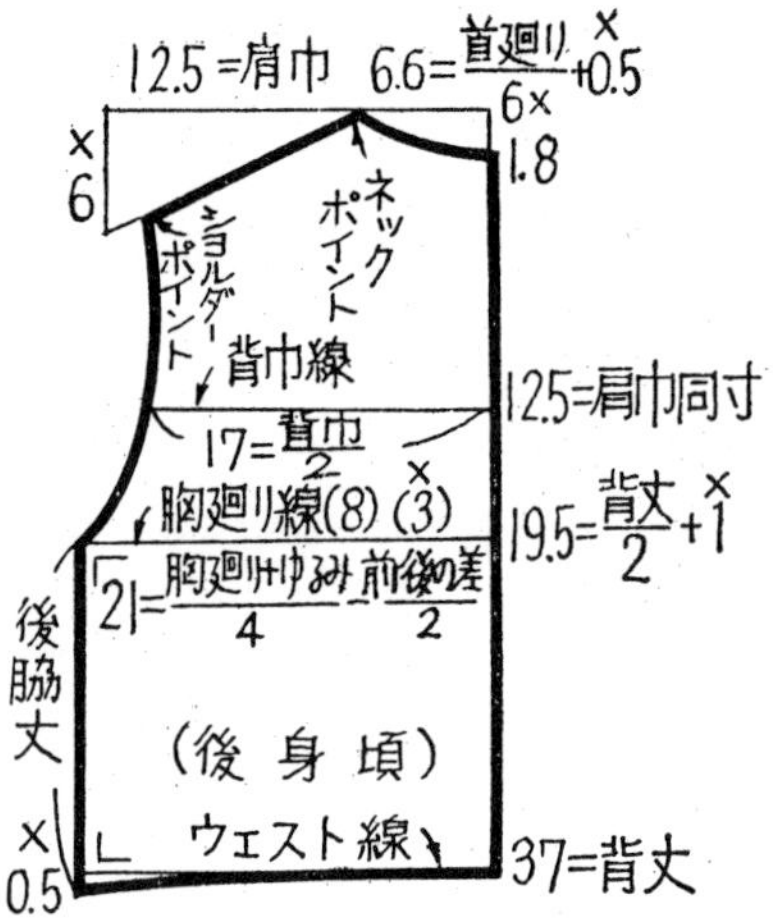

ワンピーススリーヴ

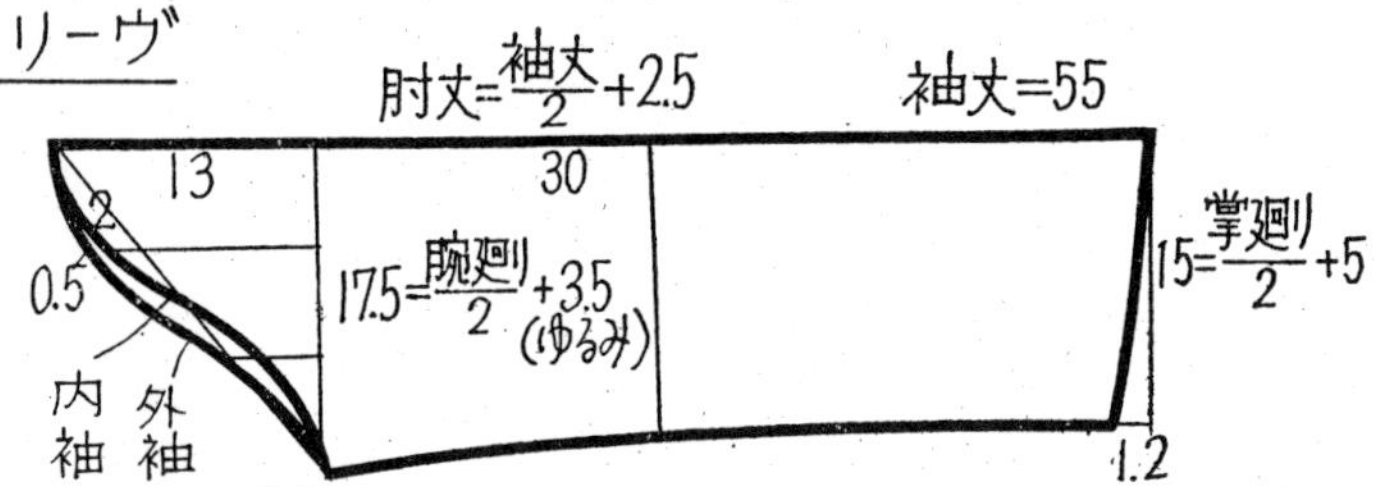

ワンピースタイトスリーヴ

袖丈=55

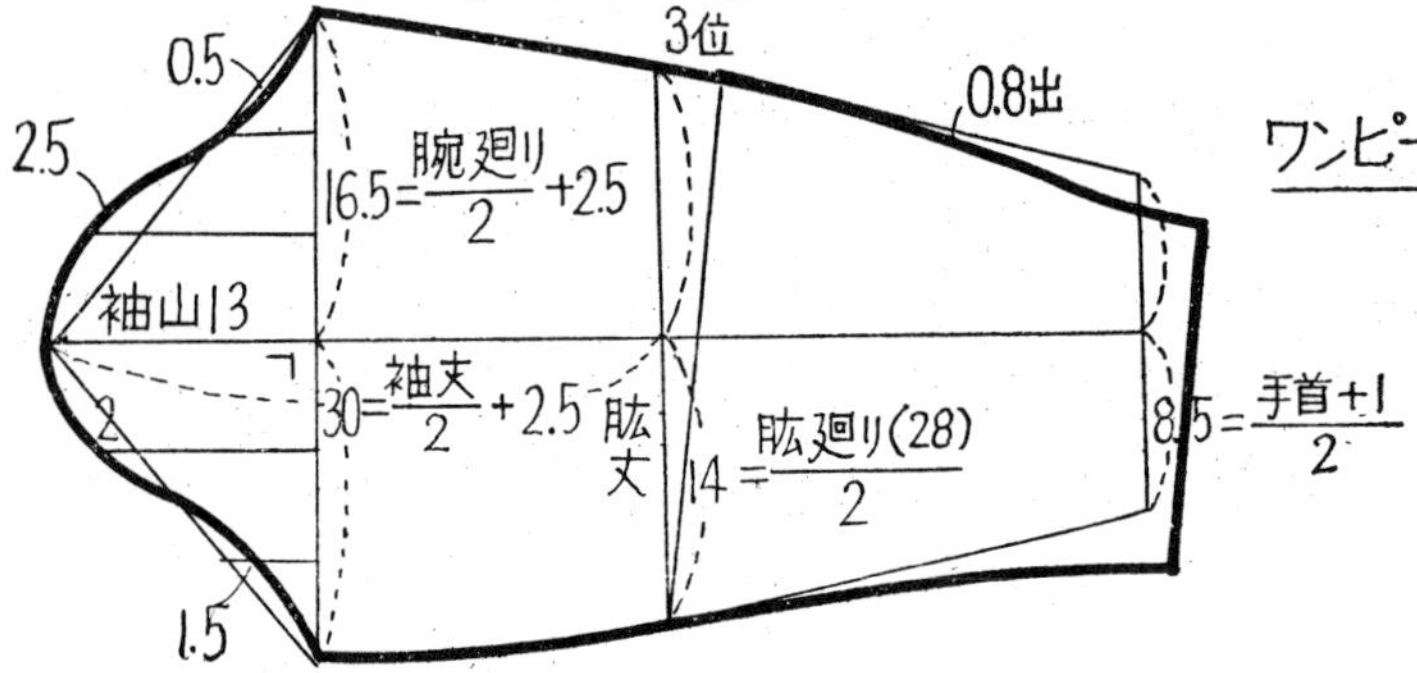

グラビア　一六〇頁

用布　Y巾　四・五ヤール

製図解説

後身頃

脇で4センチ出し、中央線平行に1センチ出して丈を延長し、脇裾に丸みをつけます。

衿ぐりをくり、肩巾を4.5センチ出して1センチくり、袖ぐり線を描きます。記入の線にバスト線を切替え、別図の様にギャザー分を切開きます。雨よけは衿ぐりから21センチ下つた長さにします。

前身頃

原型を1.5センチ倒して写し、後同様に裾線、脇線を引きます。NPで1センチ欠き、中央で1センチ出して衿ぐり線を引きます。打合を2センチ標し、前立てを4センチにします。記入の線にポケットと雨よけを標し、肩を4センチ重ねて衿を製図します。

図を参照して袖を引きます。

縫い方

後身頃切替えにギャザーをよせて縫合せ、1センチ巾のステッチをかけます。

前身頃にポケットをつけ、肩合せをします。後身頃雨よけと前身頃雨よけの肩合せをして前後身頃に重ね、前立てをつけてステッチをかけます。袖附けをして割り、袖底から続けて脇縫いをします。明きに短冊をつけてダーツを縫い、袖口カフス風に縫い消します。衿に芯を入れて作り、見返しと身頃ではさみ附けにします。

スカートはダーツを縫い、ポケットをつけて脇を縫消し、後明きを作ります。裾に4本のステッチをかけます。

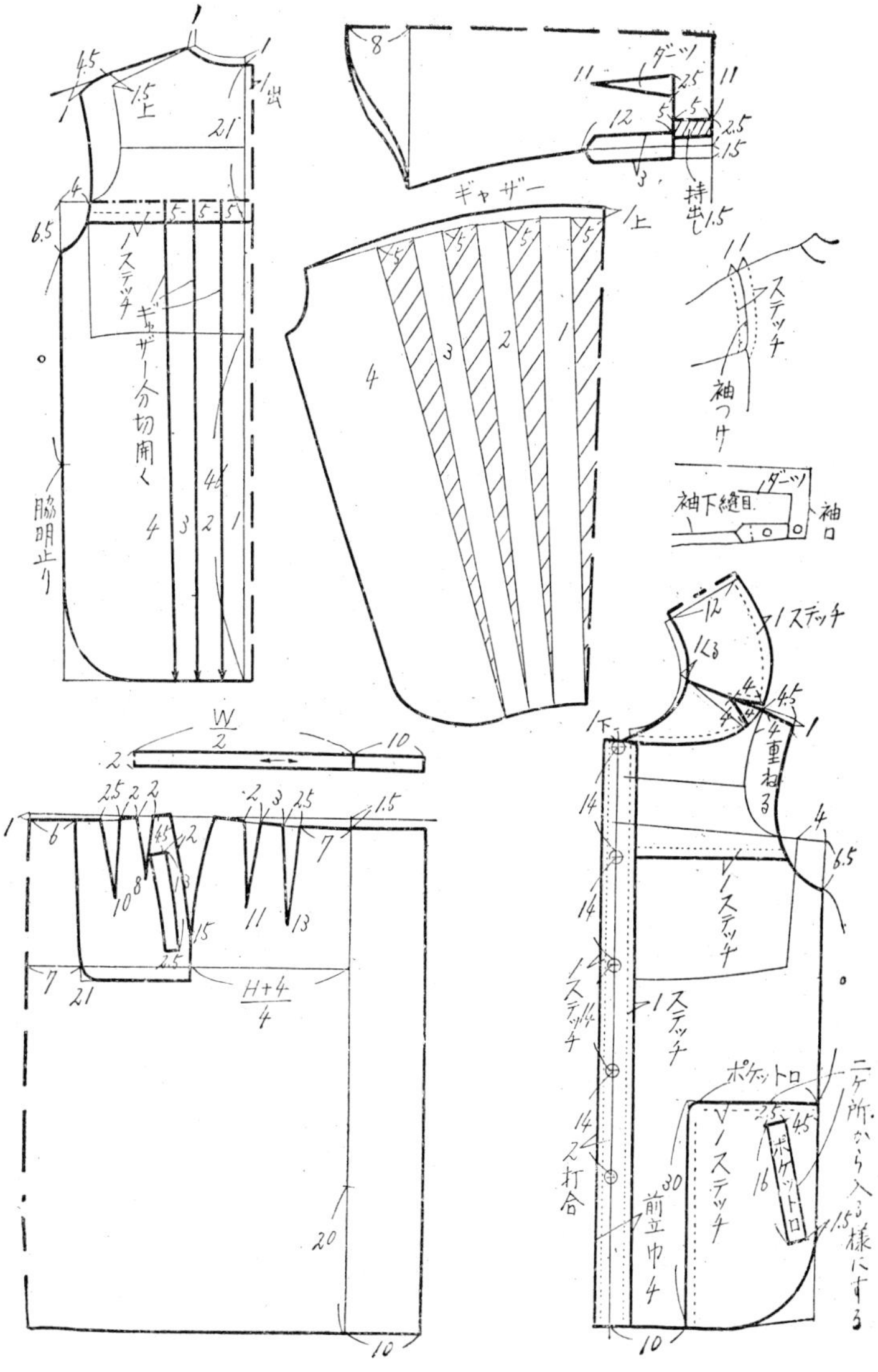

グラビア　一六二頁

用布　W巾 二・三ヤール

製図解説

前身頃

脇線平行に2.5センチ出し、丈を22センチのばします。肩先から上に1.5センチ計り、NPと結んで袖丈をのばし、直角に7センチ下げて結び直し、ドロップショルダー5センチを計ります。袖ぐり、袖口を記入し、後中央切替え線を計つてギャザー分10センチを出します。切替えと裾に1.3センチ巾の革のトリミングを記入します。

後身頃

脇線平行に1.5センチ出し、丈をのばします。打合を2センチ出し、カラーの折返り止りをバスト線より3センチ下つた位置にします。折返線を結び、ラペル巾7センチにして後衿9センチ倒し、衿腰3センチ、衿巾5.5センチ計つて前衿巾8.5センチと自然に結びます。

後身頃同様に袖を製図し、記入の様に身頃から続いたエポレット袖にします。袖山に後の袖山を突合せて続けて輪にとります。

スカートは脇縫目無しで後にプリーツをとります。

縫い方

後身頃切替えにギャザーをよせて縫合せ、革のトリミングをつけます。裾も同様に縫縮め、トリミングをつけます。

前脇ダーツを縫い割り、フラップをつけます。芯を据え、上前に釦ホールを作つてラペルにハ刺しをします。袖に角作りをして身頃と縫合せ、後肩合せをします。袖下から続けて脇縫いをします。裏衿に芯を裾立てハ刺しをし、身頃にまつりつけます。ラペルから下を控え目に上は反対にゆとりを持つて見返しをつけます。袖口にカフス（革）をつけます。

スカート脇裾にフラップをつけ、ダーツを縫つて脇は自然に縫消します。ベルトにバンド通しをつけてからスカートと縫合せます。

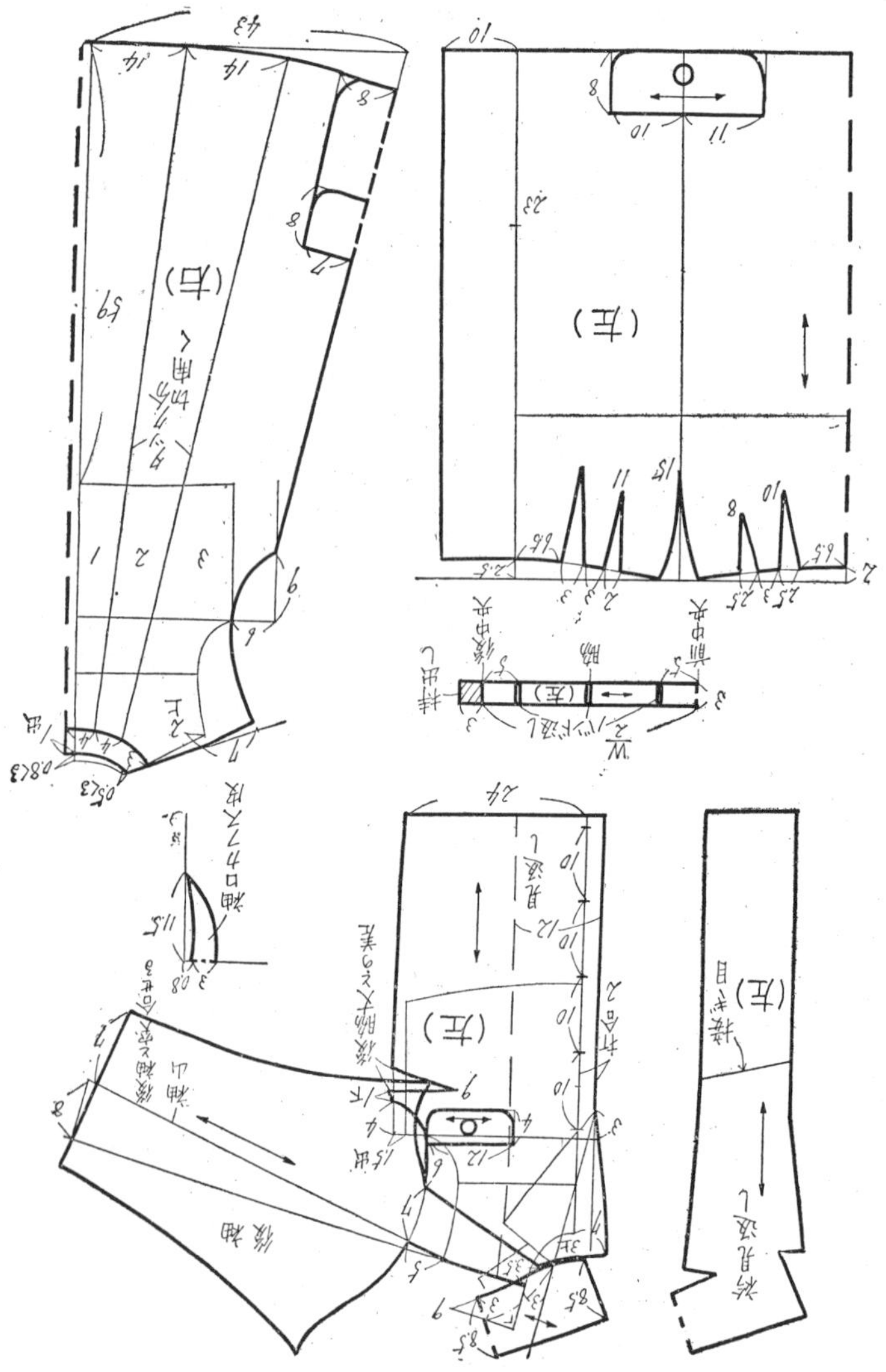

グラビア　一六四頁

用布　W巾　二・八ヤール

製図解説

後身頃

脇線より6センチ出し、中央線平行に1センチ出し、丈をのばします。裾巾を標して裾線及び脇線を記入します。衿ぐりをくり、肩を2センチ上げてNPと結び、7センチ延長します。衿ぐりより3センチ入つた位置を切替え、裾まで切開いて別図の様にタック分10センチずつ切開きます。

前身頃

原型を2センチ倒して写し、中央線より1センチ出して丈をのばし、裾巾を計つて裾線、脇線を引きます。打合を3センチ標し、記入の様にカラーの折返り止りを標してラペル・カラーを製図します。裾より記入の様にアウトポケットを標し、袖山に4センチのダーツを入れてカフス巾6センチの袖を記入の様に製図します。

縫い方

後身頃全体にゴースを張り、図の様な突合せタックをとつて切替線を縫合せます。

前身頃にゴースを張り、芯を据えて玉縁釦ホールを作り、ラペルにハ刺しをします。脇合せをして割り、雨蓋附アウトポケットをつけます。脊合せをします。裏衿に芯を据えて衿腰をミシンで刺し、他をハ刺しして衿つけをします。表衿見返しをつけて始末し、袖附けをします。

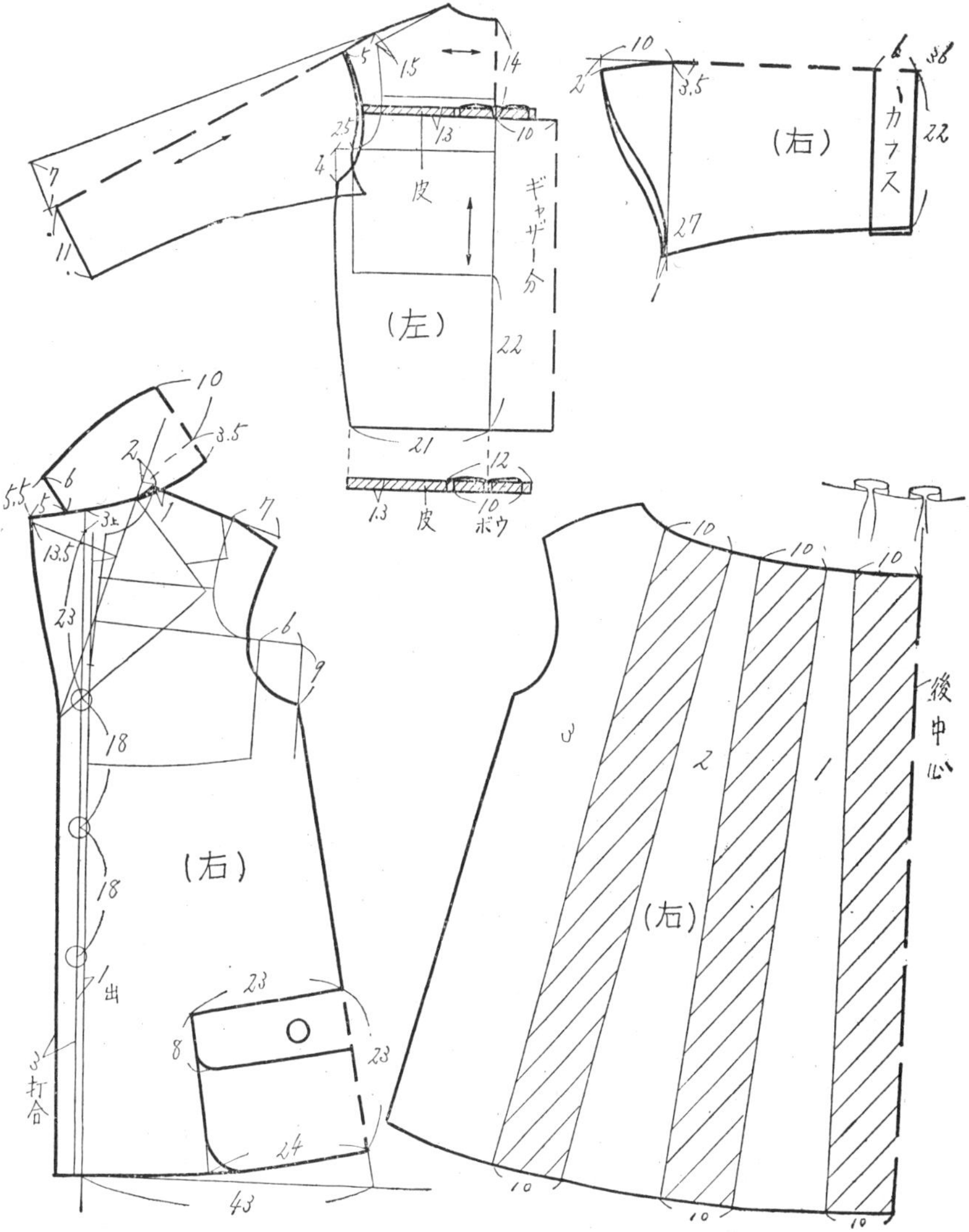

グラビア　一六五頁

用布　Y巾　四・七ヤール

製図解説

後身頃

脇で4センチ、後中央で1センチ出し、ウェストより丈をのばして裾線を引きます。衿ぐりをくり、肩先より2センチ上げた点とNPより1センチ出した点を結んで肩巾を5センチのばし、袖ぐり線を記入し、図の様に切開き線を三本入れます。

前身頃

原型を2センチ倒して写し、中心より1センチ出して打合2.5センチを標します。衿ぐりをくり、裾巾を標して脇線を引きます。記入の寸法通りにポケット口及びスリットを標します。

肩を4センチ重ねて写し、記入の様に衿巾8センチのカラーを製図し袖丈48センチ、袖口18センチの袖を製図します。

縫い方

前身頃見返しは輪にして裁ち、後身頃脇を縦に布目を通し（後中央は自然に斜布になる）て裁ち、切替えにギャザーをよせて縫合せます。前身頃に芯を据え、上前に釦ホールを作つて肩合せをします。袖附けをして割り、袖底から続けて脇縫をします（脇縫目を利用してポケットをつけ、スリット止りまで縫う）。表衿に白革を用い、裏衿は共布で作り、見返しではさみ附けにします。袖口カフスとスリット止りのボウは白革を用います。

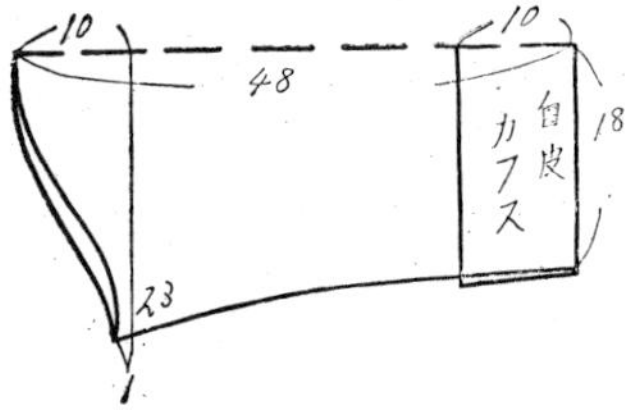

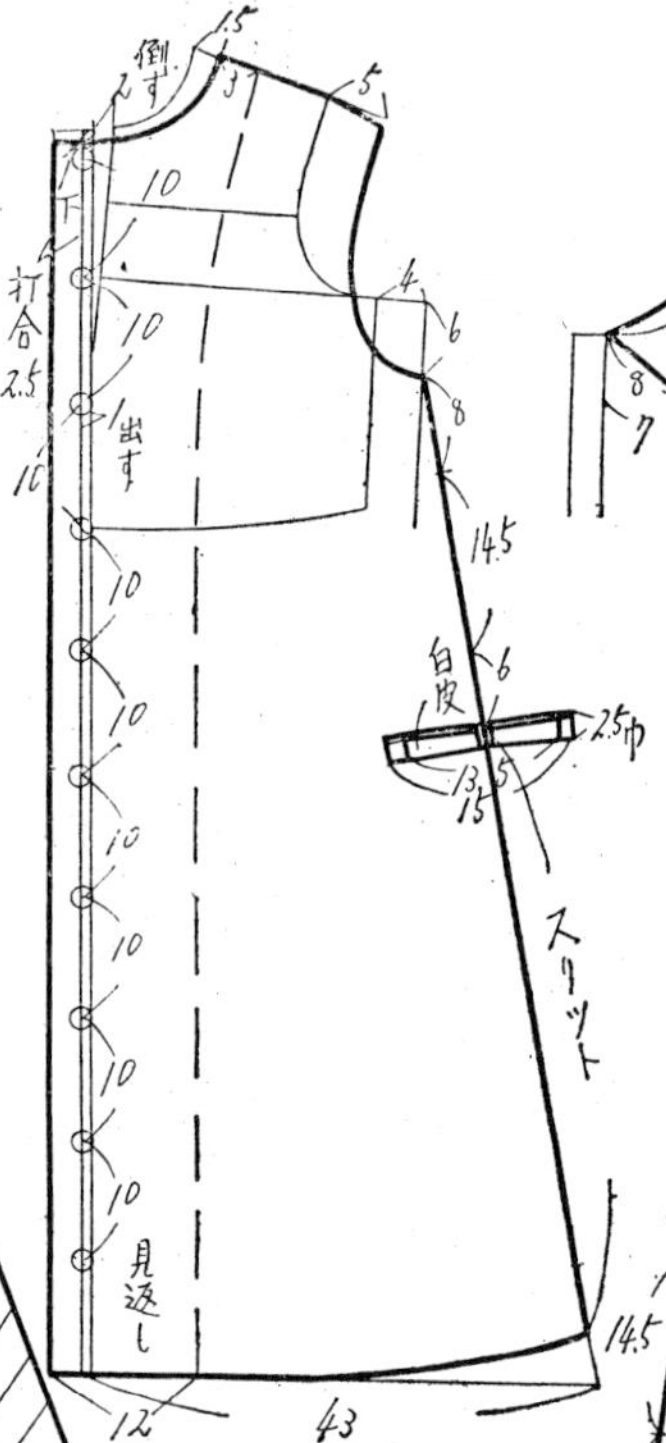

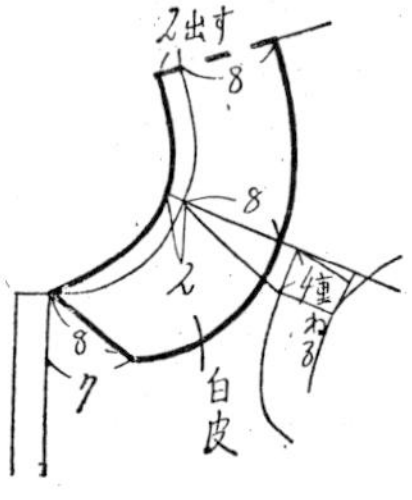

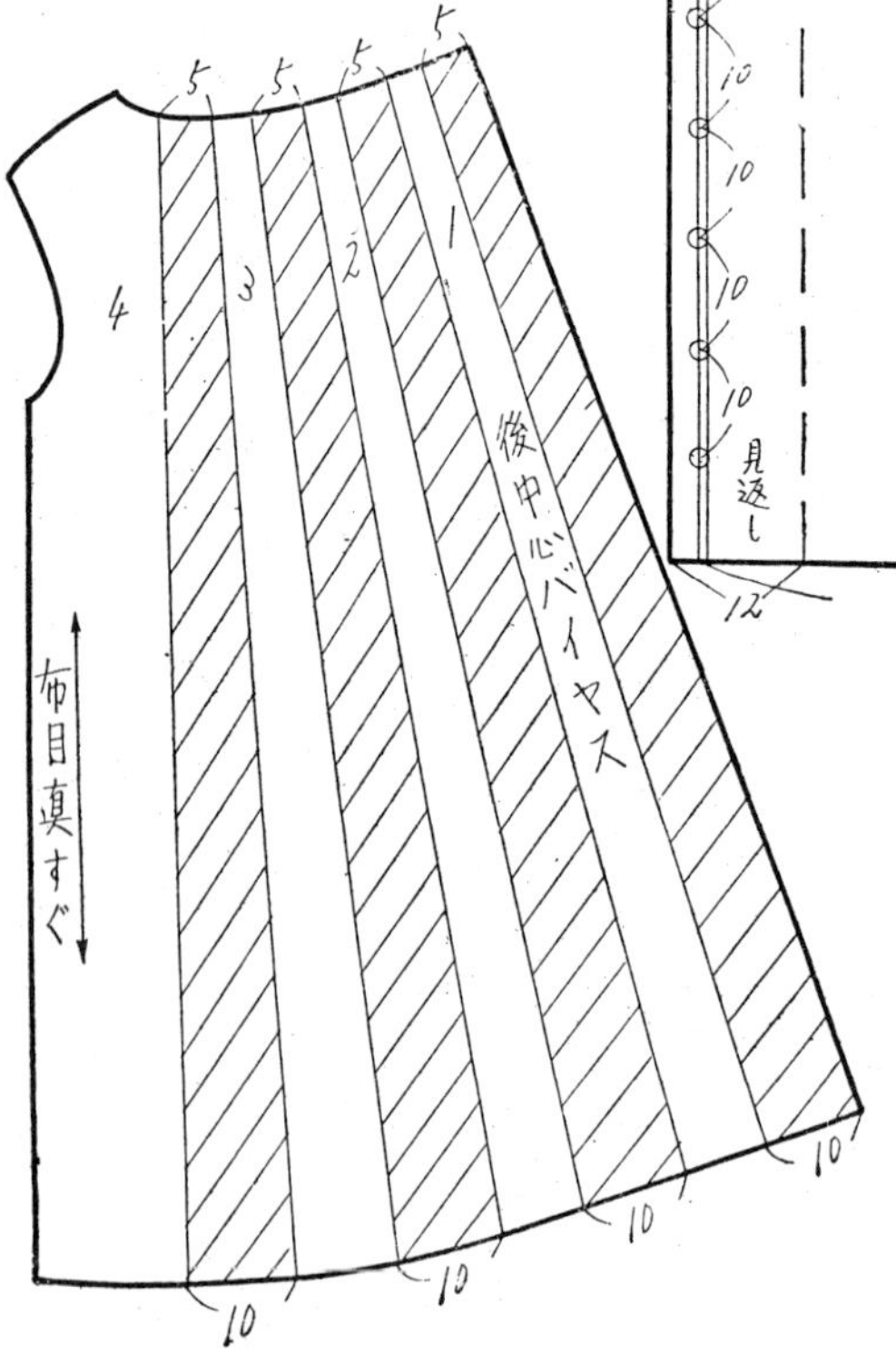

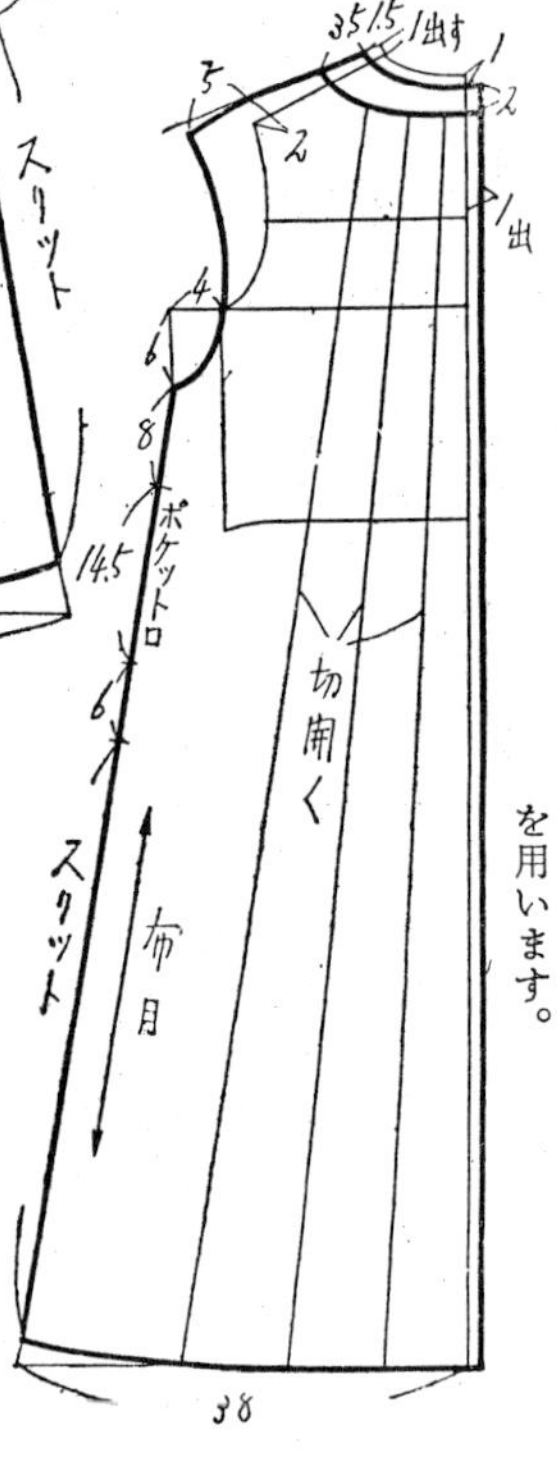

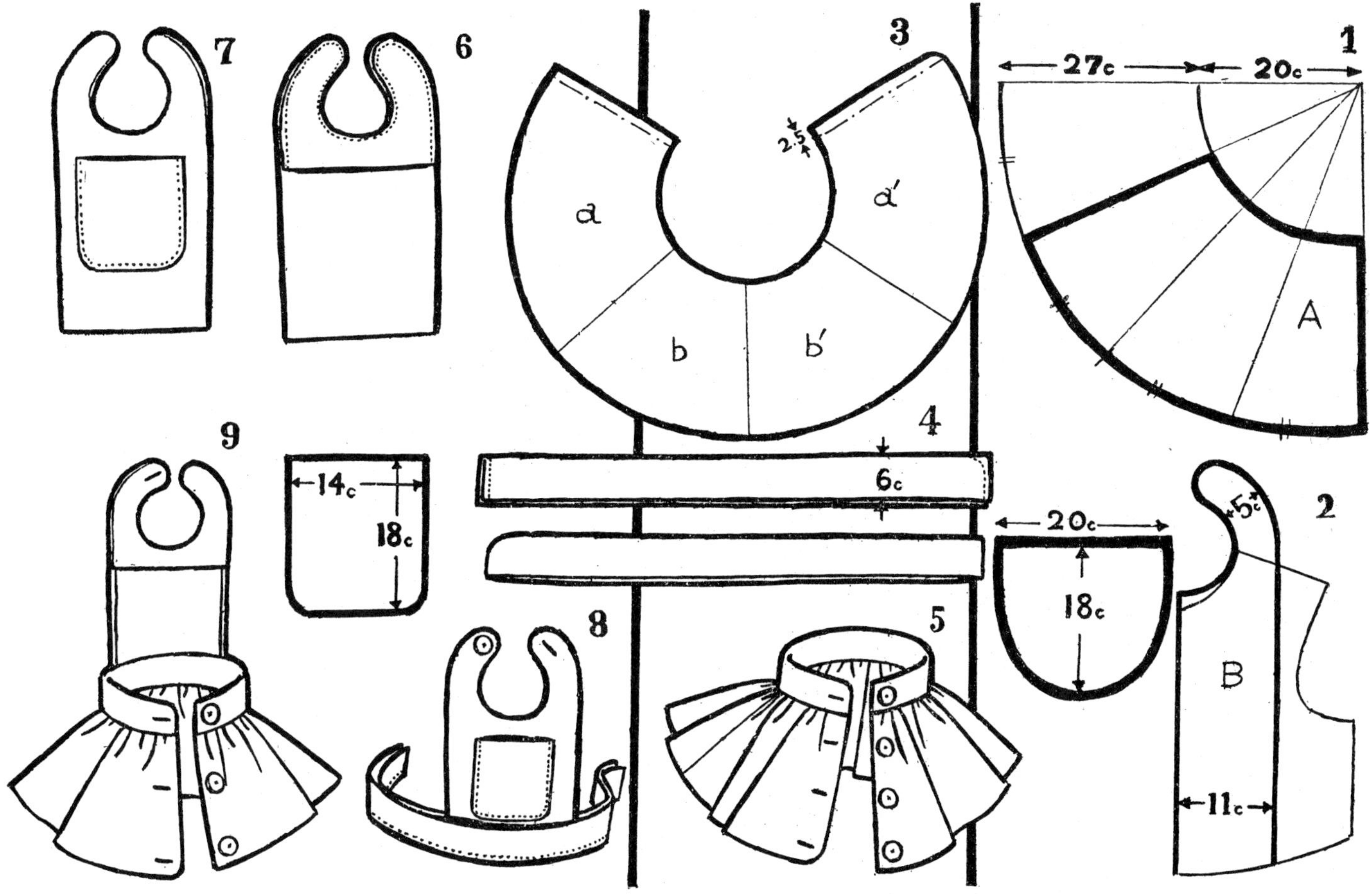

〔型紙と作り方〕

エプロンは楽しい家でのおしゃれ

（グラビヤ　一八六頁）

① 型紙Aは四分の一円を描き、更に、その四分の一をかいたもの。

② 型紙Bは原型をとって裁つ。

③ 型紙Aを使ってb、b′は縫代分とヘム6cmをつけて裁ち。

a、a′は縫代分と後の重ね分とその裏の折込分3cmをつけて裁ち、図のようにはぎ合わせてからヘムをまつる。

④ ベルトは、長さは〈ウエスト＋ゆるみ分＋後の重ね分に縫代分〉、巾は12cmに裁ち、二つ折りにして両端を縫う。

⑤ ギャザーしたエプロンにベルトを縫いつける。ベルトの巾は出来上り寸法5cm。

⑥ 胸あてのあるエプロンは、先ず胸あての首廻りに裏を縫いつける。

⑦ 表に返して両端は三つ折りしてまつり、ポケットをつける。

⑧ ベルトは巾6cmのものを二枚裁ち、中表に二枚を重ね胸あてを二枚の間にはさんで縫代5mmでベルトを縫う。

⑨ ベルトを表に返し、エプロンをベルトに縫いつける。

エプロンの
アップリケ型紙

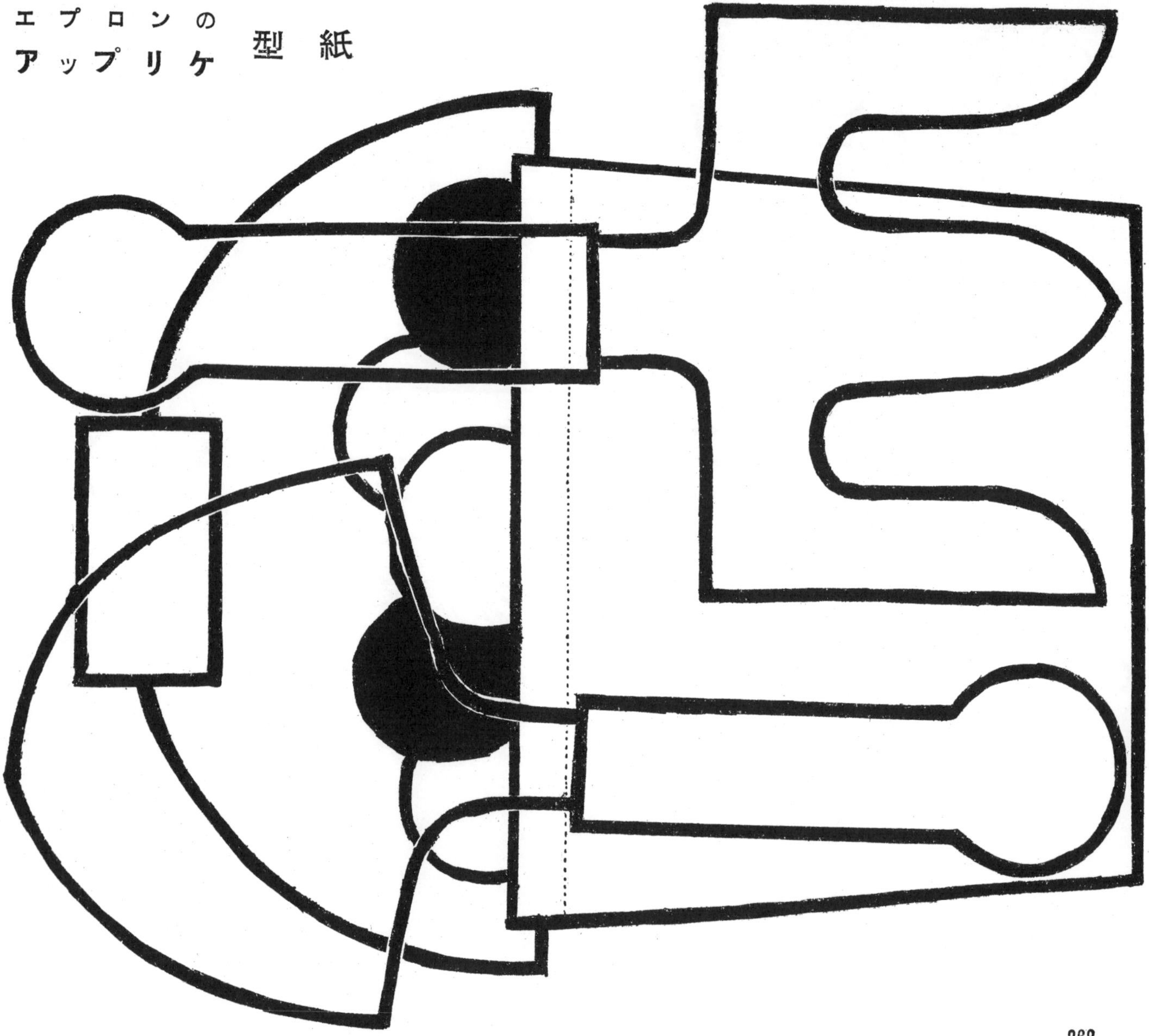

「エプロンは楽しい
家でのおしゃれ」 (グラビヤ 186頁)

1956 No. 42

おしやれ特集

おしゃれ考現学…雪村いづみ・伊東絹子・旗昭二他☆冬をいろどる…中原淳一★夫妻のおしやれくらべ…ビンボウ・ディナウ氏・淡路恵子さん夫妻宮内裕氏・大内順子さん夫妻☆私のアイディアを生かした髪…山田真二・野添ひとみ他★ロマンスグレーをたたえる…菅原通済・龜井勝一郎他☆おしゃべりが語る頭の良さ悪さ…桶谷繁雄★冬の夜に贈る話のプレゼント…井上靖他☆こうしてオーバーを幾通りにも着る…中原淳一★冬の夜は中華風の鍋料理で暖く☆それいゆ短篇小説…耕治人他

1957 No. 43

男らしさ 女らしさ

特集・男らしさ女らしさの研究☆早春のうた…中原淳一★写真物語エイティーン…岡田真澄他☆役の中から…森雅之・高峰秀子★花々に甦える春の帽子…中原淳一☆私はきものをデザインするのが好き…木暮実千代さんの和服拝見☆それいゆ音楽手帖★アメリカで家庭を持つた娘との往復書簡…中里恒子☆銀座の新進デザイナー渡辺和美さんの既製服拝見★カメラルポ彼は誰れ？☆氏家寿子母娘の別居でも同居でもない新生活拝見★洋裁学校校長先生の衣裳拝見☆小説…有馬頼義・阿部艶子

1957 No. 44

美しき青春

より美しい青春をおくるための96の鍵☆夏のプレリユード…中原淳一☆青春讃歌…宝田明・原田康子・朝汐太郎他☆青春のひと中原美紗緒さんの衣裳拝見☆恋愛論の解釈…堀秀彦★青春名作小説ダイジエスト…嵐ケ丘・赤と黒他☆あらたな道をゆく大内順子さんにきく★スタイル画をかきたい人へ…中原淳一☆青春はどんなところに息をしているか…文・畔柳二美★ピクニツク特集☆新着のパリモード★NHK荻野美代子アナウンサーの仕事と生活☆小説…福永武彦・石井桃子・井上友一郎

1957 No. 45

愛情のある くらし

特集・愛情のあるくらし…鶴見和子☆私のくらしの中の愛情のポイント…有馬稲子・佐田啓二・柳沢真一他★愛情のあるくらしのための百科☆いま私はこんな装いが好き…江利チエミ・高英男・八千草薫他☆夏のくらしの中にいろどる…中原淳一☆対談・ハワイでの蜜月旅行を松田和子さんに聞く…大内順子★海のプリズム…中原淳一☆働くひとのきもの・鯨岡阿美子さんの場合★おしやれルポ・アクセサリー・大内順子☆子供のアップリケ…松島啓介★テーマ小説…尾崎一雄・結城信一他

1957 No. 46

婚約時代

特集・婚約時代を美しく充実したものに…串田孫一・藤川延子・阿部艶子他☆晩夏…中原淳一☆テレフォン・アンケート…未婚男性 113 人に理想の女性の条件を聞く☆司葉子さんのネグリジェ拝見☆婚約時代を語る…柳沢真一・池内淳子他☆スタイル画をかきたい人へ…中原淳一☆新婚の津島恵子さんをたずねて☆花婿推薦…市川雷蔵・広岡達朗他☆ダークダックスパレード☆女の人がお酒の席に出た場合に…石垣綾子他☆キャンバスバッグ松島啓介☆小説…芹沢光治良・中里恒子・小沼丹

1957 No. 47

もつと美しく なるために

特集・あなたはもつと美しくなれる…伊藤道郎・メイ牛山・杉野芳子他☆美しさをつくる八つの知恵…吉村公三郎・淡路恵子・串田孫一他★フアッション・秋深く…中原淳一☆僕のガールフレンド石浜朗・岡田真澄・豊田泰光他★新しい個性石原裕次郎さんにきく☆スタイル画をかきたいひとへ中原淳一★宮城まり子さんの和服拝見☆恋愛におけるフアッション…堀秀彦★美人の推薦する美男杉道助・芥川也寸志他☆海外おしやれの話題…大内順子★短篇小説新人特集…菊村到・岩橋邦枝他

皆様のご愛読のおかげをもつて、それいゆ売切れの書店が続出しています。毎号確実にお求めになりたい方は本社直接の予約購読が御便利です。一年分（6冊）1080円（送料共）を添え、何号よりと明記の上お申込み下さい。

それいゆのバックナンバーを揃えたいというご希望が多くの読者の方から寄せられていますが、すでに品切れのものが多く申訳ありません。最近のものはまだ少々在庫がありますのでお早めにお申込み下さい。各 180 円　送料10円

発行予定日
2 月　8 月
4 月　10 月
6 月　12 月
各月 5 日発行

特集 よろこびのある暮しをつくる
それいゆ
No. 48　（隔月刊）

編集人　中原　淳一
発行人　中原　啓一
定価 180 円
地方売価 185 円

印刷所　ライト印刷株式会社　株式会社　東京印書館
株式会社　技報堂
発行所　東京都中央区銀座東8の4　**ひまわり社**
TEL. 東銀座（54）2963・2964　振替東京2324

昭和32年11月31日印刷　昭和32年12月5日発行©